Friedrich Nietzsche, geboren am 15. 10. 1844 in Röcken bei Lützen, ist am 25. 8. 1900 in Weimar gestorben.

Nietzsches Zarathustra-Buch entstand zwischen 1883 und 1885. Es kennzeichnet die dritte und letzte Phase seiner Philosophie, deren vorangegangene die Schopenhauer-Wagner- und die positivistisch-rationalistische Periode waren. Im *Zarathustra* tritt er als Philosoph des Individualismus deutlich hervor. Er vertritt einen bejahten und angenommenen Nihilismus. Der Schaffende, Tatmensch und Künstler, will einen neuen und erhöhten Typus des Menschen schaffen: den Übermenschen. In *Zarathustra* zeigt Nietzsche einen Helden, der durch Kämpfe und Widersprüche, das Leid und die Schwere des Lebens zu immer stärkerer Lebens- und Willensenergie gesteigert wird. Die Sprache des Buches ist hymnisch. »Niemals noch gab es einen Übermenschen. Nackt sah ich beide, den größten und den kleinsten Menschen: – allzu ähnlich sind sie noch einander. Wahrlich, den größten fand ich – allzu menschlich! –«

insel taschenbuch 145
Friedrich Nietzsche
Also sprach Zarathustra

Friedrich Nietzsche
Also sprach Zarathustra

EIN BUCH
FÜR ALLE UND KEINEN

THOMAS MANN
DIE PHILOSOPHIE
NIETZSCHES IM LICHTE
UNSERER ERFAHRUNG

INSEL VERLAG

insel taschenbuch 145
Siebte Auflage, 53. bis 62. Tausend 1982
Alle Rechte vorbehalten. Der Abdruck des Textes von
Friedrich Nietzsche folgt der von Karl Schlechta heraus-
gegebenen Nietzsche-Ausgabe des Carl Hanser Verlages
München 1967. Der Abdruck des Aufsatzes von
Thomas Mann »Nietzsches Philosophie im Lichte unserer
Erfahrung«, enthalten in »Neue Studien«, erfolgte mit
freundlicher Genehmigung des S. Fischer Verlages Frankfurt
am Main. © Bermann Fischer Verlag Stockholm 1948.
Vertrieb Suhrkamp Taschenbuch Verlag. Umschlag nach
Entwürfen von Willy Fleckhaus.
Druck: Nomos Verlagsgesellschaft, Baden-Baden
Printed in Germany

Also sprach Zarathustra

EIN BUCH FÜR ALLE
UND KEINEN

ERSTER TEIL
ZARATHUSTRAS VORREDE

Als Zarathustra dreißig Jahre alt war, verließ er seine Heimat und den See seiner Heimat und ging in das Gebirge. Hier genoß er seines Geistes und seiner Einsamkeit und wurde dessen zehn Jahre nicht müde. Endlich aber verwandelte sich sein Herz, – und eines Morgens stand er mit der Morgenröte auf, trat vor die Sonne hin und sprach zu ihr also:

»Du großes Gestirn! Was wäre dein Glück, wenn du nicht die hättest, welchen du leuchtest!

Zehn Jahre kamst du hier herauf zu meiner Höhle: du würdest deines Lichtes und dieses Weges satt geworden sein, ohne mich, meinen Adler und meine Schlange.

Aber wir warteten deiner an jedem Morgen, nahmen dir deinen Überfluß ab und segneten dich dafür.

Siehe! Ich bin meiner Weisheit überdrüssig, wie die Biene, die des Honigs zuviel gesammelt hat, ich bedarf der Hände, die sich ausstrecken.

Ich möchte verschenken und austeilen, bis die Weisen unter den Menschen wieder einmal ihrer Torheit und die Armen wieder einmal ihres Reichtums froh geworden sind.

Dazu muß ich in die Tiefe steigen: wie du des Abends tust, wenn du hinter das Meer gehst und noch der Unterwelt Licht bringst, du überreiches Gestirn!

Ich muß, gleich dir, *untergehen*, wie die Menschen es nennen, zu denen ich hinab will.

So segne mich denn, du ruhiges Auge, das ohne Neid auch ein allzugroßes Glück sehen kann!

Segne den Becher, welcher überfließen will, daß das Wasser golden aus ihm fließe und überallhin den Abglanz deiner Wonne trage!

Siehe! Dieser Becher will wieder leer werden, und Zarathustra will wieder Mensch werden.«

– Also begann Zarathustras Untergang.

Zarathustra stieg allein das Gebirge abwärts und niemand begegnete ihm. Als er aber in die Wälder kam, stand auf einmal ein Greis vor ihm, der seine heilige Hütte verlassen hatte, um Wurzeln im Walde zu suchen. Und also sprach der Greis zu Zarathustra:

»Nicht fremd ist mir dieser Wanderer: vor manchem Jahre ging er hier vorbei. Zarathustra hieß er; aber er hat sich verwandelt.

Damals trugst du deine Asche zu Berge: willst du heute dein Feuer in die Täler tragen? Fürchtest du nicht des Brandstifters Strafen?

Ja, ich erkenne, Zarathustra. Rein ist sein Auge, und an seinem Munde birgt sich kein Ekel. Geht er nicht daher wie ein Tänzer?

Verwandelt ist Zarathustra, zum Kind ward Zarathustra, ein Erwachter ist Zarathustra: was willst du nun bei den Schlafenden?

Wie im Meere lebtest du in der Einsamkeit, und das Meer trug dich. Wehe, du willst ans Land steigen? Wehe, du willst deinen Leib wieder selber schleppen?«

Zarathustra antwortete:

»Ich liebe die Menschen.«

»Warum«, sagte der Heilige, »ging ich doch in den Wald und in die Einöde? War es nicht, weil ich die Menschen allzusehr liebte?

Jetzt liebe ich Gott: die Menschen liebe ich nicht. Der Mensch ist mir eine zu unvollkommene Sache. Liebe zum Menschen würde mich umbringen.«

Zarathustra antwortete: »Was sprach ich von Liebe! Ich bringe den Menschen ein Geschenk!«

»Gib ihnen nichts«, sagte der Heilige. »Nimm ihnen lieber etwas ab und trage es mit ihnen – das wird ihnen am wohlsten tun: wenn es dir nur wohltut!

Und willst du ihnen geben, so gib nicht mehr als ein Almosen, und laß sie noch darum betteln!«

»Nein«, antwortete Zarathustra, »ich gebe kein Almosen. Dazu bin ich nicht arm genug.«

Der Heilige lachte über Zarathustra und sprach also: »So sieh zu, daß sie deine Schätze annehmen! Sie sind mißtrauisch gegen die Einsiedler und glauben nicht, daß wir kommen, um zu schenken.

Unsre Schritte klingen ihnen zu einsam durch die Gassen. Und wie wenn sie nachts in ihren Betten einen Mann gehen hören, lange bevor die Sonne aufsteht, so fragen sie sich wohl: wohin will der Dieb?

Gehe nicht zu den Menschen und bleibe im Walde! Gehe lieber noch zu den Tieren! Warum willst du nicht sein wie ich – ein Bär unter Bären, ein Vogel unter Vögeln?«

»Und was macht der Heilige im Walde?« fragte Zarathustra.

Der Heilige antwortete: »Ich mache Lieder und singe sie, und wenn ich Lieder mache, lache, weine und brumme ich: also lobe ich Gott.

Mit Singen, Weinen, Lachen und Brummen lobe ich den Gott, der mein Gott ist. Doch was bringst du uns zum Geschenke?«

Als Zarathustra diese Worte gehört hatte, grüßte er den Heiligen und sprach: »Was hätte ich euch zu geben! Aber laßt mich schnell davon, daß ich euch nichts nehme!« – Und so trennten sie sich voneinander, der Greis und der Mann, lachend, gleichwie zwei Knaben lachen.

Als Zarathustra aber allein war, sprach er also zu seinem Herzen: »Sollte es denn möglich sein! Dieser alte Heilige hat in seinem Walde noch nichts davon gehört, daß *Gott tot ist*!«

3

Als Zarathustra in die nächste Stadt kam, die an den Wäldern liegt, fand er daselbst viel Volk versammelt auf dem Markte: denn es war verheißen worden, daß man einen Seiltänzer sehen solle. Und Zarathustra sprach also zum Volke:

Ich lehre euch den Übermenschen. Der Mensch ist etwas, das überwunden werden soll. Was habt ihr getan, ihn zu überwinden?

Alle Wesen bisher schufen etwas über sich hinaus: und ihr wollt die Ebbe dieser großen Flut sein und lieber noch zum Tiere zurückgehn, als den Menschen überwinden?

Was ist der Affe für den Menschen? Ein Gelächter oder eine schmerzliche Scham. Und ebendas soll der Mensch für den Übermenschen sein: ein Gelächter oder eine schmerzliche Scham.

Ihr habt den Weg vom Wurme zum Menschen gemacht, und vieles ist in euch noch Wurm. Einst wart ihr Affen, und auch jetzt noch ist der Mensch mehr Affe, als irgendein Affe.

Wer aber der Weiseste von euch ist, der ist auch nur ein Zwiespalt und Zwitter von Pflanze und von Gespenst. Aber heiße ich euch zu Gespenstern oder Pflanzen werden?

Seht, ich lehre euch den Übermenschen!

Der Übermensch ist der Sinn der Erde. Euer Wille sage: der Übermensch *sei* der Sinn der Erde!

Ich beschwöre euch, meine Brüder, *bleibt der Erde treu* und glaubt denen nicht, welche euch von überirdischen Hoffnungen reden! Giftmischer sind es, ob sie es wissen oder nicht.

Verächter des Lebens sind es, Absterbende und selber Vergiftete, deren die Erde müde ist: so mögen sie dahinfahren!

Einst war der Frevel an Gott der größte Frevel, aber Gott starb, und damit starben auch diese Frevelhaften. An der Erde zu freveln ist jetzt das Furchtbarste und die Eingeweide des Unerforschlichen höher zu achten, als den Sinn der Erde!

Einst blickte die Seele verächtlich auf den Leib: und damals war diese Verachtung das Höchste – sie wollte ihn mager, gräßlich, verhungert. So dachte sie ihm und der Erde zu entschlüpfen.

Oh diese Seele war selber noch mager, gräßlich und verhungert: und Grausamkeit war die Wollust dieser Seele!

Aber auch ihr noch, meine Brüder, sprecht mir: was kündet euer Leib von eurer Seele? Ist eure Seele nicht Armut und Schmutz und ein erbärmliches Behagen?

Wahrlich, ein schmutziger Strom ist der Mensch. Man muß schon ein Meer sein, um einen schmutzigen Strom aufnehmen zu können, ohne unrein zu werden.

Seht, ich lehre euch den Übermenschen: der ist dies Meer, in ihm kann eure große Verachtung untergehn.

Was ist das Größte, das ihr erleben könnt? Das ist die Stunde der großen Verachtung. Die Stunde, in der euch auch euer Glück zum Ekel wird und ebenso eure Vernunft und eure Tugend.

Die Stunde wo ihr sagt: »Was liegt an meinem Glücke! Es ist Armut und Schmutz und ein erbärmliches Behagen. Aber mein Glück sollte das Dasein selber rechtfertigen!«

Die Stunde, wo ihr sagt: »Was liegt an meiner Vernunft! Begehrt sie nach Wissen wie der Löwe nach seiner Nahrung? Sie ist Armut und Schmutz und ein erbärmliches Behagen!«

Die Stunde, wo ihr sagt: »Was liegt an meiner Tugend! Noch hat sie mich nicht rasen gemacht. Wie müde bin ich meines Guten und meines Bösen! Alles das ist Armut und Schmutz und ein erbärmliches Behagen!«

Die Stunde, wo ihr sagt: »Was liegt an meiner Gerechtigkeit! Ich sehe nicht, daß ich Glut und Kohle wäre. Aber der Gerechte ist Glut und Kohle!«

Die Stunde, wo ihr sagt: »Was liegt an meinem Mitleiden! Ist nicht Mitleid das Kreuz, an das der genagelt wird, der die Menschen liebt? Aber mein Mitleiden ist keine Kreuzigung.«

Spracht ihr schon so? Schriet ihr schon so? Ach, daß ich euch schon so schreien gehört hätte!

Nicht eure Sünde – eure Genügsamkeit schreit gen Himmel, euer Geiz selbst in eurer Sünde schreit gen Himmel!

Wo ist doch der Blitz, der euch mit seiner Zunge lecke? Wo ist der Wahnsinn, mit dem ihr geimpft werden müßtet?

Seht, ich lehre euch den Übermenschen: der ist dieser Blitz, der ist dieser Wahnsinn! –

Als Zarathustra so gesprochen hatte, schrie einer aus dem Volke: »Wir hörten nun genug von dem Seiltänzer; nun laßt uns ihn auch sehen!« Und alles Volk lachte über Zarathustra. Der Seiltänzer aber, welcher glaubte, daß das Wort ihm gälte, machte sich an sein Werk.

4

Zarathustra aber sah das Volk an und wunderte sich. Dann sprach er also:

Der Mensch ist ein Seil, geknüpft zwischen Tier und Übermensch – ein Seil über einem Abgrunde.

Ein gefährliches Hinüber, ein gefährliches Auf-dem-Wege, ein gefährliches Zurückblicken, ein gefährliches Schaudern und Stehenbleiben.

Was groß ist am Menschen, das ist, daß er eine Brücke und kein Zweck ist: was geliebt werden kann am Menschen, das ist, daß er ein *Übergang* und ein *Untergang* ist.

Ich liebe die, welche nicht zu leben wissen, es sei denn als Untergehende, denn es sind die Hinübergehenden.

Ich liebe die großen Verachtenden, weil sie die großen Verehrenden sind und Pfeile der Sehnsucht nach dem andern Ufer.

Ich liebe die, welche nicht erst hinter den Sternen einen Grund suchen, unterzugehen und Opfer zu sein: sondern die sich der Erde opfern, daß die Erde einst des Übermenschen werde.

Ich liebe den, welcher lebt, damit er erkenne, und welcher erkennen will, damit einst der Übermensch lebe. Und so will er seinen Untergang.

Ich liebe den, welcher arbeitet und erfindet, daß er dem Übermenschen das Haus baue und zu ihm Erde, Tier und Pflanze vorbereite: denn so will er seinen Untergang.

Ich liebe den, welcher seine Tugend liebt: denn Tugend ist Wille zum Untergang und ein Pfeil der Sehnsucht.

Ich liebe den, welcher nicht einen Tropfen Geist für sich zurückbehält, sondern ganz der Geist seiner Tugend sein will: so schreitet er als Geist über die Brücke.

Ich liebe den, welcher aus seiner Tugend seinen Hang und sein Verhängnis macht: so will er um seiner Tugend willen noch leben und nicht mehr leben.

Ich liebe den, welcher nicht zu viele Tugenden haben will. Eine Tugend ist mehr Tugend als zwei, weil sie mehr Knoten ist, an den sich das Verhängnis hängt.

Ich liebe den, dessen Seele sich verschwendet, der nicht Dank haben will und nicht zurückgibt: denn er schenkt immer und will sich nicht bewahren.

Ich liebe den, welcher sich schämt, wenn der Würfel zu seinem Glücke fällt, und der dann fragt: bin ich denn ein falscher Spieler? – denn er will zugrunde gehen.

Ich liebe den, welcher goldne Worte seinen Taten vorauswirft und immer noch mehr hält, als er verspricht: denn er will seinen Untergang.

Ich liebe den, welcher die Zukünftigen rechtfertigt und die Vergangenen erlöst: denn er will an den Gegenwärtigen zugrunde gehen.

Ich liebe den, welcher seinen Gott züchtigt, weil er seinen Gott liebt: denn er muß am Zorne seines Gottes zugrunde gehen.

Ich liebe den, dessen Seele tief ist auch in der Verwundung, und der an einem kleinen Erlebnisse zugrunde gehen kann: so geht er gerne über die Brücke.

Ich liebe den, dessen Seele übervoll ist, so daß er sich selber vergißt, und alle Dinge in ihm sind: so werden alle Dinge sein Untergang.

Ich liebe den, der freien Geistes und freien Herzens ist: so ist sein Kopf nur das Eingeweide seines Herzens, sein Herz aber treibt ihn zum Untergang.

Ich liebe alle die, welche wie schwere Tropfen sind, einzeln fallend aus der dunklen Wolke, die über den Menschen hängt: sie verkündigen, daß der Blitz kommt, und gehn als Verkündiger zugrunde.

Seht, ich bin ein Verkündiger des Blitzes, und ein schwerer Tropfen aus der Wolke: dieser Blitz aber heißt Übermensch –

Als Zarathustra diese Worte gesprochen hatte, sahe er wieder das Volk an und schwieg: »Da stehen sie«, sprach er zu seinem Herzen, »da lachen sie: sie verstehen mich nicht, ich bin nicht der Mund für diese Ohren.

Muß man ihnen erst die Ohren zerschlagen, daß sie lernen, mit den Augen hören? Muß man rasseln gleich Pauken und Bußpredigern? Oder glauben sie nur dem Stammelnden?

Sie haben etwas, worauf sie stolz sind. Wie nennen sie es doch, was sie stolz macht? Bildung nennen sie's, es zeichnet sie aus vor den Ziegenhirten.

Drum hören sie ungern von sich das Wort ›Verachtung‹. So will ich denn zu ihrem Stolze reden.

So will ich ihnen vom Verächtlichsten sprechen: das aber ist *der letzte Mensch*.«

Und also sprach Zarathustra zum Volke:

Es ist an der Zeit, daß der Mensch sich sein Ziel stecke. Es ist an der Zeit, daß der Mensch den Keim seiner höchsten Hoffnung pflanze.

Noch ist sein Boden dazu reich genug. Aber dieser Boden wird einst arm und zahm sein, und kein hoher Baum wird mehr aus ihm wachsen können.

Wehe! Es kommt die Zeit, wo der Mensch nicht mehr den Pfeil seiner Sehnsucht über den Menschen hinaus wirft, und die Sehne seines Bogens verlernt hat, zu schwirren!

Ich sage euch: man muß noch Chaos in sich haben, um einen tanzenden Stern gebären zu können. Ich sage euch: ihr habt noch Chaos in euch.

Wehe! Es kommt die Zeit, wo der Mensch keinen Stern mehr gebären wird. Wehe! Es kommt die Zeit des verächtlichsten Menschen, der sich selber nicht mehr verachten kann.

Seht! Ich zeige euch *den letzten Menschen*.

»Was ist Liebe? Was ist Schöpfung? Was ist Sehnsucht? Was ist Stern?« – so fragt der letzte Mensch und blinzelt.

Die Erde ist dann klein geworden, und auf ihr hüpft der letzte Mensch, der alles klein macht. Sein Geschlecht ist unaustilgbar wie der Erdfloh; der letzte Mensch lebt am längsten.

»Wir haben das Glück erfunden« – sagen die letzten Menschen und blinzeln.

Sie haben die Gegenden verlassen, wo es hart war zu leben; denn man braucht Wärme. Man liebt noch den Nachbar und reibt sich an ihm: denn man braucht Wärme.

Krankwerden und Mißtrauenhaben gilt ihnen sündhaft: man geht achtsam einher. Ein Tor, der noch über Steine oder Menschen stolpert!

Ein wenig Gift ab und zu: das macht angenehme Träume. Und viel Gift zuletzt, zu einem angenehmen Sterben.

Man arbeitet noch, denn Arbeit ist eine Unterhaltung. Aber man sorgt, daß die Unterhaltung nicht angreife.

Man wird nicht mehr arm und reich: beides ist zu beschwerlich. Wer will noch regieren? Wer noch gehorchen? Beides ist zu beschwerlich.

Kein Hirt und *eine* Herde! Jeder will das Gleiche, jeder ist gleich: wer anders fühlt, geht freiwillig ins Irrenhaus.

»Ehemals war alle Welt irre« – sagen die Feinsten und blinzeln.

Man ist klug und weiß alles, was geschehn ist: so hat man kein Ende zu spotten. Man zankt sich noch, aber man versöhnt sich bald – sonst verdirbt es den Magen.

Man hat sein Lüstchen für den Tag und sein Lüstchen für die Nacht: aber man ehrt die Gesundheit.

»Wir haben das Glück erfunden« – sagen die letzten Menschen und blinzeln. –

Und hier endete die erste Rede Zarathustras, welche man auch »die Vorrede« heißt: denn an dieser Stelle unterbrach ihn das Geschrei und die Lust der Menge. »Gib uns diesen letzten Menschen, oh Zarathustra«, – so riefen sie – »mache uns zu diesen letzten Menschen! So schenken wir dir den Übermenschen!« Und alles Volk jubelte und schnalzte mit der Zunge. Zarathustra aber wurde traurig und sagte zu seinem Herzen:

»Sie verstehen mich nicht: ich bin nicht der Mund für diese Ohren.

Zu lange wohl lebte ich im Gebirge, zu viel horchte ich auf Bäche und Bäume: nun rede ich ihnen gleich den Ziegenhirten.

Unbewegt ist meine Seele und hell wie das Gebirge am Vormittag. Aber sie meinen, ich sei kalt und ein Spötter in furchtbaren Späßen.

Und nun blicken sie mich an und lachen: und indem sie lachen, hassen sie mich noch. Es ist Eis in ihrem Lachen.«

6

Da aber geschah etwas, das jeden Mund stumm und jedes Auge starr machte. Inzwischen nämlich hatte der Seiltänzer sein Werk begonnen: er war aus einer kleinen Tür hinausgetreten und ging über das Seil, welches zwischen zwei Türmen gespannt war, also, daß es über dem Markte und dem Volke hing. Als er eben in der Mitte seines Weges war, öffnete sich die kleine Tür noch einmal, und ein bunter Gesell, einem Possenreißer gleich, sprang heraus und ging mit schnellen Schritten dem ersten nach. »Vorwärts, Lahmfuß«, rief seine fürchterliche Stimme, »vorwärts Faultier, Schleichhändler, Bleichgesicht! Daß ich dich nicht mit meiner Ferse kitzle! Was treibst du hier zwischen Türmen? In den Turm gehörst du, einsperren sollte man dich, einem Bessern, als du bist, sperrst du die freie Bahn!« – Und mit jedem Worte kam er ihm näher und näher: als er aber nur noch einen Schritt hinter ihm war, da geschah das Erschreckliche, das jeden Mund stumm und jedes Auge starr machte – er stieß ein Geschrei aus wie ein Teufel und sprang über den hinweg, der ihm im Wege war. Dieser aber, als er so seinen Nebenbuhler siegen sah, verlor dabei den Kopf und das Seil; er warf seine Stange weg und schoß schneller als diese, wie ein Wirbel von Armen und Beinen, in die Tiefe. Der Markt und das Volk glich dem Meere, wenn der Sturm hineinfährt: alles floh auseinander und übereinander, und am meisten dort, wo der Körper niederschlagen mußte.

Zarathustra aber blieb stehen, und gerade neben ihm fiel der Körper hin, übel zugerichtet und zerbrochen, aber noch nicht tot. Nach einer Weile kam dem Zerschmetterten das Bewußtsein zurück, und er sah Zarathustra neben sich knien. »Was machst du da?« sagte er endlich, ich wußte es ja lange daß mir der Teufel ein Bein stellen werde. Nun schleppt er mich zur Hölle: willst du's ihm wehren?«

»Bei meiner Ehre, Freund«, antwortete Zarathustra, »Das gibt es alles nicht, wovon du sprichst: es gibt keinen Teufel und keine Hölle. Deine Seele wird noch schneller tot sein als dein Leib: fürchte nun nichts mehr!«

Der Mann blickte mißtrauisch auf. »Wenn du die Wahrheit sprichst«, sagte er dann, »so verliere ich nichts, wenn ich das Leben verliere. Ich bin nicht viel mehr als ein Tier, das man tanzen gelehrt hat, durch Schläge und schmale Bissen.«

»Nicht doch«, sprach Zarathustra; »du hast aus der Gefahr deinen Beruf gemacht, daran ist nichts zu verachten. Nun gehst du an deinem Beruf zugrunde: dafür will ich dich mit meinen Händen begraben.«

Als Zarathustra dies gesagt hatte, antwortete der Sterbende nicht mehr; aber er bewegte die Hand, wie als ob er die Hand Zarathustras zum Danke suche. –

7

Inzwischen kam der Abend, und der Markt barg sich in Dunkelheit: da verlief sich das Volk, denn selbst Neugierde und Schrecken werden müde. Zarathustra aber saß neben dem Toten auf der Erde und war in Gedanken versunken: so vergaß er die Zeit. Endlich aber wurde es Nacht, und ein kalter Wind blies über den Einsamen. Da erhob sich Zarathustra und sagte zu seinem Herzen:

»Wahrlich, einen schönen Fischfang tat heute Zarathustra! Keinen Menschen fing er, wohl aber einen Leichnam.

Unheimlich ist das menschliche Dasein und immer noch ohne Sinn: ein Possenreißer kann ihm zum Verhängnis werden.

Ich will die Menschen den Sinn ihres Seins lehren: welcher ist der Übermensch, der Blitz aus der dunklen Wolke Mensch.

Aber noch bin ich ihnen ferne, und mein Sinn redet nicht zu ihren Sinnen. Eine Mitte bin ich noch den Menschen zwischen einem Narren und einem Leichnam.

Dunkel ist die Nacht, dunkel sind die Wege Zarathustras. Komm, du kalter und steifer Gefährte! Ich trage dich dorthin, wo ich dich mit meinen Händen begrabe.«

8

Als Zarathustra dies zu seinem Herzen gesagt hatte, lud er den Leichnam auf seinen Rücken und machte sich auf den Weg. Und noch nicht war er hundert Schritte gegangen, da schlich ein Mensch an ihn heran und flüsterte ihm ins Ohr – und siehe! Der, welcher redete, war der Possenreißer vom Turme. »Geh weg von dieser Stadt, oh Zarathustra«, sprach er; »es hassen dich hier zu viele. Es hassen dich die Guten und Gerechten, und sie nennen dich ihren Feind und Verächter; es hassen dich die Gläubigen des rechten Glaubens, und sie nennen dich die Gefahr der Menge. Dein Glück war es, daß man über dich lachte: und wahrlich, du redetest gleich einem Possenreißer. Dein Glück war es, daß du dich dem toten Hunde geselltest; als du dich so erniedrigtest, hast du dich selber für heute errettet. Geh aber fort aus dieser Stadt – oder morgen springe ich über dich hinweg, ein Lebendiger über einen Toten.« Und als er dies gesagt hatte, verschwand der Mensch; Zarathustra aber ging weiter durch die dunklen Gassen.

Am Tore der Stadt begegneten ihm die Totengräber: sie leuchteten ihm mit der Fackel ins Gesicht, erkannten Zarathustra und spotteten sehr über ihn. »Zarathustra trägt den toten Hund davon: brav, daß Zarathustra zum Totengräber wurde! Denn unsere Hände sind zu reinlich für diesen Braten. Will Zarathustra wohl dem Teufel seinen Bissen stehlen? Nun wohlan! Und gut Glück zur Mahlzeit! Wenn nur nicht der Teufel ein besserer Dieb ist, als Zarathustra! – er stiehlt sie beide, er frißt sie beide!« Und sie lachten miteinander und steckten die Köpfe zusammen.

Zarathustra sagte dazu kein Wort und ging seines Weges. Als er zwei Stunden gegangen war, an Wäldern und Sümpfen vorbei, da hatte er zu viel das hungrige Geheule der Wölfe gehört, und ihm selber kam der Hunger. So blieb er an einem einsamen Hause stehn, in dem ein Licht brannte.

»Der Hunger überfällt mich«, sagte Zarathustra, »wie ein Räuber. In Wäldern und Sümpfen überfällt mich mein Hunger, und in tiefer Nacht.

Wunderliche Launen hat mein Hunger. Oft kommt er mir erst nach der Mahlzeit, und heute kam er den ganzen Tag nicht: wo weilte er doch?«

Und damit schlug Zarathustra an das Tor des Hauses. Ein alter Mann erschien; er trug das Licht und fragte: »Wer kommt zu mir und zu meinem schlimmen Schlafe?«

»Ein Lebendiger und ein Toter«, sagte Zarathustra. »Gebt mir zu essen und zu trinken, ich vergaß es am Tage. Der, welcher den Hungrigen speiset, erquickt seine eigene Seele: so spricht die Weisheit.«

Der Alte ging fort, kam aber gleich zurück und bot Zarathustra Brot und Wein. »Eine böse Gegend ist's für Hungernde«, sagte er; »darum wohne ich hier. Tier und Mensch kommen zu mir, dem Einsiedler. Aber heiße auch deinen Gefährten essen und trinken, er ist müder als du.« Zarathustra antwortete: »Tot ist mein Gefährte, ich werde ihn schwerlich dazu überreden.« »Das geht mich nichts an«, sagte der Alte mürrisch: »wer an meinem Hause anklopft, muß auch nehmen, was ich ihm biete. Eßt und gehabt euch wohl!« –

Darauf ging Zarathustra wieder zwei Stunden und vertraute dem Wege und dem Lichte der Sterne: denn er war ein gewohnter Nachtgänger und liebte es, allem Schlafenden ins Gesicht zu sehn. Als aber der Morgen graute, fand sich

Zarathustra in einem tiefen Walde, und kein Weg zeigte sich ihm mehr. Da legte er den Toten in einen hohlen Baum sich zu Häupten – denn er wollte ihn vor den Wölfen schützen – und sich selber auf den Boden und das Moos. Und alsbald schlief er ein, müden Leibes, aber mit einer unbewegten Seele.

9

Lange schlief Zarathustra, und nicht nur die Morgenröte ging über sein Antlitz, sondern auch der Vormittag. Endlich aber tat sein Auge sich auf: verwundert sah Zarathustra in den Wald und die Stille, verwundert sah er in sich hinein. Dann erhob er sich schnell, wie ein Seefahrer, der mit einem Male Land sieht, und jauchzte: denn er sah eine neue Wahrheit. Und also redete er dann zu seinem Herzen:

»Ein Licht ging mir auf: Gefährten brauche ich, und lebendige – nicht tote Gefährten und Leichname, die ich mit mir trage, wohin ich will.

Sondern lebendige Gefährten brauche ich, die mir folgen, weil sie sich selber folgen wollen – und dorthin, wohin ich will.

Ein Licht ging mir auf: nicht zum Volke rede Zarathustra, sondern zu Gefährten! Nicht soll Zarathustra einer Herde Hirt und Hund werden!

Viele wegzulocken von der Herde – dazu kam ich. Zürnen soll mir Volk und Herde: Räuber will Zarathustra den Hirten heißen.

Hirten sage ich, aber sie nennen sich die Guten und Gerechten. Hirten sage ich: aber sie nennen sich die Gläubigen des rechten Glaubens.

Siehe die Guten und Gerechten! Wen hassen sie am meisten? Den, der zerbricht ihre Tafeln der Werte, den Brecher, den Verbrecher – das aber ist der Schaffende.

Siehe die Gläubigen aller Glauben! Wen hassen sie am meisten? Den, der zerbricht ihre Tafeln der Werte, den Brecher, den Verbrecher – das aber ist der Schaffende.

Gefährten sucht der Schaffende und nicht Leichname, und auch nicht Herden und Gläubige. Die Mitschaffenden sucht der Schaffende, die, welche neue Werte auf neue Tafeln schreiben.

Gefährten sucht der Schaffende, und Miterntende: denn alles steht bei ihm reif zur Ernte. Aber ihm fehlen die hundert Sicheln: so rauft er Ähren aus und ist ärgerlich.

Gefährten sucht der Schaffende, und solche, die ihre Sicheln zu wetzen wissen. Vernichter wird man sie heißen und Verächter des Guten und Bösen. Aber die Erntenden sind es und die Feiernden.

Mitschaffende sucht Zarathustra, Miterntende und Mitfeiernde sucht Zarathustra: was hat er mit Herden und Hirten und Leichnamen zu schaffen!

Und du, mein erster Gefährte, gehab dich wohl! Gut begrub ich dich in deinem hohlen Baume, gut barg ich dich vor den Wölfen.

Aber ich scheide von dir, die Zeit ist um. Zwischen Morgenröte und Morgenröte kam mir eine neue Wahrheit.

Nicht Hirt soll ich sein, nicht Totengräber. Nicht reden einmal will ich wieder mit dem Volke; zum letzten Male sprach ich zu einem Toten.

Den Schaffenden, den Erntenden, den Feiernden will ich mich zugesellen: den Regenbogen will ich ihnen zeigen und alle die Treppen des Übermenschen.

Den Einsiedlern werde ich mein Lied singen und den Zweisiedlern; und wer noch Ohren hat für Unerhörtes, dem will ich sein Herz schwer machen mit meinem Glücke.

Zu meinem Ziele will ich, ich gehe meinen Gang; über die Zögernden und Saumseligen werde ich hinwegspringen Also sei mein Gang ihr Untergang!«

10

Dies hatte Zarathustra zu seinem Herzen gesprochen, als die Sonne im Mittag stand: da blickte er fragend in die Höhe

– denn er hörte über sich den scharfen Ruf eines Vogels. Und siehe! Ein Adler zog in weiten Kreisen durch die Luft, und an ihm hing eine Schlange, nicht einer Beute gleich, sondern einer Freundin: denn sie hielt sich um seinen Hals geringelt.

»Es sind meine Tiere!« sagte Zarathustra und freute sich von Herzen.

»Das stolzeste Tier unter der Sonne und das klügste Tier unter der Sonne – sie sind ausgezogen auf Kundschaft.

Erkunden wollen sie, ob Zarathustra noch lebe. Wahrlich, lebe ich noch?

Gefährlicher fand ich's unter Menschen als unter Tieren, gefährliche Wege geht Zarathustra. Mögen mich meine Tiere führen!«

Als Zarathustra dies gesagt hatte, gedachte er der Worte des Heiligen im Walde, seufzte und sprach also zu seinem Herzen:

»Möchte ich klüger sein! Möchte ich klug von Grund aus sein, gleich meiner Schlange!

Aber Unmögliches bitte ich da: so bitte ich denn meinen Stolz, daß er immer mit meiner Klugheit gehe!

Und wenn mich einst meine Klugheit verläßt – ach, sie liebt es, davonzufliegen! – möge mein Stolz dann noch mit meiner Torheit fliegen!« –

– Also begann Zarathustras Untergang.

Die Reden Zarathustras

VON DEN DREI VERWANDLUNGEN

Drei Verwandlungen nenne ich euch des Geistes: wie der Geist zum Kamele wird, und zum Löwen das Kamel, und zum Kinde zuletzt der Löwe.

Vieles Schwere gibt es dem Geiste, dem starken, tragsamen Geiste, dem Ehrfurcht innewohnt: nach dem Schweren und Schwersten verlangt seine Stärke.

Was ist schwer? so fragt der tragsame Geist, so kniet er nieder, dem Kamele gleich, und will gut beladen sein.

Was ist das Schwerste, ihr Helden? so fragt der tragsame Geist, daß ich es auf mich nehme und meiner Stärke froh werde.

Ist es nicht das: sich erniedrigen, um seinem Hochmut wehe zu tun? Seine Torheit leuchten lassen, um seiner Weisheit zu spotten?

Oder ist es das: von unserer Sache scheiden, wenn sie ihren Sieg feiert? Auf hohe Berge steigen, um den Versucher zu versuchen?

Oder ist es das: sich von Eicheln und Gras der Erkenntnis nähren und um der Wahrheit willen an der Seele Hunger leiden?

Oder ist es das: krank sein und die Tröster heimschicken und mit Tauben Freundschaft schließen, die niemals hören, was du willst?

Oder ist es das: in schmutziges Wasser steigen, wenn es das Wasser der Wahrheit ist, und kalte Frösche und heiße Kröten nicht von sich weisen?

Oder ist es das: die lieben, die uns verachten, und dem Gespenste die Hand reichen, wenn es uns fürchten machen will?

Alles dies Schwerste nimmt der tragsame Geist auf sich: dem Kamele gleich, das beladen in die Wüste eilt, also eilt er in seine Wüste.

Aber in der einsamsten Wüste geschieht die zweite Verwandlung: zum Löwen wird hier der Geist, Freiheit will er sich erbeuten und Herr sein in seiner eignen Wüste.

Seinen letzten Herrn sucht er sich hier: feind will er ihm werden und seinem letzten Gotte, um Sieg will er mit dem großen Drachen ringen.

Welches ist der große Drache, den der Geist nicht mehr Herr und Gott heißen mag? »Du-sollst« heißt der große Drache. Aber der Geist des Löwen sagt »ich will«.

»Du-sollst« liegt ihm am Wege, goldfunkelnd, ein Schuppentier, und auf jeder Schuppe glänzt golden »Du sollst!«

Tausendjährige Werte glänzen an diesen Schuppen, und also spricht der mächtigste aller Drachen: »Aller Wert der Dinge – der glänzt an mir.«

»Aller Wert ward schon geschaffen, und aller geschaffene Wert – das bin ich. Wahrlich, es soll kein ›Ich will‹ mehr geben!« Also spricht der Drache.

Meine Brüder, wozu bedarf es des Löwen im Geiste? Was genügt nicht das lastbare Tier, das entsagt und ehrfürchtig ist?

Neue Werte schaffen – das vermag auch der Löwe noch nicht: aber Freiheit sich schaffen zu neuem Schaffen – das vermag die Macht des Löwen.

Freiheit sich schaffen und ein heiliges Nein auch vor der Pflicht: dazu, meine Brüder, bedarf es des Löwen.

Recht sich nehmen zu neuen Werten – das ist das furchtbarste Nehmen für einen tragsamen und ehrfürchtigen Geist. Wahrlich, ein Rauben ist es ihm und eines raubenden Tieres Sache.

Als sein Heiligstes liebte er einst das »Du-sollst«: nun muß er Wahn und Willkür auch noch im Heiligsten finden, daß er sich Freiheit raube von seiner Liebe: des Löwen bedarf es zu diesem Raube.

Aber sagt, meine Brüder, was vermag noch das Kind, das auch der Löwe nicht vermochte? Was muß der raubende Löwe auch noch zum Kinde werden?

Unschuld ist das Kind und Vergessen, ein Neubeginnen, ein Spiel, ein aus sich rollendes Rad, eine erste Bewegung, ein heiliges Ja-sagen.

Ja, zum Spiele des Schaffens, meine Brüder, bedarf es eines heiligen Ja-sagens: *seinen* Willen will nun der Geist, *seine* Welt gewinnt sich der Weltverlorene.

Drei Verwandlungen nannte ich euch des Geistes: wie der Geist zum Kamele ward, und zum Löwen das Kamel, und der Löwe zuletzt zum Kinde. –

Also sprach Zarathustra. Und damals weilte er in der Stadt, welche genannt wird: die bunte Kuh.

VON DEN LEHRSTÜHLEN DER TUGEND

Man rühmte Zarathustra einen Weisen, der gut vom Schlafe und von der Tugend zu reden wisse: sehr werde er geehrt und gelohnt dafür, und alle Jünglinge säßen vor seinem Lehrstuhle. Zu ihm ging Zarathustra, und mit allen Jünglingen saß er vor seinem Lehrstuhle. Und also sprach der Weise:

Ehre und Scham vor dem Schlafe! Das ist das erste! Und allen aus dem Wege gehn, die schlecht schlafen und nachts wachen!

Schamhaft ist noch der Dieb vor dem Schlafe: stets stiehlt er sich leise durch die Nacht. Schamlos aber ist der Wächter der Nacht, schamlos trägt er sein Horn.

Keine geringe Kunst ist schlafen: es tut schon not, den ganzen Tag daraufhin zu wachen.

Zehnmal mußt du des Tages dich selber überwinden: das macht eine gute Müdigkeit und ist Mohn der Seele.

Zehnmal mußt du dich wieder mit dir selber versöhnen; denn Überwindung ist Bitternis, und schlecht schläft der Unversöhnte.

Zehn Wahrheiten mußt du des Tages finden; sonst suchst du noch des Nachts nach Wahrheit, und deine Seele blieb hungrig.

Zehnmal mußt du lachen am Tage und heiter sein: sonst stört dich der Magen in der Nacht, dieser Vater der Trübsal.

Wenige wissen das: aber man muß alle Tugenden haben, um gut zu schlafen. Werde ich falsch Zeugnis reden? Werde ich ehebrechen?

Werde ich mich gelüsten lassen meines Nächsten Magd?

Das alles vertrüge sich schlecht mit gutem Schlafe.

Und selbst wenn man alle Tugenden hat, muß man sich noch auf eins verstehen: selber die Tugenden zur rechten Zeit schlafen schicken.

Daß sie sich nicht miteinander zanken, die artigen Weiblein! Und über dich, du Unglückseliger!

Friede mit Gott und dem Nachbar: so will es der gute Schlaf. Und Friede auch noch mit des Nachbars Teufel! Sonst geht er bei dir des Nachts um.

Ehre der Obrigkeit und Gehorsam, und auch der krummen Obrigkeit! So will es der gute Schlaf. Was kann ich dafür, daß die Macht gerne auf krummen Beinen wandelt?

Der soll mir immer der beste Hirt heißen, der sein Schaf auf die grünste Aue führt: so verträgt es sich mit gutem Schlafe.

Viel Ehren will ich nicht, noch große Schätze: das entzündet die Milz. Aber schlecht schläft es sich ohne einen guten Namen und einen kleinen Schatz.

Eine kleine Gesellschaft ist mir willkommener als eine böse: doch muß sie gehn und kommen zur rechten Zeit. So verträgt es sich mit gutem Schlafe.

Sehr gefallen mir auch die Geistig-Armen: sie fördern den Schlaf. Selig sind die, sonderlich wenn man ihnen immer Recht gibt.

Also läuft der Tag dem Tugendsamen. Kommt nun die Nacht, so hüte ich mich wohl, den Schlaf zu rufen! Nicht will er gerufen sein, der Schlaf, der der Herr der Tugenden ist!

Sondern ich denke, was ich des Tages getan und gedacht. Wiederkäuend frage ich mich, geduldsam gleich einer Kuh: welches waren doch deine zehn Überwindungen?

Und welches waren die zehn Versöhnungen und die zehn Wahrheiten und die zehn Gelächter, mit denen sich mein Herz gütlich tat?

Solcherlei erwägend und gewiegt von vierzig Gedanken, überfällt mich auf einmal der Schlaf, der Ungerufene, der Herr der Tugenden.

Der Schlaf klopft mir auf mein Auge: da wird es schwer. Der Schlaf berührt mir den Mund: da bleibt er offen.

Wahrlich, auf weichen Sohlen kommt er mir, der liebste der Diebe, und stiehlt mir meine Gedanken: dumm stehe ich da wie dieser Lehrstuhl.

Aber nicht lange mehr stehe ich dann: da liege ich schon. –

Als Zarathustra den Weisen also sprechen hörte, lachte er bei sich im Herzen: denn ihm war dabei ein Licht aufgegangen. Und also sprach er zu seinem Herzen:

Ein Narr ist mir dieser Weise da mit seinen vierzig Gedanken: aber ich glaube, daß er sich wohl auf das Schlafen versteht.

Glücklich schon, wer in der Nähe dieses Weisen wohnt! Solch ein Schlaf steckt an, noch durch eine dicke Wand hindurch steckt er an.

Ein Zauber wohnt selbst in seinem Lehrstuhle. Und nicht vergebens saßen die Jünglinge vor dem Prediger der Tugend.

Seine Weisheit heißt: wachen, um gut zu schlafen. Und wahrlich, hätte das Leben keinen Sinn und müßte ich Unsinn wählen, so wäre auch mir dies der wählenswürdigste Unsinn.

Jetzo verstehe ich klar, was einst man vor allem suchte, wenn man Lehrer der Tugend suchte. Guten Schlaf suchte man sich und mohnblumige Tugenden dazu!

Allen diesen gelobten Weisen der Lehrstühle war Weisheit der Schlaf ohne Träume: sie kannten keinen bessern Sinn des Lebens.

Auch noch heute wohl gibt es einige, wie diesen Prediger der Tugend, und nicht immer so Ehrliche: aber ihre Zeit ist um. Und nicht mehr lange stehen sie noch: da liegen sie schon.

Selig sind diese Schläfrigen: denn sie sollen bald einnicken. –

Also sprach Zarathustra.

Einst warf auch Zarathustra seinen Wahn jenseits des Menschen, gleich allen Hinterweltlern. Eines leidenden und zerquälten Gottes Werk schien mir da die Welt.

Traum schien mir da die Welt, und Dichtung eines Gottes; farbiger Rauch vor den Augen eines göttlich Unzufriednen.

Gut und Böse und Lust und Leid und Ich und Du – farbiger Rauch dünkte mich's vor schöpferischen Augen. Wegsehn wollte der Schöpfer von sich – da schuf er die Welt.

Trunkne Lust ist's dem Leidenden, wegzusehn von seinem Leiden und sich zu verlieren. Trunkne Lust und Selbstsich-Verlieren dünkte mich einst die Welt.

Diese Welt, die ewig unvollkommne, eines ewigen Widerspruches Abbild und unvollkommnes Abbild – eine trunkne Lust ihrem unvollkommnen Schöpfer – also dünkte mich einst die Welt.

Also warf auch ich einst meinen Wahn jenseits des Menschen, gleich allen Hinterweltlern. Jenseits des Menschen in Wahrheit?

Ach, ihr Brüder, dieser Gott, den ich schuf, war Menschen-Werk und -Wahnsinn, gleich allen Göttern!

Mensch war er, und nur ein armes Stück Mensch und Ich: aus der eigenen Asche und Glut kam es mir, dieses Gespenst, und wahrlich! Nicht kam es mir von Jenseits!

Was geschah, meine Brüder? Ich überwand mich, den Leidenden, ich trug meine eigne Asche zu Berge, eine hellere Flamme erfand ich mir. Und siehe! Da *wich* das Gespenst von mir!

Leiden wäre es mir jetzt und Qual dem Genesenen, solche Gespenster zu glauben: Leiden wäre es mir jetzt und Erniedrigung. Also rede ich zu den Hinterweltlern.

Leiden war's und Unvermögen – das schuf alle Hinterwelten; und jener kurze Wahnsinn des Glücks, den nur der Leidendste erfährt.

Müdigkeit, die mit *einem* Sprunge zum Letzten will; mit einem Todessprunge, eine arme unwissende Müdigkeit, die nicht einmal mehr wollen will: die schuf alle Götter und Hinterwelten.

Glaubt es mir, meine Brüder! Der Leib war's, der am Leibe verzweifelte – der tastete mit den Fingern des betörten Geistes an die letzten Wände.

Glaubt es mir, meine Brüder! Der Leib war's, der an der Erde verzweifelte – der hörte den Bauch des Seins zu sich reden.

Und da wollte er mit dem Kopfe durch die letzten Wände, und nicht nur mit dem Kopfe – hinüber zu »jener Welt«.

Aber »jene Welt« ist gut verborgen vor dem Menschen, jene entmenschte unmenschliche Welt, die ein himmlisches Nichts ist; und der Bauch des Seins redet gar nicht zum Menschen, es sei denn als Mensch.

Wahrlich, schwer zu beweisen ist alles Sein und schwer zum Reden zu bringen. Sagt mir, ihr Brüder, ist nicht das Wunderlichste aller Dinge noch am besten bewiesen?

Ja, dies Ich und des Ichs Widerspruch und Wirrsal redet noch am redlichsten von seinem Sein, dieses schaffende, wollende, wertende Ich, welches das Maß und der Wert der Dinge ist.

Und dies redlichste Sein, das Ich – das redet vom Leibe, und es will noch den Leib, selbst wenn es dichtet und schwärmt und mit zerbrochnen Flügeln flattert.

Immer redlicher lernt es reden, das Ich: und je mehr es lernt, um so mehr findet es Worte und Ehren für Leib und Erde.

Einen neuen Stolz lehrte mich mein Ich, den lehre ich die Menschen: nicht mehr den Kopf in den Sand der himmlischen Dinge zu stecken, sondern frei ihn zu tragen, einen Erden-Kopf, der der Erde Sinn schafft!

Einen neuen Willen lehre ich die Menschen: diesen Weg wollen, den blindlings der Mensch gegangen, und gut ihn heißen und nicht mehr von ihm beiseite schleichen, gleich den Kranken und Absterbenden!

Kranke und Absterbende waren es, die verachteten Leib und Erde und erfanden das Himmlische und die erlösenden

Blutstropfen: aber auch noch diese süßen und düstern Gifte nahmen sie von Leib und Erde!

Ihrem Elende wollten sie entlaufen, und die Sterne waren ihnen zu weit. Da seufzten sie: »O daß es doch himmlische Wege gäbe, sich in ein andres Sein und Glück zu schleichen!« – da erfanden sie sich ihre Schliche und blutigen Tränklein!

Ihrem Leibe und dieser Erde nun entrückt wähnten sie sich, diese Undankbaren. Doch wem dankten sie ihrer Entrückung Krampf und Wonne? Ihrem Leibe und dieser Erde.

Milde ist Zarathustra den Kranken. Wahrlich, er zürnt nicht ihren Arten des Trostes und Undanks. Mögen sie Genesende werden und Überwindende und einen höheren Leib sich schaffen!

Nicht auch zürnt Zarathustra dem Genesenden, wenn er zärtlich nach seinem Wahne blickt und mitternachts um das Grab seines Gottes schleicht: aber Krankheit und kranker Leib bleiben mir auch seine Tränen noch.

Vieles krankhafte Volk gab es immer unter denen, welche dichten und gottsüchtig sind; wütend hassen sie den Erkennenden und jene jüngste der Tugenden, welche heißt: Redlichkeit.

Rückwärts blicken sie immer nach dunklen Zeiten: da freilich war Wahn und Glaube ein ander Ding; Raserei der Vernunft war Gottähnlichkeit, und Zweifel Sünde.

Allzugut kenne ich diese Gottähnlichen: sie wollen, daß an sie geglaubt werde, und Zweifel Sünde sei. Allzugut weiß ich auch, woran sie selber am besten glauben.

Wahrlich nicht an Hinterwelten und erlösende Blutstropfen: sondern an den Leib glauben auch sie am besten, und ihr eigener Leib ist ihnen ihr Ding an sich.

Aber ein krankhaftes Ding ist er ihnen: und gerne möchten sie aus der Haut fahren. Darum horchen sie nach den Predigern des Todes und predigen selber Hinterwelten.

Hört mir lieber, meine Brüder, auf die Stimme des gesunden Leibes: eine redlichere und reinere Stimme ist dies.

Redlicher redet und reiner der gesunde Leib, der vollkommene und rechtwinklige: und er redet vom Sinne der Erde.

Also sprach Zarathustra.

VON DEN VERÄCHTERN DES LEIBES

Den Verächtern des Leibes will ich mein Wort sagen. Nicht umlernen und umlehren sollen sie mir, sondern nur ihrem eignen Leibe Lebewohl sagen – und also stumm werden.

»Leib bin ich und Seele« – so redet das Kind. Und warum sollte man nicht wie die Kinder reden?

Aber der Erwachte, der Wissende sagt: Leib bin ich ganz und gar, und nichts außerdem; und Seele ist nur ein Wort für ein Etwas am Leibe.

Der Leib ist eine große Vernunft, eine Vielheit mit *einem* Sinne, ein Krieg und ein Frieden, eine Herde und ein Hirt.

Werkzeug deines Leibes ist auch deine kleine Vernunft, mein Bruder, die du »Geist« nennst, ein kleines Werk- und Spielzeug deiner großen Vernunft.

»Ich« sagst du und bist stolz auf dies Wort. Aber das Größere ist, woran du nicht glauben willst – dein Leib und seine große Vernunft: die sagt nicht Ich, aber tut Ich.

Was der Sinn fühlt, was der Geist erkennt, das hat niemals in sich sein Ende. Aber Sinn und Geist möchten dich überreden, sie seien aller Dinge Ende: so eitel sind sie.

Werk- und Spielzeuge sind Sinn und Geist: hinter ihnen liegt noch das Selbst. Das Selbst sucht auch mit den Augen der Sinne, es horcht auch mit den Ohren des Geistes.

Immer horcht das Selbst und sucht: es vergleicht, bezwingt, erobert, zerstört. Es herrscht und ist auch des Ichs Beherrscher.

Hinter deinen Gedanken und Gefühlen, mein Bruder, steht ein mächtiger Gebieter, ein unbekannter Weiser – der heißt Selbst. In deinem Leibe wohnt er, dein Leib ist er.

Es ist mehr Vernunft in deinem Leibe, als in deiner besten Weisheit. Und wer weiß denn, wozu dein Leib gerade deine beste Weisheit nötig hat?

Dein Selbst lacht über dein Ich und seine stolzen Sprünge. »Was sind mir diese Sprünge und Flüge des Gedankens?«

sagt es sich. »Ein Umweg zu meinem Zwecke. Ich bin das Gängelband des Ichs und der Einbläser seiner Begriffe.«

Das Selbst sagt zum Ich: »hier fühle Schmerz!« Und da leidet es und denkt nach, wie es nicht mehr leide – und dazu eben *soll* es denken.

Das Selbst sagt zum Ich: »hier fühle Lust!« Da freut es sich und denkt nach, wie es noch oft sich freue – und dazu eben *soll* es denken.

Den Verächtern des Leibes will ich ein Wort sagen. Daß sie verachten, das macht ihr Achten. Was ist es, das Achten und Verachten und Wert und Willen schuf?

Das schaffende Selbst schuf sich Achten und Verachten, es schuf sich Lust und Weh. Der schaffende Leib schuf sich den Geist als eine Hand seines Willens.

Noch in eurer Torheit und Verachtung, ihr Verächter des Leibes, dient ihr eurem Selbst. Ich sage euch: euer Selbst selber will sterben und kehrt sich vom Leben ab.

Nicht mehr vermag es das, was es am liebsten will – über sich hinaus zu schaffen. Das will es am liebsten, das ist seine ganze Inbrunst.

Aber zu spät ward es ihm jetzt dafür – so will euer Selbst untergehn, ihr Verächter des Leibes.

Untergehn will euer Selbst, und darum wurdet ihr zu Verächtern des Leibes! Denn nicht mehr vermögt ihr über euch hinaus zu schaffen.

Und darum zürnt ihr nun dem Leben und der Erde. Ein ungewußter Neid ist im scheelen Blick eurer Verachtung.

Ich gehe nicht euren Weg, ihr Verächter des Leibes! Ihr seid mir keine Brücken zum Übermenschen! –

Also sprach Zarathustra.

VON DEN FREUDEN UND LEIDENSCHAFTEN

Mein Bruder, wenn du eine Tugend hast, und es deine Tugend ist, so hast du sie mit niemandem gemeinsam.

Freilich, du willst sie bei Namen nennen und liebkosen; du willst sie am Ohre zupfen und Kurzweil mit ihr treiben.

Und siehe! Nun hast du ihren Namen mit dem Volke gemeinsam und bist Volk und Herde geworden mit deiner Tugend!

Besser tätest du, zu sagen: »Unaussprechbar ist und namenlos, was meiner Seele Qual und Süße macht und auch noch der Hunger meiner Eingeweide ist.«

Deine Tugend sei zu hoch für die Vertraulichkeit der Namen: und mußt du von ihr reden, so schäme dich nicht, von ihr zu stammeln.

So sprich und stammle: »Das ist *mein* Gutes, das liebe ich, so gefällt es mir ganz, so allein will *ich* das Gute.

Nicht will ich es als eines Gottes Gesetz, nicht will ich es als eine Menschen-Satzung und -Notdurft: kein Wegweiser sei es mir für Über-Erden und Paradiese.

Eine irdische Tugend ist es, die ich liebe: wenig Klugheit ist darin, und am wenigsten die Vernunft aller.

Aber dieser Vogel baute bei mir sich das Nest: darum liebe und herze ich ihn, – nun sitzt er bei mir auf seinen goldnen Eiern.«

So sollst du stammeln und deine Tugend loben.

Einst hattest du Leidenschaften und nanntest sie böse. Aber jetzt hast du nur noch deine Tugenden: die wuchsen aus deinen Leidenschaften.

Du legtest dein höchstes Ziel diesen Leidenschaften ans Herz: da wurden sie deine Tugenden und Freudenschaften.

Und ob du aus dem Geschlechte der Jähzornigen wärest oder aus dem der Wollüstigen oder der Glaubens-Wütigen oder der Rachsüchtigen:

Am Ende wurden alle deine Leidenschaften zu Tugenden und alle deine Teufel zu Engeln.

Einst hattest du wilde Hunde in deinem Keller: aber am Ende verwandelten sie sich zu Vögeln und lieblichen Sängerinnen.

Aus deinen Giften brautest du dir deinen Balsam; deine Kuh Trübsal melktest du – nun trinkst du die süße Milch ihres Euters.

Und nichts Böses wächst mehr fürderhin aus dir, es sei

denn das Böse, das aus dem Kampfe deiner Tugenden wächst.

Mein Bruder, wenn du Glück hast, so hast du *eine* Tugend und nicht mehr: so gehst du leichter über die Brücke.

Auszeichnend ist es, viele Tugenden zu haben, aber ein schweres Los; und mancher ging in die Wüste und tötete sich, weil er müde war, Schlacht und Schlachtfeld von Tugenden zu sein.

Mein Bruder, ist Krieg und Schlacht böse? Aber notwendig ist dies Böse, notwendig ist der Neid und das Mißtrauen und die Verleumdung unter deinen Tugenden.

Siehe, wie jede deiner Tugenden begehrlich ist nach dem Höchsten: sie will deinen ganzen Geist, daß er *ihr* Herold sei, sie will deine ganze Kraft in Zorn, Haß und Liebe.

Eifersüchtig ist jede Tugend auf die andre, und ein furchtbares Ding ist Eifersucht. Auch Tugenden können an der Eifersucht zugrunde gehn.

Wen die Flamme der Eifersucht umringt, der wendet zuletzt, gleich dem Skorpione, gegen sich selber den vergifteten Stachel.

Ach, mein Bruder, sahst du noch nie eine Tugend sich selber verleumden und erstechen?

Der Mensch ist etwas, das überwunden werden muß: und darum sollst du deine Tugenden lieben – denn du wirst an ihnen zugrunde gehn. –

Also sprach Zarathustra.

VOM BLEICHEN VERBRECHER

Ihr wollt nicht töten, ihr Richter und Opferer, bevor das Tier nicht genickt hat? Seht, der bleiche Verbrecher hat genickt: aus seinem Auge redet die große Verachtung.

»Mein Ich ist etwas, das überwunden werden soll: mein Ich ist mir die große Verachtung des Menschen«: so redet es aus diesem Auge.

Daß er sich selbst richtete, war sein höchster Augenblick: laßt den Erhabenen nicht wieder zurück in sein Niederes!

Es gibt keine Erlösung für den, der so an sich selber leidet, es sei denn der schnelle Tod.

Euer Töten, ihr Richter, soll ein Mitleid sein und keine Rache. Und indem ihr tötet, seht zu, daß ihr selber das Leben rechtfertigt!

Es ist nicht genug, daß ihr euch mit dem versöhnt, den ihr tötet. Eure Traurigkeit sei Liebe zum Übermenschen: so rechtfertigt ihr euer Noch-Leben!

»Feind« sollt ihr sagen, aber nicht »Bösewicht«; »Kranker« sollt ihr sagen, aber nicht »Schuft«; »Tor« sollt ihr sagen, aber nicht »Sünder«.

Und du, roter Richter, wenn du laut sagen wolltest, was du alles schon in Gedanken getan hast: so würde jedermann schreien: »Weg mit diesem Unflat und Giftwurm!«

Aber ein anderes ist der Gedanke, ein anderes die Tat, ein anderes das Bild der Tat. Das Rad des Grundes rollt nicht zwischen ihnen.

Ein Bild machte diesen bleichen Menschen bleich. Gleichwüchsig war er seiner Tat, als er sie tat: aber ihr Bild ertrug er nicht, als sie getan war.

Immer sah er sich nun als *einer* Tat Täter. Wahnsinn heiße ich dies: die Ausnahme verkehrte sich ihm zum Wesen.

Der Strich bannt die Henne; der Streich, den er führte, bannte seine arme Vernunft – den Wahnsinn *nach* der Tat heiße ich dies.

Hört, ihr Richter! Einen anderen Wahnsinn gibt es noch: und der ist *vor* der Tat. Ach, ihr krocht mir nicht tief genug in diese Seele!

So spricht der rote Richter: »Was mordete doch dieser Verbrecher? Er wollte rauben.« Aber ich sage euch: seine Seele wollte Blut, nicht Raub: er dürstete nach dem Glück des Messers!

Seine arme Vernunft aber begriff diesen Wahnsinn nicht und überredete ihn. »Was liegt an Blut!« sprach sie; »willst du nicht zum mindesten einen Raub dabei machen? Eine Rache nehmen?«

Und er horchte auf seine arme Vernunft: wie Blei lag ihre Rede auf ihm, – da raubte er, als er mordete. Er wollte sich nicht seines Wahnsinns schämen.

Und nun wieder liegt das Blei seiner Schuld auf ihm, und wieder ist seine arme Vernunft so steif, so gelähmt, so schwer.

Wenn er nur den Kopf schütteln könnte, so würde seine Last herabrollen: aber wer schüttelt diesen Kopf?

Was ist dieser Mensch? Ein Haufen von Krankheiten, welche durch den Geist in die Welt hinausgreifen: da wollen sie ihre Beute machen.

Was ist dieser Mensch? Ein Knäuel wilder Schlangen, welche selten beieinander Ruhe haben, – da gehen sie für sich fort und suchen Beute in der Welt.

Seht diesen armen Leib! Was er litt und begehrte, das deutete sich diese arme Seele, – sie deutete es als mörderische Lust und Gier nach dem Glück des Messers.

Wer jetzt krank wird, den überfällt das Böse, das jetzt böse ist: wehe will er tun, mit dem, was ihm wehe tut. Aber es gab andre Zeiten und ein andres Böses und Gutes.

Einst war der Zweifel böse und der Wille zum Selbst. Damals wurde der Kranke zum Ketzer und zur Hexe: als Ketzer und Hexe litt er und wollte leiden machen.

Aber dies will nicht in eure Ohren: euren Guten schade es, sagt ihr mir. Aber was liegt mir an euren Guten!

Vieles an euren Guten macht mir Ekel, und wahrlich nicht ihr Böses. Wollte ich doch, sie hätten einen Wahnsinn, an dem sie zugrunde gingen, gleich diesem bleichen Verbrecher!

Wahrlich, ich wollte, ihr Wahnsinn hieße Wahrheit oder Treue oder Gerechtigkeit: aber sie haben ihre Tugend, um lange zu leben, und in einem erbärmlichen Behagen.

Ich bin ein Geländer am Strome: fasse mich, wer mich fassen kann! Eure Krücke aber bin ich nicht. –

Also sprach Zarathustra.

VOM LESEN UND SCHREIBEN

Von allem Geschriebenen liebe ich nur das, was einer mit seinem Blute schreibt. Schreibe mit Blut: und du wirst erfahren, daß Blut Geist ist.

Es ist nicht leicht möglich, fremdes Blut zu verstehen: ich hasse die lesenden Müßiggänger.

Wer den Leser kennt, der tut nichts mehr für den Leser. Noch ein Jahrhundert Leser – und der Geist selber wird stinken.

Daß jedermann lesen lernen darf, verdirbt auf die Dauer nicht allein das Schreiben, sondern auch das Denken.

Einst war der Geist Gott, dann wurde er zum Menschen, und jetzt wird er gar noch Pöbel.

Wer in Blut und Sprüchen schreibt, der will nicht gelesen, sondern auswendig gelernt werden.

Im Gebirge ist der nächste Weg von Gipfel zu Gipfel: aber dazu mußt du lange Beine haben. Sprüche sollen Gipfel sein: und die, zu denen gesprochen wird, Große und Hochwüchsige.

Die Luft dünn und rein, die Gefahr nahe und der Geist voll einer fröhlichen Bosheit: so paßt es gut zueinander.

Ich will Kobolde um mich haben, denn ich bin mutig. Mut, der die Gespenster verscheucht, schafft sich selber Kobolde, – der Mut will lachen.

Ich empfinde nicht mehr mit euch: diese Wolke, die ich unter mir sehe, diese Schwärze und Schwere, über die ich lache – gerade das ist eure Gewitterwolke.

Ihr seht nach oben, wenn ihr nach Erhebung verlangt. Und ich sehe hinab, weil ich erhoben bin.

Wer von euch kann zugleich lachen und erhoben sein?

Wer auf den höchsten Bergen steigt, der lacht über alle Trauer-Spiele und Trauer-Ernste.

Mutig, unbekümmert, spöttisch, gewaltig – so will uns die Weisheit: sie ist ein Weib und liebt immer nur einen Kriegsmann.

Ihr sagt mir: »das Leben ist schwer zu tragen.« Aber

wozu hättet ihr vormittags euren Stolz und abends eure Ergebung?

Das Leben ist schwer zu tragen: aber so tut mir doch nicht so zärtlich! Wir sind allesamt hübsche lastbare Esel und Eselinnen.

Was haben wir gemein mit der Rosenknospe, welche zittert, weil ihr ein Tropfen Tau auf dem Leibe liegt?

Es ist wahr: wir lieben das Leben, nicht, weil wir ans Leben, sondern weil wir ans Lieben gewöhnt sind.

Es ist immer etwas Wahnsinn in der Liebe. Es ist aber immer auch etwas Vernunft im Wahnsinn.

Und auch mir, der ich dem Leben gut bin, scheinen Schmetterlinge und Seifenblasen und was ihrer Art unter Menschen ist, am meisten vom Glücke zu wissen.

Diese leichten törichten zierlichen beweglichen Seelchen flattern zu sehen – das verführt Zarathustra zu Tränen und Liedern.

Ich würde nur an einen Gott glauben, der zu tanzen verstünde.

Und als ich meinen Teufel sah, da fand ich ihn ernst, gründlich, tief, feierlich; es war der Geist der Schwere – durch ihn fallen alle Dinge.

Nicht durch Zorn, sondern durch Lachen tötet man. Auf, laßt uns den Geist der Schwere töten!

Ich habe gehen gelernt: seitdem lasse ich mich laufen. Ich habe fliegen gelernt: seitdem will ich nicht erst gestoßen sein, um von der Stelle zu kommen.

Jetzt bin ich leicht, jetzt fliege ich, jetzt sehe ich mich unter mir, jetzt tanzt ein Gott durch mich.

Also sprach Zarathustra.

VOM BAUM AM BERGE

Zarathustras Auge hatte gesehn, daß ein Jüngling ihm auswich. Und als er eines Abends allein durch die Berge ging, welche die Stadt umschließen, die genannt wird »die bunte Kuh«: siehe, da fand er im Gehen diesen Jüngling, wie er an einen Baum gelehnt saß und müden Blickes in das Tal schaute. Zarathustra faßte den Baum an, bei welchem der Jüngling saß, und sprach also:

»Wenn ich diesen Baum da mit meinen Händen schütteln wollte, ich würde es nicht vermögen.

Aber der Wind, den wir nicht sehen, der quält und biegt ihn, wohin er will. Wir werden am schlimmsten von unsichtbaren Händen gebogen und gequält.«

Da erhob sich der Jüngling bestürzt und sagte: »Ich höre Zarathustra, und eben dachte ich an ihn.« Zarathustra entgegnete:

»Was erschrickst du deshalb? – Aber es ist mit dem Menschen wie mit dem Baume.

Je mehr er hinauf in die Höhe und Helle will, um so stärker streben seine Wurzeln erdwärts, abwärts, ins Dunkle, Tiefe – ins Böse.«

»Ja, ins Böse!« rief der Jüngling. »Wie ist es möglich, daß du meine Seele entdecktest?«

Zarathustra lächelte und sprach:

»Manche Seele wird man nie entdecken, es sei denn, daß man sie zuerst erfindet.«

»Ja, ins Böse!« rief der Jüngling nochmals.

»Du sagtest die Wahrheit, Zarathustra. Ich traue mir selber nicht mehr, seitdem ich in die Höhe will, und niemand traut mir mehr, – wie geschieht dies doch?

Ich verwandele mich zu schnell: mein Heute widerlegt mein Gestern. Ich überspringe oft die Stufen, wenn ich steige, – das verzeiht mir keine Stufe.

Bin ich oben, so finde ich mich immer allein. Niemand redet mit mir, der Frost der Einsamkeit macht mich zittern. Was will ich doch in der Höhe?

Meine Verachtung und meine Sehnsucht wachsen miteinander; je höher ich steige, um so mehr verachte ich den, der steigt. Was will er doch in der Höhe?

Wie schäme ich mich meines Steigens und Stolperns! Wie spotte ich meines heftigen Schnaubens! Wie hasse ich den Fliegenden! Wie müde bin ich in der Höhe!«

Hier schwieg der Jüngling. Und Zarathustra betrachtete den Baum, an dem sie standen, und sprach also:

»Dieser Baum steht einsam hier am Gebirge; er wuchs hoch hinweg über Mensch und Tier.

Und wenn er reden wollte, er würde niemanden haben, der ihn verstünde: so hoch wuchs er.

Nun wartet er und wartet – worauf wartet er doch? Er wohnt dem Sitze der Wolken zu nahe: er wartet wohl auf den ersten Blitz?«

Als Zarathustra dies gesagt hatte, rief der Jüngling mit heftigen Gebärden: »Ja, Zarathustra, du sprichst die Wahrheit. Nach meinem Untergange verlangte ich, als ich in die Höhe wollte, und du bist der Blitz, auf den ich wartete! Siehe, was bin ich noch, seitdem du uns erschienen bist? Der *Neid* auf dich ist's, der mich zerstört hat!« – So sprach der Jüngling und weinte bitterlich. Zarathustra aber legte seinen Arm um ihn und führte ihn mit sich fort.

Und als sie eine Weile miteinander gegangen waren, hob Zarathustra also an zu sprechen:

Es zerreißt mir das Herz. Besser, als deine Worte es sagen, sagt mir dein Auge alle deine Gefahr.

Noch bist du nicht frei, du *suchst* noch nach Freiheit. Übernächtig machte dich dein Suchen und überwach.

In die freie Höhe willst du, nach Sternen dürstet deine Seele. Aber auch deine schlimmen Triebe dürsten nach Freiheit.

Deine wilden Hunde wollen in die Freiheit; sie bellen vor Lust in ihrem Keller, wenn dein Geist alle Gefängnisse zu lösen trachtet.

Noch bist du mir ein Gefangener, der sich Freiheit ersinnt: ach, klug wird solchen Gefangenen die Seele, aber auch arglistig und schlecht.

Reinigen muß sich noch der Befreite des Geistes. Viel Gefängnis und Moder ist noch in ihm zurück: rein muß noch sein Auge werden.

Ja, ich kenne deine Gefahr. Aber bei meiner Liebe und Hoffnung beschwöre ich dich: wirf deine Liebe und Hoffnung nicht weg!

Edel fühlst du dich noch, und edel fühlen dich auch die andern noch, die dir gram sind und böse Blicke senden. Wisse, daß allen ein Edler im Wege steht.

Auch den Guten steht ein Edler im Wege: und selbst wenn sie ihn einen Guten nennen, so wollen sie ihn damit beiseite bringen.

Neues will der Edle schaffen und eine neue Tugend. Altes will der Gute, und daß Altes erhalten bleibe.

Aber nicht das ist die Gefahr des Edlen, daß er ein Guter werde, sondern ein Frecher, ein Höhnender, ein Vernichter.

Ach, ich kannte Edle, die verloren ihre höchste Hoffnung. Und nun verleumdeten sie alle hohen Hoffnungen.

Nun lebten sie frech in kurzen Lüsten, und über den Tag hin warfen sie kaum noch Ziele.

»Geist ist auch Wollust« – so sagten sie. Da zerbrachen ihrem Geiste die Flügel: nun kriecht er herum und beschmutzt im Nagen.

Einst dachten sie Helden zu werden: Lüstlinge sind es jetzt. Ein Gram und ein Grauen ist ihnen der Held.

Aber bei meiner Liebe und Hoffnung beschwöre ich dich: wirf den Helden in deiner Seele nicht weg! Halte heilig deine höchste Hoffnung! –

Also sprach Zarathustra.

VON DEN PREDIGERN DES TODES

Es gibt Prediger des Todes: und die Erde ist voll von solchen, denen Abkehr gepredigt werden muß vom Leben.

Voll ist die Erde von Überflüssigen, verdorben ist das

Leben durch die Viel-zu-Vielen. Möge man sie mit dem »ewigen Leben« aus diesem Leben weglocken!

»Gelbe«: so nennt man die Prediger des Todes, oder »Schwarze«. Aber ich will sie euch noch in andern Farben zeigen.

Da sind die Fürchterlichen, welche in sich das Raubtier herumtragen und keine Wahl haben, es sei denn Lüste oder Selbstzerfleischung. Und auch ihre Lüste sind noch Selbstzerfleischung.

Sie sind noch nicht einmal Menschen geworden, diese Fürchterlichen: mögen sie Abkehr predigen vom Leben und selber dahinfahren!

Da sind die Schwindsüchtigen der Seele: kaum sind sie geboren, so fangen sie schon an zu sterben und sehnen sich nach Lehren der Müdigkeit und Entsagung.

Sie wollen gerne tot sein, und wir sollten ihren Willen gutheißen! Hüten wir uns, diese Toten zu erwecken und diese lebendigen Särge zu versehren!

Ihnen begegnet ein Kranker oder ein Greis oder ein Leichnam; und gleich sagen sie: »das Leben ist widerlegt!«

Aber nur sie sind widerlegt und ihr Auge, welches nur das eine Gesicht sieht am Dasein.

Eingehüllt in dicke Schwermut und begierig auf die kleinen Zufälle, welche den Tod bringen: so warten sie und beißen die Zähne aufeinander.

Oder aber: sie greifen nach Zuckerwerk und spotten ihrer Kinderei dabei: sie hängen an ihrem Strohhalm Leben und spotten, daß sie noch an einem Strohhalm hängen.

Ihre Weisheit lautet: »Ein Tor, der leben bleibt, aber so sehr sind wir Toren! Und das eben ist das Törichtste am Leben!« –

»Das Leben ist nur Leiden« – so sagen andre und lügen nicht: so sorgt doch, daß *ihr* aufhört! So sorgt doch, daß das Leben aufhört, welches nur Leiden ist!

Und also laute die Lehre eurer Tugend: »Du sollst dich selbst töten! Du sollst dich selber davonstehlen!« –

»Wollust ist Sünde« – so sagen die einen, welche den Tod predigen – »laßt uns beiseite gehn und keine Kinder zeugen!«

»Gebären ist mühsam« – sagen die andern – »wozu noch gebären? Man gebiert nur Unglückliche!« Und auch sie sind Prediger des Todes.

»Mitleid tut not« – so sagen die dritten. »Nehmt hin, was ich habe! Nehmt hin, was ich bin! Um so weniger bindet mich das Leben!«

Wären sie Mitleidige von Grund aus, so würden sie ihren Nächsten das Leben verleiden. Böse sein – das wäre ihre rechte Güte.

Aber sie wollen loskommen vom Leben: was schiert es sie, daß sie andre mit ihren Ketten und Geschenken noch fester binden! –

Und auch ihr, denen das Leben wilde Arbeit und Unruhe ist: seid ihr nicht sehr müde des Lebens? Seid ihr nicht sehr reif für die Predigt des Todes?

Ihr alle, denen die wilde Arbeit lieb ist und das Schnelle, Neue, Fremde – ihr ertragt euch schlecht, euer Fleiß ist Flucht und Wille, sich selber zu vergessen.

Wenn ihr mehr an das Leben glaubtet, würdet ihr weniger euch dem Augenblicke hinwerfen. Aber ihr habt zum Warten nicht Inhalt genug in euch – und selbst zur Faulheit nicht!

Überall ertönt die Stimme derer, welche den Tod predigen: und die Erde ist voll von solchen, welchen der Tod gepredigt werden muß.

Oder »das ewige Leben«: das gilt mir gleich, – wofern sie nur schnell dahinfahren!

Also sprach Zarathustra.

VOM KRIEG UND KRIEGSVOLKE

Von unsern besten Feinden wollen wir nicht geschont sein, und auch von denen nicht, welche wir von Grund aus lieben. So laßt mich denn euch die Wahrheit sagen!

Meine Brüder im Kriege! Ich liebe euch von Grund aus,

ich bin und war euresgleichen. Und ich bin auch euer bester Feind. So laßt mich denn euch die Wahrheit sagen!

Ich weiß um den Haß und Neid eures Herzens. Ihr seid nicht groß genug, um Haß und Neid nicht zu kennen. So seid denn groß genug, euch ihrer nicht zu schämen!

Und wenn ihr nicht Heilige der Erkenntnis sein könnt, so seid mir wenigstens deren Kriegsmänner. Das sind die Gefährten und Vorläufer solcher Heiligkeit.

Ich sehe viel Soldaten: möchte ich viel Kriegsmänner sehn! »Einform« nennt man's, was sie tragen: möge es nicht Ein-form sein, was sie damit verstecken!

Ihr sollt mir solche sein, deren Auge immer nach einem Feinde sucht – nach *eurem* Feinde. Und bei einigen von euch gibt es einen Haß auf den ersten Blick.

Euren Feind sollt ihr suchen, euren Krieg sollt ihr führen, und für eure Gedanken! Und wenn euer Gedanke unterliegt, so soll eure Redlichkeit darüber noch Triumph rufen!

Ihr sollt den Frieden lieben als Mittel zu neuen Kriegen. Und den kurzen Frieden mehr als den langen.

Euch rate ich nicht zur Arbeit, sondern zum Kampfe. Euch rate ich nicht zum Frieden, sondern zum Siege. Eure Arbeit sei ein Kampf, euer Friede sei ein Sieg!

Man kann nur schweigen und stillsitzen, wenn man Pfeil und Bogen hat: sonst schwätzt und zankt man. Euer Friede sei ein Sieg!

Ihr sagt, die gute Sache sei es, die sogar den Krieg heilige? Ich sage euch: der gute Krieg ist es, der jede Sache heiligt.

Der Krieg und der Mut haben mehr große Dinge getan, als die Nächstenliebe. Nicht euer Mitleiden, sondern eure Tapferkeit rettete bisher die Verunglückten.

»Was ist gut?« fragt ihr. Tapfer sein ist gut. Laßt die kleinen Mädchen reden: »gut sein ist, was hübsch zugleich und rührend ist.«

Man nennt euch herzlos: aber euer Herz ist echt, und ich liebe die Scham eurer Herzlichkeit. Ihr schämt euch eurer Flut, und andre schämen sich ihrer Ebbe.

Ihr seid häßlich? Nun wohlan, meine Brüder! So nehmt das Erhabne um euch, den Mantel des Häßlichen!

Und wenn eure Seele groß wird, so wird sie übermütig, und in eurer Erhabenheit ist Bosheit. Ich kenne euch.

In der Bosheit begegnet sich der Übermütige mit dem Schwächlinge. Aber sie mißverstehen einander. Ich kenne euch.

Ihr dürft nur Feinde haben, die zu hassen sind, aber nicht Feinde zum Verachten. Ihr müßt stolz auf euern Feind sein: dann sind die Erfolge eures Feindes auch eure Erfolge.

Auflehnung – das ist die Vornehmheit am Sklaven. Eure Vornehmheit sei Gehorsam! Euer Befehlen selbst sei ein Gehorchen!

Einem guten Kriegsmanne klingt »du sollst« angenehmer als »ich will«. Und alles, was euch lieb ist, sollt ihr euch erst noch befehlen lassen.

Eure Liebe zum Leben sei Liebe zu eurer höchsten Hoffnung: und eure höchste Hoffnung sei der höchste Gedanke des Lebens!

Euren höchsten Gedanken aber sollt ihr euch von mir befehlen lassen – und er lautet: der Mensch ist etwas, das überwunden werden soll.

So lebt euer Leben des Gehorsams und des Krieges! Was liegt am Lang-Leben! Welcher Krieger will geschont sein!

Ich schone euch nicht, ich liebe euch von Grund aus, meine Brüder im Kriege! –

Also sprach Zarathustra.

VON NEUEN GÖTZEN

Irgendwo gibt es noch Völker und Herden, doch nicht bei uns, meine Brüder: da gibt es Staaten.

Staat? Was ist das? Wohlan! Jetzt tut mir die Ohren auf, denn jetzt sage ich euch mein Wort vom Tode der Völker.

Staat heißt das kälteste aller kalten Ungeheuer. Kalt lügt es auch; und diese Lüge kriecht aus seinem Munde: »Ich, der Staat, bin das Volk.«

Lüge ist's! Schaffende waren es, die schufen die Völker und hängten einen Glauben und eine Liebe über sie hin: also dienten sie dem Leben.

Vernichtet sind es, die stellen Fallen auf für viele und heißen sie Staat: sie hängen ein Schwert und hundert Begierden über sie hin.

Wo es noch Volk gibt, da versteht es den Staat nicht und haßt ihn als bösen Blick und Sünde an Sitten und Rechten.

Dieses Zeichen gebe ich euch: jedes Volk spricht seine Zunge des Guten und Bösen: die versteht der Nachbar nicht. Seine Sprache erfand es sich in Sitten und Rechten.

Aber der Staat lügt in allen Zungen des Guten und Bösen; und was er auch redet, er lügt – und was er auch hat, gestohlen hat er's.

Falsch ist alles an ihm; mit gestohlenen Zähnen beißt er, der Bissige. Falsch sind selbst seine Eingeweide.

Sprachverwirrung des Guten und Bösen: dieses Zeichen gebe ich euch als Zeichen des Staates. Wahrlich, den Willen zum Tode deutet dieses Zeichen! Wahrlich, es winkt den Predigern des Todes!

Viel zu viele werden geboren: für die Überflüssigen ward der Staat erfunden!

Seht mir doch, wie er sie an sich lockt, die Viel-zu-Vielen! Wie er sie schlingt und kaut und wiederkäut!

»Auf der Erde ist nichts Größeres als ich: der ordnende Finger bin ich Gottes« – also brüllt das Untier. Und nicht nur Langgeohrte und Kurzgeäugte sinken auf die Knie!

Ach, auch in euch, ihr großen Seelen, raunt er seine düsteren Lügen! Ach, er errät die reichen Herzen, die gerne sich verschwenden!

Ja, auch euch errät er, ihr Besieger des alten Gottes! Müde wurdet ihr im Kampfe, und nun dient eure Müdigkeit noch dem neuen Götzen!

Helden und Ehrenhafte möchte er um sich aufstellen, der neue Götze! Gerne sonnt er sich im Sonnenschein guter Gewissen – das kalte Untier!

Alles will er *euch* geben, wenn *ihr* ihn anbetet, der neue Götze: also kauft er sich den Glanz eurer Tugenden und den Blick eurer stolzen Augen.

Ködern will er mit euch die Viel-zu-Vielen! Ja, ein Höllenkunststück ward da erfunden, ein Pferd des Todes, klirrend im Putz göttlicher Ehren!

Ja, ein Sterben für viele ward da erfunden, das sich selber als Leben preist: wahrlich, ein Herzensdienst allen Predigern des Todes!

Staat nenne ich's, wo alle Gifttrinker sind, Gute und Schlimme: Staat, wo alle sich selber verlieren, Gute und Schlimme: Staat, wo der langsame Selbstmord aller – »das Leben« heißt.

Seht mir doch diese Überflüssigen! Sie stehlen sich die Werke der Erfinder und die Schätze der Weisen: Bildung nennen sie ihren Diebstahl – und alles wird ihnen zu Krankheit und Ungemach!

Seht mir doch diese Überflüssigen! Krank sind sie immer, sie erbrechen ihre Galle und nennen es Zeitung. Sie verschlingen einander und können sich nicht einmal verdauen.

Seht mir doch diese Überflüssigen! Reichtümer erwerben sie und werden ärmer damit. Macht wollen sie und zuerst das Brecheisen der Macht, viel Geld – diese Unvermögenden!

Seht sie klettern, diese geschwinden Affen! Sie klettern übereinander hinweg und zerren sich also in den Schlamm und die Tiefe.

Hin zum Throne wollen sie alle: ihr Wahnsinn ist es – als ob das Glück auf dem Throne säße! Oft sitzt der Schlamm auf dem Thron – und oft auch der Thron auf dem Schlamme.

Wahnsinnige sind sie mir alle und kletternde Affen und Überheiße. Übel riecht mir ihr Götze, das kalte Untier: übel riechen sie mir alle zusammen, diese Götzendiener.

Meine Brüder, wollt ihr denn ersticken im Dunste ihrer Mäuler und Begierden? Lieber zerbrecht doch die Fenster und springt ins Freie!

Geht doch dem schlechten Geruche aus dem Wege! Geht fort von der Götzendienerei der Überflüssigen!

Geht doch dem schlechten Geruche aus dem Wege! Geht fort von dem Dampfe dieser Menschenopfer!

Frei steht großen Seelen auch jetzt noch die Erde. Leer sind noch viele Sitze für Einsame und Zweisame, um die der Geruch stiller Meere weht.

Frei steht noch großen Seelen ein freies Leben. Wahrlich, wer wenig besitzt, wird um so weniger besessen: gelobt sei die kleine Armut!

Dort, wo der Staat aufhört, da beginnt erst der Mensch, der nicht überflüssig ist: da beginnt das Lied des Notwendigen, die einmalige und unersetzliche Weise.

Dort, wo der Staat *aufhört* – so seht mir doch hin, meine Brüder! Seht ihr ihn nicht, den Regenbogen und die Brükken des Übermenschen? –

Also sprach Zarathustra.

VON DEN FLIEGEN DES MARKTES

Fliehe, mein Freund, in deine Einsamkeit! Ich sehe dich betäubt vom Lärme der großen Männer und zerstochen von den Stacheln der kleinen.

Würdig wissen Wald und Fels mit dir zu schweigen. Gleiche wieder dem Baume, den du liebst, dem breitästigen: still und aufhorchend hängt er über dem Meere.

Wo die Einsamkeit aufhört, da beginnt der Markt; und wo der Markt beginnt, da beginnt auch der Lärm der großen Schauspieler und das Geschwirr der giftigen Fliegen.

In der Welt taugen die besten Dinge noch nichts, ohne einen, der sie erst aufführt: große Männer heißt das Volk diese Aufführer.

Wenig begreift das Volk das Große, das ist: das Schaffende. Aber Sinne hat es für alle Aufführer und Schauspieler großer Sachen.

Um die Erfinder von neuen Werten dreht sich die Welt – unsichtbar dreht sie sich. Doch um die Schauspieler dreht sich das Volk und der Ruhm: so ist es der Welt Lauf.

Geist hat der Schauspieler, doch wenig Gewissen des

Geistes. Er glaubt immer an das, womit er am stärksten glauben macht – glauben an *sich* macht!

Morgen hat er einen neuen Glauben und übermorgen einen neueren. Rasche Sinne hat er, gleich dem Volke, und veränderliche Witterungen.

Umwerfen – das heißt ihm: beweisen. Toll machen – das heißt ihm: überzeugen. Und Blut gilt ihm als aller Gründe bester.

Eine Wahrheit, die nur in feine Ohren schlüpft, nennt er Lüge und Nichts. Wahrlich, er glaubt nur an Götter, die großen Lärm in der Welt machen!

Voll von feierlichen Possenreißern ist der Markt – und das Volk rühmt sich seiner großen Männer! das sind ihm die Herrn der Stunde.

Aber die Stunde drängt sie: so drängen sie dich: und auch von dir wollen sie Ja oder Nein. Wehe, du willst zwischen Für und Wider deinen Stuhl setzen?

Dieser Unbedingten und Drängenden halber sei ohne Eifersucht, du Liebhaber der Wahrheit! Niemals noch hängte sich die Wahrheit an den Arm eines Unbedingten.

Dieser Plötzlichen halber gehe zurück in deine Sicherheit: nur auf dem Markt wird man mit Ja? oder Nein? überfallen.

Langsam ist das Erleben allen tiefen Brunnen: lange müssen sie warten, bis sie wissen, *was* in ihre Tiefe fiel.

Abseits vom Markte und Ruhme begibt sich alles Große: abseits vom Markte und Ruhme wohnten von je die Erfinder neuer Werte.

Fliehe, mein Freund, in deine Einsamkeit: ich sehe dich von giftigen Fliegen zerstochen. Fliehe dorthin, wo rauhe, starke Luft weht!

Fliehe in deine Einsamkeit! Du lebtest den Kleinen und Erbärmlichen zu nahe. Fliehe vor ihrer unsichtbaren Rache! Gegen dich sind sie nichts als Rache.

Hebe nicht mehr den Arm gegen sie! Unzählbar sind sie, und es ist nicht dein Los, Fliegenwedel zu sein.

Unzählbar sind diese Kleinen und Erbärmlichen; und manchem stolzen Baue gereichten schon Regentropfen und Unkraut zum Untergange.

Du bist kein Stein, aber schon wurdest du hohl von vielen Tropfen. Zerbrechen und zerbersten wirst du mir noch von vielen Tropfen.

Ermüdet sehe ich dich durch giftige Fliegen, blutig geritzt sehe ich dich an hundert Stellen; und dein Stolz will nicht einmal zürnen.

Blut möchten sie von dir in aller Unschuld, Blut begehren ihre blutlosen Seelen – und sie stechen daher in aller Unschuld.

Aber du Tiefer, du leidest zu tief auch an kleinen Wunden; und ehe du dich noch geheilt hast, kroch dir der gleiche Giftwurm über die Hand.

Zu stolz bis du mir dafür, diese Naschhaften zu töten. Hüte dich aber, daß es nicht dein Verhängnis werde, all ihr giftiges Unrecht zu tragen!

Sie summen um dich auch mit ihrem Lobe: Zudringlichkeit ist ihr Loben. Sie wollen die Nähe deiner Haut und deines Blutes.

Sie schmeicheln dir wie einem Gotte oder Teufel; sie winseln vor dir wie vor einem Gotte oder Teufel. Was macht es! Schmeichler sind es und Winsler, und nicht mehr.

Auch geben sie sich dir oft als Liebenswürdige. Aber das war immer die Klugheit der Feigen. Ja, die Feigen sind klug!

Sie denken viel über dich mit ihrer engen Seele – bedenklich bist du ihnen stets! Alles, was viel bedacht wird, wird bedenklich.

Sie bestrafen dich für alle deine Tugenden. Sie verzeihen dir von Grund aus nur – deine Fehlgriffe.

Weil du milde bist und gerechten Sinnes, sagst du: »unschuldig sind sie an ihrem kleinen Dasein.« Aber ihre enge Seele denkt: »Schuld ist alles große Dasein.«

Auch wenn du ihnen milde bist, fühlen sie sich noch von dir verachtet; und sie geben dir deine Wohltat zurück mit versteckten Wehtaten.

Dein wortloser Stolz geht immer wider ihren Geschmack; sie frohlocken, wenn du einmal bescheiden genug bist, eitel zu sein.

Das, was wir an einem Menschen erkennen, das entzünden wir an ihm auch. Also hüte dich vor den Kleinen!

Vor dir fühlen sie sich klein, und ihre Niedrigkeit glimmt und glüht gegen dich in unsichtbarer Rache.

Merktest du nicht, wie oft sie stumm wurden, wenn du zu ihnen tratest, und wie ihre Kraft von ihnen ging wie der Rauch von einem erlöschenden Feuer?

Ja, mein Freund, das böse Gewissen bist du deinen Nächsten: denn sie sind deiner unwert. Also hassen sie dich und möchten gerne an deinem Blute saugen.

Deine Nächsten werden immer giftige Fliegen sein; das, was groß an dir ist – das selber muß sie giftiger machen und immer fliegenhafter.

Fliehe, mein Freund, in deine Einsamkeit und dorthin, wo eine rauhe, starke Luft weht. Nicht ist es dein Los, Fliegenwedel zu sein. –

Also sprach Zarathustra.

VON DER KEUSCHHEIT

Ich liebe den Wald. In den Städten ist schlecht zu leben: da gibt es zu viele der Brünstigen.

Ist es nicht besser, in die Hände eines Mörders zu geraten, als in die Träume eines brünstigen Weibes?

Und seht mir doch diese Männer an: ihr Auge sagt es – sie wissen nichts Besseres auf Erden, als bei einem Weibe zu liegen.

Schlamm ist auf dem Grunde ihrer Seele; und wehe, wenn ihr Schlamm gar noch Geist hat!

Daß ihr doch wenigstens als Tiere vollkommen wäret! Aber zum Tiere gehört die Unschuld.

Rate ich euch, eure Sinne zu töten? Ich rate euch zur Unschuld der Sinne.

Rate ich euch zur Keuschheit? Die Keuschheit ist bei einigen eine Tugend, aber bei vielen beinahe ein Laster.

Diese enthalten sich wohl: aber die Hündin Sinnlichkeit blickt mit Neid aus allem, was sie tun.

Noch in die Höhen ihrer Tugend und bis in den kalten Geist hinein folgt ihnen dies Getier und sein Unfrieden.

Und wie artig weiß die Hündin Sinnlichkeit um ein Stück Geist zu betteln, wenn ihr ein Stück Fleisch versagt wird.

Ihr liebt Trauerspiele und alles, was das Herz zerbricht? Aber ich bin mißtrauisch gegen eure Hündin.

Ihr habt mir zu grausame Augen und blickt lüstern nach Leidenden. Hat sich nicht nur eure Wollust verkleidet und heißt sich Mitleiden?

Und auch dies Gleichnis gebe ich euch: nicht wenige, die ihren Teufel austreiben wollten, fuhren dabei selber in die Säue.

Wem die Keuschheit schwerfällt, dem ist sie zu widerraten: daß sie nicht der Weg zur Hölle werde – das ist zu Schlamm und Brunst der Seele.

Rede ich von schmutzigen Dingen? Das ist mir nicht das Schlimmste.

Nicht, wenn die Wahrheit schmutzig ist, sondern wenn sie seicht ist, steigt der Erkennende ungern in ihr Wasser.

Wahrlich, es gibt Keusche von Grund aus: sie sind milder von Herzen, sie lachen lieber und reichlicher als ihr.

Sie lachen auch über die Keuschheit und fragen: »was ist Keuschheit!

Ist Keuschheit nicht Torheit? Aber diese Torheit kam zu uns, und nicht wir zu ihr.

Wir boten diesem Gaste Herberge und Herz: nun wohnt er bei uns – mag er bleiben, wie lange er will!«

Also sprach Zarathustra.

VOM FREUNDE

»Einer ist immer zu viel um mich« – also denkt der Einsiedler. »Immer einmal eins – das gibt auf die Dauer zwei!«

Ich und Mich sind immer zu eifrig im Gespräch: wie wäre es auszuhalten, wenn es nicht einen Freund gäbe?

Immer ist für den Einsiedler der Freund der Dritte: der Dritte ist der Kork, der verhindert, daß das Gespräch der Zweie in die Tiefe sinkt.

Ach, es gibt zu viele Tiefen für alle Einsiedler. Darum sehnen sie sich so nach einem Freunde und nach seiner Höhe.

Unser Glaube an andre verrät, worin wir gerne an uns selber glauben möchten. Unsre Sehnsucht nach einem Freunde ist unser Verräter.

Und oft will man mit der Liebe nur den Neid überspringen. Und oft greift man an und macht sich einen Feind, um zu verbergen, daß man angreifbar ist.

»Sei wenigstens mein Feind!« – so spricht die wahre Ehrfurcht, die nicht um Freundschaft zu bitten wagt.

Will man einen Freund haben, so muß man auch für ihn Krieg führen wollen: und um Krieg zu führen, muß man Feind sein *können*.

Man soll in seinem Freunde noch den Feind ehren. Kannst du an deinen Freund dicht herantreten, ohne zu ihm überzutreten?

In seinem Freunde soll man seinen besten Feind haben. Du sollst ihm am nächsten mit dem Herzen sein, wenn du ihm widerstrebst.

Du willst vor deinem Freunde kein Kleid tragen? Es soll deines Freundes Ehre sein, daß du dich ihm gibst, wie du bist? Aber er wünscht dich darum zum Teufel!

Wer aus sich kein Hehl macht, empört: so sehr habt ihr Grund, die Nacktheit zu fürchten! Ja, wenn ihr Götter wäret, da dürftet ihr euch eurer Kleider schämen!

Du kannst dich für deinen Freund nicht schön genug putzen: denn du sollst ihm ein Pfeil und eine Sehnsucht nach dem Übermenschen sein.

Sahst du deinen Freund schon schlafen – damit du erfahrest, wie er aussieht? Was ist doch sonst das Gesicht deines Freundes? Es ist dein eignes Gesicht, auf einem rauhen und unvollkommnen Spiegel.

Sahst du deinen Freund schon schlafen? Erschrakst du nicht, daß dein Freund so aussieht? Oh, mein Freund, der Mensch ist etwas, das überwunden werden muß.

Im Erraten und Stillschweigen soll der Freund Meister sein: nicht alles mußt du sehn wollen. Dein Traum soll dir verraten, was dein Freund im Wachen tut.

Ein Erraten sei dein Mitleiden: daß du erst wissest, ob dein Freund Mitleiden wolle. Vielleicht liebt er an dir das ungebrochene Auge und den Blick der Ewigkeit.

Das Mitleiden mit dem Freunde berge sich unter einer harten Schale, an ihm sollst du dir einen Zahn ausbeißen. So wird es seine Feinheit und Süße haben.

Bist du reine Luft und Einsamkeit und Brot und Arznei deinem Freunde? Mancher kann seine eignen Ketten nicht lösen und doch ist er dem Freunde ein Erlöser.

Bist du ein Sklave? So kannst du nicht Freund sein. Bist du ein Tyrann? So kannst du nicht Freunde haben.

Allzulange war im Weibe ein Sklave und ein Tyrann versteckt. Deshalb ist das Weib noch nicht der Freundschaft fähig: es kennt nur die Liebe.

In der Liebe des Weibes ist Ungerechtigkeit und Blindheit gegen alles, was es nicht liebt. Und auch in der wissenden Liebe des Weibes ist immer noch Überfall und Blitz und Nacht neben dem Lichte.

Noch ist das Weib nicht der Freundschaft fähig: Katzen sind immer noch die Weiber, und Vögel. Oder, besten Falles, Kühe.

Noch ist das Weib nicht der Freundschaft fähig. Aber sagt mir, ihr Männer, wer von euch ist denn fähig der Freundschaft?

Oh über eure Armut, ihr Männer, und euren Geiz der Seele! Wie viel ihr dem Freunde gebt, das will ich noch meinem Feinde geben, und will auch nicht ärmer damit geworden sein.

Es gibt Kameradschaft: möge es Freundschaft geben!

Also sprach Zarathustra.

VON TAUSEND UND EINEM ZIELE

Viele Länder sah Zarathustra und viele Völker: so entdeckte er vieler Völker Gutes und Böses. Keine größere Macht fand Zarathustra auf Erden als Gut und Böse.

Leben könnte kein Volk, das nicht erst schätzte; will es sich aber erhalten, so darf es nicht schätzen, wie der Nachbar schätzt.

Vieles, das diesem Volke gut hieß, hieß einem andern Hohn und Schmach: also fand ich's. Vieles fand ich hier böse genannt und dort mit purpurnen Ehren geputzt.

Nie verstand ein Nachbar den andern: stets verwunderte sich seine Seele ob des Nachbarn Wahn und Bosheit.

Eine Tafel der Güter hängt über jedem Volke. Siehe, es ist seiner Überwindungen Tafel; siehe, es ist die Stimme seines Willens zur Macht.

Löblich ist, was ihm schwer gilt; was unerläßlich und schwer, heißt gut; und was aus der höchsten Not noch befreit, das Seltene, Schwerste – das preist es heilig.

Was da macht, daß es herrscht und siegt und glänzt, seinem Nachbarn zu Grauen und Neide: das gilt ihm das Hohe, das Erste, das Messende, der Sinn aller Dinge.

Wahrlich, mein Bruder, erkanntest du erst eines Volkes Not und Land und Himmel und Nachbar: so errätst du wohl das Gesetz seiner Überwindungen, und warum es auf dieser Leiter zu seiner Hoffnung steigt.

»Immer sollst du der erste sein und den andern vorragen: niemanden soll deine eifersüchtige Seele lieben, es sei denn den Freund« – dies machte einem Griechen die Seele zittern: dabei ging er seinen Pfad der Größe.

»Wahrheit reden und gut mit Bogen und Pfeil verkehren« – so dünkte es jenem Volke zugleich lieb und schwer, aus dem mein Name kommt – der Name, welcher mir zugleich lieb und schwer ist.

»Vater und Mutter ehren und bis in die Wurzel der Seele hinein ihnen zu Willen sein«: diese Tafel der Überwindung hängte ein andres Volk über sich auf und wurde mächtig und ewig damit.

»Treue üben und um der Treue willen Ehre und Blut auch an böse und gefährliche Sachen setzen«: also sich lehrend bezwang sich ein anderes Volk, und also sich bezwingend wurde es schwanger und schwer von großen Hoffnungen.

Wahrlich, die Menschen gaben sich alles ihr Gutes und Böses. Wahrlich, sie nahmen es nicht, sie fanden es nicht, nicht fiel es ihnen als Stimme vom Himmel.

Werte legte erst der Mensch in die Dinge, sich zu erhalten, – er schuf erst den Dingen Sinn, einen Menschen-Sinn! Darum nennt er sich »Mensch«, das ist: der Schätzende.

Schätzen ist Schaffen: hört es, ihr Schaffenden! Schätzen selber ist aller geschätzten Dinge Schatz und Kleinod.

Durch das Schätzen erst gibt es Wert: und ohne das Schätzen wäre die Nuß des Daseins hohl. Hört es, ihr Schaffenden!

Wandel der Werte – das ist Wandel der Schaffenden. Immer vernichtet, wer ein Schöpfer sein muß.

Schaffende waren erst Völker, und spät erst Einzelne; wahrlich, der Einzelne selber ist noch die jüngste Schöpfung.

Völker hängten sich einst eine Tafel des Guten über sich. Liebe, die herrschen will, und Liebe, die gehorchen will, erschufen sich zusammen solche Tafeln.

Älter ist an der Herde die Lust, als die Lust am Ich: und solange das gute Gewissen Herde heißt, sagt nur das schlechte Gewissen: Ich.

Wahrlich, das schlaue Ich, das lieblose, das seinen Nutzen im Nutzen vieler will: das ist nicht der Herde Ursprung, sondern ihr Untergang.

Liebende waren es stets und Schaffende, die schufen Gut und Böse. Feuer der Liebe glüht in aller Tugenden Namen und Feuer des Zorns.

Viele Länder sah Zarathustra und viele Völker: keine größere Macht fand Zarathustra auf Erden als die Werke der Liebenden: »gut« und »böse« ist ihr Name.

Wahrlich, ein Ungetüm ist die Macht dieses Lobens und

Tadelns. Sagt, wer bezwingt es mir, ihr Brüder? Sagt, wer wirft diesem Tier die Fessel über die tausend Nacken?

Tausend Ziele gab es bisher, denn tausend Völker gab es. Nur die Fessel der tausend Nacken fehlt noch, es fehlt das *eine* Ziel. Noch hat die Menschheit kein Ziel.

Aber sagt mir doch, meine Brüder: wenn der Menschheit das Ziel noch fehlt, fehlt da nicht auch – sie selber noch? –

Also sprach Zarathustra.

VON DER NÄCHSTENLIEBE

Ihr drängt euch um den Nächsten und habt schöne Worte dafür. Aber ich sage euch: eure Nächstenliebe ist eure schlechte Liebe zu euch selber.

Ihr flüchtet zum Nächsten vor euch selber und möchtet euch daraus eine Tugend machen: aber ich durchschaue euer »Selbstloses«.

Das Du ist älter als das Ich; das Du ist heiliggesprochen, aber noch nicht das Ich: so drängt sich der Mensch hin zum Nächsten.

Rate ich euch zur Nächstenliebe? Lieber noch rate ich euch zur Nächsten-Flucht und zur Fernsten-Liebe!

Höher als die Liebe zum Nächsten ist die Liebe zum Fernsten und Künftigen; höher noch als die Liebe zu Menschen ist die Liebe zu Sachen und Gespenstern.

Dies Gespenst, das vor dir herläuft, mein Bruder, ist schöner als du; warum gibst du ihm nicht dein Fleisch und deine Knochen? Aber du fürchtest dich und läufst zu deinem Nächsten.

Ihr haltet es mit euch selber nicht aus und liebt euch nicht genug: nun wollt ihr den Nächsten zur Liebe verführen und euch mit seinem Irrtum vergolden.

Ich wollte, ihr hieltet es nicht aus mit allerlei Nächsten und deren Nachbarn; so müßtet ihr aus euch selber euren Freund und sein überwallendes Herz schaffen.

Ihr ladet euch einen Zeugen ein, wenn ihr von euch gut reden wollt; und wenn ihr ihn verführt habt, gut von euch zu denken, denkt ihr selber gut von euch.

Nicht nur der lügt, welcher wider sein Wissen redet, sondern erst recht der, welcher wider sein Nichtwissen redet. Und so redet ihr von euch im Verkehre und belügt mit euch den Nachbar.

Also spricht der Narr: »Der Umgang mit Menschen verdirbt den Charakter, sonderlich wenn man keinen hat.«

Der eine geht zum Nächsten, weil er sich sucht, und der andre, weil er sich verlieren möchte. Eure schlechte Liebe zu euch selber macht euch aus der Einsamkeit ein Gefängnis.

Die Ferneren sind es, welche eure Liebe zum Nächsten bezahlen; und schon wenn ihr zu fünfen miteinander seid, muß immer ein sechster sterben.

Ich liebe auch eure Feste nicht: zu viel Schauspieler fand ich dabei, und auch die Zuschauer gebärdeten sich oft gleich Schauspielern.

Nicht den Nächsten lehre ich euch, sondern den Freund. Der Freund sei euch das Fest der Erde und ein Vorgefühl des Übermenschen.

Ich lehre euch den Freund und sein übervolles Herz. Aber man muß verstehn, ein Schwamm zu sein, wenn man von übervollen Herzen geliebt sein will.

Ich lehre euch den Freund, in dem die Welt fertig dasteht, eine Schale des Guten – den schaffenden Freund, der immer eine fertige Welt zu verschenken hat.

Und wie ihm die Welt auseinanderrollte, so rollt sie ihm wieder in Ringen zusammen, als das Werden des Guten durch das Böse, als das Werden der Zwecke aus dem Zufalle.

Die Zukunft und das Fernste sei dir die Ursache deines Heute: in deinem Freunde sollst du den Übermenschen als deine Ursache lieben.

Meine Brüder, zur Nächstenliebe rate ich euch nicht: ich rate euch zur Fernsten-Liebe.

Also sprach Zarathustra.

VOM WEGE DES SCHAFFENDEN

Willst du, mein Bruder, in die Vereinsamung gehen? Willst du den Weg zu dir selber suchen? Zaudere noch ein wenig und höre mich.

»Wer sucht, der geht leicht selber verloren. Alle Vereinsamung ist Schuld«: also spricht die Herde. Und du gehörtest lange zur Herde.

Die Stimme der Herde wird auch in dir noch tönen. Und wenn du sagen wirst: »ich habe nicht mehr *ein* Gewissen mit euch«, so wird es eine Klage und ein Schmerz sein.

Siehe, diesen Schmerz selber gebar noch das *eine* Gewissen: und dieses Gewissens letzter Schimmer glüht noch auf deiner Trübsal.

Aber du willst den Weg deiner Trübsal gehen, welches ist der Weg zu dir selber? So zeige mir dein Recht und deine Kraft dazu!

Bist du eine neue Kraft und ein neues Recht? Eine erste Bewegung? Ein aus sich rollendes Rad? Kannst du auch Sterne zwingen, daß sie um dich sich drehen?

Ach, es gibt so viel Lüsternheit nach Höhe! Es gibt so viel Krämpfe der Ehrgeizigen! Zeige mir, daß du keiner der Lüsternen und Ehrgeizigen bist!

Ach, es gibt so viel große Gedanken, die tun nicht mehr als ein Blasebalg: sie blasen auf und machen leerer.

Frei nennst du dich? Deinen herrschenden Gedanken will ich hören und nicht, daß du einem Joche entronnen bist.

Bist du ein solcher, der einem Joche entrinnen *durfte*? Es gibt manchen, der seinen letzten Wert wegwarf, als er seine Dienstbarkeit wegwarf.

Frei wovon? Was schiert das Zarathustra? Hell aber soll mir dein Auge künden: frei *wozu*?

Kannst du dir selber dein Böses und dein Gutes geben und deinen Willen über dich aufhängen wie ein Gesetz? Kannst du dir selber Richter sein und Rächer deines Gesetzes?

Furchtbar ist das Alleinsein mit dem Richter und Rächer des eignen Gesetzes. Also wird ein Stern hinausgeworfen in den öden Raum und in den eisigen Atem des Alleinseins.

Heute noch leidest du an den Vielen, du Einer: heute noch hast du deinen Mut ganz und deine Hoffnungen.

Aber einst wird dich die Einsamkeit müde machen, einst wird dein Stolz sich krümmen und dein Mut knirschen. Schreien wirst du einst »ich bin allein!«

Einst wirst du dein Hohes nicht mehr sehn und dein Niedriges allzunahe; dein Erhabnes selbst wird dich fürchten machen wie ein Gespenst. Schreien wirst du einst: »Alles ist falsch!«

Es gibt Gefühle, die den Einsamen töten wollen; gelingt es ihnen nicht, nun, so müssen sie selber sterben! Aber vermagst du das, Mörder zu sein?

Kennst du, mein Bruder, schon das Wort »Verachtung«? Und die Qual deiner Gerechtigkeit, solchen gerecht zu sein, die dich verachten?

Du zwingst viele, über dich umzulernen; das rechnen sie dir hart an. Du kamst ihnen nahe und gingst doch vorüber: das verzeihen sie dir niemals.

Du gehst über sie hinaus: aber je höher du steigst, um so kleiner sieht dich das Auge des Neides. Am meisten aber wird der Fliegende gehaßt.

»Wie wolltet ihr gegen mich gerecht sein!« – mußt du sprechen – »ich erwähle mir eure Ungerechtigkeit als den mir zugemeßnen Teil.«

Ungerechtigkeit und Schmutz werfen sich nach dem Einsamen: aber mein Bruder, wenn du ein Stern sein willst, so mußt du ihnen deshalb nicht weniger leuchten!

Und hüte dich vor den Guten und Gerechten! Sie kreuzigen gerne die, welche sich ihre eigne Tugend erfinden – sie hassen den Einsamen.

Hüte dich auch vor der heiligen Einfalt! Alles ist ihr unheilig, was nicht einfältig ist; sie spielt auch gerne mit dem Feuer – der Scheiterhaufen.

Und hüte dich auch vor den Anfällen deiner Liebe! Zu schnell streckt der Einsame dem die Hand entgegen, der ihm begegnet.

Manchem Menschen darfst du nicht die Hand geben, sondern nur die Tatze: und ich will, daß deine Tatze auch Krallen habe.

Aber der schlimmste Feind, dem du begegnen kannst, wirst du immer dir selber sein; du selber lauerst dir auf in Höhlen und Wäldern.

Einsamer, du gehst den Weg zu dir selber! Und an dir selber führt dein Weg vorbei, und an deinen sieben Teufeln!

Ketzer wirst du dir selber sein und Hexe und Wahrsager und Narr und Zweifler und Unheiliger und Bösewicht.

Verbrennen mußt du dich wollen in deiner eignen Flamme: wie wolltest du neu werden, wenn du nicht erst Asche geworden bist!

Einsamer, du gehst den Weg des Schaffenden: einen Gott willst du dir schaffen aus deinen sieben Teufeln!

Einsamer, du gehst den Weg des Liebenden: dich selber liebst du und deshalb verachtest du dich, wie nur Liebende verachten.

Schaffen will der Liebende, weil er verachtet! Was weiß der von Liebe, der nicht gerade verachten mußte, was er liebte!

Mit deiner Liebe gehe in deine Vereinsamung und mit deinem Schaffen, mein Bruder; und spät erst wird die Gerechtigkeit dir nachhinken.

Mit meinen Tränen gehe in deine Vereinsamung, mein Bruder. Ich liebe den, der über sich selber hinaus schaffen will und so zugrunde geht. –

Also sprach Zarathustra.

VON ALTEN UND JUNGEN WEIBLEIN

»Was schleichst du so scheu durch die Dämmerung, Zarathustra? Und was birgst du behutsam unter deinem Mantel?

Ist es ein Schatz, der dir geschenkt? Oder ein Kind, das dir geboren wurde? Oder gehst du jetzt selber auf den Wegen der Diebe, du Freund der Bösen?« –

Wahrlich, mein Bruder! sprach Zarathustra, es ist ein Schatz, der mir geschenkt wurde: eine kleine Wahrheit ist's, die ich trage.

Aber sie ist ungebärdig wie ein junges Kind; und wenn ich ihr nicht den Mund halte, so schreit sie überlaut.

Als ich heute allein meines Weges ging, zur Stunde, wo die Sonne sinkt, begegnete mir ein altes Weiblein und redete also zu meiner Seele:

»Vieles sprach Zarathustra auch zu uns Weibern, doch nie sprach er uns über das Weib.«

Und ich entgegnete ihr: »über das Weib soll man nur zu Männern reden.«

»Rede auch zu mir vom Weibe«, sprach sie; »ich bin alt genug, um es gleich wieder zu vergessen.«

Und ich willfahrte dem alten Weiblein und sprach also zu ihm:

Alles am Weibe ist ein Rätsel, und alles am Weibe hat *eine* Lösung: sie heißt Schwangerschaft.

Der Mann ist für das Weib ein Mittel: der Zweck ist immer das Kind. Aber was ist das Weib für den Mann?

Zweierlei will der echte Mann: Gefahr und Spiel. Deshalb will er das Weib, als das gefährlichste Spielzeug.

Der Mann soll zum Kriege erzogen werden und das Weib zur Erholung des Kriegers: alles andre ist Torheit.

Allzusüße Früchte – die mag der Krieger nicht. Darum mag er das Weib; bitter ist auch noch das süßeste Weib.

Besser als ein Mann versteht das Weib die Kinder, aber der Mann ist kindlicher als das Weib.

Im echten Manne ist ein Kind versteckt: das will spielen. Auf, ihr Frauen, so entdeckt mir doch das Kind im Manne!

Ein Spielzeug sei das Weib, rein und fein, dem Edelsteine gleich, bestrahlt von den Tugenden einer Welt, welche noch nicht da ist.

Der Strahl eines Sternes glänze in eurer Liebe! Eure Hoffnung heiße: »Möge ich den Übermenschen gebären!«

In eurer Liebe sei Tapferkeit! Mit eurer Liebe sollt ihr auf den losgehn, der euch Furcht einflößt.

In eurer Liebe sei eure Ehre! Wenig versteht sich sonst das Weib auf Ehre. Aber dies sei eure Ehre, immer mehr zu lieben, als ihr geliebt werdet, und nie die zweiten zu sein.

Der Mann fürchte sich vor dem Weibe, wenn es liebt: da bringt es jedes Opfer, und jedes andre Ding gilt ihm ohne Wert.

Der Mann fürchte sich vor dem Weibe, wenn es haßt: denn der Mann ist im Grunde der Seele nur böse, das Weib aber ist dort schlecht.

Wen haßt das Weib am meisten? – Also sprach das Eisen zum Magneten: »Ich hasse dich am meisten, weil du anziehst, aber nicht stark genug bist, an dich zu ziehen.«

Das Glück des Mannes heißt: ich will. Das Glück des Weibes heißt: er will.

»Siehe, jetzt eben ward die Welt vollkommen!« – also denkt ein jedes Weib, wenn es aus ganzer Liebe gehorcht.

Und gehorchen muß das Weib und eine Tiefe finden zu seiner Oberfläche. Oberfläche ist des Weibes Gemüt, eine bewegliche stürmische Haut auf einem seichten Gewässer.

Des Mannes Gemüt aber ist tief, sein Strom rauscht in unterirdischen Höhlen: das Weib ahnt seine Kraft, aber begreift sie nicht. –

Da entgegnete mir das alte Weiblein: »Vieles Artige sagte Zarathustra und sonderlich für die, welche jung genug dazu sind.

Seltsam ist's, Zarathustra kennt wenig die Weiber, und doch hat er über sie recht! Geschieht dies deshalb, weil beim Weibe kein Ding unmöglich ist?

Und nun nimm zum Danke eine kleine Wahrheit! Bin ich doch alt genug für sie!

Wickle sie ein und halte ihr den Mund: sonst schreit sie überlaut, diese kleine Wahrheit.«

»Gib mir, Weib, deine kleine Wahrheit!« sagte ich. Und also sprach das alte Weiblein:

»Du gehst zu Frauen? Vergiß die Peitsche nicht!« –

Also sprach Zarathustra.

VOM BISS DER NATTER

Eines Tages war Zarathustra unter einem Feigenbaume eingeschlafen, da es heiß war, und hatte seine Arme über das Gesicht gelegt. Da kam eine Natter und biß ihn in den Hals, so daß Zarathustra vor Schmerz aufschrie. Als er den Arm vom Gesicht genommen hatte, sah er die Schlange an: da erkannte sie die Augen Zarathustras, wand sich ungeschickt und wollte davon. »Nicht doch«, sprach Zarathustra, »noch nahmst du meinen Dank nicht an! Du wecktest mich zur Zeit, mein Weg ist noch lang.« »Dein Weg ist noch kurz«, sagte die Natter traurig; »mein Gift tötet.« Zarathustra lächelte. »Wann starb wohl je ein Drache am Gift einer Schlange?« – sagte er. »Aber nimm dein Gift zurück! Du bist nicht reich genug, es mir zu schenken.« Da fiel ihm die Natter von neuem um den Hals und leckte ihm seine Wunde.

Als Zarathustra dies einmal seinen Jüngern erzählte, fragten sie: »Und was, o Zarathustra, ist die Moral deiner Geschichte?«

Zarathustra antwortete darauf also:

Den Vernichter der Moral heißen mich die Guten und Gerechten: meine Geschichte ist unmoralisch.

So ihr aber einen Feind habt, so vergeltet ihm nicht Böses mit Gutem: denn das würde beschämen. Sondern beweist, daß er euch etwas Gutes angetan hat.

Und lieber zürnt noch, als daß ihr beschämt! Und wenn euch geflucht wird, so gefällt es mir nicht, daß ihr den segnen wollt. Lieber ein wenig mitfluchen!

Und geschah euch ein großes Unrecht, so tut mir geschwind fünf kleine dazu! Gräßlich ist der anzusehn, den allein das Unrecht drückt.

Wußtet ihr dies schon? Geteiltes Unrecht ist halbes Recht. Und der soll das Unrecht auf sich nehmen, der es tragen kann!

Eine kleine Rache ist menschlicher als gar keine Rache. Und wenn die Strafe nicht auch ein Recht und eine Ehre ist für den Übertretenden, so mag ich auch euer Strafen nicht.

Vornehmer ist's, sich unrecht zu geben als recht zu behalten, sonderlich, wenn man recht hat. Nur muß man reich genug dazu sein.

Ich mag eure kalte Gerechtigkeit nicht; und aus dem Auge eurer Richter blickt mir immer der Henker und sein kaltes Eisen.

Sagt, wo findet sich die Gerechtigkeit, welche Liebe mit sehenden Augen ist?

So erfindet mir doch die Liebe, welche nicht nur alle Strafen, sondern auch alle Schuld trägt!

So erfindet mir doch die Gerechtigkeit, die jeden freispricht, ausgenommen den Richtenden!

Wollt ihr auch dies noch hören? An dem, der von Grund aus gerecht sein will, wird auch noch die Lüge zur Menschen-Freundlichkeit.

Aber wie wollte ich gerecht sein von Grund aus! Wie kann ich jedem das Seine geben! Dies sei mir genug: ich gebe jedem das Meine.

Endlich, meine Brüder, hütet euch, Unrecht zu tun allen Einsiedlern! Wie könnte ein Einsiedler vergessen! Wie könnte er vergelten!

Wie ein tiefer Brunnen ist ein Einsiedler. Leicht ist es, einen Stein hineinzuwerfen; sank er aber bis zum Grunde, sagt, wer will ihn wieder herausbringen?

Hütet euch, den Einsiedler zu beleidigen! Tatet ihr's aber nun, so tötet ihn auch noch!

Also sprach Zarathustra.

VON KIND UND EHE

Ich habe eine Frage für dich allein, mein Bruder: wie ein Senkblei werfe ich diese Frage in deine Seele, daß ich wisse, wie tief sie sei.

Du bist jung und wünschest dir Kind und Ehe. Aber ich frage dich: bist du ein Mensch, der ein Kind sich wünschen *darf*?

Bist du der Siegreiche, der Selbstbezwinger, der Gebieter der Sinne, der Herr deiner Tugenden? Also frage ich dich.

Oder redet aus deinem Wunsche das Tier und die Notdurft? Oder Vereinsamung? Oder Unfriede mit dir?

Ich will, daß dein Sieg und deine Freiheit sich nach einem Kinde sehne. Lebendige Denkmale sollst du bauen deinem Siege und deiner Befreiung.

Über dich sollst du hinausbauen. Aber erst mußt du mir selber gebaut sein, rechtwinklig an Leib und Seele.

Nicht nur fort sollst du dich pflanzen, sondern hinauf! Dazu helfe dir der Garten der Ehe!

Einen höheren Leib sollst du schaffen, eine erste Bewegung, ein aus sich rollendes Rad – einen Schaffenden sollst du schaffen.

Ehe: so heiße ich den Willen zu zweien, das Eine zu schaffen, das mehr ist, als die es schufen. Ehrfurcht voreinander nenne ich Ehe als vor den Wollenden eines solchen Willens.

Dies sei der Sinn und die Wahrheit deiner Ehe. Aber das, was die Viel-zu-Vielen Ehe nennen, diese Überflüssigen – ach, wie nenne ich das?

Ach, diese Armut der Seele zu zweien! Ach, dieser Schmutz der Seele zu zweien! Ach, dies erbärmliche Behagen zu zweien!

Ehe nennen sie dies alles; und sie sagen, ihre Ehen seien im Himmel geschlossen.

Nun, ich mag ihn nicht, diesen Himmel der Überflüssigen! Nein, ich mag sie nicht, diese im himmlischen Netz verschlungenen Tiere!

Ferne bleibe mir auch der Gott, der heranhinkt, zu segnen, was er nicht zusammenfügte!

Lacht mir nicht über solche Ehen! Welches Kind hätte nicht Grund, über seine Eltern zu weinen?

Würdig schien mir dieser Mann und reif für den Sinn der Erde: aber als ich sein Weib sah, schien mir die Erde ein Haus für Unsinnige.

Ja, ich wollte, daß die Erde in Krämpfen bebte, wenn sich ein Heiliger und eine Gans miteinander paaren.

Dieser ging wie ein Held auf Wahrheiten aus, und endlich erbeutete er sich eine kleine geputzte Lüge. Seine Ehe nennt er's.

Jener war spröde im Verkehre und wählte wählerisch. Aber mit einem Male verdarb er für alle Male seine Gesellschaft: seine Ehe nennt er's.

Jener suchte eine Magd mit den Tugenden eines Engels. Aber mit einem Male wurde er die Magd eines Weibes, und nun täte es not, daß er darüber noch zum Engel werde.

Sorgsam fand ich jetzt alle Käufer, und alle haben listige Augen. Aber seine Frau kauft auch der Listigste noch im Sack.

Viele kurze Torheiten – das heißt bei euch Liebe. Und eure Ehe macht vielen kurzen Torheiten ein Ende, als *eine* lange Dummheit.

Eure Liebe zum Weibe und des Weibes Liebe zum Manne: ach, möchte sie doch Mitleiden sein mit leidenden und verhüllten Göttern! Aber zumeist erraten zwei Tiere einander.

Aber auch noch eure beste Liebe ist nur ein verzücktes Gleichnis und eine schmerzhafte Glut. Eine Fackel ist sie, die euch zu höheren Wegen leuchten soll.

Über euch hinaus sollt ihr einst lieben! So *lernt* erst lieben! Und darum mußtet ihr den bittern Kelch eurer Liebe trinken.

Bitternis ist im Kelch auch der besten Liebe: so macht sie Sehnsucht zum Übermenschen, so macht sie Durst dir, dem Schaffenden!

Durst dem Schaffenden, Pfeil und Sehnsucht dem Übermenschen: sprich, mein Bruder, ist dies dein Wille zur Ehe?

Heilig heißt mir solch ein Wille und solche Ehe. –

Also sprach Zarathustra.

VOM FREIEN TODE

Viele sterben zu spät, und einige sterben zu früh. Noch klingt fremd die Lehre: »stirb zur rechten Zeit!«

Stirb zur rechten Zeit; also lehrt es Zarathustra.

Freilich, wer nie zur rechten Zeit lebt, wie sollte der je zur rechten Zeit sterben? Möchte er doch nie geboren sein! – Also rate ich den Überflüssigen.

Aber auch die Überflüssigen tun noch wichtig mit ihrem Sterben, und auch die hohlste Nuß will noch geknackt sein.

Wichtig nehmen alle das Sterben: aber noch ist der Tod kein Fest. Noch erlernten die Menschen nicht, wie man die schönsten Feste weiht.

Den vollbringenden Tod zeige ich euch, der den Lebenden ein Stachel und ein Gelöbnis wird.

Seinen Tod stirbt der Vollbringende, siegreich, umringt von Hoffenden und Gelobenden.

Also sollte man sterben lernen; und es sollte kein Fest geben, wo ein solcher Sterbender nicht der Lebenden Schwüre weihte!

Also zu sterben ist das Beste; das zweite aber ist: im Kampfe zu sterben und eine große Seele zu verschwenden.

Aber dem Kämpfenden gleich verhaßt wie dem Sieger ist euer grinsender Tod, der heranschleicht wie ein Dieb – und doch als Herr kommt.

Meinen Tod lobe ich euch, den freien Tod, der mir kommt, weil *ich* will.

Und wann werde ich wollen? – Wer ein Ziel hat und einen Erben, der will den Tod zur rechten Zeit für Ziel und Erben.

Und aus Ehrfurcht vor Ziel und Erben wird er keine dürren Kränze mehr im Heiligtum des Lebens aufhängen.

Wahrlich, nicht will ich den Seildrehern gleichen: sie ziehen ihren Faden in die Länge und gehen dabei selber immer rückwärts.

Mancher wird auch für seine Wahrheiten und Siege zu alt; ein zahnloser Mund hat nicht mehr das Recht zu jeder Wahrheit.

Und jeder, der Ruhm haben will, muß sich beizeiten von der Ehe verabschieden und die schwere Kunst üben, zur rechten Zeit zu – gehn.

Man muß aufhören, sich essen zu lassen, wenn man am besten schmeckt: das wissen die, welche lange geliebt werden wollen.

Saure Äpfel gibt es freilich, deren Los will, daß sie bis auf den letzten Tag des Herbstes warten: und zugleich werden sie reif, gelb und runzelig.

Andern altert das Herz zuerst und andern der Geist. Und einige sind greis in der Jugend: aber spät jung erhält lang jung.

Manchem mißrät das Leben: ein Giftwurm frißt sich ihm ans Herz. So möge er zusehn, daß ihm das Sterben um so mehr gerate.

Mancher wird nie süß, er fault im Sommer schon. Feigheit ist es, die ihn an seinem Aste festhält.

Viel zu viele leben und viel zu lange hängen sie an ihren Ästen. Möchte ein Sturm kommen, der all dies Faule und Wurmfreßne vom Baume schüttelt!

Möchten Prediger kommen des *schnellen* Todes! Das wären mir die rechten Stürme und Schüttler an Lebensbäumen! Aber ich höre nur den langsamen Tod predigen und Geduld mit allem »Irdischen«.

Ach, ihr predigt Geduld mit dem Irdischen? Dieses Irdische ist es, das zu viel Geduld mit euch hat, ihr Lästermäuler!

Wahrlich zu früh starb jener Hebräer, den die Prediger des langsamen Todes ehren: und vielen ward es seitdem zum Verhängnis, daß er zu früh starb.

Noch kannte er nur Tränen und die Schwermut des Hebräers, samt dem Hasse der Guten und Gerechten – der Hebräer Jesus: da überfiel ihn die Sehnsucht zum Tode.

Wäre er doch in der Wüste geblieben und ferne von den Guten und Gerechten! Vielleicht hätte er leben gelernt und die Erde lieben gelernt – und das Lachen dazu!

Glaubt es mir, meine Brüder! Er starb zu früh; er selber

hätte seine Lehre widerrufen, wäre er bis zu meinem Alter gekommen! Edel genug war er zum Widerrufen!

Aber ungereift war er noch. Unreif liebt der Jüngling, und unreif haßt er auch Mensch und Erde. Angebunden und schwer ist ihm noch Gemüt und Geistesflügel.

Aber im Manne ist mehr Kind als im Jünglinge, und weniger Schwermut: besser versteht er sich auf Tod und Leben.

Frei zum Tode und frei im Tode, ein heiliger Nein-Sager, wenn es nicht Zeit mehr ist zum Ja: also versteht er sich auf Tod und Leben.

Daß euer Sterben keine Lästerung sei auf Mensch und Erde, meine Freunde: das erbitte ich mir von dem Honig eurer Seele.

In eurem Sterben soll noch euer Geist und eure Tugend glühn, gleich einem Abendrot um die Erde: oder aber das Sterben ist euch schlecht geraten.

Also will ich selber sterben, daß ihr Freunde um meinetwillen die Erde mehr liebt; und zur Erde will ich wieder werden, daß ich in der Ruhe habe, die mich gebar.

Wahrlich, ein Ziel hatte Zarathustra, er warf seinen Ball: nun seid ihr Fremde meines Zieles Erbe, euch werfe ich den goldenen Ball zu.

Lieber als alles sehe ich euch, meine Freunde, den goldenen Ball werfen! Und so verziehe ich noch ein wenig auf Erden: verzeiht es mir!

Also sprach Zarathustra.

VON DER SCHENKENDEN TUGEND

I

Als Zarathustra von der Stadt Abschied genommen hatte, welcher sein Herz zugetan war und deren Name lautet: »die bunte Kuh« – folgten ihm viele, die sich seine Jünger nannten, und gaben ihm das Geleit. Also kamen sie an einen Kreuzweg: da sagte ihnen Zarathustra, daß er nunmehr allein gehen wolle; denn er war ein Freund des Alleingehens. Seine Jünger aber reichten ihm zum Abschiede einen Stab, an dessen goldnem Griffe sich eine Schlange um die Sonne ringelte. Zarathustra freute sich des Stabes und stütze sich darauf; dann sprach er also zu seinen Jüngern:

Sagt mir doch: wie kam Gold zum höchsten Werte? Darum, daß es ungemein ist und unnützlich und leuchtend und mild im Glanze; es schenkt sich immer.

Nur als Abbild der höchsten Tugend kam Gold zum höchsten Werte. Goldgleich leuchtet der Blick dem Schenkenden. Goldes-Glanz schließt Friede zwischen Mond und Sonne.

Ungemein ist die höchste Tugend und unnützlich, leuchtend ist sie und mild im Glanze: eine schenkende Tugend ist die höchste Tugend.

Wahrlich, ich errate euch wohl, meine Jünger, ihr trachtet, gleich mir, nach der schenkenden Tugend. Was hättet ihr mit Katzen und Wölfen gemeinsam?

Das ist euer Durst, selber zu Opfern und Geschenken zu werden: und darum habt ihr den Durst, alle Reichtümer in eure Seele zu häufen.

Unersättlich trachtet eure Seele nach Schätzen und Kleinodien, weil eure Tugend unersättlich ist im Verschenken-Wollen.

Ihr zwingt alle Dinge zu euch und in euch, daß sie aus eurem Borne zurückströmen sollen als die Gaben eurer Liebe.

Wahrlich, zum Räuber an allen Werten muß solche schenkende Liebe werden; aber heil und heilig heiße ich diese Selbstsucht. –

Eine andre Selbstsucht gibt es, eine allzuarme, eine hungernde, die immer stehlen will, jene Selbstsucht der Kranken, die kranke Selbstsucht.

Mit dem Auge des Diebes blickt sie auf alles Glänzende; mit der Gier des Hungers mißt sie den, der reich zu essen hat; und immer schleicht sie um den Tisch der Schenkenden.

Krankheit redet aus solcher Begierde und unsichtbare Entartung; von siechem Leibe redet die diebische Gier dieser Selbstsucht.

Sagt mir, meine Brüder: was gilt uns als Schlechtes und Schlechtestes? Ist es nicht *Entartung*? – Und auf Entartung raten wir immer, wo die schenkende Seele fehlt.

Aufwärts geht unser Weg, von der Art hinüber zur Über-Art. Aber ein Grauen ist uns der entartende Sinn, welcher spricht: »Alles für mich.«

Aufwärts fliegt unser Sinn: so ist er ein Gleichnis unsres Leibes, einer Erhöhung Gleichnis. Solcher Erhöhungen Gleichnisse sind die Namen der Tugenden.

Also geht der Leib durch die Geschichte, ein Werdender und ein Kämpfender. Und der Geist – was ist er ihm? Seiner Kämpfe und Siege Herold, Genoß und Widerhall.

Gleichnisse sind alle Namen von Gut und Böse: sie sprechen nicht aus, sie winken nur. Ein Tor, welcher von ihnen Wissen will.

Achtet mir, meine Brüder, auf jede Stunde, wo euer Geist in Gleichnissen reden will: da ist der Ursprung eurer Tugend.

Erhöht ist da euer Leib und auferstanden; mit seiner Wonne entzückt er den Geist, daß er Schöpfer wird und Schätzer und Liebender und aller Dinge Wohltäter.

Wenn euer Herz breit und voll wallt, dem Strome gleich, ein Segen und eine Gefahr den Anwohnenden: da ist der Ursprung eurer Tugend.

Wenn ihr erhaben seid über Lob und Tadel, und euer Wille allen Dingen befehlen will, als eines Liebenden Wille: da ist der Ursprung eurer Tugend.

Wenn ihr das Angenehme verachtet und das weiche Bett, und von den Weichlichen euch nicht weit genug betten könnt: da ist der Ursprung eurer Tugend.

Wenn ihr *eines* Willens Wollende seid, und diese Wende aller Not euch Notwendigkeit heißt: da ist der Ursprung eurer Tugend.

Wahrlich, ein neues Gutes und Böses ist sie! Wahrlich, ein neues tiefes Rauschen und eines neuen Quelles Stimme!

Macht ist sie, diese neue Tugend; ein herrschender Gedanke ist sie, und um ihn eine kluge Seele: eine goldene Sonne, und um sie die Schlange der Erkenntnis.

2

Hier schwieg Zarathustra eine Weile und sah mit Liebe auf seine Jünger. Dann fuhr er also fort zu reden – und seine Stimme hatte sich verwandelt.

Bleibt mir der Erde treu, meine Brüder, mit der Macht eurer Tugend! Eure schenkende Liebe und eure Erkenntnis diene dem Sinne der Erde! Also bitte und beschwöre ich euch.

Laßt sie nicht davonfliegen vom Irdischen und mit den Flügeln gegen ewige Wände schlagen! Ach, es gab immer so viel verflogene Tugend!

Führt, gleich mir, die verflogene Tugend zur Erde zurück – ja, zurück zu Leib und Leben: daß sie der Erde ihren Sinn gebe, einen Menschen-Sinn!

Hundertfältig verflog und vergriff sich bisher so Geist wie Tugend. Ach, in unserm Leibe wohnt jetzt noch all dieser Wahn und Fehlgriff: Leib und Wille ist er da geworden.

Hundertfältig versuchte und verirrte sich bisher so Geist wie Tugend. Ja, ein Versuch war der Mensch. Ach, viel Unwissen und Irrtum ist an uns Leib geworden!

Nicht nur die Vernunft von Jahrtausenden – auch ihr Wahnsinn bricht an uns aus. Gefährlich ist es, Erbe zu sein.

Noch kämpfen wir Schritt um Schritt mit dem Riesen Zufall, und über der ganzen Menschheit waltete bisher noch der Unsinn, der Ohne-Sinn.

Euer Geist und eure Tugend diene dem Sinn der Erde, meine Brüder: und aller Dinge Wert werde neu von euch gesetzt! Darum sollt ihr Kämpfende sein! Darum sollt ihr Schaffende sein!

Wissend reinigt sich der Leib; mit Wissen versuchend erhöht er sich; dem Erkennenden heiligen sich alle Triebe; dem Erhöhten wird die Seele fröhlich.

Arzt, hilf dir selber: so hilfst du auch deinem Kranken noch. Das sei seine beste Hilfe, daß er den mit Augen sehe, der sich selber heil macht.

Tausend Pfade gibt es, die noch nie gegangen sind, tausend Gesundheiten und verborgene Eilande des Lebens. Unerschöpft und unentdeckt ist immer noch Mensch und Menschen-Erde.

Wachet und horcht, ihr Einsamen! Von der Zukunft her kommen Winde mit heimlichem Flügelschlagen; und an feine Ohren ergeht gute Botschaft.

Ihr Einsamen von heute, ihr Ausscheidenden, ihr sollt einst ein Volk sein: aus euch, die ihr euch selber auswähltet, soll ein auserwähltes Volk erwachsen – und aus ihm der Übermensch.

Wahrlich, eine Stätte der Genesung soll noch die Erde werden! Und schon liegt ein neuer Geruch um sie, ein Heil bringender – und eine neue Hoffnung!

3

Als Zarathustra diese Worte gesagt hatte, schwieg er, wie einer, der nicht sein letztes Wort gesagt hat; lange wog er den Stab zweifelnd in seiner Hand. Endlich sprach er also – und seine Stimme hatte sich verwandelt:

Allein gehe ich nun, meine Jünger! Auch ihr geht nun davon und allein! So will ich es.

Wahrlich, ich rate euch: geht fort von mir und wehrt euch gegen Zarathustra! Und besser noch: schämt euch seiner! Vielleicht betrog er euch.

Der Mensch der Erkenntnis muß nicht nur seine Feinde lieben, sondern auch seine Freunde hassen können.

Man vergilt einem Lehrer schlecht, wenn man immer nur

der Schüler bleibt. Und warum wollt ihr nicht an meinem Kranze rupfen?

Ihr verehrt mich; aber wie, wenn eure Verehrung eines Tages umfällt? Hütet euch, daß euch nicht eine Bildsäule erschlage!

Ihr sagt, ihr glaubt an Zarathustra? Aber was liegt an Zarathustra? Ihr seid meine Gläubigen: aber was liegt an allen Gläubigen!

Ihr hattet euch noch nicht gesucht: da fandet ihr mich. So tun alle Gläubigen; darum ist es so wenig mit allem Glauben.

Nun heiße ich euch mich verlieren und euch finden; und erst, wenn ihr mich alle verleugnet habt, will ich euch wiederkehren.

Wahrlich, mit andern Augen, meine Brüder, werde ich mir dann meine Verlorenen suchen; mit einer andern Liebe werde ich euch dann lieben.

Und einst noch sollt ihr mir Freunde geworden sein und Kinder *einer* Hoffnung: dann will ich zum dritten Male bei euch sein, daß ich den großen Mittag mit euch feiere.

Und das ist der große Mittag, da der Mensch auf der Mitte seiner Bahn steht zwischen Tier und Übermensch und seinen Weg zum Abende als seine höchste Hoffnung feiert: denn es ist der Weg zu einem neuen Morgen.

Alsda wird sich der Untergehende selber segnen, daß er ein Hinübergehender sei; und die Sonne seiner Erkenntnis wird ihm im Mittage stehn.

»Tot sind alle Götter; nun wollen wir, daß der Übermensch lebe« – dies sei einst am großen Mittage unser letzter Wille! –

Also sprach Zarathustra.

ZWEITER TEIL

»– und erst, wenn ihr mich alle verleugnet habt, will
ich euch wiederkehren.
Wahrlich, mit andern Augen, meine Brüder,
werde ich mir dann meine Verlorenen
suchen; mit einer andern Liebe werde
ich euch dann lieben.«
Zarathustra,
von der schenkenden Tu-
gend *(S. 76)*

DAS KIND MIT DEM SPIEGEL

Hierauf ging Zarathustra wieder zurück in das Gebirge und in die Einsamkeit seiner Höhle und entzog sich den Menschen: wartend gleich einem Sämann, der seinen Samen ausgeworfen hat. Seine Seele aber wurde voll von Ungeduld und Begierde nach denen, welche er liebte: denn er hatte ihnen noch viel zu geben. Dies nämlich ist das Schwerste, aus Liebe die offne Hand schließen und als Schenkender die Scham bewahren.

Also vergingen dem Einsamen Monde und Jahre; seine Weisheit aber wuchs und machte ihm Schmerzen durch ihre Fülle.

Eines Morgens aber wachte er schon vor der Morgenröte auf, besann sich lange auf seinem Lager und sprach endlich zu seinem Herzen:

»Was erschrak ich doch so in meinem Traume, daß ich aufwachte? Trat nicht ein Kind zu mir, das einen Spiegel trug?

›O Zarathustra‹ – sprach das Kind zu mir – ›schaue dich an im Spiegel!‹

Aber als ich in den Spiegel schaute, da schrie ich auf, und mein Herz war erschüttert: denn nicht mich sahe ich darin, sondern eines Teufels Fratze und Hohnlachen.

Wahrlich, allzugut verstehe ich des Traumes Zeichen und Mahnung: meine *Lehre* ist in Gefahr, Unkraut will Weizen heißen!

Meine Feinde sind mächtig worden und haben meiner Lehre Bildnis entstellt, also, daß meine Liebsten sich der Gaben schämen müssen, die ich ihnen gab.

Verloren gingen mir meine Freunde; die Stunde kam mir, meine Verlornen zu suchen!« –

Mit diesen Worten sprang Zarathustra auf, aber nicht wie ein Geängstigter, der nach Luft sucht, sondern eher wie ein Seher und Sänger, welchen der Geist anfällt. Verwundert sahen sein Adler und seine Schlange auf ihn hin: denn gleich dem Morgenrote lag ein kommendes Glück auf seinem Antlitze.

Was geschah mir doch, meine Tiere? – sagte Zarathustra. Bin ich nicht verwandelt? Kam mir nicht die Seligkeit wie ein Sturmwind?

Töricht ist mein Glück, und Törichtes wird es reden: zu jung noch ist es – so habt Geduld mit ihm!

Verwundet bin ich von meinem Glücke: alle Leidenden sollen mir Ärzte sein!

Zu meinen Freunden darf ich wieder hinab und auch zu meinen Feinden! Zarathustra darf wieder reden und schenken und Lieben das Liebste tun!

Meine ungeduldige Liebe fließt über in Strömen, abwärts, nach Aufgang und Niedergang. Aus schweigsamem Gebirge und Gewitter des Schmerzes rauscht meine Seele in die Täler.

Zu lange sehnte ich mich und schaute in die Ferne. Zu lange gehörte ich der Einsamkeit: so verlernte ich das Schweigen.

Mund bin ich worden ganz und gar, und Brausen eines Bachs aus hohen Felsen: hinab will ich meine Reden stürzen in die Täler.

Und mag mein Strom der Liebe in Unwegsames stürzen! Wie sollte ein Strom nicht endlich den Weg zum Meere finden!

Wohl ist ein See in mir, ein einsiedlerischer, selbstgenugsamer; aber mein Strom der Liebe reißt ihn mit sich hinab – zum Meere!

Neue Wege gehe ich, eine neue Rede kommt mir; müde wurde ich, gleich allen Schaffenden, der alten Zungen. Nicht will mein Geist mehr auf abgelaufnen Sohlen wandeln.

Zu langsam läuft mir alles Reden – in deinen Wagen springe ich, Sturm! Und auch dich will ich noch peitschen mit meiner Bosheit!

Wie ein Schrei und ein Jauchzen will ich über weite Meere hinfahren, bis ich die glückseligen Inseln finde, wo meine Freunde weilen: –

Und meine Feinde unter ihnen! Wie liebe ich nun jeden, zu dem ich nur reden darf! Auch meine Feinde gehören zu meiner Seligkeit.

Und wenn ich auf mein wildestes Pferd steigen will, so hilft mir mein Speer immer am besten hinauf: der ist meines Fußes allzeit bereiter Diener: –

Der Speer, den ich gegen meine Feinde schleudere! Wie danke ich es meinen Feinden, daß ich endlich ihn schleudern darf!

Zu groß war die Spannung meiner Wolke: zwischen Gelächtern der Blitze will ich Hagelschauer in die Tiefe werfen.

Gewaltig wird sich da meine Brust heben, gewaltig wird sie ihren Sturm über die Berge hinblasen: so kommt ihr Erleichterung.

Wahrlich, einem Sturm gleich kommt mein Glück und meine Freiheit! Aber meine Feinde sollen glauben, *der Böse* rase über ihren Häuptern.

Ja, auch ihr werdet erschreckt sein, meine Freunde, ob meiner wilden Weisheit; und vielleicht flieht ihr davon samt meinen Feinden.

Ach, daß ich's verstünde, euch mit Hirtenflöten zurückzulocken! Ach, daß meine Löwin Weisheit zärtlich brüllen lernte! Und vieles lernten wir schon miteinander!

Meine wilde Weisheit wurde trächtig auf einsamen Bergen; auf rauhen Steinen gebar sie ihr Junges, Jüngstes.

Nun läuft sie närrisch durch die harte Wüste und sucht und sucht nach sanftem Rasen – meine alte wilde Weisheit!

Auf eurer Herzen sanften Rasen, meine Freunde! – auf eure Liebe möchte sie ihr Liebstes betten! –

Also sprach Zarathustra.

AUF DEN GLÜCKSELIGEN INSELN

Die Feigen fallen von den Bäumen, sie sind gut und süß; und indem sie fallen, reißt ihnen die rote Haut. Ein Nordwind bin ich reifen Feigen.

Also, gleich Feigen, fallen euch diese Lehren zu, meine Freunde: nun trinkt ihren Saft und ihr süßes Fleisch! Herbst ist es umher und reiner Himmel und Nachmittag.

Seht, welche Fülle ist um uns! Und aus dem Überflusse heraus ist es schön hinaus zu blicken auf ferne Meere.

Einst sagte man Gott, wenn man auf ferne Meere blickte; nun aber lehrte ich euch sagen: Übermensch.

Gott ist eine Mutmaßung; aber ich will, daß euer Mutmaßen nicht weiter reiche als euer schaffender Wille.

Könntet ihr einen Gott *schaffen*? – So schweigt mir doch von allen Göttern! Wohl aber könntet ihr den Übermenschen schaffen.

Nicht ihr vielleicht selber, meine Brüder! Aber zu Vätern und Vorfahren könntet ihr euch umschaffen des Übermenschen: und dies sei euer bestes Schaffen! –

Gott ist eine Mutmaßung: aber ich will, daß euer Mutmaßen begrenzt sei in der Denkbarkeit.

Könntet ihr einen Gott *denken*? – Aber dies bedeute euch Wille zur Wahrheit, daß alles verwandelt werde in Menschen-Denkbares, Menschen-Sichtbares, Menschen-Fühlbares! Eure eignen Sinne sollt ihr zu Ende denken!

Und was ihr Welt nanntet, das soll erst von euch geschaffen werden: eure Vernunft, euer Bild, euer Wille, eure Liebe soll es selber werden! Und wahrlich zu eurer Seligkeit, ihr Erkennenden!

Und wie wolltet ihr das Leben ertragen ohne diese Hoffnung, ihr Erkennenden? Weder ins Unbegreifliche dürftet ihr eingeboren sein, noch ins Unvernünftige.

Aber daß ich euch ganz mein Herz offenbare, ihr Freunde: *wenn* es Götter gäbe, wie hielt ich's aus, kein Gott zu sein! *Also* gibt es keine Götter.

Wohl zog ich den Schluß; nun aber zieht er mich. –

Gott ist eine Mutmaßung: aber wer tränke alle Qual dieser Mutmaßung, ohne zu sterben? Soll dem Schaffenden sein Glaube genommen sein und dem Adler sein Schweben in Adler-Fernen?

Gott ist ein Gedanke, der macht alles Gerade krumm, und alles, was steht, drehend. Wie? Die Zeit wäre hinweg, und alles Vergängliche nur Lüge?

Dies zu denken ist Wirbel und Schwindel menschlichen Gebeinen, und noch dem Magen ein Erbrechen: wahrlich, die drehende Krankheit heiße ich's, solches zu mutmaßen.

Böse heiße ich's und menschenfeindlich: all dies Lehren vom Einen und Vollen und Unbewegten und Satten und Unvergänglichen!

Alles Unvergängliche – das ist nur ein Gleichnis! Und die Dichter lügen zuviel. –

Aber von Zeit und Werden sollen die besten Gleichnisse reden: ein Lob sollen sie sein und eine Rechtfertigung aller Vergänglichkeit!

Schaffen – das ist die große Erlösung vom Leiden, und des Lebens Leichtwerden. Aber daß der Schaffende sei, dazu selber tut Leid not und viel Verwandelung.

Ja, viel bitteres Sterben muß in eurem Leben sein, ihr Schaffenden! Also seid ihr Fürsprecher und Rechtfertiger aller Vergänglichkeit.

Daß der Schaffende selber das Kind sei, das neu geboren werde, dazu muß er auch die Gebärerin sein wollen und der Schmerz der Gebärerin.

Wahrlich, durch hundert Seelen ging ich meinen Weg und durch hundert Wiegen und Geburtswehen. Manchen Abschied nahm ich schon, ich kenne die herzbrechenden letzten Stunden.

Aber so will's mein schaffender Wille, mein Schicksal. Oder, daß ich's euch redlicher sage: solches Schicksal gerade – will mein Wille.

Alles Fühlende leidet an mir und ist in Gefängnissen: aber mein Wollen kommt mir stets als mein Befreier und Freudebringer.

Wollen befreit: das ist die wahre Lehre von Wille und Freiheit – so lehrt sie euch Zarathustra.

Nicht-mehr-wollen und Nicht-mehr-schätzen und Nicht-mehr-schaffen! ach, daß diese große Müdigkeit mir stets fern bleibe!

Auch im Erkennen fühle ich nur meines Willens Zeuge- und Werde-Lust; und wenn Unschuld in meiner Erkenntnis ist, so geschieht dies, weil Wille zur Zeugung in ihr ist.

Hinweg von Gott und Göttern lockte mich dieser Wille; was wäre denn zu schaffen, wenn Götter – da wären!

Aber zum Menschen treibt er mich stets von neuem, mein inbrünstiger Schaffens-Wille; so treibt's den Hammer hin zum Steine.

Ach, ihr Menschen, im Steine schläft mir ein Bild, das Bild meiner Bilder! Ach, daß es im härtesten, häßlichsten Steine schlafen muß!

Nun wütet mein Hammer grausam gegen sein Gefängnis. Vom Steine stäuben Stücke: was schiert mich das?

Vollenden will ich's: denn ein Schatten kam zu mir – aller Dinge Stillstes und Leichtestes kam einst zu mir!

Des Übermenschen Schönheit kam zu mir als Schatten. Ach, meine Brüder! Was gehen mich noch – die Götter – an! –

Also sprach Zarathustra.

VON DEN MITLEIDIGEN

Meine Freunde, es kam eine Spottrede zu eurem Freunde: »seht nur Zarathustra! Wandelt er nicht unter uns wie unter Tieren?«

Aber so ist es besser geredet: »der Erkennende wandelt unter Menschen *als* unter Tieren.«

Der Mensch selber aber heißt dem Erkennenden: das Tier, das rote Backen hat.

Wie geschah ihm das? Ist es nicht, weil er sich zu oft hat schämen müssen?

Oh, meine Freunde! So spricht der Erkennende: Scham, Scham, Scham – das ist die Geschichte des Menschen!

Und darum gebeut sich der Edle, nicht zu beschämen: Scham gebeut er sich vor allem Leidenden.

Wahrlich, ich mag sie nicht, die Barmherzigen, die selig sind in ihrem Mitleiden: zu sehr gebricht es ihnen an Scham.

Muß ich mitleidig sein, so will ich's doch nicht heißen; und wenn ich's bin, dann gern aus der Ferne.

Gerne verhülle ich auch das Haupt und fliehe davon, bevor ich noch erkannt bin: und also heiße ich euch tun, meine Freunde!

Möge mein Schicksal mir immer Leidlose, gleich euch, über den Weg führen, und solche, mit denen mir Hoffnung und Mahl und Honig gemein sein *darf*!

Wahrlich, ich tat wohl das und jenes an Leidenden: aber Besseres schien ich mir stets zu tun, wenn ich lernte mich besser freuen.

Seit es Menschen gibt, hat der Mensch sich zu wenig gefreut: das allein, meine Brüder, ist unsre Erbsünde!

Und lernen wir besser uns freuen, so verlernen wir am besten, andern wehe zu tun und Wehes auszudenken.

Darum wasche ich mir die Hand, die dem Leidenden half, darum wische ich mir auch noch die Seele ab.

Denn daß ich den Leidenden leidend sah, dessen schämte ich mich um seiner Scham willen; und als ich ihm half, da verging ich mich hart an seinem Stolze.

Große Verbindlichkeiten machen nicht dankbar, sondern rachsüchtig; und wenn die kleine Wohltat nicht vergessen wird, so wird noch ein Nage-Wurm daraus.

»Seid spröde im Annehmen! Zeichnet aus damit, daß ihr annehmt!« – also rate ich denen, die nichts zu verschenken haben.

Ich aber bin ein Schenkender: gerne schenke ich, als Freund den Freunden. Fremde aber und Arme mögen sich die Frucht selber von meinem Baume pflücken: so beschämt es weniger.

Bettler aber sollte man ganz abschaffen! Wahrlich, man ärgert sich, ihnen zu geben, und ärgert sich, ihnen nicht zu geben.

Und insgleichen die Sünder und bösen Gewissen! Glaubt mir, meine Freunde: Gewissensbisse erziehn zum Beißen.

Das Schlimmste aber sind die kleinen Gedanken. Wahrlich, besser noch bös getan, als klein gedacht!

Zwar ihr sagt: »die Lust an kleinen Bosheiten erspart uns manche große böse Tat.« Aber hier sollte man nicht sparen wollen.

Wie ein Geschwür ist die böse Tat: sie juckt und kratzt und bricht heraus – sie redet ehrlich.

»Siehe, ich bin Krankheit« – so redet die böse Tat; das ist ihre Ehrlichkeit.

Aber dem Pilze gleich ist der kleine Gedanke: er kriecht und duckt sich und will nirgendswo sein – bis der ganze Leib morsch und welk ist vor kleinen Pilzen.

Dem aber, der vom Teufel besessen ist, sage ich dies Wort ins Ohr: »besser noch, du ziehest deinen Teufel groß! Auch für dich gibt es noch einen Weg der Größe!« –

Ach, meine Brüder! Man weiß von jedermann etwas zu viel! Und mancher wird uns durchsichtig, aber deshalb können wir noch lange nicht durch ihn hindurch.

Es ist schwer mit Menschen zu leben, weil Schweigen so schwer ist.

Und nicht gegen den, der uns zuwider ist, sind wir am unbilligsten, sondern gegen den, welcher uns gar nichts angeht.

Hast du aber einen leidenden Freund, so sei seinem Leiden eine Ruhestätte, doch gleichsam ein hartes Bett, ein Feldbett: so wirst du ihm am besten nützen.

Und tut dir ein Freund Übles, so sprich: »ich vergebe dir, was du mir tatest; daß du es aber *dir* tatest – wie könnte ich das vergeben!«

Also redet alle große Liebe: die überwindet auch noch Vergebung und Mitleiden.

Man soll sein Herz festhalten, denn läßt man es gehn, wie bald geht einem da der Kopf durch!

Ach, wo in der Welt geschahen größere Torheiten als bei den Mitleidigen? Und was in der Welt stiftete mehr Leid als die Torheiten der Mitleidigen?

Wehe allen Liebenden, die nicht noch eine Höhe haben, welche über ihrem Mitleiden ist!

Also sprach der Teufel einst zu mir: »auch Gott hat seine Hölle: das ist seine Liebe zu den Menschen.«

Und jüngst hörte ich ihn dies Wort sagen: »Gott ist tot; an seinem Mitleiden mit den Menschen ist Gott gestorben.« –

So seid mir gewarnt vor dem Mitleiden: *daher* kommt

noch den Menschen eine schwere Wolke! Wahrlich, ich verstehe mich auf Wetterzeichen!

Merket aber auch dies Wort: alle große Liebe ist noch über all ihrem Mitleiden: denn sie will das Geliebte noch – schaffen!

»Mich selber bringe ich meiner Liebe dar, *und meinen Nächsten gleich mir*« – so geht die Rede allen Schaffenden.

Alle Schaffenden aber sind hart. –

Also sprach Zarathustra.

VON DEN PRIESTERN

Und einstmals gab Zarathustra seinen Jüngern ein Zeichen und sprach diese Worte zu ihnen:

»Hier sind Priester: und wenn es auch meine Feinde sind, geht mir still an ihnen vorüber und mit schlafendem Schwerte!

Auch unter ihnen sind Helden; viele von ihnen litten zuviel –: so wollen sie andre leiden machen.

Böse Feinde sind sie: nichts ist rachsüchtiger als ihre Demut. Und leicht besudelt sich der, welcher sie angreift.

Aber mein Blut ist mit dem ihren verwandt; und ich will mein Blut auch noch in dem ihren geehrt wissen.« –

Und als sie vorübergegangen waren, fiel Zarathustra der Schmerz an; und nicht lange hatte er mit seinem Schmerze gerungen, da hub er also an zu reden:

Es jammert mich dieser Priester. Sie gehen mir auch wider den Geschmack; aber das ist mir das Geringste, seit ich unter Menschen bin.

Aber ich leide und litt mit ihnen: Gefangene sind es mir und Abgezeichnete. Der, welchen sie Erlöser nennen, schlug sie in Banden: –

In Banden falscher Werte und Wahn-Worte! Ach, daß einer sie noch von ihrem Erlöser erlöste!

Auf dem Eilande glaubten sie einst zu landen, als das

Meer sie herumriß; aber siehe, es war ein schlafendes Ungeheuer!

Falsche Werte und Wahn-Worte: das sind die schlimmsten Ungeheuer für Sterbliche, – lange schläft und wartet in ihnen das Verhängnis.

Aber endlich kommt es und wacht und frißt und schlingt, was auf ihm sich Hütten baute.

O seht mir doch diese Hütten an, die sich diese Priester bauten! Kirchen heißen sie ihre süßduftenden Höhlen.

O über dies verfälschte Licht, diese verdumpfte Luft! Hier, wo die Seele zu ihrer Höhe hinauf – nicht fliegen darf!

Sondern also gebietet ihr Glaube: »auf den Knien die Treppe hinan, ihr Sünder!«

Wahrlich, lieber sehe ich noch den Schamlosen als die verrenkten Augen ihrer Scham und Andacht!

Wer schuf sich solche Höhlen und Buß-Treppen? Waren es nicht solche, die sich verbergen wollten und sich vor dem reinen Himmel schämten?

Und erst wenn der reine Himmel wieder durch zerbrochene Decken blickt, und hinab auf Gras und roten Mohn an zerbrochenen Mauern – will ich den Stätten dieses Gottes wieder mein Herz zuwenden.

Sie nannten Gott, was ihnen widersprach und wehe tat: und wahrlich, es war viel Helden-Art in ihrer Anbetung!

Und nicht anders wußten sie ihren Gott zu lieben, als indem sie den Menschen ans Kreuz schlugen!

Als Leichname gedachten sie zu leben, schwarz schlugen sie ihren Leichnam aus; auch aus ihren Reden rieche ich noch die üble Würze von Totenkammern.

Und wer ihnen nahe lebt, der lebt schwarzen Teichen nahe, aus denen heraus die Unke ihr Lied mit süßem Tiefsinne singt.

Bessere Lieder müßten sie mir singen, daß ich an ihren Erlöser glauben lerne: erlöster müßten mir seine Jünger aussehen!

Nackt möchte ich sie sehn: denn allein die Schönheit sollte Buße predigen. Aber wen überredet wohl diese vermummte Trübsal!

Wahrlich, ihre Erlöser selber kamen nicht aus der Freiheit und der Freiheit siebentem Himmel! Wahrlich, sie selber wandelten niemals auf den Teppichen der Erkenntnis!

Aus Lücken bestand der Geist dieser Erlöser; aber in jede Lücke hatten sie ihren Wahn gestellt, ihren Lückenbüßer, den sie Gott nannten.

In ihrem Mitleiden war ihr Geist ertrunken, und wenn sie schwollen und überschwollen von Mitleiden, schwamm immer obenauf eine große Torheit.

Eifrig trieben sie und mit Geschrei ihre Herde über ihren Steg: wie als ob es zur Zukunft nur *einen* Steg gäbe! Wahrlich, auch diese Hirten gehörten noch zu den Schafen!

Kleine Geister und umfängliche Seelen hatten diese Hirten: aber, meine Brüder, was für kleine Länder waren bisher auch die umfänglichsten Seelen!

Blutzeichen schrieben sie auf den Weg, den sie gingen, und ihre Torheit lehrte, daß man mit Blut die Wahrheit beweise.

Aber Blut ist der schlechteste Zeuge der Wahrheit; Blut vergiftet die reinste Lehre noch zu Wahn und Haß der Herzen.

Und wenn einer durchs Fenster geht für seine Lehre – was beweist dies! Mehr ist's wahrlich, daß aus eignem Brande die eigne Lehre kommt!

Schwüles Herz und kalter Kopf: wo dies zusammen trifft, da entsteht der Brausewind, der »Erlöser«.

Größere gab es wahrlich und Höher-Geborene, als die, welche das Volk Erlöser nennt, diese hinreißenden Brausewinde!

Und noch von Größeren, als alle Erlöser waren, müßt ihr, meine Brüder, erlöst werden, wollt ihr zur Freiheit den Weg finden!

Niemals noch gab es einen Übermenschen. Nackt sah ich beide, den größten und den kleinsten Menschen: –

Allzuähnlich sind sie noch einander. Wahrlich, auch den Größten fand ich – allzumenschlich!

Also sprach Zarathustra.

VON DEN TUGENDHAFTEN

Mit Donnern und himmlischen Feuerwerken muß man zu schlaffen und schlafenden Sinnen reden.

Aber der Schönheit Stimme redet leise: sie schleicht sich nur in die aufgewecktesten Seelen.

Leise erbebte und lachte mir heut mein Schild; das ist der Schönheit heiliges Lachen und Beben.

Über euch, ihr Tugendhaften, lachte heut meine Schönheit. Und also kam ihre Stimme zu mir:

»sie wollen noch – bezahlt sein!«

Ihr wollt noch bezahlt sein, ihr Tugendhaften! Wollt Lohn für Tugend und Himmel für Erden und Ewiges für euer Heute haben?

Und nun zürnt ihr mir, daß ich lehre, es gibt keinen Lohn- und Zahlmeister? Und wahrlich, ich lehre nicht einmal, daß Tugend ihr eigner Lohn ist.

Ach, das ist meine Trauer: in den Grund der Dinge hat man Lohn und Strafe hineingelogen – und nun auch noch in den Grund eurer Seelen, ihr Tugendhaften!

Aber dem Rüssel des Ebers gleich soll mein Wort den Grund eurer Seelen aufreißen; Pflugschar will ich euch heißen.

Alle Heimlichkeiten eures Grundes sollen ans Licht; und wenn ihr aufgewühlt und zerbrochen in der Sonne liegt, wird euch eure Lüge von eurer Wahrheit ausgeschieden sein.

Denn dies ist eure Wahrheit: ihr seid *zu reinlich* für den Schmutz der Worte: Rache, Strafe, Lohn, Vergeltung.

Ihr liebt eure Tugend, wie die Mutter ihr Kind; aber wann hörte man, daß eine Mutter bezahlt sein wollte für ihre Liebe?

Es ist euer liebstes Selbst, eure Tugend. Des Ringes Durst ist in euch; sich selber wieder zu erreichen, dazu ringt und dreht sich jeder Ring.

Und dem Sterne gleich, der erlischt, ist jedes Werk eurer

Tugend: immer ist sein Licht noch unterwegs und wandert – und wann wird es nicht mehr unterwegs sein?

Also ist das Licht eurer Tugend noch unterwegs, auch wenn das Werk getan ist. Mag es nun vergessen und tot sein: sein Strahl von Licht lebt noch und wandert.

Daß eure Tugend euer Selbst sei, und nicht ein Fremdes, eine Haut, eine Bemäntelung: das ist die Wahrheit aus dem Grunde eurer Seele, ihr Tugendhaften! –

Aber wohl gibt es solche, denen Tugend der Krampf unter einer Peitsche heißt: und ihr habt mir zuviel auf deren Geschrei gehört!

Und andre gibt es, die heißen Tugend das Faulwerden ihrer Laster; und wenn ihr Haß und ihre Eifersucht einmal die Glieder strecken, wird ihre »Gerechtigkeit« munter und reibt sich die verschlafenen Augen.

Und andre gibt es, die werden abwärts gezogen: ihre Teufel ziehn sie. Aber je mehr sie sinken, um so glühender leuchtet ihr Auge und die Begierde nach ihrem Gotte.

Ach, auch deren Geschrei drang zu euren Ohren, ihr Tugendhaften: »was ich *nicht* bin, das, das ist mir Gott und Tugend!«

Und andre gibt es, die kommen schwer und knarrend daher, gleich Wägen, die Steine abwärts fahren: die reden viel von Würde und Tugend – ihren Hemmschuh heißen sie Tugend!

Und andre gibt es, die sind gleich Alltags-Uhren, die aufgezogen wurden; sie machen ihr Ticktack und wollen, daß man Ticktack – Tugend heiße.

Wahrlich, an diesen habe ich meine Lust: wo ich solche Uhren finde, werde ich sie mit meinem Spotte aufziehn; und sie sollen mir dabei noch schnurren!

Und andre sind stolz über ihre Handvoll Gerechtigkeit und begehren um ihretwillen Frevel an allen Dingen: also daß die Welt in ihrer Ungerechtigkeit ertränkt wird.

Ach, wie übel ihnen das Wort »Tugend« aus dem Munde läuft! Und wenn sie sagen: »ich bin gerecht«, so klingt es immer gleich wie: »ich bin gerächt!«

Mit ihrer Tugend wollen sie ihren Feinden die Augen auskratzen; und sie erheben sich nur, um andre zu erniedrigen.

Und wiederum gibt es solche, die sitzen in ihrem Sumpfe und reden also heraus aus dem Schilfrohr: »Tugend – das ist still im Sumpfe sitzen.

Wir beißen niemanden und gehen dem aus dem Wege, der beißen will; und in allem haben wir die Meinung, die man uns gibt.«

Und wiederum gibt es solche, die lieben Gebärden und denken: Tugend ist eine Art Gebärde.

Ihre Knie beten immer an, und ihre Hände sind Lobpreisungen der Tugend, aber ihr Herz weiß nichts davon.

Und wiederum gibt es solche, die halten es für Tugend, zu sagen: »Tugend ist notwendig«; aber sie glauben im Grunde nur daran, daß Polizei notwendig ist.

Und mancher, der das Hohe an den Menschen nicht sehen kann, nennt es Tugend, daß er ihr Niedriges allzunahe sieht: also heißt er seinen bösen Blick Tugend.

Und einige wollen erbaut und aufgerichtet sein und heißen es Tugend; und andre wollen umgeworfen sein – und heißen es auch Tugend.

Und derart glauben fast alle daran, Anteil zu haben an der Tugend; und zum mindesten will ein jeder Kenner sein über »Gut« und »Böse«.

Aber nicht dazu kam Zarathustra, allen diesen Lügnern und Narren zu sagen: »was wißt *ihr* von Tugend! Was *könntet* ihr von Tugend wissen!« –

Sondern, daß ihr, meine Freunde, der alten Worte müde würdet, welche ihr von den Narren und Lügnern gelernt habt:

Müde würdet der Worte »Lohn«, »Vergeltung«, »Strafe« »Rache in der Gerechtigkeit« –

Müde würdet zu sagen: »daß Handlung gut ist, das macht, sie ist selbstlos.«

Ach, meine Freunde! Daß *euer* Selbst in der Handlung sei, wie die Mutter im Kinde ist: das sei mir *euer* Wort von Tugend!

Wahrlich, ich nahm euch wohl hundert Worte und eurer Tugend liebste Spielwerke; und zürnt ihr mir, wie Kinder zürnen.

Sie spielten am Meere – da kam die Welle und riß ihnen ihr Spielwerk in die Tiefe: nun weinen sie.

Aber dieselbe Welle soll ihnen neue Spielwerke bringen und neue bunte Muscheln vor sie hin ausschütten!

So werden sie getröstet sein; und gleich ihnen sollt auch ihr, meine Freunde, eure Tröstungen haben – und neue bunte Muscheln! –

Also sprach Zarathustra.

VOM GESINDEL

Das Leben ist ein Born der Lust; aber wo das Gesindel mittrinkt, da sind alle Brunnen vergiftet.

Allem Reinlichen bin ich hold; aber ich mag die grinsenden Mäuler nicht sehn und den Durst der Unreinen.

Sie warfen ihr Auge hinab in den Brunnen: nun glänzt mir ihr widriges Lächeln heraus aus dem Brunnen.

Das heilige Wasser haben sie vergiftet mit ihrer Lüsternheit; und als sie ihre schmutzigen Träume Lust nannten, vergifteten sie auch noch die Worte.

Unwillig wird die Flamme, wenn sie ihre feuchten Herzen ans Feuer legen; der Geist selber brodelt und raucht, wo das Gesindel ans Feuer tritt.

Süßlich und übermürbe wird in ihrer Hand die Frucht: windfällig und wipfeldürr macht ihr Blick den Fruchtbaum.

Und mancher, der sich vom Leben abkehrte, kehrte sich nur vom Gesindel ab: er wollte nicht Brunnen und Flamme und Frucht mit dem Gesindel teilen.

Und mancher, der in die Wüste ging und mit Raubtieren Durst litt, wollte nur nicht mit schmutzigen Kameltreibern um die Zisterne sitzen.

Und mancher, der wie ein Vernichter daher kam und wie ein Hagelschlag allen Fruchtfeldern, wollte nur seinen Fuß dem Gesindel in den Rachen setzen und also seinen Schlund stopfen.

Und nicht das ist der Bissen, an dem ich am meisten

würgte, zu wissen, daß das Leben selber Feindschaft nötig hat und Sterben und Marterkreuze: –

Sondern ich fragte einst und erstickte fast an meiner Frage: wie? hat das Leben auch das Gesindel *nötig*?

Sind vergiftete Brunnen nötig und stinkende Feuer und beschmutzte Träume und Maden im Lebensbrode?

Nicht mein Haß, sondern mein Ekel fraß mir hungrig am Leben! Ach, des Geistes wurde ich oft müde, als ich auch das Gesindel geistreich fand!

Und den Herrschenden wandt ich den Rücken, als ich sah, was sie jetzt Herrschen nennen: Schachern und Markten um Macht – mit dem Gesindel!

Unter Völkern wohnte ich fremder Zunge, mit verschlossenen Ohren: daß mir ihres Schacherns Zunge fremd bliebe und ihr Markten um Macht.

Und die Nase mir haltend, ging ich unmutig durch alles Gestern und Heute: wahrlich übel riecht alles Gestern und Heute nach dem schreibenden Gesindel!

Einem Krüppel gleich, der taub und blind und stumm wurde: also lebte ich lange, daß ich nicht mit Macht- und Schreib- und Lust-Gesindel lebte.

Mühsam ging mein Geist Treppen, und vorsichtig; Almosen der Lust waren sein Labsal; am Stabe schlich dem Blinden das Leben.

Was geschah mir doch? Wie erlöste ich mich vom Ekel? Wer verjüngte mein Auge? Wie erflog ich die Höhe, wo kein Gesindel mehr am Brunnen sitzt?

Schuf mein Ekel selber mir Flügel und quellenahnende Kräfte? Wahrlich, ins Höchste mußte ich fliegen, daß ich den Born der Lust wiederfände!

Oh, ich fand ihn, meine Brüder! Hier im Höchsten quillt mir der Born der Lust! Und es gibt ein Leben, an dem kein Gesindel mittrinkt!

Fast zu heftig strömst du mir, Quell der Lust! Und oft leerst du den Becher wieder, dadurch, daß du ihn füllen willst!

Und doch muß ich lernen, bescheidener dir zu nahen: allzuheftig strömt dir noch mein Herz entgegen –

Mein Herz, auf dem mein Sommer brennt, der kurze,

heiße, schwermütige, überselige: wie verlangt mein Sommer-Herz nach deiner Kühle!

Vorbei die zögernde Trübsal meines Frühlings! Vorüber die Bosheit meiner Schneeflocken im Juni! Sommer wurde ich ganz und Sommer-Mittag!

Ein Sommer im Höchsten mit kalten Quellen und seliger Stille: oh kommt, meine Freunde, daß die Stille noch seliger werde!

Denn dies ist *unsre* Höhe und unsre Heimat: zu hoch und steil wohnen wir hier allen Unreinen und ihrem Durste.

Werft nur eure reinen Augen in den Born meiner Lust, ihr Freunde! Wie sollte er darob trübe werden! Entgegenlachen soll er euch mit *seiner* Reinheit.

Auf dem Baume Zukunft bauen wir unser Nest; Adler sollen uns Einsamen Speise bringen in ihren Schnäbeln!

Wahrlich, keine Speise, an der Unsaubere mitessen dürften! Feuer würden sie zu fressen wähnen und sich die Mäuler verbrennen!

Wahrlich, keine Heimstätten halten wir hier bereit für Unsaubere! Eishöhle würde ihren Leibern unser Glück heißen und ihren Geistern!

Und wie starke Winde wollen wir über ihnen leben, Nachbarn den Adlern, Nachbarn dem Schnee, Nachbarn der Sonne: also leben starke Winde.

Und einem Winde gleich will ich einst noch zwischen sie blasen und mit meinem Geiste ihrem Geiste den Atem nehmen: so will es meine Zukunft.

Wahrlich, ein starker Wind ist Zarathustra allen Niederungen; und solchen Rat rät er seinen Feinden und allem, was spuckt und speit: »hütet euch, *gegen* den Wind zu speien!«

Also sprach Zarathustra.

VON DEN TARANTELN

Siehe, das ist der Tarantel Höhle! Willst du sie selber sehn? Hier hängt ihr Netz: rühre daran, daß es erzittert.

Da kommt sie willig: willkommen, Tarantel! Schwarz sitzt auf deinem Rücken dein Dreieck und Wahrzeichen; und ich weiß auch, was in deiner Seele sitzt.

Rache sitzt in deiner Seele: wohin du beißest, da wächst schwarzer Schorf; mit Rache macht dein Gift die Seele drehend!

Also rede ich zu euch im Gleichnis, die ihr die Seelen drehend macht, ihr Prediger der *Gleichheit*! Taranteln seid ihr mir und versteckte Rachsüchtige!

Aber ich will eure Verstecke schon ans Licht bringen: darum lache ich euch ins Antlitz mein Gelächter der Höhe.

Darum reiße ich an eurem Netze, daß eure Wut euch aus eurer Lügen-Höhle locke, und eure Rache hervorspringe hinter eurem Wort »Gerechtigkeit«.

Denn *daß der Mensch erlöst werde von der Rache*: das ist mir die Brücke zur höchsten Hoffnung und ein Regenbogen nach langen Unwettern.

Aber anders wollen es freilich die Taranteln. »Das gerade heiße uns Gerechtigkeit, daß die Welt voll werde von den Unwettern unsrer Rache« – also reden sie miteinander.

»Rache wollen wir üben und Beschimpfung an allen, die uns nicht gleich sind« – so geloben sich die Tarantel-Herzen.

»Und ›Wille zur Gleichheit‹ – das selber soll fürderhin der Name für Tugend werden; und gegen alles, was Macht hat, wollen wir unser Geschrei erheben!«

Ihr Prediger der Gleichheit, der Tyrannen-Wahnsinn der Ohnmacht schreit also aus euch nach »Gleichheit«: eure heimlichsten Tyrannen-Gelüste vermummen sich also in Tugend-Worte!

Vergrämter Dünkel, verhaltener Neid, vielleicht eurer

Väter Dünkel und Neid: aus euch bricht's als Flamme heraus und Wahnsinn der Rache.

Was der Vater schwieg, das kommt im Sohne zum Reden; und oft fand ich den Sohn als des Vaters entblößtes Geheimnis.

Den Begeisterten gleichen sie: aber nicht das Herz ist es, was sie begeistert – sondern die Rache. Und wenn sie fein und kalt werden, ist's nicht der Geist, sondern der Neid, der sie fein und kalt macht.

Ihre Eifersucht führt sie auch auf der Denker Pfade; und dies ist das Merkmal ihrer Eifersucht – immer gehn sie zu weit: daß ihre Müdigkeit sich zuletzt noch auf Schnee schlafen legen muß.

Aus jeder ihrer Klagen tönt Rache, in jedem ihrer Lobsprüche ist ein Wehetun; und Richter-sein scheint ihnen Seligkeit.

Also aber rate ich euch, meine Freunde: mißtraut allen, in welchen der Trieb zu strafen mächtig ist!

Das ist Volk schlechter Art und Abkunft; aus ihren Gesichtern blickt der Henker und der Spürhund.

Mißtraut allen denen, die viel von ihrer Gerechtigkeit reden! Wahrlich, ihren Seelen fehlt es nicht nur an Honig.

Und wenn sie sich selber »die Guten und Gerechten« nennen, so vergeßt nicht, daß ihnen zum Pharisäer nichts fehlt als – Macht!

Meine Freunde, ich will nicht vermischt und verwechselt werden.

Es gibt solche, die predigen meine Lehre vom Leben: und zugleich sind sie Prediger der Gleichheit und Taranteln.

Daß sie dem Leben zu Willen reden, ob sie gleich in ihrer Höhle sitzen, diese Gift-Spinnen, und abgekehrt vom Leben: das macht, sie wollen damit wehe tun.

Solchen wollen sie damit wehe tun, die jetzt die Macht haben: denn bei diesen ist noch die Predigt vom Tode am besten zu Hause.

Wäre es anders, so würden die Taranteln anders lehren: und gerade sie waren ehemals die besten Welt-Verleumder und Ketzer-Brenner.

Mit diesen Predigern der Gleichheit will ich nicht vermischt und verwechselt sein. Denn so redet *mir* die Gerechtigkeit. »die Menschen sind nicht gleich.«

Und sie sollen es auch nicht werden! Was wäre denn meine Liebe zum Übermenschen, wenn ich anders spräche?

Auf tausend Brücken und Stegen sollen sie sich drängen zur Zukunft, und immer mehr Krieg und Ungleichheit soll zwischen sie gesetzt sein: so läßt mich meine große Liebe reden!

Erfinder von Bildern und Gespenstern sollen sie werden in ihren Feindschaften, und mit ihren Bildern und Gespenstern sollen sie noch gegeneinander den höchsten Kampf kämpfen!

Gut und böse, und reich und arm, und hoch und gering, und alle Namen der Werte: Waffen sollen es sein und klirrende Merkmale davon, daß das Leben sich immer wieder selber überwinden muß!

In die Höhe will es sich bauen mit Pfeilern und Stufen, das Leben selber: in weite Fernen will es blicken und hinaus nach seligen Schönheiten – *darum* braucht es Höhe!

Und weil es Höhe braucht, braucht es Stufen und Widerspruch der Stufen und Steigenden! Steigen will das Leben und steigend sich überwinden.

Und seht mir doch, meine Freunde! Hier, wo der Tarantel Höhle ist, heben sich eines alten Tempels Trümmer aufwärts – seht mir doch mit erleuchteten Augen hin!

Wahrlich, wer hier einst seine Gedanken in Stein nach oben türmte, um das Geheimnis alles Lebens wußte er gleich dem Weisesten!

Daß Kampf und Ungleiches auch noch in der Schönheit sei, und Krieg um Macht und Übermacht: das lehrt er uns hier im deutlichsten Gleichnis.

Wie sich göttlich hier Gewölbe und Bogen brechen, im Ringkampfe: wie mit Licht und Schatten sie wider einander streben, die göttlich-Strebenden –

Also sicher und schön laßt uns auch Feinde sein, meine Freunde! Göttlich wollen wir *wider* einander streben! –

Weh! Da biß mich selber die Tarantel, meine alte Feindin! Göttlich sicher und schön biß sie mich in den Finger!

»Strafe muß sein und Gerechtigkeit« – so denkt sie:

»nicht umsonst soll er hier der Feindschaft zu Ehren Lieder singen!«

Ja, sie hat sich gerächt! Und wehe! nun wird sie mit Rache auch noch meine Seele drehend machen!

Daß ich mich aber *nicht* drehe, meine Freunde, bindet mich fest hier an diese Säule! Lieber noch Säulen-Heiliger will ich sein, als Wirbel der Rachsucht!

Wahrlich, kein Dreh- und Wirbelwind ist Zarathustra; und wenn er ein Tänzer ist, nimmermehr noch ein Tarantel-Tänzer! –

Also sprach Zarathustra.

VON DEN BERÜHMTEN WEISEN

Dem Volke habt ihr gedient und des Volkes Aberglauben, ihr berühmten Weisen alle! – und *nicht* der Wahrheit! Und gerade darum zollte man euch Ehrfurcht.

Und darum auch ertrug man euren Unglauben, weil er ein Witz und Umweg war zum Volke. So läßt der Herr seine Sklaven gewähren und ergötzt sich noch an ihrem Übermute.

Aber wer dem Volke verhaßt ist wie ein Wolf den Hunden: das ist der freie Geist, der Fessel-Feind, der Nicht-Anbeter, der in Wäldern Hausende.

Ihn zu jagen aus seinem Schlupfe – das hieß immer dem Volke »Sinn für das Rechte«: gegen ihn hetzt es noch immer seine scharfzahnigsten Hunde.

»Denn die Wahrheit ist da: ist das Volk doch da! Wehe, wehe den Suchenden!« also scholl es von jeher.

Eurem Volke wolltet ihr Recht schaffen in seiner Verehrung: das hießet ihr »Wille zur Wahrheit«, ihr berühmten Weisen!

Und euer Herz sprach immer zu sich: »vom Volke kam ich: von dort her kam mir auch Gottes Stimme.«

Hart-nackig und klug, dem Esel gleich, wart ihr immer als des Volkes Fürsprecher.

Und mancher Mächtige, der gut fahren wollte mit dem Volke, spannte vor seine Rosse noch – ein Eselein, einen berühmten Weisen.

Und nun wollte ich, ihr berühmten Weisen, ihr würfet endlich das Fell des Löwen ganz von euch!

Das Fell des Raubtiers, das buntgefleckte, und die Zotten des Forschenden, Suchenden, Erobernden!

Ach, daß ich an eure »Wahrhaftigkeit« glauben lerne, dazu müßtet ihr mir erst euren verehrenden Willen zerbrechen.

Wahrhaftig – so heiße ich den, der in götterlose Wüsten geht und sein verehrendes Herz zerbrochen hat.

Im gelben Sande und verbrannt von der Sonne schielt er wohl durstig nach den quellenreichen Eilanden, wo Lebendiges unter dunklen Bäumen ruht.

Aber sein Durst überredet ihn nicht, diesen Behaglichen gleich zu werden: denn wo Oasen sind, da sind auch Götzenbilder.

Hungernd, gewalttätig, einsam, gottlos: so will sich selber der Löwen-Wille.

Frei von dem Glück der Knechte, erlöst von Göttern und Anbetungen, furchtlos und fürchterlich, groß und einsam: so ist der Wille des Wahrhaftigen.

In der Wüste wohnten von je die Wahrhaftigen, die freien Geister, als der Wüste Herren; aber in den Städten wohnen die gutgefütterten, berühmten Weisen – die Zugtiere.

Immer nämlich ziehen sie, als Esel – des *Volkes* Karren!

Nicht daß ich ihnen darob zürne: aber Dienende bleiben sie mir und Angeschirrte, auch wenn sie von goldnem Geschirre glänzen.

Und oft waren sie gute Diener und preiswürdige. Denn so spricht die Tugend: »Mußt du Diener sein, so suche den, welchem dein Dienst am besten nützt!

Der Geist und die Tugend deines Herrn sollen wachsen, dadurch, daß *du* sein Diener bist: so wächsest du selber mit seinem Geiste und seiner Tugend!«

Und wahrlich, ihr berühmten Weisen, ihr Diener des Volkes! Ihr selber wuchset mit des Volkes Geist und Tugend – und das Volk durch euch! Zu euren Ehren sage ich das!

Aber Volk bleibt mir auch noch in euren Tugenden, Volk mit blöden Augen, – Volk, das nicht weiß, was *Geist* ist!

Geist ist das Leben, das selber ins Leben schneidet; an der eignen Qual mehrt es sich das eigne Wissen, – wußtet ihr das schon?

Und des Geistes Glück ist dies: gesalbt zu sein und durch Tränen geweiht zum Opfertier, – wußtet ihr das schon?

Und die Blindheit des Blinden und sein Suchen und Tappen soll noch von der Macht der Sonne zeugen, in die er schaute, – wußtet ihr das schon?

Und mit Bergen soll der Erkennende *bauen* lernen! Wenig ist es, daß der Geist Berge versetzt, – wußtet ihr das schon?

Ihr kennt nur des Geistes Funken: aber ihr seht den Amboß nicht, der er ist, und nicht die Grausamkeit seines Hammers!

Wahrlich, ihr kennt des Geistes Stolz nicht! Aber noch weniger würdet ihr des Geistes Bescheidenheit ertragen, wenn sie einmal reden wollte!

Und niemals noch durftet ihr euren Geist in eine Grube von Schnee werfen: ihr seid nicht heiß genug dazu! So kennt ihr auch die Entzückungen seiner Kälte nicht.

In allem aber tut ihr mir zu vertraulich mit dem Geiste; und aus der Weisheit machtet ihr oft ein Armen- und Krankenhaus für schlechte Dichter.

Ihr seid keine Adler: so erfuhrt ihr auch das Glück im Schrecken des Geistes nicht. Und wer kein Vogel ist, soll sich nicht über Abgründen lagern.

Ihr seid mir Laue: aber kalt strömt jede tiefe Erkenntnis. Eiskalt sind die innersten Brunnen des Geistes: ein Labsal heißen Händen und Handelnden.

Ehrbar steht ihr mir da und steif und mit geradem Rükken, ihr berühmten Weisen! – euch treibt kein starker Wind und Wille.

Saht ihr nie ein Segel über das Meer gehn, gerundet und gebläht und zitternd vor dem Ungestüm des Windes?

Dem Segel gleich, zitternd vor dem Ungestüm des Geistes, geht meine Weisheit über das Meer – meine wilde Weisheit!

Aber ihr Diener des Volkes, ihr berühmten Weisen – wie *könntet* ihr mit mir gehn! –

Also sprach Zarathustra.

DAS NACHTLIED

Nacht ist es: nun reden lauter alle springenden Brunnen. Und auch meine Seele ist ein springender Brunnen.

Nacht est es: nun erst erwachen alle Lieder der Liebenden. Und auch meine Seele ist das Lied eines Liebenden.

Ein Ungestilltes, Unstillbares ist in mir; das will laut werden. Eine Begierde nach Liebe ist in mir, die redet selber die Sprache der Liebe.

Licht bin ich: ach, daß ich Nacht wäre! Aber dies ist meine Einsamkeit, daß ich von Licht umgürtet bin.

Ach, daß ich dunkel wäre und nächtig! Wie wollte ich an den Brüsten des Lichts saugen!

Und euch selber wollte ich noch segnen, ihr kleinen Funkelsterne und Leuchtwürmer droben! und selig sein ob eurer Licht-Geschenke.

Aber ich lebe in meinem eignen Lichte, ich trinke die Flammen in mich zurück, die aus mir brechen.

Ich kenne das Glück des Nehmenden nicht; und oft träumte mir davon, daß Stehlen noch seliger sein müsse als Nehmen.

Das ist meine Armut, daß meine Hand niemals ausruht vom Schenken; das ist mein Neid, daß ich wartende Augen sehe und die erhellten Nächte der Sehnsucht.

O Unseligkeit aller Schenkenden! O Verfinsterung meiner Sonne! O Begierde nach Begehren! O Heißhunger in der Sättigung!

Sie nehmen von mir: aber rühre ich noch an ihre Seele? Eine Kluft ist zwischen Geben und Nehmen; und die kleinste Kluft ist am letzten zu überbrücken.

Ein Hunger wächst aus meiner Schönheit: wehe tun möchte ich denen, welchen ich leuchte, berauben möchte ich meine Beschenkten – also hungere ich nach Bosheit.

Die Hand zurückziehend, wenn sich schon ihr die Hand entgegenstreckt; dem Wasserfalle gleich zögernd, der noch im Sturze zögert – also hungere ich nach Bosheit.

Solche Rache sinnt meine Fülle aus: solche Tücke quillt aus meiner Einsamkeit.

Mein Glück im Schenken erstarb im Schenken, meine Tugend wurde ihrer selber müde an ihrem Überflusse!

Wer immer schenkt, dessen Gefahr ist, daß er die Scham verliere; wer immer austeilt, dessen Hand und Herz hat Schwielen vor lauter Austeilen.

Mein Auge quillt nicht mehr über vor der Scham der Bittenden; meine Hand wurde zu hart für das Zittern gefüllter Hände.

Wohin kam die Träne meinem Auge und der Flaum meinem Herzen? O Einsamkeit aller Schenkenden! O Schweigsamkeit aller Leuchtenden!

Viel Sonnen kreisen im öden Raume: zu allem, was dunkel ist, reden sie mit ihrem Lichte – mir schweigen sie.

O dies ist die Feindschaft des Lichts gegen Leuchtendes, erbarmungslos wandelt es seine Bahnen.

Unbillig gegen Leuchtendes im tiefsten Herzen, kalt gegen Sonnen – also wandelt jede Sonne.

Einem Sturme gleich fliegen die Sonnen ihre Bahnen, das ist ihr Wandeln. Ihrem unerbittlichen Willen folgten sie, das ist ihre Kälte.

Oh, ihr erst seid es, ihr Dunklen, ihr Nächtigen, die ihr Wärme schafft aus Leuchtendem! Oh, ihr erst trinkt euch Milch und Labsal aus des Lichtes Eutern!

Ach, Eis ist um mich, meine Hand verbrennt sich an Eisigem! Ach, Durst ist in mir, der schmachtet nach eurem Durste!

Nacht ist es: ach daß ich Licht sein muß! Und Durst nach Nächtigem! Und Einsamkeit!

Nacht ist es: nun bricht wie ein Born aus mir mein Verlangen – – nach Rede verlangt mich.

Nacht ist es: nun reden lauter alle springenden Brunnen. Und auch meine Seele ist ein springender Brunnen.

Nacht ist es: nun erwachen alle Lieder der Liebenden. Und auch meine Seele ist das Lied eines Liebenden. –

Also sang Zarathustra.

DAS TANZLIED

Eines Abends ging Zarathustra mit seinen Jüngern durch den Wald; und als er nach einem Brunnen suchte, siehe, da kam er auf eine grüne Wiese, die von Bäumen und Gebüsch still umstanden war: auf der tanzten Mädchen miteinander. Sobald die Mädchen Zarathustra erkannten, ließen sie vom Tanze ab; Zarathustra aber trat mit freundlicher Gebärde zu ihnen und sprach diese Worte:

»Laßt vom Tanze nicht ab, ihr lieblichen Mädchen! Kein Spielverderber kam zu euch mit bösem Blick, kein Mädchen-Feind.

Gottes Fürsprecher bin ich vor dem Teufel: der aber ist der Geist der Schwere. Wie sollte ich, ihr Leichten, göttlichen Tänzen feind sein? Oder Mädchen-Füßen mit schönen Knöcheln?

Wohl bin ich ein Wald und eine Nacht dunkler Bäume: doch wer sich vor meinem Dunkel nicht scheut, der findet auch Rosenhänge unter meinen Zypressen.

Und auch den kleinen Gott findet er wohl, der den Mädchen der liebste ist: neben dem Brunnen liegt er, still, mit geschlossenen Augen.

Wahrlich, am hellen Tage schlief er mir ein, der Tagedieb! Haschte er wohl zuviel nach Schmetterlingen?

Zürnt mir nicht, ihr schönen Tanzenden, wenn ich den kleinen Gott ein wenig züchtige! Schreien wird er wohl und weinen – aber zum Lachen ist er noch im Weinen!

Und mit Tränen im Auge soll er euch um einen Tanz bitten; und ich selber will ein Lied zu seinem Tanze singen:

Ein Tanz- und Spottlied auf den Geist der Schwere, meinen allerhöchsten großmächtigsten Teufel, von dem sie sagen, daß er ›der Herr der Welt‹ sei.« –

Und dies ist das Lied, welches Zarathustra sang, als Kupido und die Mädchen zusammen tanzten:

In dein Auge schaute ich jüngst, oh Leben! Und ins Unergründliche schien ich mir da zu sinken.

Aber du zogst mich mit goldner Angel heraus; spöttisch lachtest du, als ich dich unergründlich nannte.

»So geht die Rede aller Fische«, sprachst du; »was *sie* nicht ergründen ist unergründlich.

Aber veränderlich bin ich nur und wild und in allem ein Weib, und kein tugendhaftes:

Ob ich schon euch Männern ›die Tiefe‹ heiße oder ›die Treue‹, ›die Ewige‹, die ›Geheimnisvolle‹.

Doch ihr Männer beschenkt uns stets mit den eignen Tugenden – ach, ihr Tugendhaften!«

Also lachte sie, die Unglaubliche; aber ich glaube ihr niemals und ihrem Lachen, wenn sie bös von sich selber spricht.

Und als ich unter vier Augen mit meiner wilden Weisheit redete, sagte sie zornig: »Du willst, du begehrst, du liebst, darum allein *lobst* du das Leben!«

Fast hätte ich da bös geantwortet und der Zornigen die Wahrheit gesagt; und man kann nicht böser antworten, als wenn man seiner Weisheit »die Wahrheit sagt«.

So nämlich steht es zwischen uns dreien. Von Grund aus liebe ich nur das Leben – und, wahrlich, am meisten dann, wenn ich es hasse!

Daß ich aber der Weisheit gut bin und oft zu gut: das macht, sie erinnert mich gar sehr an das Leben!

Sie hat ihr Auge, ihr Lachen und sogar ihr goldnes Angelrütchen: was kann ich dafür, daß die beiden sich so ähnlich sehn?

Und als mich einmal das Leben fragte: Wer ist denn das, die Weisheit? – da sagte ich eifrig: »Ach ja! die Weisheit!

Man dürstet um sie und wird nicht satt, man blickt durch Schleier, man hascht durch Netze.

Ist sie schön? Was weiß ich! Aber die ältesten Karpfen werden noch mit ihr geködert.

Veränderlich ist sie und trotzig; oft sah ich sie sich die Lippe beißen und den Kamm wider ihres Haares Strich führen.

Vielleicht ist sie böse und falsch, und in allem ein Frauenzimmer; aber wenn sie von sich selber schlecht spricht, da gerade verführt sie am meisten.«

Als ich dies zu dem Leben sagte, da lachte es boshaft und machte die Augen zu. »Von wem redest du doch?« sagte es, »wohl von mir?

Und wenn du recht hättest – sagt man *das* mir so ins Gesicht! Aber nun sprich doch auch von deiner Weisheit!«

Ach, und nun machtest du wieder dein Auge auf, o geliebtes Leben! Und ins Unergründliche schien ich mir wieder zu sinken. –

Also sang Zarathustra. Als aber der Tanz zu Ende und die Mädchen fortgegangen waren, wurde er traurig.

»Die Sonne ist lange schon hinunter«, sagte er endlich; »die Wiese ist feucht, von den Wäldern her kommt Kühle.

Ein Unbekanntes ist um mich und blickt nachdenklich. Was! Du lebst noch, Zarathustra?

Warum? Wofür? Wodurch? Wohin? Wo? Wie? Ist es nicht Torheit, noch zu leben? –

Ach, meine Freunde, der Abend ist es, der so aus mir fragt. Vergebt mir meine Traurigkeit!

Abend ward es: vergebt mir, daß es Abend ward!«

Also sprach Zarathustra.

DAS GRABLIED

»Dort ist die Gräberinsel, die schweigsame; dort sind auch die Gräber meiner Jugend. Dahin will ich einen immergrünen Kranz des Lebens tragen.«

Also im Herzen beschließend fuhr ich über das Meer. –

O ihr, meiner Jugend Gesichte und Erscheinungen! Oh, ihr Blicke der Liebe alle, ihr göttlichen Augenblicke! Wie starbt ihr mir so schnell! Ich gedenke eurer heute wie meiner Toten.

Von euch her, meinen liebsten Toten, kommt mir ein süßer Geruch, ein herz- und tränenlösender. Wahrlich, er erschüttert und löst das Herz dem einsam Schiffenden.

Immer noch bin ich der Reichste und Bestzubeneidende – ich der Einsamste! Denn ich *hatte* euch doch, und ihr habt mich noch: sagt, wem fielen, wie mir, solche Rosenäpfel vom Baume?

Immer noch bin ich eurer Liebe Erbe und Erdreich, blühend zu eurem Gedächtnisse von bunten wildwachsenden Tugenden, o ihr Geliebtesten!

Ach, wir waren gemacht, einander nahe zu bleiben, ihr holden fremden Wunder; und nicht schüchternen Vögeln gleich kamt ihr zu mir und meiner Begierde – nein, als Trauende zu dem Trauenden!

Ja, zur Treue gemacht, gleich mir und zu zärtlichen Ewigkeiten: muß ich nun euch nach eurer Untreue heißen, ihr göttlichen Blicke und Augenblicke: keinen andern Namen lernte ich noch.

Wahrlich, zu schnell starbt ihr mir, ihr Flüchtlinge. Doch floht ihr mich nicht, noch floh ich euch: unschuldig sind wir einander in unsrer Untreue.

Mich zu töten, erwürgte man euch, ihr Singvögel meiner Hoffnungen! Ja, nach euch, ihr Liebsten, schoß immer die Bosheit Pfeile – mein Herz zu treffen!

Und sie traf! Wart ihr doch stets mein Herzlichstes, mein Besitz und mein Besessen-sein: *darum* mußtet ihr jung sterben und allzu frühe!

Nach dem Verwundbarsten, das ich besaß, schoß man den Pfeil: das waret ihr, denen die Haut einem Flaume gleich ist und mehr noch dem Lächeln, das an einem Blick erstirbt!

Aber dies Wort will ich zu meinen Feinden reden: was ist alles Menschen-Morden gegen das, was ihr mir tatet!

Böseres tatet ihr mir, als aller Menschen-Mord ist; Unwiederbringliches nahmt ihr mir – also rede ich zu euch, meine Feinde!

Mordetet ihr doch meiner Jugend Gesichte und liebste Wunder! Meine Gespielen nahmt ihr mir, die seligen Geister! Ihrem Gedächtnisse lege ich diesen Kranz und diesen Fluch nieder.

Diesen Fluch gegen euch, meine Feinde! Machtet ihr doch mein Ewiges kurz, wie ein Ton zerbricht in kalter Nacht! Kaum als Aufblinken göttlicher Augen kam es mir nur – als Augenblick!

Also sprach zur guten Stunde einst meine Reinheit: »göttlich sollen mir alle Wesen sein.«

Da überfiel ihr mich mit schmutzigen Gespenstern; ach, wohin floh nun jene gute Stunde!

»Alle Tage sollen mir heilig sein« – so redete einst die Weisheit meiner Jugend: wahrlich, einer fröhlichen Weisheit Rede!

Aber da stahlt ihr Feinde mir meine Nächte und verkauftet sie zu schlafloser Qual: ach, wohin floh nun jene fröhliche Weisheit?

Einst begehrte ich nach glücklichen Vogelzeichen: da führtet ihr mir ein Eulen-Untier über den Weg, ein widriges. Ach, wohin floh da meine zärtliche Begierde?

Allem Ekel gelobte ich einst zu entsagen: da verwandeltet ihr meine Nahen und Nächsten in Eiterbeulen. Ach, wohin floh da mein edelstes Gelöbnis?

Als Blinder ging ich einst selige Wege: da warft ihr Unflat auf den Weg des Blinden: und nun ekelt ihn des alten Blinden-Fußsteigs.

Und als ich mein Schwerstes tat und meiner Überwindung Sieg feierte: da machtet ihr die, welche mich liebten, schrein, ich tue ihnen am wehesten.

Wahrlich, das war immer euer Tun: ihr vergälltet mir meinen besten Honig und den Fleiß meiner besten Bienen.

Meiner Mildtätigkeit sandtet ihr immer die frechsten Bettler zu; um mein Mitleiden drängtet ihr immer die unheilbar Schamlosen. So verwundetet ihr meine Tugenden in ihrem Glauben.

Und legte ich noch mein Heiligstes zum Opfer hin: flugs stellte eure »Frömmigkeit« ihre fetteren Gaben dazu: also daß im Dampfe eures Fettes noch mein Heiligstes erstickte.

Und einst wollte ich tanzen, wie nie ich noch tanzte: über alle Himmel weg wollte ich tanzen. Da überredetet ihr meinen liebsten Sänger.

Und nun stimmte er eine schaurige dumpfe Weise an; ach, er tutete mir wie ein düsteres Horn zu Ohren!

Mörderischer Sänger, Werkzeug der Bosheit, Unschuldigster! Schon stand ich bereit zum besten Tanze: da mordetest du mit deinen Tönen meine Verzückung!

Nur im Tanze weiß ich der höchsten Dinge Gleichnis zu reden – und nun blieb mir mein höchstes Gleichnis ungeredet in meinen Gliedern!

Ungeredet und unerlöst blieb mir die höchste Hoffnung! Und es starben mir alle Gesichte und Tröstungen meiner Jugend!

Wie ertrug ich's nur? Wie verwand und überwand ich solche Wunden? Wie erstand meine Seele wieder aus diesen Gräbern?

Ja, ein Unverwundbares, Unbegrabbares ist an mir, ein Felsensprengendes: das heißt *mein Wille*. Schweigsam schreitet es und unverändert durch die Jahre.

Seinen Gang will er gehn auf meinen Füßen, mein alter Wille; herzenshart ist ihm der Sinn und unverwundbar.

Unverwundbar bin ich allein an meiner Ferse. Immer noch lebst du da und bist dir gleich. Geduldigster! Immer noch brachst du dich durch alle Gräber!

In dir lebt auch noch das Unerlöste meiner Jugend; und als Leben und Jugend sitzest du hoffend hier auf gelben Grab-Trümmern.

Ja, noch bist du mir aller Gräber Zertrümmerer: Heil dir, mein Wille! Und nur wo Gräber sind, gibt es Auferstehungen. –

Also sang Zarathustra.

VON DER SELBST-ÜBERWINDUNG

»Wille zur Wahrheit« heißt ihr's, ihr Weisesten, was euch treibt und brünstig macht?

Wille zur Denkbarkeit alles Seienden: also heiße *ich* euren Willen!

Alles Seiende wollt ihr erst denkbar *machen*: denn ihr zweifelt mit gutem Mißtrauen, ob es schon denkbar ist.

Aber es soll sich euch fügen und biegen! So will's euer Wille. Glatt soll es werden und dem Geiste untertan, als sein Spiegel und Widerbild.

Das ist euer ganzer Wille, ihr Weisesten, als ein Wille zur Macht; und auch wenn ihr vom Guten und Bösen redet und von den Wertschätzungen.

Schaffen wollt ihr noch die Welt, vor der ihr knien könnt: so ist es eure letzte Hoffnung und Trunkenheit.

Die Unweisen freilich, das Volk – die sind gleich dem Flusse, auf dem ein Nachen weiter schwimmt: und im Nachen sitzen feierlich und vermummt die Wertschätzungen.

Euren Willen und eure Werte setztet ihr auf den Fluß des Werdens; einen alten Willen zur Macht verrät mir, was vom Volke als gut und böse geglaubt wird.

Ihr wart es, ihr Weisesten, die solche Gäste in diesen Nachen setzten und ihnen Prunk und stolze Namen gaben – ihr und euer herrschender Wille!

Weiter trägt nun der Fluß euren Nachen: er *muß* ihn tragen. Wenig tut's, ob die gebrochene Welle schäumt und zornig dem Kiele widerspricht!

Nicht der Fluß ist eure Gefahr und das Ende eures Guten und Bösen, ihr Weisesten: sondern jener Wille selber, der Wille zur Macht – der unerschöpfte zeugende Lebens-Wille.

Aber damit ihr mein Wort versteht vom Guten und Bösen: dazu will ich euch noch mein Wort vom Leben sagen und von der Art alles Lebendigen.

Dem Lebendigen ging ich nach, ich ging die größten und die kleinsten Wege, daß ich seine Art erkenne.

Mit hundertfachem Spiegel fing ich noch seinen Blick auf, wenn ihm der Mund geschlossen war: daß sein Auge mir rede. Und sein Auge redete mir.

Aber, wo ich nur Lebendiges fand, da hörte ich auch die Rede vom Gehorsame. Alles Lebendige ist ein Gehorchendes.

Und dies ist das zweite: dem wird befohlen, der sich nicht selber gehorchen kann. So ist es des Lebendigen Art.

Dies aber ist das dritte, was ich hörte: daß Befehlen schwerer ist als Gehorchen. Und nicht nur, daß der Befehlende die Last aller Gehorchenden trägt und daß leicht ihn diese Last zerdrückt: –

Ein Versuch und Wagnis erschien mir in allen Befehlen; und stets, wenn es befiehlt, wagt das Lebendige sich selber dran.

Ja noch, wenn es sich selber befiehlt auch da noch muß es sein Befehlen büßen. Seinem eignen Gesetze muß es Richter und Rächer und Opfer werden.

Wie geschieht dies doch! so fragte ich mich. Was überredet das Lebendige, daß es gehorcht und befiehlt und befehlend noch Gehorsam übt?

Hört mir nun mein Wort, ihr Weisesten! Prüft es ernstlich, ob ich dem Leben selber ins Herz kroch, und bis in die Wurzeln seines Herzens!

Wo ich Lebendiges fand, da fand ich Willen zur Macht; und noch im Willen des Dienenden fand ich den Willen, Herr zu sein.

Daß dem Stärkeren diene das Schwächere, dazu überredet es sein Wille, der über noch Schwächeres Herr sein will: dieser Lust allein mag es nicht entraten.

Und wie das Kleinere sich dem Größeren hingibt, daß es Lust und Macht am Kleinsten habe: also gibt sich auch das Größte noch hin und setzt um der Macht willen – das Leben dran.

Das ist die Hingebung des Größten, daß es Wagnis ist und Gefahr, und um den Tod ein Würfelspielen.

Und wo Opferung und Dienste und Liebesblicke sind: auch da ist Wille, Herr zu sein. Auf Schleichwegen schleicht sich da der Schwächere in die Burg und bis ins Herz dem Mächtigeren – und stiehlt da Macht.

Und dies Geheimnis redete das Leben selber zu mir: »Siehe«, sprach es, »ich bin das, *was sich immer selber überwinden muß.*

Freilich, ihr heißt es Wille zur Zeugung oder Trieb zum Zwecke, zum Höheren, Ferneren, Vielfacheren: aber all dies ist eins und *ein* Geheimnis.

Lieber noch gehe ich unter, als daß ich diesem Einen absagte; und wahrlich, wo es Untergang gibt und Blätterfallen, siehe, da opfert sich Leben – um Macht!

Daß ich Kampf sein muß und Werden und Zweck und der Zwecke Widerspruch: ach, wer meinen Willen errät, errät wohl auch, auf welchen *krummen* Wegen er gehen muß!

Was ich auch schaffe und wie ich's auch liebe, – bald muß ich Gegner ihm sein und meiner Liebe: so will es mein Wille.

Und auch du, Erkennender, bist nur ein Pfad und Fußtapfen meines Willens: wahrlich, mein Wille zur Macht wandelt auch auf den Füßen deines Willens zur Wahrheit!

Der traf freilich die Wahrheit nicht, der das Wort nach ihr schoß vom ›Willen zum Dasein‹: diesen Willen – gibt es nicht!

Denn: was nicht ist, das kann nicht wollen; was aber im Dasein ist, wie könnte das noch zum Dasein wollen!

Nur, wo Leben ist, da ist auch Wille: aber nicht Wille zum Leben, sondern – so lehre ich's dich – Wille zur Macht!

Vieles ist dem Lebenden höher geschätzt als Leben selber; doch aus dem Schätzen selber heraus redet – der Wille zur Macht!« –

Also lehrte mich einst das Leben: und daraus löse ich euch, ihr Weisesten, noch das Rätsel eures Herzens.

Wahrlich, ich sage euch: Gutes und Böses, das unvergänglich wäre – das gibt es nicht! Aus sich selber muß es sich immer wieder überwinden.

Mit euren Werten und Worten von Gut und Böse übt ihr Gewalt, ihr Wertschätzenden; und dies ist eure verborgene Liebe und eurer Seele Glänzen, Zittern und Überwallen.

Aber eine stärkere Gewalt wächst aus euren Werten und eine neue Überwindung: an der zerbricht Ei und Eierschale.

Und wer ein Schöpfer sein muß im Guten und Bösen:

wahrlich, der muß ein Vernichter erst sein und Werte zerbrechen.

Also gehört das höchste Böse zur höchsten Güte: diese aber ist die schöpferische. –

Reden wir nur davon, ihr Weisesten, ob es gleich schlimm ist. Schweigen ist schlimmer; alle verschwiegenen Wahrheiten werden giftig.

Und mag doch alles zerbrechen, was an unseren Wahrheiten zerbrechen – kann! Manches Haus gibt es noch zu bauen!

Also sprach Zarathustra.

VON DEN ERHABENEN

Still ist der Grund meines Meeres: wer erriete wohl, daß er scherzhafte Ungeheuer birgt!

Unerschütterlich ist meine Tiefe: aber sie glänzt von schwimmenden Rätseln und Gelächtern.

Einen Erhabenen sah ich heute, einen Feierlichen, einen Büßer des Geistes: oh, wie lachte meine Seele ob seiner Häßlichkeit!

Mit erhobener Brust und denen gleich, welche den Atem an sich ziehn: also stand er da, der Erhabene, und schweigsam:

Behängt mit häßlichen Wahrheiten, seiner Jagdbeute, und reich an zerrissenen Kleidern; auch viele Dornen hingen an ihm – aber noch sah ich keine Rose.

Noch lernte er das Lachen nicht und die Schönheit. Finster kam dieser Jäger zurück aus dem Walde der Erkenntnis.

Vom Kampfe kehrte er heim mit wilden Tieren: aber aus seinem Ernste blickt auch noch ein wildes Tier – ein unüberwundenes!

Wie ein Tiger steht er immer noch da, der springen will; aber ich mag diese gespannten Seelen nicht, unhold ist mein Geschmack allen diesen Zurückgezogenen.

Und ihr sagt mir, Freunde, daß nicht zu streiten sei über Geschmack und Schmecken? Aber alles Leben ist Streit um Geschmack und Schmecken!

Geschmack: das ist Gewicht zugleich und Waagschale und Wägender; und wehe allem Lebendigen, das ohne Streit um Gewicht und Waagschale und Wägende leben wollte!

Wenn er seiner Erhabenheit müde würde, dieser Erhabene: dann erst würde seine Schönheit anheben, – und dann erst will ich ihn schmecken und schmackhaft finden.

Und erst, wenn er sich von sich selber abwendet, wird er über seinen eignen Schatten springen – und, wahrlich! hinein in *seine* Sonne.

Allzulange saß er im Schatten, die Wangen bleichten dem Büßer des Geistes; fast verhungerte er an seinen Erwartungen.

Verachtung ist noch in seinem Auge; und Ekel birgt sich an seinem Munde. Zwar ruht er jetzt, aber seine Ruhe hat sich noch nicht in die Sonne gelegt.

Dem Stiere gleich sollte er tun; und sein Glück sollte nach Erde riechen, und nicht nach Verachtung der Erde.

Als weißen Stier möchte ich ihn sehn, wie er schnaubend und brüllend der Pflugschar vorangeht: und sein Gebrüll sollte noch alles Irdische preisen!

Dunkel noch ist sein Antlitz; der Hand Schatten spielt auf ihm. Verschattet ist noch der Sinn seines Auges.

Seine Tat selber ist noch der Schatten auf ihm: die Hand verdunkelt den Handelnden. Noch hat er seine Tat nicht überwunden.

Wohl liebe ich an ihm den Nacken des Stiers: aber nun will ich auch noch das Auge des Engels sehn.

Auch seinen Helden-Willen muß er noch verlernen: ein Gehobener soll er mir sein und nicht nur ein Erhabener – der Äther selber sollte ihn heben, den Willenlosen!

Er bezwang Untiere, er löste Rätsel: aber erlösen sollte er auch noch seine Untiere und Rätsel, zu himmlischen Kindern sollte er sie noch verwandeln.

Noch hat seine Erkenntnis nicht lächeln gelernt und ohne Eifersucht sein; noch ist seine strömende Leidenschaft nicht stille geworden in der Schönheit.

Wahrlich, nicht in der Sattheit soll sein Verlangen schweigen und untertauchen, sondern in der Schönheit! Die Anmut gehört zur Großmut des Großgesinnten.

Den Arm über das Haupt gelegt: so sollte der Held ausruhn, so sollte er auch noch sein Ausruhen überwinden.

Aber gerade dem Helden ist das *Schöne* aller Dinge Schwerstes. Unerringbar ist das Schöne allem heftigen Willen.

Ein wenig mehr, ein wenig weniger: das gerade ist hier viel, das ist hier das meiste.

Mit lässigen Muskeln stehn und mit abgeschirrtem Willen: das ist das Schwerste euch allen, ihr Erhabenen!

Wenn die Macht gnädig wird und herabkommt ins Sichtbare: Schönheit heiße ich solches Herabkommen.

Und von niemandem will ich so als von dir gerade Schönheit, du Gewaltiger: deine Güte sei deine letzte Selbst-Überwältigung.

Alles Böse traue ich dir zu: darum will ich von dir das Gute.

Wahrlich, ich lachte oft der Schwächlinge, welche sich gut glauben, weil sie lahme Tatzen haben!

Der Säule Tugend sollst du nachstreben: schöner wird sie immer und zarter, aber inwendig härter und tragsamer, je mehr sie aufsteigt.

Ja, du Erhabener, einst sollst du noch schön sein und deiner eignen Schönheit den Spiegel vorhalten.

Dann wird deine Seele vor göttlichen Begierden schaudern; und Anbetung wird noch in deiner Eitelkeit sein!

Dies nämlich ist das Geheimnis der Seele: erst, wenn sie der Held verlassen hat, naht ihr, im Traume – der Über-Held.

Also sprach Zarathustra.

VOM LANDE DER BILDUNG

Zu weit hinein flog ich in die Zukunft: ein Grauen überfiel mich.

Und als ich um mich sah, siehe! da war die Zeit mein einziger Zeitgenosse.

Da floh ich rückwärts, heimwärts – und immer eilender: so kam ich zu euch, ihr Gegenwärtigen, und ins Land der Bildung.

Zum ersten Male brachte ich ein Auge mit für euch, und gute Begierde: wahrlich, mit Sehnsucht im Herzen kam ich.

Aber wie geschah mir? So angst mir auch war – ich mußte lachen! Nie sah mein Auge etwas so Buntgesprenkeltes!

Ich lachte und lachte, während der Fuß mir noch zitterte und das Herz dazu: »hier ist ja die Heimat aller Farbentöpfe!« – sagte ich.

Mit fünfzig Klecksen bemalt an Gesicht und Gliedern: so saßet ihr da zu meinem Staunen, ihr Gegenwärtigen!

Und mit fünfzig Spiegeln um euch, die eurem Farbenspiele schmeichelten und nachredeten!

Wahrlich, ihr könntet gar keine bessere Maske tragen, ihr Gegenwärtigen, als euer eignes Gesicht ist! Wer könnte euch – *erkennen!*

Vollgeschrieben mit den Zeichen der Vergangenheit, und auch diese Zeichen überpinselt mit neuen Zeichen: also habt ihr euch gut versteckt vor allen Zeichendeutern!

Und wenn man auch Nierenprüfer ist: wer glaubt wohl noch, daß ihr Nieren habt! Aus Farben scheint ihr gebacken und aus geleimten Zetteln.

Alle Zeiten und Völker blicken bunt aus euren Schleiern; alle Sitten und Glauben reden bunt aus euren Gebärden.

Wer von euch Schleier und Überwürfe und Farben und Gebärden abzöge: gerade genug würde er übrigbehalten, um die Vögel damit zu erschrecken.

Wahrlich, ich selber bin der erschreckte Vogel, der euch einmal nackt sah und ohne Farbe; und ich flog davon, als das Gerippe mir Liebe zuwinkte.

Lieber wollte ich doch noch Tagelöhner sein in der Unter-welt und bei den Schatten des Ehemals! – feister und voller als ihr sind ja noch die Unterweltlichen!

Dies, ja dies ist Bitternis meinen Gedärmen, daß ich euch weder nackt noch bekleidet aushalte, ihr Gegenwärtigen!

Alles Unheimliche der Zukunft, und was je verflogenen Vögeln Schauder machte, ist wahrlich heimlicher noch und traulicher als eure »Wirklichkeit«.

Denn so sprecht ihr: »Wirkliche sind wir ganz, und ohne Glauben und Aberglauben«: also brüstet ihr euch – ach, auch noch ohne Brüste!

Ja, wie solltet ihr glauben *können*, ihr Buntgesprenkelten! – die ihr Gemälde seid von allem, was je geglaubt wurde!

Wandelnde Widerlegungen seid ihr des Glaubens selber, und aller Gedanken Gliederbrechen. *Unglaubwürdige*: also heiße *ich* euch, ihr Wirklichen.

Alle Zeiten schwätzen widereinander in euren Geistern; und aller Zeiten Träume und Geschwätz waren wirklicher noch, als euer Wachsein ist!

Unfruchtbare seid ihr: *darum* fehlt es euch an Glauben. Aber wer schaffen mußte, der hatte auch immer seine Wahr-Träume und Sternzeichen – und glaubte an Glauben! –

Halboffne Tore seid ihr, an denen Totengräber warten. Und das ist *eure* Wirklichkeit: »Alles ist wert, daß es zu-grunde geht.«

Ach, wie ihr mir dasteht, ihr Unfruchtbaren, wie mager in den Rippen! Und mancher von euch hatte wohl dessen sel-ber ein Einsehen.

Und er sprach: »es hat wohl da ein Gott, als ich schlief, mir heimlich etwas entwendet? Wahrlich, genug, sich ein Weibchen daraus zu bilden!

Wundersam ist die Armut meiner Rippen!« also sprach schon mancher Gegenwärtige.

Ja, zum Lachen seid ihr mir, ihr Gegenwärtigen! Und son-derlich, wenn ihr euch über euch selber wundert!

Und wehe mir, wenn ich nicht lachen könnte über eure Verwunderung, und alles Widrige aus euren Näpfen hinun-ter trinken müßte!

So aber will ich's mit euch leichter nehmen, da ich *Schwe-*

res zu tragen habe; und was tut's mir, wenn sich Käfer und Flügelwürmer noch auf mein Bündel setzen!

Wahrlich, es soll mir darob nicht schwerer werden! Und nicht aus euch, ihr Gegenwärtigen, soll mir die große Müdigkeit kommen. –

Ach, wohin soll ich nun noch steigen mit meiner Sehnsucht! Von allen Bergen schaue ich aus nach Vater- und Mutterländern.

Aber Heimat fand ich nirgends; unstet bin ich in allen Städten und ein Aufbruch an allen Toren.

Fremd sind mir und ein Spott die Gegenwärtigen, zu denen mich jüngst das Herz trieb; und vertrieben bin ich aus Vater- und Mutterländern.

So liebe ich allein noch meiner *Kinder Land*, das unentdeckte, im fernsten Meere; nach ihm heiße ich meine Segel suchen und suchen.

An meinen Kindern will ich es gutmachen, daß ich meiner Väter Kind bin: und an aller Zukunft – *diese* Gegenwart!

Also sprach Zarathustra.

VON DER UNBEFLECKTEN ERKENNTNIS

Als gestern der Mond aufging, wähnte ich, daß er eine Sonne gebären wolle: so breit und trächtig lag er am Horizonte.

Aber ein Lügner war er mir mit seiner Schwangerschaft; und eher noch will ich an den Mann im Monde glauben als an das Weib.

Freilich, wenig Mann ist er auch, dieser schüchterne Nachtschwärmer. Wahrlich, mit schlechtem Gewissen wandelt er über die Dächer.

Denn er ist lüstern und eifersüchtig, der Mönch im Monde, lüstern nach der Erde und nach allen Freuden der Liebenden.

Nein, ich mag ihn nicht, diesen Kater auf den Dächern!

Widerlich sind mir alle, die um halbverschloßne Fenster schleichen!

Fromm und schweigsam wandelt er hin auf Sternen-Teppichen – aber ich mag alle leisetretenden Mannesfüße nicht, an denen auch nicht ein Sporen klirrt.

Jedes Redlichen Schritt redet; die Katze aber stiehlt sich über den Boden weg. Siehe, katzenhaft kommt der Mond daher und unredlich. –

Dieses Gleichnis gebe ich euch empfindsamen Heuchlern, euch, den »Rein-Erkennenden«! Euch heiße *ich* – Lüsterne!

Auch ihr liebt die Erde und das Irdische: ich erriet euch wohl! – aber Scham ist in eurer Liebe und schlechtes Gewissen – dem Monde gleicht ihr!

Zur Verachtung des Irdischen hat man euren Geist überredet, aber nicht eure Eingeweide: *die* aber sind das Stärkste an euch!

Und nun schämt sich euer Geist, daß er euren Eingeweiden zu Willen ist, und geht vor seiner eignen Scham Schleich- und Lügenwege.

»Das wäre mir das Höchste« – also redet euer verlogner Geist zu sich – »auf das Leben ohne Begierde zu schaun und nicht, gleich dem Hunde, mit hängender Zunge:

Glücklich zu sein im Schauen, mit erstorbenem Willen, ohne Griff und Gier der Selbstsucht – kalt und aschgrau am ganzen Leibe, aber mit trunkenden Mondesaugen!

Das wäre mir das Liebste«, – also verführt sich selber der Verführte – »die Erde zu lieben, wie der Mond sie liebt, und nur mit dem Auge allein ihre Schönheit zu betasten.

Und das heiße mir aller Dinge *unbefleckte* Erkenntnis, daß ich von den Dingen nichts will: außer daß ich vor ihnen daliegen darf wie ein Spiegel mit hundert Augen.« –

Oh, ihr empfindsamen Heuchler, ihr Lüsternen! Euch fehlt die Unschuld in der Begierde: und nun verleumdet ihr drum das Begehren!

Wahrlich, nicht als Schaffende, Zeugende, Werdelustige liebt ihr die Erde!

Wo ist Unschuld? Wo der Wille zur Zeugung ist. Und wer über sich hinaus schaffen will, der hat mir den reinsten Willen.

Wo ist Schönheit? Wo ich mit allem Willen *wollen muß*; wo ich lieben und untergehn will, daß ein Bild nicht nur Bild bleibe.

Lieben und Untergehn: das reimt sich seit Ewigkeiten. Wille zur Liebe: das ist willig auch sein zum Tode. Also rede ich zu euch Feiglingen!

Aber nun will euer entmanntes Schielen »Beschaulichkeit« heißen! Und was mit feigen Augen sich tasten läßt, soll »schön« getauft werden! Oh, ihr Beschmutzer edler Namen!

Aber das soll euer Fluch sein, ihr Unbefleckten, ihr Rein-Erkennenden, daß ihr nie gebären werdet: und wenn ihr auch breit und trächtig am Horizonte liegt!

Wahrlich, ihr nehmt den Mund voll mit edlen Worten: und wir sollen glauben, daß euch das Herz übergehe, ihr Lügenbolde?

Aber *meine* Worte sind geringe, verachtete, krumme Worte: gerne nehme ich auf, was bei eurer Mahlzeit unter den Tisch fällt.

Immer noch kann ich mit ihnen – Heuchlern die Wahrheit sagen! Ja, meine Gräten, Muscheln und Stachelblätter sollen – Heuchlern die Nase kitzeln!

Schlechte Luft ist immer um euch und eure Mahlzeiten: eure lüsternen Gedanken, eure Lügen und Heimlichkeiten sind ja in der Luft!

Wagt es doch erst, euch selber zu glauben – euch und euren Eingeweiden! Wer sich selber nicht glaubt, lügt immer.

Eines Gottes Larve hängtet ihr um vor euch selber, ihr »Reinen«: in eines Gottes Larve verkroch sich euer greulicher Ringelwurm.

Wahrlich, ihr täuscht, ihr »Beschaulichen«! Auch Zarathustra war einst der Narr eurer göttlichen Häute; nicht erriet er das Schlangengeringel, mit dem sie gestopft waren.

Eines Gottes Seele wähnte ich einst spielen zu sehn in euren Spielen, ihr Rein-Erkennenden! Keine bessere Kunst wähnte ich einst als eure Künste!

Schlangen-Unflat und schlimmen Geruch verhehlte mir

die Ferne: und daß einer Eidechse List lüstern hier herumschlich.

Aber ich kam euch *nah*: da kam mir der Tag – und nun kommt er euch, – zu Ende ging des Mondes Liebschaft!

Seht doch hin! Ertappt und bleich steht er da – vor der Morgenröte!

Denn schon kommt sie, die Glühende – *ihre* Liebe zur Erde kommt! Unschuld und Schöpfer-Begier ist alle Sonnen-Liebe!

Seht doch hin, wie sie ungeduldig über das Meer kommt! Fühlt ihr den Durst und den heißen Atem ihrer Liebe nicht?

Am Meere will sie saugen und seine Tiefe zu sich in die Höhe trinken: da hebt sich die Begierde des Meeres mit tausend Brüsten.

Geküßt und gesaugt *will* es sein vom Durste der Sonne; Luft *will* es werden und Höhe und Fußpfad des Lichts und selber Licht!

Wahrlich, der Sonne gleich liebe ich das Leben und alle tiefen Meere.

Und dies heißt *mir* Erkenntnis: alles Tiefe soll hinauf – zu meiner Höhe!

Also sprach Zarathustra.

VON DEN GELEHRTEN

Als ich im Schlafe lag, da fraß ein Schaf am Efeukranze meines Hauptes – fraß und sprach dazu: »Zarathustra ist kein Gelehrter mehr.«

Sprachs und ging stotzig davon und stolz. Ein Kind erzählte mir's.

Gerne liege ich hier, wo die Kinder spielen, an der zerbrochnen Mauer, unter Disteln und roten Mohnblumen.

Ein Gelehrter bin ich den Kindern noch und auch den Disteln und roten Mohnblumen. Unschuldig sind sie, selbst noch in ihrer Bosheit.

Aber den Schafen bin ich's nicht mehr: so will es mein Los – gesegnet sei es!

Denn dies ist die Wahrheit: ausgezogen bin ich aus dem Hause der Gelehrten, und die Tür habe ich noch hinter mir zugeworfen.

Zu lange saß meine Seele hungrig an ihrem Tische; nicht, gleich ihnen, bin ich auf das Erkennen abgerichtet wie auf das Nüsseknacken.

Freiheit liebe ich und die Luft über frische Erde; lieber noch will ich auf Ochsenhäuten schlafen als auf ihren Würden und Achtbarkeiten.

Ich bin zu heiß und verbrannt von eigenen Gedanken: oft will es mir den Atem nehmen. Da muß ich ins Freie und weg aus allen verstaubten Stuben.

Aber sie sitzen kühl in kühlem Schatten: sie wollen in allem nur Zuschauer sein und hüten sich, dort zu sitzen, wo die Sonne auf die Stufen brennt.

Gleich solchen, die auf der Straße stehn und die Leute angaffen, welche vorübergehn: also warten sie auch und gaffen Gedanken an, die andre gedacht haben.

Greift man sie mit Händen, so stäuben sie um sich gleich Mehlsäcken, und unfreiwillig; aber wer erriete wohl, daß ihr Staub vom Korne stammt und von der gelben Wonne der Sommerfelder?

Geben sie sich weise, so fröstelt mich ihrer kleinen Sprüche und Wahrheiten: ein Geruch ist oft an ihrer Weisheit, als ob sie aus dem Sumpfe stamme: und wahrlich, ich hörte auch schon den Frosch aus ihr quaken!

Geschickt sind sie, sie haben kluge Finger: was will *meine* Einfalt bei ihrer Vielfalt! Alles Fädeln und Knüpfen und Weben verstehn ihre Finger: also wirken sie die Strümpfe des Geistes!

Gute Uhrwerke sind sie: nur sorge man, sie richtig aufzuziehn! Dann zeigen sie ohne Falsch die Stunde an und machen einen bescheidnen Lärm dabei.

Gleich Mühlwerken arbeiten sie und Stampfen: man werfe ihnen nur seine Fruchtkörner zu! – sie wissen schon, Korn klein zu mahlen und weißen Staub daraus zu machen.

Sie sehen einander gut auf die Finger und trauen sich nicht

zum Besten. Erfinderisch in kleinen Schlauheiten, warten sie auf solche, deren Wissen auf lahmen Füßen geht – gleich Spinnen warten sie.

Ich sah sie immer mit Vorsicht Gift bereiten; und immer zogen sie gläserne Handschuhe dabei an ihre Finger.

Auch mit falschen Würfeln wissen sie zu spielen; und so eifrig fand ich sie spielen, daß sie dabei schwitzten.

Wir sind einander fremd, und ihre Tugenden gehn mir noch mehr wider den Geschmack als ihre Falschheiten und falschen Würfel.

Und als ich bei ihnen wohnte, da wohnte ich über ihnen. Darüber wurden sie mir gram.

Sie wollen nichts davon hören, daß einer über ihren Köpfen wandelt; und so legten sie Holz und Erde und Unrat zwischen mich und ihre Köpfe.

Also dämpften sie den Schall meiner Schritte: und am schlechtesten wurde ich bisher von den Gelehrtesten gehört.

Aller Menschen Fehl und Schwäche legten sie zwischen sich und mich – »Fehlboden« heißen sie das in ihren Häusern.

Aber trotzdem wandle ich mit meinen Gedanken *über* ihren Köpfen; und selbst, wenn ich auf meinen eignen Fehlern wandeln wollte, würde ich noch über ihnen sein und ihren Köpfen.

Denn die Menschen sind *nicht* gleich: so spricht die Gerechtigkeit. Und was ich will, dürften *sie* nicht wollen!

Also sprach Zarathustra.

VON DEN DICHTERN

»Seit ich den Leib besser kenne«, – sagte Zarathustra zu einem seiner Jünger – »ist mir der Geist nur noch gleichsam Geist; und alles das ›Unvergängliche‹ – das ist auch nur ein Gleichnis.«

»So hörte ich dich schon einmal sagen«, antwortete der

Jünger; »und damals fügtest du hinzu: ›aber die Dichter lügen zu viel‹. Warum sagtest du doch, daß die Dichter zu viel lügen?«

»Warum?« sagte Zarathustra. »Du fragst warum? Ich gehöre nicht zu denen, welche man nach ihrem Warum fragen darf.

Ist denn mein Erleben von gestern? Das ist lange her, daß ich die Gründe meiner Meinungen erlebte.

Müßte ich nicht ein Faß sein von Gedächtnis, wenn ich auch meine Gründe bei mir haben wollte?

Schon zu viel ist mir's, meine Meinungen selber zu behalten; und mancher Vogel fliegt davon.

Und mitunter finde ich auch ein zugeflogenes Tier in meinem Taubenschlage, das mir fremd ist und das zittert, wenn ich meine Hand darauf lege.

Doch was sagte dir einst Zarathustra? Daß die Dichter zu viel lügen? – Aber auch Zarathustra ist ein Dichter.

Glaubst du nun, daß er hier die Wahrheit redete? Warum glaubst du das?«

Der Jünger antwortete: »Ich glaube an Zarathustra.« Aber Zarathustra schüttelte den Kopf und lächelte.

Der Glaube macht mich nicht selig, sagte er, zumal nicht der Glaube an mich.

Aber gesetzt, daß niemand allen Ernstes sagte, die Dichter lügen zu viel: so hat er recht, – *wir* lügen zu viel.

Wir wissen auch zu wenig und sind schlechte Lerner: so müssen wir schon lügen.

Und wer von uns Dichtern hätte nicht seinen Wein verfälscht? Manch giftiger Mischmasch geschah in unsern Kellern; manches Unbeschreibliche ward da getan.

Und weil wir wenig wissen, so gefallen uns von Herzen die geistig Armen, sonderlich wenn es junge Weibchen sind.

Und selbst nach den Dingen sind wir noch begehrlich, die sich die alten Weibchen abends erzählen. Das heißen wir selber an uns das Ewig-Weibliche.

Und als ob es einen besondren geheimen Zugang zum Wissen gäbe, der sich denen *verschütte*, welche etwas lernen: so glauben wir an das Volk und seine »Weisheit«.

Das aber glauben alle Dichter: daß wer im Grase oder an

einsamen Gehängen liegend die Ohren spitze, etwas von den Dingen erfahre, die zwischen Himmel und Erde sind.

Und kommen ihnen zärtliche Regungen, so meinen die Dichter immer, die Natur selber sei in sie verliebt:

Und sie schleiche zu ihrem Ohre, Heimliches hineinzusagen und verliebte Schmeichelreden: dessen brüsten und blähen sie sich vor allen Sterblichen!

Ach, es gibt so viel Dinge zwischen Himmel und Erde, von denen sich nur die Dichter etwas haben träumen lassen!

Und zumal *über* dem Himmel: denn alle Götter sind Dichter-Gleichnis, Dichter-Erschleichnis!

Wahrlich, immer zieht es uns hinan – nämlich zum Reich der Wolken: auf diese setzen wir unsre bunten Bälge und heißen sie dann Götter und Übermenschen: –

Sind sie doch gerade leicht genug für diese Stühle! – alle diese Götter und Übermenschen.

Ach, wie bin ich all des Unzulänglichen müde, das durchaus Ereignis sein soll! Ach, wie bin ich der Dichter müde!

Als Zarathustra so sprach, zürnte ihm sein Jünger, aber er schwieg. Und auch Zarathustra schwieg; und sein Auge hatte sich nach innen gekehrt, gleich als ob es in weite Fernen sähe. Endlich seufzte er und holte Atem.

Ich bin von heute und ehedem, sagte er dann; aber etwas ist in mir, das ist von morgen und übermorgen und einstmals.

Ich wurde der Dichter müde, der alten und der neuen: Oberflächliche sind sie mir alle und seichte Meere.

Sie dachten nicht genug in die Tiefe: darum sank ihr Gefühl nicht bis zu den Gründen.

Etwas Wollust und etwas Langeweile: das ist noch ihr bestes Nachdenken gewesen.

Gespenster-Hauch und -Huschen gilt mir all ihr Harfen-Klingklang; was wußten sie bisher von der Inbrunst der Töne! –

Sie sind mir auch nicht reinlich genug: sie trüben alle ihr Gewässer, daß es tief scheine.

Und gerne geben sie sich damit als Versöhner: aber Mittler und Mischer bleiben sie mir, und Halb-und-Halbe und Unreinliche! –

Ach, ich warf wohl mein Netz in ihre Meere und wollte gute Fische fangen; aber immer zog ich eines alten Gottes Kopf herauf.

So gab dem Hungrigen das Meer einen Stein. Und sie selber mögen wohl aus dem Meere stammen.

Gewiß, man findet Perlen in ihnen: um so ähnlicher sind sie selber harten Schaltieren. Und statt der Seele fand ich oft bei ihnen gesalzenen Schleim.

Sie lernten vom Meere auch noch seine Eitelkeit: ist nicht das Meer der Pfau der Pfauen?

Noch vor dem Häßlichsten aller Büffel rollt es seinen Schweif hin, nimmer wird es seines Spitzenfächers von Silber und Seide müde.

Trutzig blickt der Büffel dazu, dem Sand nahe in seiner Seele, näher noch dem Dickicht, am nächsten aber dem Sumpfe.

Was ist ihm Schönheit und Meer und Pfauen-Zierat! Dieses Gleichnis sage ich den Dichtern.

Wahrlich, ihr Geist selber ist der Pfau der Pfauen und ein Meer von Eitelkeit!

Zuschauer will der Geist des Dichters: sollten's auch Büffel sein! –

Aber dieses Geistes wurde ich müde: und ich sehe kommen, daß er seiner selber müde wird.

Verwandelt sah ich schon die Dichter und gegen sich selber den Blick gerichtet.

Büßer des Geistes sah ich kommen: die wuchsen aus ihnen.

Also sprach Zarathustra.

VON GROSSEN EREIGNISSEN

Es gibt eine Insel im Meere – unweit den glückseligen Inseln Zarathustras – auf welcher beständig ein Feuerberg raucht; von der sagt das Volk, und sonderlich sagen es die alten Weibchen aus dem Volke, daß sie wie ein Felsblock vor das Tor der Unterwelt gestellt sei: durch den Feuerberg selber aber führe der schmale Weg abwärts, der zu diesem Tore der Unterwelt geleite.

Um jene Zeit nun, als Zarathustra auf den glückseligen Inseln weilte, geschah es, daß ein Schiff an der Insel Anker warf, auf welcher der rauchende Berg steht; und seine Mannschaft ging ans Land, um Kaninchen zu schießen. Gegen die Stunde des Mittags aber, da der Kapitän und seine Leute wieder beisammen waren, sahen sie plötzlich durch die Luft einen Mann auf sich zukommen, und eine Stimme sagte deutlich: »Es ist Zeit! Es ist höchste Zeit!« Wie die Gestalt ihnen aber am nächsten war – sie flog aber schnell gleich einem Schatten vorbei, in der Richtung, wo der Feuerberg lag – da erkannten sie mit größter Bestürzung, daß es Zarathustra sei; denn sie hatten ihn alle schon gesehn, ausgenommen der Kapitän selber, und sie liebten ihn, wie das Volk liebt: also daß zu gleichen Teilen Liebe und Scheu beisammen sind.

»Seht mir an!« sagte der alte Steuermann, »da fährt Zarathustra zur Hölle!« –

Um die gleiche Zeit, als diese Schiffer an der Feuerinsel landeten, lief das Gerücht umher, daß Zarathustra verschwunden sei; und als man seine Freunde fragte, erzählten sie, er sei bei Nacht zu Schiff gegangen, ohne zu sagen, wohin er reisen wolle.

Also entstand eine Unruhe; nach drei Tagen aber kam zu dieser Unruhe die Geschichte der Schiffsleute hinzu – und nun sagte alles Volk, daß der Teufel Zarathustra geholt habe. Seine Jünger lachten zwar ob dieses Geredes; und einer von ihnen sagte sogar: »eher glaube ich noch, daß Zarathustra sich den Teufel geholt hat.« Aber im Grunde der Seelen waren sie alle voll Besorgnis und Sehnsucht: so war ihre Freude groß, als am fünften Tage Zarathustra unter ihnen erschien.

Und dies ist die Erzählung von Zarathustras Gespräch mit dem Feuerhunde:

Die Erde, sagte er, hat eine Haut; und diese Haut hat Krankheiten. Eine dieser Krankheiten heißt zum Beispiel: »Mensch«.

Und eine andere dieser Krankheiten heißt »Feuerhund«: über *den* haben sich die Menschen viel vorgelogen und vorlügen lassen.

Dies Geheimnis zu ergründen ging ich über das Meer: und ich habe die Wahrheit nackt gesehn, wahrlich! barfuß bis zum Halse.

Was es mit Feuerhund auf sich hat, weiß ich nun; und ingleichen mit all den Auswurf- und Umsturz-Teufeln, vor denen sich nicht nur alte Weibchen fürchten.

»Heraus mit dir, Feuerhund, aus deiner Tiefe!« rief ich, »und bekenne, wie tief diese Tiefe ist! Woher ist das, was du da heraufschnaubst?

Du trinkst reichlich am Meere: das verrät deine versalzte Beredsamkeit! Fürwahr, für einen Hund der Tiefe nimmst du deine Nahrung zu sehr von der Oberfläche!

Höchstens für den Bauchredner der Erde halt' ich dich: und immer, wenn ich Umsturz- und Auswurf-Teufel reden hörte, fand ich sie gleich dir: gesalzen, lügnerisch und flach.

Ihr versteht zu brüllen und mit Asche zu verdunkeln! Ihr seid die besten Großmäuler und lerntet sattsam die Kunst, Schlamm heiß zu sieden.

Wo ihr seid, da muß stets Schlamm in der Nähe sein, und viel Schwammichtes, Höhlichtes, Eingezwängtes: das will in die Freiheit.

»Freiheit« brüllt ihr alle am liebsten: aber ich verlernte den Glauben an »große Ereignisse«, sobald viel Gebrüll und Rauch um sie herum ist.

Und glaube mir nur, Freund Höllenlärm! Die größten Ereignisse – das sind nicht unsre lautesten, sondern unsre stillsten Stunden.

Nicht um die Erfinder von neuem Lärme: um die Erfinder von neuen Werten dreht sich die Welt; *unhörbar* dreht sie sich.

Und gesteh es nur! Wenig war immer nur geschehn, wenn dein Lärm und Rauch sich verzog. Was liegt daran, daß eine Stadt zur Mumie wurde und eine Bildsäule im Schlamme liegt!

Und dies Wort sage ich noch den Umstürzern von Bildsäulen. Das ist wohl die größte Torheit, Salz ins Meer und Bildsäulen in den Schlamm zu werfen.

Im Schlamme eurer Verachtung lag die Bildsäule: aber das ist gerade ihr Gesetz, daß ihr aus der Verachtung wieder Leben und lebende Schönheit wächst!

Mit göttlicheren Zügen steht sie nun auf, und leidenverführerisch; und wahrlich! sie wird euch noch Dank sagen, daß ihr sie umstürztet, ihr Umstürzer!

Diesen Rat aber rate ich Königen und Kirchen und allem, was alters- und tugendschwach ist – laßt euch nur umstürzen! Daß ihr wieder zum Leben kommt, und zu euch – die Tugend! –«

Also redete ich vor dem Feuerhunde: da unterbrach er mich mürrisch und fragte: »Kirche? Was ist denn das?«

»Kirche?« antwortete ich, »das ist eine Art von Staat, und zwar die verlogenste. Doch schweig still, du Heuchelhund! Du kennst deine Art wohl am besten schon!

Gleich dir selber ist der Staat ein Heuchelhund; gleich dir redet er gern mit Rauch und Gebrülle – daß er glauben mache, gleich dir, er rede aus dem Bauch der Dinge.

Denn er will durchaus das wichtigste Tier auf Erden sein, der Staat; und man glaubt's ihm auch.« –

Als ich das gesagt hatte, gebärdete sich der Feuerhund wie unsinnig vor Neid. »Wie?« schrie er, »das wichtigste Tier auf Erden? Und man glaubt's ihm auch?« Und so viel Dampf und gräßliche Stimmen kamen ihm aus dem Schlunde, daß ich meinte, er werde vor Ärger und Neid ersticken.

Endlich wurde er stiller, und sein Keuchen ließ nach; sobald er aber stille war, sagte ich lachend:

»Du ärgerst dich, Feuerhund: also habe ich über dich recht!

Und daß ich auch noch recht behalte, so höre von einem andern Feuerhunde: der spricht wirklich aus dem Herzen der Erde.

Gold haucht sein Atem und goldigen Regen: so will's das Herz ihm. Was ist ihm Asche und Rauch und heißer Schleim noch?

Lachen flattert aus ihm wie ein buntes Gewölke; abgünstig ist er deinem Gurgeln und Speien und Grimmen der Eingeweide!

Das Gold aber und das Lachen – das nimmt er aus dem Herzen der Erde: denn daß du's nur weißt – *das Herz der Erde ist von Gold.*«

Als dies der Feuerhund vernahm, hielt er's nicht mehr aus, mir zuzuhören. Beschämt zog er seinen Schwanz ein, sagte auf eine kleinlaute Weise Wau! Wau! und kroch hinab in seine Höhle. –

Also erzählte Zarathustra. Seine Jünger aber hörten ihm kaum zu: so groß war ihre Begierde, ihm von den Schiffsleuten, den Kaninchen und dem fliegenden Manne zu erzählen.

»Was soll ich davon denken!« sagte Zarathustra. »Bin ich denn ein Gespenst?

Aber es wird mein Schatten gewesen sein. Ihr hörtet wohl schon einiges vom Wanderer und seinem Schatten?

Sicher aber ist das: ich muß ihn kürzer halten – er verdirbt mir sonst noch den Ruf.«

Und nochmals schüttelte Zarathustra den Kopf und wunderte sich. »Was soll ich davon denken!« sagte er nochmals.

»Warum schrie denn das Gespenst: ›Es ist Zeit! Es ist die höchste Zeit!‹

Wozu ist es denn – höchste Zeit?«

Also sprach Zarathustra.

DER WAHRSAGER

»– und ich sahe eine große Traurigkeit über die Menschen kommen. Die Besten wurden ihrer Werke müde.

Eine Lehre erging, ein Glaube lief neben ihr: ›alles ist leer, alles ist gleich, alles war!‹

Und von allen Hügeln klang es wieder: ›alles ist leer, alles ist gleich, alles war!‹

Wohl haben wir geerntet: aber warum wurden alle Früchte uns faul und braun? Was fiel vom bösen Monde bei der letzten Nacht hernieder?

Umsonst war alle Arbeit, Gift ist unser Wein geworden, böser Blick sengte unsre Felder und Herzen gelb.

Trocken wurden wir alle; und fällt Feuer auf uns, so stäuben wir der Asche gleich – ja das Feuer selber machten wir müde.

Alle Brunnen versiegten uns, auch das Meer wich zurück. Aller Grund will reißen, aber die Tiefe will nicht schlingen!

›Ach, wo ist noch ein Meer, in dem man ertrinken könnte‹: so klingt unsre Klage – hinweg über flache Sümpfe.

Wahrlich, zum Sterben wurden wir schon zu müde; nun wachen wir noch und leben fort – in Grabkammern!« –

Also hörte Zarathustra einen Wahrsager reden; und seine Weissagung ging ihm zu Herzen und verwandelte ihn. Traurig ging er umher und müde; und er wurde denen gleich, von welchen der Wahrsager geredet hatte.

Wahrlich, so sagte er zu seinen Jüngern, es ist um ein Kleines, so kommt diese lange Dämmerung. Ach, wie soll ich mein Licht hinüber retten!

Daß es mir nicht ersticke in dieser Traurigkeit! Ferneren Welten soll es ja Licht sein, und noch fernsten Nächten!

Dergestalt im Herzen bekümmert ging Zarathustra umher; und drei Tage lang nahm er nicht Trank und Speise zu sich, hatte keine Ruhe und verlor die Rede. Endlich geschah es, daß er in einen tiefen Schlaf verfiel. Seine Jünger aber saßen um ihn in langen Nachtwachen und warteten mit Sorge, ob er wach werde und wieder rede und genesen sei von seiner Trübsal.

Dies aber ist die Rede, welche Zarathustra sprach, als er aufwachte; seine Stimme aber kam zu seinen Jüngern wie aus weiter Ferne.

»Hört mir doch den Traum, den ich träumte, ihr Freunde, und helft mir seinen Sinn raten!

Ein Rätsel ist er mir noch, dieser Traum; sein Sinn ist verborgen in ihm und eingefangen und fliegt noch nicht über ihn hin mit freien Flügeln.

Allem Leben hatte ich abgesagt, so träumte mir. Zum Nacht- und Grabwächter war ich worden, dort auf der einsamen Berg-Burg des Todes.

Droben hütete ich seine Särge: voll standen die dumpfen

Gewölbe von solchen Siegeszeichen. Aus gläsernen Särgen blickte mich überwundenes Leben an.

Den Geruch verstaubter Ewigkeiten atmete ich: schwül und verstaubt lag meine Seele. Und wer hätte dort auch seine Seele lüften können!

Helle der Mitternacht war immer um mich, Einsamkeit kauerte neben ihr; und, zu dritt, röchelnde Todesstille, die schlimmste meiner Freundinnen.

Schlüssel führte ich, die rostigsten aller Schlüssel; und ich verstand es, damit das knarrendste aller Tore zu öffnen.

Einem bitterbösen Gekrächze gleich lief der Ton durch die langen Gänge, wenn sich des Tores Flügel hoben: unhold schrie dieser Vogel, ungern wollte er geweckt sein.

Aber furchbarer noch und herzzuschnürender war es, wenn es wieder schwieg und rings stille ward, und ich allein saß in diesem tückischen Schweigen.

So ging mir und schlich die Zeit, wenn Zeit es noch gab; was weiß ich davon! Aber endlich geschah das, was mich weckte.

Dreimal schlugen Schläge ans Tor, gleich Donnern, es hallten und heulten die Gewölbe dreimal wider: da ging ich zum Tore.

Alpa! rief ich, wer trägt seine Asche zu Berge? Alpa! Alpa! Wer trägt seine Asche zu Berge?

Und ich drückte den Schlüssel und hob am Tore und mühte mich. Aber noch keinen Fingerbreit stand es offen:

Da riß ein brausender Wind seine Flügel auseinander: pfeifend, schrillend und schneidend warf er mir einen schwarzen Sarge zu:

Und im Brausen und Pfeifen und Schrillen zerbarst der Sarg und spie tausendfältiges Gelächter aus.

Und aus tausend Fratzen von Kindern, Engeln, Eulen, Narren und kindergroßen Schmetterlingen lachte und höhnte und brauste es wider mich.

Gräßlich erschrak ich darob: es warf mich nieder. Und ich schrie vor Grausen, wie nie ich schrie.

Aber der eigne Schrei weckte mich auf – und ich kam zu mir. –«

Also erzählte Zarathustra seinen Traum und schwieg

dann: denn er wußte noch nicht die Deutung seines Traumes. Aber der Jünger, den er am meisten lieb hatte, erhob
sich schnell, faßte die Hand Zarathustras und sprach:

»Dein Leben selber deutet uns diesen Traum, o Zarathustra!

Bist du nicht selber der Wind mit schrillem Pfeifen, der
den Burgen des Todes die Tore aufreißt?

Bist du nicht selber der Sarg voll bunter Bosheiten und
Engelsfratzen des Lebens?

Wahrlich, gleich tausendfältigem Kindsgelächter kommt
Zarathustra in alle Totenkammern, lachend über diese
Nacht- und Grabwächter, und wer sonst mit düstern Schlüs-
seln rasselt.

Schrecken und umwerfen wirst du sie mit deinem Gelächter; Ohnmacht und Wachwerden wird deine Macht über sie
beweisen.

Und auch, wenn die lange Dämmerung kommt und die
Todesmüdigkeit, wirst du an unserm Himmel nicht untergehn, du Fürsprecher des Lebens!

Neue Sterne ließest du uns sehen und neue Nachtherrlich-
keiten; wahrlich, das Leben selber spanntest du wie ein buntes Gezelt über uns.

Nun wird immer Kindes-Lachen aus Särgen quellen; nun
wird immer siegreich ein starker Wind kommen aller Todesmüdigkeit: dessen bist du uns selber Bürge und Wahrsager!

Wahrlich, *sie selber träumtest du*, deine Feinde: das war
dein schwerster Traum!

Aber wie du von ihnen aufwachtest und zu dir kamst,
also sollen sie selber von sich aufwachen – und zu dir kommen!« –

So sprach der Jünger; und alle anderen drängten sich nun
um Zarathustra und ergriffen ihn bei den Händen und wollten ihn bereden, daß er vom Bette und von der Traurigkeit
lasse und zu ihnen zurückkehre. Zarathustra aber saß aufgerichtet auf seinem Lager, und mit fremdem Blicke. Gleichwie
einer, der aus langer Fremde heimkehrt, sah er auf seine
Jünger und prüfte ihre Gesichter; und noch erkannte er sie
nicht. Als sie aber ihn hoben und auf die Füße stellten, siehe,

da verwandelte sich mit einem Male sein Auge; er begriff alles, was geschehn war, strich sich den Bart und sagte mit starker Stimme:

»Wohlan! Dies nun hat seine Zeit; sorgt mir aber dafür, meine Jünger, daß wir eine gute Mahlzeit machen, und in Kürze! Also gedenke ich Buße zu tun für schlimme Träume!

Der Wahrsager aber soll an meiner Seite essen und trinken: und wahrlich, ich will ihm noch ein Meer zeigen, in dem er ertrinken kann!«

Also sprach Zarathustra. Darauf aber blickte er dem Jünger, welcher den Traumdeuter abgegeben hatte, lange ins Gesicht und schüttelte dabei den Kopf. –

VON DER ERLÖSUNG

Als Zarathustra eines Tages über die große Brücke ging, umringten ihn die Krüppel und Bettler, und ein Bucklichter redete also zu ihm:

»Siehe, Zarathustra! Auch das Volk lernt von dir und gewinnt Glauben an deine Lehre: aber, daß es ganz dir glauben soll, dazu bedarf es noch eines – du mußt erst noch uns Krüppel überreden! Hier hast du nun eine schöne Auswahl und wahrlich, eine Gelegenheit mit mehr als einem Schopfe! Blinde kannst du heilen und Lahme laufen machen; und dem, der zuviel hinter sich hat, könntest du wohl auch ein wenig abnehmen – das, meine ich, wäre die rechte Art, die Krüppel an Zarathustra glauben zu machen!«

Zarathustra aber erwiderte dem, der da redete, also: »Wenn man dem Bucklichsten seinen Buckel nimmt, so nimmt man ihm seinen Geist – also lehrt das Volk. Und wenn man dem Blinden seine Auge gibt, so sieht er zuviel schlimme Dinge auf Erden: also daß er den verflucht, der ihn heilte. Der aber, welcher den Lahmen laufen macht, der tut ihm den größten Schaden an: denn kaum kann er laufen, so gehn seine Laster mit ihm durch – also lehrt das Volk über Krüppel. Und warum sollte Zarathustra nicht auch vom Volke lernen, wenn das Volk von Zarathustra lernt?

Das ist mir aber das Geringste, seit ich unter Menschen bin, daß ich sehe: ›Diesem fehlt ein Auge und jenem ein Ohr und einem dritten das Bein, und andre gibt es, die verloren die Zunge oder die Nase oder den Kopf.‹

Ich sehe und sah Schlimmeres und mancherlei so Abscheuliches, daß ich nicht von jeglichem reden und von einigem nicht einmal schweigen möchte: nämlich Menschen, denen es an allem fehlt, außer, daß sie eines zuviel haben – Menschen, welche nichts weiter sind, als ein großes Auge oder ein großes Maul oder ein großer Bauch oder irgend etwas Großes – umgekehrte Krüppel heiße ich solche.

Und als ich aus meiner Einsamkeit kam und zum ersten Male über diese Brücke ging: da traute ich meinen Augen nicht und sah hin, und wieder hin, und sagte endlich: »Das ist ein Ohr! Ein Ohr, so groß wie ein Mensch!« Ich sah noch besser hin: und wirklich, unter dem Ohre bewegte sich noch etwas, das zum Erbarmen klein und ärmlich und schmächtig war. Und Wahrhaftig, das ungeheure Ohr saß auf einem kleinen dünnen Stiele – der Stiel aber war ein Mensch! Wer ein Glas vor das Auge nahm, konnte sogar noch ein kleines neidisches Gesichtchen erkennen; auch, daß ein gedunsenes Seelchen am Stiele baumelte. Das Volk sagte mir aber, daß große Ohr sei nicht nur ein Mensch, sondern ein großer Mensch, ein Genie. Aber ich glaubte dem Volke niemals, wenn es von großen Menschen redete – und behielt meinen Glauben bei, daß es ein umgekehrter Krüppel sei, der an allem zu wenig und an einem zu viel habe.«

Als Zarathustra so zu dem Bucklichten geredet hatte und zu denen, welchen er Mundstück und Fürsprecher war, wandte er sich mit tiefem Unmute zu seinen Jüngern und sagte:

Wahrlich, meine Freunde, ich wandle unter den Menschen wie unter den Bruchstücken und Gliedmaßen von Menschen!

Dies ist meinem Auge das Fürchterliche, daß ich den Menschen zertrümmert finde und zerstreuet wie über ein Schlacht- und Schlächterfeld hin.

Und flüchtet mein Auge vom Jetzt zum Ehemals: es findet immer das Gleiche: Bruchstücke und Gliedmaßen und grause Zufälle – aber keine Menschen!

Das Jetzt und das Ehemals auf Erden – ach! meine Freunde – das ist *mein* Unerträglichstes; und ich wüßte nicht zu leben, wenn ich nicht noch ein Seher wäre, dessen, was kommen muß.

Ein Seher, ein Wollender, ein Schaffender, eine Zukunft selber und eine Brücke zur Zukunft – und ach, auch noch gleichsam ein Krüppel an dieser Brücke: das alles ist Zarathustra.

Und auch ihr fragtet euch oft »wer ist uns Zarathustra? Wie soll er uns heißen?« Und gleich mir selber gabt ihr euch Fragen zur Antwort.

Ist er ein Versprechender? Oder ein Erfüllter? Ein Erobernder? Oder ein Erbender? Ein Herbst? Oder eine Pflugschar? Ein Arzt? Oder ein Genesener?

Ist es ein Dichter? Oder ein Wahrhaftiger? Ein Befreier? Oder ein Bändiger? Ein Guter? Oder ein Böser?

Ich wandle unter Menschen als den Bruchstücken der Zukunft: jener Zukunft, die ich schaue.

Und das ist all mein Dichten und Trachten, daß ich in Eins dichte und zusammentrage, was Bruchstück ist und Rätsel und grauser Zufall.

Und wie ertrüge ich es, Mensch zu sein, wenn der Mensch nicht auch Dichter und Rätselrater und der Erlöser des Zufalls wäre!

Die Vergangenen zu erlösen und alles »Es war« umzuschaffen in ein »So wollte ich es!« – das hieße mir erst Erlösung!

Wille – so heißt der Befreier und Freudebringer: also lehrte ich euch, meine Freunde! Aber nun lernt dies hinzu: der Wille selber ist noch ein Gefangener.

Wollen befreit: aber wie heißt das, was auch den Befreier noch in Ketten schlägt?

»Es war«: also heißt des Willens Zähneknirschen und einsamste Trübsal. Ohnmächtig gegen das, was getan ist – ist er allem Vergangenen ein böser Zuschauer.

Nicht zurück kann der Wille wollen; daß er die Zeit nicht

brechen kann und der Zeit Begierde – das ist des Willens einsamste Trübsal.

Wollen befreit: was ersinnt sich das Wollen selber, daß es los seiner Trübsal werde und seines Kerkers spotte?

Ach, ein Narr wird jeder Gefangener! Närrisch erlöst sich auch der gefangene Wille.

Daß die Zeit nicht zurückläuft, das ist sein Ingrimm; »das, was war« – so heißt der Stein den er nicht wälzen kann.

Und so wälzt er Steine aus Ingrimm und Unmut und übt Rache an dem, was nicht gleich ihm Grimm und Unmut fühlt.

Also wurde der Wille, der Befreier, ein Wehetäter; und an allem, was leiden kann, nimmt er Rache dafür, daß er nicht zurück kann.

Dies, ja dies allein ist *Rache* selber: des Willens Widerwille gegen die Zeit und ihr »Es war«.

Wahrlich, eine große Narrheit wohnt in unserm Willen; und zum Fluche wurde es allem Menschlichen, daß diese Narrheit Geist lernte!

Der Geist der Rache: meine Freunde, das war bisher der Menschen bestes Nachdenken; und wo Leid war, da sollte immer Strafe sein.

»Strafe« nämlich, so heißt sich die Rache selber: mit einem Lügenwort heuchelt sie sich ein gutes Gewissen.

Und weil im Wollenden selber Leid ist, darob, daß er nicht zurück wollen kann – also sollte Wollen selber und alles Leben – Strafe sein!

Und nun wälzte sich Wolke auf Wolke über den Geist: bis endlich der Wahnsinn predigte: »Alles vergeht, darum ist alles wert zu vergehn!«

»Und dies ist selber Gerechtigkeit, jenes Gesetz der Zeit, daß sie ihre Kinder fressen muß«: also predigte der Wahnsinn.

»Sittlich sind die Dinge geordnet nach Recht und Strafe. O wo ist die Erlösung vom Fluß der Dinge und der Strafe ›Dasein‹?« Also predigte der Wahnsinn.

»Kann es Erlösung geben, wenn es ein ewiges Recht gibt? Ach, unwälzbar ist der Stein ›Es war‹: ewig müssen auch alle Strafen sein!« Also predigte der Wahnsinn.

»Keine Tat kann vernichtet werden: wie könnte sie durch die Strafe ungetan werden! Dies, dies ist das Ewige an der Strafe ›Dasein‹, daß das Dasein auch ewig wieder Tat und Schuld sein muß!

Es sei denn, daß der Wille endlich sich selber erlöste und Wollen zu Nicht-Wollen würde –«: doch ihr kennt, meine Brüder, dies Fabellied des Wahnsinns!

Weg führte ich euch von diesen Fabelliedern, als ich euch lehrte: »der Wille ist ein Schaffender.«

Alles »Es war« ist ein Bruchstück, ein Rätsel, ein grauser Zufall – bis der schaffende Wille dazu sagt: »aber so wollte ich es!«

– Bis der schaffende Wille dazu sagt: »Aber so will ich es! So werde ich's wollen!«

Aber sprach er schon so? Und wann geschieht dies? Ist der Wille schon abgeschirrt von seiner eignen Torheit?

Wurde der Wille sich selber schon Erlöser und Freudebringer? Verlernte er den Geist der Rache und alles Zähneknirschen?

Und wer lehrte ihn Versöhnung mit der Zeit, und Höheres, als alle Versöhnung ist?

Höheres als alle Versöhnung muß der Wille wollen, welcher der Wille zur Macht ist –: doch wie geschieht ihm das? Wer lehrte ihn auch noch das Zurückwollen?«

– Aber an dieser Stelle seiner Rede geschah es, daß Zarathustra plötzlich innehielt und ganz einem solchen gleich sah, der auf das äußerste erschrickt. Mit erschrecktem Auge blickte er auf seine Jünger, sein Auge durchbohrte wie mit Pfeilen ihre Gedanken und Hintergedanken. Aber nach einer kleinen Weile lachte er schon wieder und sagte begütigt:

»Es ist schwer, mit Menschen zu leben, weil Schweigen so schwer ist. Sonderlich für einen Geschwätzigen.« –

Also sprach Zarathustra. Der Bucklichte aber hatte dem Gespräche zugehört und sein Gesicht dabei bedeckt; als er aber Zarathustra lachen hörte, blickte er neugierig auf und sagte langsam:

»Aber warum redet Zarathustra anders zu uns als zu seinen Jüngern?«

Zarathustra antwortete: »Was ist das zum Verwundern! Mit Bucklichten darf man schon bucklicht reden!«

»Gut«, sagte der Bucklichte; »und mit Schülern darf man schon aus der Schule schwätzen.

Aber warum redet Zarathustra anders zu seinen Schülern – als zu sich selber?« –

VON DER MENSCHEN-KLUGHEIT

Nicht die Höhe: der Abhang ist das Furchtbare!

Der Abhang, wo der Blick *hinunter* stürzt und die Hand *hinauf* greift. Da schwindelt dem Herzen vor seinem doppelten Willen.

Ach Freunde, erratet ihr wohl auch meines Herzens doppelten Willen.

Das, das ist *mein* Abhang und meine Gefahr, daß mein Blick in die Höhe stürzt und daß meine Hand sich halten und stützen möchte – an der Tiefe!

An den Menschen klammert sich mein Wille, mit Ketten binde ich mich an den Menschen, weil es mich hinaufreißt zum Übermenschen: denn dahin will mein andrer Wille.

Und *dazu* lebe ich blind unter den Menschen; gleich als ob ich sie nicht kennte: daß meine Hand ihren Glauben an Festes nicht ganz verliere.

Ich kenne euch Menschen nicht: diese Finsternis und Tröstung ist oft um mich gebreitet.

Ich sitze am Torwege für jeden Schelm und frage: wer will mich betrügen?

Das ist meine erste Menschen-Klugheit, daß ich mich betrügen lasse, um nicht auf der Hut zu sein vor Betrügern.

Ach, wenn ich auf der Hut wäre vor dem Menschen: wie könnte meinem Balle der Mensch ein Anker sein! Zu leicht risse es mich hinauf und hinweg!

Diese Vorsehung ist über meinem Schicksal, daß ich ohne Vorsicht sein muß.

Und wer unter Menschen nicht verschmachten will, muß lernen, aus allen Gläsern zu trinken; und wer unter Menschen rein bleiben will, muß verstehn, sich auch mit schmutzigem Wasser zu waschen.

Und also sprach ich oft mir zum Troste: »Wohlan! Wohlauf! Altes Herz! Ein Unglück mißriet dir: genieße dies als dein – Glück!«

Dies aber ist meine andre Menschen-Klugheit: ich schone die *Eitlen* mehr als die Stolzen.

Ist nicht verletzte Eitelkeit die Mutter aller Trauerspiele? Wo aber Stolz verletzt wird, da wächst wohl etwas Besseres noch, als Stolz ist.

Damit das Leben gut anzuschaun sei, muß sein Spiel gut gespielt werden: dazu aber bedarf es guter Schauspieler.

Gute Schauspieler fand ich alle Eitlen: sie spielen und wollen, daß ihnen gern zugeschaut werde – all ihr Geist ist bei diesem Willen.

Sie führen sich auf, sie erfinden sich; in ihrer Nähe liebe ich's, dem Leben zuzuschaun – es heilt von der Schwermut.

Darum schone ich die Eitlen, weil sie mir Ärzte sind meiner Schwermut und mich am Menschen fest halten als an einem Schauspiele.

Und dann: wer ermißt am Eitlen die ganze Tiefe seiner Bescheidenheit! Ich bin ihm gut und mitleidig ob seiner Bescheidenheit.

Von euch will er seinen Glauben an sich lernen; er nährt sich an euren Blicken, er frißt das Lob aus euren Händen.

Euren Lügen glaubt er noch, wenn ihr gut über ihn lügt: denn im Tiefsten seufzt sein Herz: »was bin *ich*!«

Und wenn das die rechte Tugend ist, die nicht um sich selber weiß: nun, der Eitle weiß nicht um seine Bescheidenheit! –

Das ist aber meine dritte Menschen-Klugheit, daß ich mir den Anblick der *Bösen* nicht verleiden lasse durch eure Furchtsamkeit.

Ich bin selig, die Wunder zu sehn, welche heiße Sonne ausbrütet: Tiger und Palmen und Klapperschlangen.

Auch unter Menschen gibt es schöne Brut heißer Sonne und viel Wunderwürdiges an den Bösen.

Zwar, wie eure Weisesten mir nicht gar so weise erschienen: so fand ich auch der Menschen Bosheit unter ihrem Rufe.

Und oft fragte ich mit Kopfschütteln: Warum noch klappern, ihr Klapperschlangen?

Wahrlich, es gibt auch für das Böse noch eine Zukunft! Und der heißeste Süden ist noch nicht entdeckt für den Menschen.

Wie manches heißt jetzt schon ärgste Bosheit, was doch nur zwölf Schuhe breit und drei Monate lang ist! Einst aber werden größere Drachen zur Welt kommen.

Denn daß dem Übermenschen sein Drache nicht fehle, der Über-Drache, der seiner würdig ist: dazu muß viel heiße Sonne noch auf feuchten Urwald glühn!

Aus euren Wildkatzen müssen erst Tiger geworden sein und aus euren Giftkröten Krokodile: denn der gute Jäger soll eine gute Jagd haben!

Und wahrlich, ihr Guten und Gerechten! An euch ist viel zum Lachen und zumal eure Furcht vor dem, was bisher »Teufel« hieß!

So fremd seid ihr dem Großen mit eurer Seele, daß euch der Übermensch *furchtbar* sein würde in seiner Güte!

Und ihr Weisen und Wissenden, ihr würdet vor dem Sonnenbrande der Weisheit flüchten, in dem der Übermensch mit Lust seine Nacktheit badet!

Ihr höchsten Menschen, denen mein Auge begegnete! das ist mein Zweifel an euch und mein heimliches Lachen: ich rate, ihr würdet meinen Übermenschen – Teufel heißen!

Ach, ich ward dieser Höchsten und Besten müde: aus ihrer »Höhe« verlangte mich hinauf, hinaus, hinweg zu dem Übermenschen!

Ein Grausen überfiel mich, als ich diese Besten nackend sah: da wuchsen mir die Flügel, fortzuschweben in ferne Zukünfte.

In fernere Zukünfte, in südlichere Süden, als je ein Bildner träumte: dorthin, wo Götter sich aller Kleider schämen!

Aber verkleidet will ich *euch* sehn, ihr Nächsten und Mitmenschen, und gut geputzt, und eitel, und würdig, als »die Guten und Gerechten«, –

Und verkleidet will ich selber unter euch sitzen – daß ich euch und mich *verkenne*: das ist nämlich meine letzte Menschen-Klugheit. –

Also sprach Zarathustra.

DIE STILLSTE STUNDE

Was geschah mir, meine Freunde? Ihr seht mich verstört, fortgetrieben, unwillig-folgsam, bereit zu gehen – ach, von *euch* fortzugehen!

Ja, noch einmal muß Zarathustra in seine Einsamkeit: aber unlustig geht diesmal der Bär zurück in seine Höhle!

Was geschah mir! Wer gebeut dies? – Ach, meine zornige Herrin will es so, sie sprach zu mir; nannte ich je euch schon ihren Namen?

Gestern gen Abend sprach zu mir *meine stillste Stunde:* das ist der Name meiner furchtbaren Herrin.

Und so geschah's – denn alles muß ich euch sagen, daß euer Herz sich nicht verhärte gegen den plötzlich Scheidenden!

Kennt ihr den Schrecken des Einschlafenden? –

Bis in die Zehen hinein erschrickt er, darob, daß ihm der Boden weicht und der Traum beginnt.

Dieses sage ich euch zum Gleichnis. Gestern, zur stillsten Stunde, wich mir der Boden: der Traum begann.

Der Zeiger rückte, die Uhr meines Lebens holte Atem –, nie hörte ich solche Stille um mich: also daß mein Herz erschrak.

Da sprach es ohne Stimme zu mir: »*Du weißt es, Zarathustra?*«

Und ich schrie vor Schrecken bei diesem Flüstern, und das Blut wich aus meinem Gesichte: aber ich schwieg.

Da sprach es abermals ohne Stimme zu mir: »Du weißt es, Zarathustra, aber du redest es nicht!« –

Und ich antwortete endlich gleich einem Trotzigen: »Ja, ich weiß es, aber ich will es nicht reden!«

Da sprach es wieder ohne Stimme zu mir: »Du *willst*

nicht, Zarathustra? Ist dies auch wahr? Verstecke dich nicht in deinen Trotz!« –

Und ich weinte und zitterte wie ein Kind und sprach: »Ach, ich wollte schon, aber wie kann ich es! Erlaß mir dies nur! Es ist über meine Kraft!«

Da sprach es wieder ohne Stimme zu mir: »Was liegt an dir, Zarathustra! Sprich dein Wort und zerbrich!« –

Und ich antwortete: »Ach, es ist *mein* Wort? Wer bin *ich*? Ich warte des Würdigeren; ich bin nicht wert, an ihm auch nur zu zerbrechen.«

Da sprach es wieder ohne Stimme zu mir: »Was liegt an dir? Du bist mir noch nicht demütig genug. Die Demut hat das härteste Fell.« –

Und ich antwortete: »Was trug nicht schon das Fell meiner Demut! Am Fuße wohne ich meiner Höhe: wie hoch meine Gipfel sind? Niemand sagte es mir noch. Aber gut kenne ich meine Täler.«

Da sprach es wieder ohne Stimme zu mir: »O Zarathustra, wer Berge zu versetzen hat, der versetzt auch Täler und Niederungen.« –

Und ich antwortete: »Noch versetzte mein Wort keine Berge, und was ich redete, erreichte die Menschen nicht. Ich ging wohl zu den Menschen, aber noch langte ich nicht bei ihnen an.«

Da sprach es wieder ohne Stimme zu mir: »Was weißt du *davon*! Der Tau fällt auf das Gras, wenn die Nacht am verschwiegensten ist.« –

Und ich antwortete: »Sie verspotteten mich, als ich meinen eigenen Weg fand und ging; und in Wahrheit zitterten damals meine Füße.

Und so sprachen sie zu mir: du verlerntest den Weg, nun verlernst du auch das Gehen!«

Da sprach es wieder ohne Stimme zu mir: »Was liegt an ihrem Spotte! Du bist einer, der das Gehorchen verlernt hat: nun sollst du befehlen!

Weißt du nicht, wer allen am nötigsten tut? Der Großes befiehlt.

Großes vollführen ist schwer: aber das Schwerere ist, Großes befehlen.

Das ist dein Unverzeihlichstes: du hast die Macht, und du willst nicht herrschen.« –

Und ich antwortete: »Mir fehlt des Löwen Stimme zu allem Befehlen.«

Da sprach es wieder wie ein Flüstern zu mir: »Die stillsten Worte sind es, welche den Sturm bringen. Gedanken, die mit Taubenfüßen kommen, lenken die Welt.

O Zarathustra, du sollst gehen als ein Schatten dessen, was kommen muß: so wirst du befehlen und befehlend vorangehen.«

Und ich antwortete: »Ich schäme mich.«

Da sprach es wieder ohne Stimme zu mir: »Du mußt noch Kind werden und ohne Scham.

Der Stolz der Jugend ist noch auf dir, spät bist du jung geworden: aber wer zum Kinde werden will, muß auch noch seine Jugend überwinden.« –

Und ich besann mich lange und zitterte. Endlich aber sagte ich, was ich zuerst sagte: »Ich will nicht.«

Da geschah ein Lachen um mich. Wehe, wie dies Lachen mir die Eingeweide zerriß und das Herz aufschlitzte!

Und es sprach zum letzten Mal zu mir: »O Zarathustra, deine Früchte sind reif, aber du bist nicht reif für deine Früchte!

So mußt du wieder in die Einsamkeit: denn du sollst noch mürbe werden.« –

Und wieder lachte es und floh: dann wurde es stille um mich wie mit einer zwiefachen Stille. Ich aber lag am Boden, und der Schweiß floß mir von den Gliedern.

– Nun hörtet ihr alles, und warum ich in meine Einsamkeit zurück muß. Nichts verschwieg ich euch, meine Freunde.

Aber auch dies hörtet ihr von mir, *wer* immer noch aller Menschen Verschwiegenster ist – und es sein will!

Ach, meine Freunde! Ich hätte euch noch etwas zu sagen, ich hätte euch noch etwas zu geben! Warum gebe ich es nicht? Bin ich denn geizig?« –

Als Zarathustra aber diese Worte gesprochen hatte, überfiel ihn die Gewalt des Schmerzes und die Nähe des Abschieds von seinen Freunden, also daß er laut weinte; und niemand wußte ihn zu trösten. Des Nachts aber ging er allein fort und verließ seine Freunde.

DRITTER TEIL

»Ihr seht nach oben, wenn ihr nach Erhebung verlangt.
Und ich sehe hinab, weil ich erhoben bin.
Wer von euch kann zugleich lachen und erhoben sein?
Wer auf den höchsten Bergen steigt,
der lacht über alle Trauer-Spiele
und Trauer-Ernste.«
Zarathustra
vom Lesen und Schrei-
ben *(S. 43)*

DER WANDERER

Um Mitternacht war es, da nahm Zarathustra seinen Weg
über den Rücken der Insel, daß er mit dem frühen Morgen
an das andere Gestade käme: denn dort wollte er zu Schiff
steigen. Es gab nämlich allda eine gute Reede, an der auch
fremde Schiffe gern vor Anker gingen; die nahmen manchen
mit sich, der von den glückseligen Inseln über das Meer
wollte. Als nun Zarathustra so den Berg hinanstieg, gedachte
er unterwegs des vielen einsamen Wanderns von Jugend an,
und wie viele Berge und Rücken und Gipfel er schon gestie-
gen sei.

Ich bin ein Wanderer und ein Bergsteiger, sagte er zu seinem Herzen, ich liebe die Ebenen nicht, und es scheint, ich
kann nicht lange still sitzen.

Und was mir nun auch noch als Schicksal und Erlebnis
komme – ein Wandern wird darin sein und ein Bergsteigen:
man erlebt endlich nur noch sich selber.

Die Zeit ist abgeflossen, wo mir noch Zufälle begegnen
durften; und was *könnte* jetzt noch zu mir fallen, was nicht
schon mein Eigen wäre!

Es kehrt nur zurück, es kommt mir endlich heim – mein
eigen Selbst, und was von ihm lange in der Fremde war und
zerstreut unter alle Dinge und Zufälle.

Und noch eins weiß ich: ich stehe jetzt vor meinem letzten Gipfel und vor dem, was mir am längsten aufgespart
war. Ach, meinen härtesten Weg muß ich hinan! Ach, ich
begann meine einsamste Wanderung!

Wer aber meiner Art ist, der entgeht einer solchen Stunde
nicht: der Stunde, die zu ihm redet: »Jetzo erst gehst du
deinen Weg der Größe! Gipfel und Abgrund – das ist jetzt
in eins beschlossen!

Du gehst deinen Weg der Größe: nun ist deine letzte Zuflucht worden, was bisher deine letzte Gefahr hieß!

Du gehst deinen Weg der Größe: das muß nun dein bester
Mut sein, daß es hinter dir keinen Weg mehr gibt!

Du gehst deinen Weg der Größe; hier soll dir keiner nachschleichen! Dein Fuß selber löschte hinter dir den Weg aus, und über ihm steht geschrieben: Unmöglichkeit.

Und wenn dir nunmehr alle Leitern fehlen, so mußt du verstehen, noch auf deinen eigenen Kopf zu steigen: wie wolltest du anders aufwärts steigen?

Auf deinen eigenen Kopf und hinweg über dein eigenes Herz! Jetzt muß das Mildeste an dir noch zum Härtesten werden.

Wer sich stets viel geschont hat, der kränkelt zuletzt an seiner vielen Schonung. Gelobt sei, was hart macht! Ich lobe das Land nicht, wo Butter und Honig – fließt!

Von sich *absehen* lernen ist nötig, um *viel* zu sehn – diese Härte tut jedem Berge-Steigenden not.

Wer aber mit den Augen zudringlich ist als Erkennender, wie sollte der von allen Dingen mehr als ihre vorderen Gründe sehn!

Du aber, o Zarathustra, wolltest aller Dinge Grund schaun und Hintergrund: so mußt du schon über dich selber steigen – hinan, hinauf, bis du auch deine Sterne noch *unter* dir hast!

Ja! Hinab auf mich selber sehn und noch auf meine Sterne: das erst hieße mir mein *Gipfel*, das blieb mir noch zurück als mein *letzter* Gipfel! –«

Also sprach Zarathustra im Steigen zu sich, mit harten Sprüchlein sein Herz tröstend: denn er ward wund am Herzen wie noch niemals zuvor. Und als er auf die Höhe des Bergrückens kam, siehe, da lag das andere Meer vor ihm ausgebreitet: und er stand still und schwieg lange. Die Nacht aber war kalt in dieser Höhe und klar und hellgestirnt.

Ich erkenne mein Los, sagte er endlich mit Trauer. Wohlan! Ich bin bereit. Eben begann meine letzte Einsamkeit.

Ach, diese schwarze traurige See unter mir! Ach, diese schwangere nächtliche Verdrossenheit! Ach, Schicksal und See! Zu euch muß ich nun *hinab*steigen!

Vor meinem höchsten Berge stehe ich und vor meiner längsten Wanderung: darum muß ich erst tiefer hinab, als ich jemals stieg:

– tiefer hinab in den Schmerz, als ich jemals stieg, bis hinein in seine schwärzeste Flut! So will es mein Schicksal: Wohlan! Ich bin bereit.

Woher kommen die höchsten Berge? so fragte ich einst. Da lernte ich, daß sie aus dem Meere kommen.

Dies Zeugnis ist in ihr Gestein geschrieben und in die Wände ihrer Gipfel. Aus dem Tiefsten muß das Höchste zu seiner Höhe kommen. –

Also sprach Zarathustra auf der Spitze des Berges, wo es kalt war; als er aber in die Nähe des Meeres kam und zuletzt allein unter den Klippen stand, da war er unterwegs müde geworden und sehnsüchtiger als noch zuvor.

Es schläft jetzt alles noch, sprach er; auch das Meer schläft. Schlaftrunken und fremd blickt sein Auge nach mir.

Aber es atmet warm, das fühle ich. Und ich fühle auch, daß es träumt. Es windet sich träumend auf harten Kissen.

Horch! Horch! Wie es stöhnt von bösen Erinnerungen! Oder bösen Erwartungen?

Ach, ich bin traurig mit dir, du dunkles Ungeheuer, und mir selber noch gram um deinetwillen.

Ach, daß meine Hand nicht Stärke genug hat! Gerne, wahrlich möchte ich dich von bösen Träumen erlösen! –

Und indem Zarathustra so sprach, lachte er mit Schwermut und Bitterkeit über sich selber. Wie! Zarathustra! sagte er, willst du noch dem Meere Trost singen?

Ach, du liebreicher Narr Zarathustra, du Vertrauens-Überseliger! Aber so warst du immer: immer kamst du vertraulich zu allem Furchtbaren.

Jedes Ungetüm wolltest du noch streicheln. Ein Hauch warmen Atems, ein wenig weiches Gezottel an der Tatze –: und gleich warst du bereit, es zu lieben und zu locken.

Die *Liebe* ist die Gefahr des Einsamsten, die Liebe zu allem, *wenn es nur lebt*! Zum Lachen ist wahrlich meine Narrheit und meine Bescheidenheit in der Liebe! –

Also sprach Zarathustra und lachte dabei zum andern Male: da aber gedachte er seiner verlassenen Freunde –, und wie als ob er sich mit seinen Gedanken an ihnen vergangen habe, zürnte er sich ob seiner Gedanken. Und alsbald geschah es, daß der Lachende weinte – vor Zorn und Sehnsucht weinte Zarathustra bitterlich.

VOM GESICHT UND RÄTSEL

I

Als es unter den Schiffsleuten ruchbar wurde, daß Zarathustra auf dem Schiffe sei – denn es war ein Mann zugleich mit ihm an Bord gegangen, der von den glückseligen Inseln kam –, da entstand eine große Neugierde und Erwartung. Aber Zarathustra schwieg zwei Tage und war kalt und taub vor Traurigkeit, also, daß er weder auf Blicke noch auf Fragen antwortete. Am Abende aber des zweiten Tages tat er seine Ohren wieder auf, ob er gleich noch schwieg: denn es gab viel Seltsames und Gefährliches auf diesem Schiffe anzuhören, welches weither kam und noch weiterhin wollte. Zarathustra aber war ein Freund aller solchen, die weite Reisen tun und nicht ohne Gefahr leben mögen. Und siehe! zuletzt wurde ihm im Zuhören die eigne Zunge gelöst, und das Eis seines Herzens brach: – da begann er also zu reden:

Euch, den kühnen Suchern, Versuchern, und wer je sich mit listigen Segeln auf furchtbare Meere einschiffte, –

euch, den Rätsel-Trunkenen, den Zwielicht-Frohen, deren Seele mit Flöten zu jedem Irr-Schlunde gelockt wird:

– denn nicht wollt ihr mit feiger Hand einem Faden nachtasten; und, wo ihr *erraten* könnt, da haßt ihr es, zu *erschließen* –

euch allein erzähle ich das Rätsel, das ich *sah*, – das Gesicht des Einsamsten. –

Düster ging ich jüngst durch leichenfarbene Dämmerung, – düster und hart, mit gepreßten Lippen. Nicht nur *eine* Sonne war mir untergegangen.

Ein Pfad, der trotzig durch Geröll stieg, ein boshafter, einsamer, dem nicht Kraut, nicht Strauch mehr zusprach: ein Berg-Pfad knirschte unter dem Trotz meines Fußes.

Stumm über höhnischem Geklirr von Kieseln schreitend, den Stein zertretend, der ihn gleiten ließ: also zwang mein Fuß sich aufwärts.

Aufwärts – dem Geiste zum Trotz, der ihn abwärts zog, abgrundwärts zog, dem Geiste der Schwere, meinem Teufel und Erzfeinde.

Aufwärts – obwohl er auf mir saß, halb Zwerg, halb Maulwurf; lahm; lähmend; Blei durch mein Ohr, Bleitropfen-Gedanken in mein Hirn träufelnd.

»O Zarathustra«, raunte er höhnisch Silb' um Silbe, »du Stein der Weisheit! Du warfst dich hoch, aber jeder geworfene Stein muß – fallen!

O Zarathustra, du Stein der Weisheit, du Schleuderstein, du Stern-Zertrümmerer! Dich selber warfst du so hoch, – aber jeder geworfene Stein – muß fallen!

Verurteilt zu dir selber und zur eignen Steinigung: o Zarathustra, weit warfst du ja den Stein, – aber auf *dich* wird er zurückfallen!«

Drauf schwieg der Zwerg; und das währte lange. Sein Schweigen aber drückte mich; und solchermaßen zu zwein ist man wahrlich einsamer als zu einem!

Ich stieg, ich stieg, ich träumte, ich dachte – aber alles drückte mich. Einem Kranken glich ich, den seine schlimme Marter müde macht, und den wieder ein schlimmerer Traum aus dem Einschlafen weckt. –

Aber es gibt etwas in mir, das ich Mut heiße: das schlug bisher mir jeden Unmut tot. Dieser Mut hieß mich endlich stille stehn und sprechen: »Zwerg! Du! Oder ich!« –

Mut nämlich ist der beste Totschläger – Mut, welcher *angreift*: denn in jedem Angriffe ist klingendes Spiel.

Der Mensch aber ist das mutigste Tier: damit überwand er jedes Tier. Mit klingendem Spiele überwand er noch jeden Schmerz; Menschen-Schmerz aber ist der tiefste Schmerz.

Der Mut schlägt auch den Schwindel tot an Abgründen: und wo stünde der Mensch nicht an Abgründen! Ist Sehen nicht selber – Abgründe sehen?

Mut ist der beste Totschläger: der Mut schlägt auch das Mitleiden tot. Mitleiden aber ist der tiefste Abgrund: so tief der Mensch in das Leben sieht, so tief sieht er auch in das Leiden.

Mut aber ist der beste Totschläger, Mut, der angreift: der

schlägt noch den Tod tot, denn er spricht: »War *das* das Leben? Wohlan! Noch einmal!«

In solchem Spruche aber ist viel klingendes Spiel. Wer Ohren hat, der höre. –

2

»Halt! Zwerg!« sprach ich. »Ich! Oder du! Ich aber bin der Stärkere von uns beiden –: du kennst meinen abgründlichen Gedanken nicht! *Den* – könntest du nicht tragen!« –

Da geschah, was mich leichter machte: denn der Zwerg sprang mir von der Schulter, der Neugierige! Und er hockte sich auf einen Stein vor mich hin. Es war aber gerade da ein Torweg, wo wir hielten.

»Siehe diesen Torweg! Zwerg!« sprach ich weiter: »der hat zwei Gesichter. Zwei Wege kommen hier zusammen: die ging noch niemand zu Ende.

Diese lange Gasse zurück: die währt eine Ewigkeit. Und jene lange Gasse hinaus – das ist eine andre Ewigkeit.

Sie widersprechen sich, diese Wege; sie stoßen sich gerade vor den Kopf – und hier, an diesem Torwege, ist es, wo sie zusammenkommen. Der Name des Torweges steht oben geschrieben: ›Augenblick‹.

Aber wer einen von ihnen weiter ginge – und immer weiter und immer ferner: glaubst du, Zwerg daß diese Wege sich ewig widersprechen?« –

»Alles Gerade lügt«, murmelte verächtlich der Zwerg. »Alle Wahrheit ist krumm, die Zeit selber ist ein Kreis.«

»Du Geist der Schwere!« sprach ich zürnend, »mache dir es nicht zu leicht! Oder ich lasse dich hocken, wo du hockst, Lahmfuß, – und ich trug dich *hoch*!

Siehe, sprach ich weiter, diesen Augenblick! Von diesem Torwege Augenblick läuft eine lange ewige Gasse *rückwärts*: hinter uns liegt eine Ewigkeit.

Muß nicht, was laufen *kann* von allen Dingen, schon einmal diese Gasse gelaufen sein? Muß nicht, was geschehn *kann* von allen Dingen, schon einmal geschehn, getan, vor-übergelaufen sein?

Und wenn alles schon dagewesen ist: was hältst du Zwerg von diesem Augenblick? Muß auch dieser Torweg nicht schon – dagewesen sein?

Und sind nicht solchermaßen fest alle Dinge verknotet, daß dieser Augenblick *alle* kommenden Dinge nach sich zieht? *Also* – – sich selber noch?

Denn, was laufen *kann* von allen Dingen: auch in dieser langen Gasse *hinaus – muß* es einmal noch laufen! –

Und diese langsame Spinne, die im Mondscheine kriecht, und dieser Mondschein selber, und ich und du im Torwege, zusammen flüsternd, von ewigen Dingen flüsternd – müssen wir nicht alle schon dagewesen sein?

– und wiederkommen und in jener anderen Gasse laufen, hinaus, vor uns, in dieser langen schaurigen Gasse – müssen wir nicht ewig wiederkommen? –«

Also redete ich, und immer leiser: denn ich fürchtete mich vor meinen eignen Gedanken und Hintergedanken. Da, plötzlich, hörte ich einen Hund nahe *heulen*.

Hörte ich jemals einen Hund so heulen? Mein Gedanke lief zurück. Ja! Als ich Kind war, in fernster Kindheit:

– da hörte ich einen Hund so heulen. Und sah ihn auch, gesträubt, den Kopf nach oben, zitternd, in stillster Mitter-nacht, wo auch Hunde an Gespenster glauben:

– also daß es mich erbarmte. Eben nämlich ging der volle Mond, totschweigsam, über das Haus, eben stand er still, eine runde Glut, – still auf flachem Dache, gleich als auf fremdem Eigentume: –

darob entsetzte sich damals der Hund: denn Hunde glau-ben an Diebe und Gespenster. Und als ich wieder so heulen hörte, da erbarmte es mich abermals.

Wohin war jetzt Zwerg? Und Torweg? Und Spinne? Und alles Flüstern? Träumte ich denn? Wachte ich auf? Zwischen wilden Klippen stand ich mit einem Male, allein, öde, im ödesten Mondscheine.

Aber da lag ein Mensch! Und da! Der Hund, springend, gesträubt, winselnd – jetzt sah er mich kommen – da heulte er wieder, da *schrie* er – hörte ich je einen Hund so Hilfe schrein?

Und, wahrlich, was ich sah, desgleichen sah ich nie. Einen jungen Hirten sah ich, sich windend, würgend, zuckend, verzerrten Antlitzes, dem eine schwarze schwere Schlange aus dem Munde hing.

Sah ich je so viel Ekel und bleiches Grauen auf *einem* Antlitze? Er hatte wohl geschlafen? Da kroch ihm die Schlange in den Schlund – da biß sie sich fest.

Meine Hand riß die Schlange und riß – umsonst! sie riß die Schlange nicht aus dem Schlunde. Da schrie es aus mir: »Beiß zu! Beiß zu!

Den Kopf ab! Beiß zu!« – so schrie es aus mir, mein Grauen, mein Haß, mein Ekel, mein Erbarmen, all mein Gutes und Schlimmes schrie mit *einem* Schrei aus mir. –

Ihr Kühnen um mich! Ihr Sucher, Versucher, und wer von euch mit listigen Segeln sich in unerforschte Meere einschiffte! Ihr Rätsel-Frohen!

So ratet mir doch das Rätsel, das ich damals schaute, so deutet mir doch das Gesicht des Einsamsten!

Denn ein Gesicht war's und ein Vorhersehn: – *was* sah ich damals im Gleichnisse? Und *wer* ist, der einst noch kommen muß?

Wer ist der Hirt, dem also die Schlange in den Schlund kroch? *Wer* ist der Mensch, dem also alles Schwerste, Schwärzeste in den Schlund kriechen wird?

– Der Hirt aber biß, wie mein Schrei ihm riet; er biß mit gutem Bisse! Weit weg spie er den Kopf der Schlange –: und sprang empor. –

Nicht mehr Hirt, nicht mehr Mensch – ein Verwandelter, ein Umleuchteter, welcher *lachte*! Niemals noch auf Erden lachte je ein Mensch, wie *er* lachte!

O meine Brüder, ich hörte das Lachen, das keines Menschen Lachen war, – – und nun frißt ein Durst an mir, eine Sehnsucht, die nimmer stille wird.

Meine Sehnsucht nach diesem Lachen frißt an mir: o wie ertrage ich's noch zu leben! Und wie ertrüge ich's, jetzt zu sterben! –

Also sprach Zarathustra.

VON DER SELIGKEIT WIDER WILLEN

Mit solchen Rätseln und Bitternissen im Herzen fuhr Zarathustra über das Meer. Als er aber vier Tagereisen fern war von den glückseligen Inseln und von seinen Freunden, da hatte er allen seinen Schmerz überwunden –: siegreich und mit festen Füßen stand er wieder auf seinem Schicksal. Und damals redete Zarathustra also zu seinem frohlockenden Gewissen:

Allein bin ich wieder und will es sein, allein mit reinem Himmel und freiem Meere; und wieder ist Nachmittag um mich.

Des Nachmittags fand ich zum ersten Male einst meine Freunde, des Nachmittags auch zum anderen Male – zur Stunde, da alles Licht stiller wird.

Denn was von Glück noch unterwegs ist zwischen Himmel und Erde, das sucht sich nun zur Herberge noch eine lichte Seele: *vor* Glück ist alles Licht jetzt stiller worden.

O Nachmittag meines Lebens! Einst stieg auch *mein* Glück zu Tale, daß es sich eine Herberge suche: da fand es diese offnen gastfreundlichen Seelen.

O Nachmittag meines Lebens! Was gab ich nicht hin, daß ich eins hätte: diese lebendige Pflanzung meiner Gedanken und dies Morgenlicht meiner höchsten Hoffnung!

Gefährten suchte einst der Schaffende und Kinder *seiner* Hoffnung: und siehe, es fand sich, daß er sie nicht finden könne, es sei denn, er schaffe sie selber erst.

Also bin ich mitten in meinem Werke, zu meinen Kindern gehend und von ihnen kehrend: um seiner Kinder willen muß Zarathustra sich selbst vollenden.

Denn von Grund aus liebt man nur sein Kind und Werk; und wo große Liebe zu sich selber ist, da ist sie der Schwangerschaft Wahrzeichen: so fand ichs.

Noch grünen mir meine Kinder in ihrem ersten Frühling, nahe beieinander stehend und gemeinsam von Winden geschüttelt, die Bäume meines Gartens und besten Erdreichs.

Und wahrlich! Wo solche Bäume beieinander stehn, da *sind* glückselige Inseln!

Aber einstmals will ich sie ausheben und einen jeden für sich allein stellen: daß er Einsamkeit lerne und Trotz und Vorsicht.

Knorrig und gekrümmt und mit biegsamer Härte soll er mir dann am Meere dastehn, ein lebendiger Leuchtturm unbesiegbaren Lebens.

Dort, wo die Stürme hinab ins Meer stürzen, und des Gebirgs Rüssel Wasser trinkt, da soll ein jeder einmal seine Tag- und Nachtwachen haben, zu *seiner* Prüfung und Erkenntnis.

Erkannt und geprüft soll er werden, darauf, ob er meiner Art und Abkunft ist – ob er eines langen Willens Herr sei, schweigsam, auch wenn er redet, und nachgebend also, daß er im Geben *nimmt*: –

– daß er einst mein Gefährte werde und ein Mitschaffender und Mitfeiernder Zarathustras –: ein solcher, der mir meinen Willen auf meine Tafeln schreibt: zu aller Dinge vollerer Vollendung.

Und um seinetwillen und seinesgleichen muß ich selber *mich* vollenden: darum weiche ich jetzt meinem Glücke aus und biete mich allem Unglücke an – zu *meiner* letzten Prüfung und Erkenntnis.

Und wahrlich, Zeit war's, daß ich ging; und des Wanderers Schatten und die längste Weile und die stillste Stunde – alle redeten mir zu: »Es ist höchste Zeit!«

Der Wind blies mir durchs Schlüsseloch und sagte »Komm!« Die Tür sprang mir listig auf und sagte »Geh!«

Aber ich lag angekettet an die Liebe zu meinen Kindern: das Begehren legte mir diese Schlinge, das Begehren nach Liebe, daß ich meiner Kinder Beute würde und mich an sie verlöre.

Begehren – das heißt mir schon: mich verloren haben. *Ich habe euch, meine Kinder!* In diesem Haben soll alles Sicherheit und nichts Begehren sein.

Aber brütend lag die Sonne meiner Liebe auf mir, im eignen Safte kochte Zarathustra, – da flogen Schatten und Zweifel über mich weg.

Nach Frost und Winter gelüstete mich schon: »o daß Frost und Winter mich wieder knacken und knirschen machten!« seufzte ich: – da stiegen eisige Nebel aus mir auf.

Meine Vergangenheit brach ihre Gräber, manch lebendig begrabner Schmerz wachte auf –: ausgeschlafen hatte er sich nur, versteckt in Leichen-Gewänder.

Also rief mir alles in Zeichen zu: »es ist Zeit!« Aber ich – hörte nicht: bis endlich mein Abgrund sich rührte und mein Gedanke mich biß.

Ach, abgründlicher Gedanke, der du *mein* Gedanke bist! Wann finde ich die Stärke, dich graben zu hören und nicht mehr zu zittern?

Bis zur Kehle hinauf klopft mir das Herz, wenn ich dich graben höre! Dein Schweigen noch will mich würgen, du abgründlich Schweigender!

Noch wagte ich niemals, dich *herauf* zu rufen: genug schon, daß ich dich mit mir – trug! Noch war ich nicht stark genug zum letzten Löwen-Übermute und -Mutwillen.

Genug des Furchtbaren war mir immer schon deine Schwere: aber einst soll ich noch die Stärke finden und die Löwen-Stimme, die dich heraufruft!

Wenn ich mich dessen erst überwunden habe, dann will ich mich auch des Größeren noch überwinden; und ein *Sieg* soll meiner Vollendung Siegel sein! –

Inzwischen treibe ich noch auf ungewissen Meeren; der Zufall schmeichelt mir, der glattzüngige; vorwärts und rückwärts schaue ich – noch schaue ich kein Ende.

Noch kam mir die Stunde meines letzten Kampfes nicht – oder kommt sie mir wohl eben? Wahrlich, mit tückischer Schönheit schaut mich rings Meer und Leben an!

O Nachmittag meines Lebens! O Glück vor Abend! O Hafen auf hoher See! O Friede im Ungewissen! Wie mißtraue ich euch allen!

Wahrlich, mißtrauisch bin ich gegen eure tückische Schönheit! Dem Liebenden gleiche ich, der allzusamtenem Lächeln mißtraut.

Wie er die Geliebteste vor sich her stößt, zärtlich noch in seiner Härte, der Eifersüchtige –, also stoße ich diese selige Stunde vor mir her.

Hinweg mit dir, du selige Stunde! Mit dir kam mir eine Seligkeit wider Willen! Willig zu meinem tiefsten Schmerze stehe ich hier – zur Unzeit kamst du!

Hinweg mit dir, du selige Stunde! Lieber nimm Herberge dort – bei meinen Kindern! Eile! und segne sie vor Abend noch mit *meinem* Glücke!

Da naht schon der Abend: die Sonne sinkt. Dahin – mein Glück! –

Also sprach Zarathustra. Und er wartete auf sein Unglück die ganze Nacht: aber er wartete umsonst. Die Nacht blieb hell und still, und das Glück selber kam ihm immer näher und näher. Gegen Morgen aber lachte Zarathustra zu seinem Herzen und sagte spöttisch: »das Glück läuft mir nach. Das kommt davon, daß ich nicht den Weibern nachlaufe. Das Glück aber ist ein Weib.«

VOR SONNEN-AUFGANG

O Himmel über mir, du Reiner! Tiefer! Du Licht-Abgrund! Dich schauend schaudere ich vor göttlichen Begierden.

In deine Höhe mich zu werfen – das ist *meine* Tiefe! In deine Reinheit mich zu bergen – das ist *meine* Unschuld!

Den Gott verhüllt seine Schönheit: so verbirgst du deine Sterne. Du redest nicht: *so* kündest du mir deine Weisheit.

Stumm über brausendem Meere bist du heute mir aufgegangen, deine Liebe und deine Scham redet Offenbarung zu meiner Seele.

Daß du schön zu mir kamst, verhüllt in deine Schönheit, daß du stumm zu mir sprichst, offenbar in deiner Weisheit:

O wie erriete ich nicht alles Schamhafte deiner Seele! *Vor* der Sonne kamst du zu mir, dem Einsamsten.

Wir sind Freunde von Anbeginn: uns ist Gram und Grauen und Grund gemeinsam; noch die Sonne ist uns gemeinsam.

Wir reden nicht zueinander, weil wir zu vieles wissen –: wir schweigen uns an, wir lächeln uns unser Wissen zu.

Bist du nicht das Licht zu meinem Feuer? Hast du nicht die Schwester-Seele zu meiner Einsicht?

Zusammen lernten wir alles; zusammen lernten wir über uns zu uns selber aufsteigen und wolkenlos lächeln: –

– wolkenlos hinab lächeln aus lichten Augen und aus meilenweiter Ferne, wenn unter uns Zwang und Zweck und Schuld wie Regen dampfen.

Und wanderte ich allein: *wes* hungerte meine Seele in Nächten und Irr-Pfaden? Und stieg ich Berge, *wen* suchte ich je, wenn nicht dich, auf Bergen?

Und all mein Wandern und Bergsteigen: eine Not war's nur und ein Behelf des Unbeholfenen – *fliegen* allein will mein ganzer Wille, in *dich* hinein fliegen!

Und wen haßte ich mehr als ziehende Wolken und alles, was dich befleckt? Und meinen eignen Haß hackte ich noch, weil er dich befleckte!

Den ziehenden Wolken bin ich gram, diesen schleichenden Raub-Katzen: sie nehmen dir und mir, was uns gemein ist – das ungeheure unbegrenzte Ja- und Amen-sagen.

Diesen Mittlern und Mischern sind wir gram, den ziehenden Wolken: diesen Halb- und Halben, welche weder segnen lernten, noch von Grund aus fluchen.

Lieber will ich noch unter verschlossenem Himmel in der Tonne sitzen, lieber ohne Himmel im Abgrund sitzen, als dich, Licht-Himmel, mit Zieh-Wolken befleckt sehn!

Und oft gelüstete mich, sie mit zackichten Blitz-Golddrähten festzuheften, daß ich, gleich dem Donner, auf ihrem Kessel-Bauche die Pauke schlüge: –

– ein zorniger Paukenschläger, weil sie mir dein Ja! und Amen! rauben, du Himmel über mir, du Reiner! Lichter! Du Licht-Abgrund! – weil sie dir *mein* Ja! und Amen! rauben.

Denn lieber noch will ich Lärm und Donner und Wetter-Flüche als diese bedächtige zweifelnde Katzen-Ruhe; und auch unter Menschen hasse ich am besten alle Leisetreter und Halb- und Halben und zweifelnde, zögernde Zieh-Wolken.

Und »wer nicht segnen kann, der soll fluchen *lernen*!« –

diese helle Lehre fiel mir aus hellem Himmel, dieser Stern steht auch noch in schwarzen Nächten an meinem Himmel.

Ich aber bin ein Segnender und ein Ja-Sager, wenn du nur um mich bist, du Reiner! Lichter! Du Licht-Abgrund! – in alle Abgründe trage ich da noch mein segnendes Ja-sagen.

Zum Segnenden bin ich worden und zum Ja-Sagenden: und dazu rang ich lange und war ein Ringer, daß ich einst die Hände frei bekäme zum Segnen.

Das aber ist mein Segnen: über jedwedem Ding als sein eigener Himmel stehn, als sein rundes Dach, seine azurne Glocke und ewige Sicherheit: und selig ist, wer also segnet!

Denn alle Dinge sind getauft am Borne der Ewigkeit und jenseits von Gut und Böse; Gut und Böse selber aber sind nur Zwischen-Schatten und feuchte Trübsale und Zieh-Wolken.

Wahrlich, ein Segnen ist es und kein Lästern, wenn ich lehre: »Über allen Dingen steht der Himmel Zufall, der Himmel Unschuld, der Himmel Ohngefähr, der Himmel Übermut.«

»Von Ohngefähr« – das ist der älteste Adel der Welt, den gab ich allen Dingen zurück, ich erlöste sie von der Knechtschaft unter dem Zwecke.

Diese Freiheit und Himmels-Heiterkeit stellte ich gleich azurner Glocke über alle Dinge, als ich lehrte, daß über ihnen und durch sie kein »ewiger Wille« – will.

Diesen Übermut und diese Narrheit stellte ich an die Stelle jenes Willens, als ich lehrte: »bei allem ist eins unmöglich – Vernünftigkeit!«

Ein *wenig* Vernunft zwar, ein Same der Weisheit zerstreut von Stern zu Stern – dieser Sauerteig ist allen Dingen eingemischt: um der Narrheit willen ist Weisheit allen Dingen eingemischt!

Ein wenig Weisheit ist schon möglich; aber diese selige Sicherheit fand ich in allen Dingen: daß sie lieber noch auf den Füßen des Zufalls – *tanzen.*

O Himmel über mir, du Reiner! Hoher! Das ist mir nun deine Reinheit, daß es keine ewige Vernunft-Spinne und -Spinnennetze gibt –

– daß du mir ein Tanzboden bist für göttliche Zufälle,

daß du mir ein Göttertisch bist für göttliche Würfel und Würfelspieler! –

Doch du errötest? Sprach ich Unaussprechbares? Lästerte ich, indem ich dich segnen wollte?

Oder ist es die Scham zu zweien, welche dich erröten machte? – Heißest du mich gehn und schweigen, weil nun – der *Tag* kommt?

Die Welt ist tief –: und tiefer, als je der Tag gedacht hat. Nicht alles darf vor dem Tage Worte haben. Aber der Tag kommt: so scheiden wir nun!

O Himmel über mir, du Schamhafter! Glühender! O du mein Glück vor Sonnen-Aufgang! Der Tag kommt: so scheiden wir nun! –

Also sprach Zarathustra.

VON DER VERKLEINERNDEN TUGEND

I

Als Zarathustra wieder auf dem festen Lande war, ging er nicht stracks auf sein Gebirge und seine Höhle los, sondern tat viele Wege und Fragen und erkundete dies und das, also, daß er von sich selber im Scherze sagte: »siehe einen Fluß, der in vielen Windungen zurück zur Quelle fließt!« Denn er wollte in Erfahrung bringen, was sich inzwischen *mit dem Menschen* zugetragen habe: ob er größer oder kleiner geworden sei. Und einmal sah er eine Reihe neuer Häuser; da wunderte er sich und sagte:

»Was bedeuten diese Häuser? Wahrlich, keine große Seele stellte sie hin, sich zum Gleichnisse!

Nahm wohl ein blödes Kind sie aus seiner Spielschachtel? Daß doch ein anderes Kind sie wieder in seine Schachtel täte.

Und diese Stuben und Kammern: können *Männer* da aus- und eingehen? Gemacht dünken sie mich für Seiden-Puppen, oder für Naschkatzen, die auch wohl an sich naschen lassen.«

Und Zarathustra blieb stehn und dachte nach. Endlich sagte er betrübt: »Es ist *alles* kleiner geworden!

Überall sehe ich niedrigere Tore: wer *meiner* Art ist, geht da wohl noch hindurch, aber – er muß sich bücken!

O wann komme ich wieder in meine Heimat, wo ich mich nicht mehr bücken muß – nicht mehr bücken muß *vor den Kleinen*!« – Und Zarathustra seufzte und blickte in die Ferne. –

Desselbigen Tages aber redete er seine Rede über die verkleinernde Tugend.

Ich gehe durch dies Volk und halte meine Augen offen: sie vergeben mir es nicht, daß ich auf ihre Tugenden nicht neidisch bin.

Sie beißen nach mir, weil ich zu ihnen sage: für kleine Leute sind kleine Tugenden nötig – und weil es mir hart eingeht, daß kleine Leute *nötig* sind!

Noch gleiche ich dem Hahn hier auf fremdem Gehöfte, nach dem auch die Hennen beißen; doch darob bin ich diesen Hennen nicht ungut.

Ich bin höflich gegen sie, wie gegen alles kleine Ärgernis; gegen das Kleine stachlicht zu sein, dünkt mich eine Weisheit für Igel.

Sie reden alle von mir, wenn sie abends ums Feuer sitzen – sie reden von mir, aber niemand denkt – an mich!

Dies ist die neue Stille, die ich lernte: ihr Lärm um mich breitet einen Mantel über meine Gedanken.

Sie lärmen untereinander: »was will uns diese düstere Wolke? sehen wir zu, daß sie uns nicht eine Seuche bringe!«

Und jüngst riß ein Weib sein Kind an sich, das zu mir wollte: »Nehmt die Kinder weg!« schrie es; »solche Augen versengen Kinder-Seelen.«

Sie husten, wenn ich rede: sie meinen, Husten sei ein Einwand gegen starke Winde – sie erraten nichts vom Brausen meines Glückes!

»Wir haben noch keine Zeit für Zarathustra« – so wenden sie ein; aber was liegt an einer Zeit, die für Zarathustra »keine Zeit hat«?

Und wenn sie gar mich rühmen: wie könnte ich wohl auf *ihrem* Ruhme einschlafen? Ein Stachel-Gürtel ist mir ihr Lob: es kratzt mich noch, wenn ich es von mir tue.

Und auch das lernte ich unter ihnen: der Lobende stellt sich, als gebe er zurück, in Wahrheit aber will er mehr beschenkt sein!

Fragt meinen Fuß, ob ihm ihre Lob- und Lock-Weise gefällt! Wahrlich, nach solchem Takt und Ticktack mag er weder tanzen, noch stille stehn.

Zur kleinen Tugend möchten sie mich locken und loben; zum Ticktack des kleinen Glücks möchten sie meinen Fuß überreden.

Ich gehe durch dies Volk und halte die Augen offen: sie sind *kleiner* geworden und werden immer kleiner – *das aber macht ihre Lehre von Glück und Tugend*.

Sie sind nämlich auch in der Tugend bescheiden – denn sie wollen Behagen. Mit Behagen aber verträgt sich nur die bescheidene Tugend.

Wohl lernen auch sie auf ihre Art Schreiten und Vorwärts-Schreiten:
das heiße ich ihr *Humpeln* –. Damit werden sie jedem zum Anstoß, der Eile hat.

Und mancher von ihnen geht vorwärts und blickt dabei zurück, mit versteiftem Nacken: dem renne ich gern wider den Leib.

Fuß und Augen sollen nicht lügen, noch sich einander Lügen strafen. Aber es ist viel Lügnerei bei den kleinen Leuten.

Einige von ihnen wollen, aber die meisten werden nur gewollt. Einige von ihnen sind echt, aber die meisten sind schlechte Schauspieler.

Es gibt Schauspieler wider Wissen unter ihnen und Schauspieler wider Willen –, die Echten sind immer selten, sonderlich die echten Schauspieler.

Des Mannes ist hier wenig: darum vermännlichen sich

ihre Weiber. Denn nur wer Mannes genug ist, wird im Weibe *das Weib – erlösen.*

Und diese Heuchelei fand ich unter ihnen am schlimmsten: daß auch die, welche befehlen, die Tugenden derer heucheln, welche dienen.

»Ich diene, du dienst, wir dienen« – so betet hier auch die Heuchelei der Herrschenden – und wehe, wenn der erste Herr *nur* der erste Diener ist!

Ach, auch in ihre Heuchelei verflog sich wohl meines Auges Neugier; und gut erriet ich all ihr Fliegen-Glück und ihr Summen um besonnte Fensterscheiben.

Soviel Güte, soviel Schwäche sehe ich. Soviel Gerechtigkeit und Mitleiden, soviel Schwäche.

Rund, rechtlich und gütig sind sie miteinander, wie Sandkörnchen rund, rechtlich und gütig mit Sandkörnchen sind.

Bescheiden ein kleines Glück umarmen – das heißen sie »Ergebung!« und dabei schielen sie bescheiden schon nach einem neuen kleinen Glücke aus.

Sie wollen im Grunde einfältig eins am meisten: daß ihnen niemand wehe tue. So kommen sie jedermann zuvor und tun ihm wohl.

Dies aber ist *Feigheit*: ob es schon »Tugend« heißt. –

Und wenn sie einmal rauh reden, diese kleinen Leute: *ich* höre darin nur ihre Heiserkeit – jeder Windzug nämlich macht sie heiser.

Klug sind sie, ihre Tugenden haben kluge Finger. Aber ihnen fehlen die Fäuste, ihre Finger wissen nicht, sich hinter Fäuste zu verkriechen.

Tugend ist ihnen das, was bescheiden und zahm macht: damit machten sie den Wolf zum Hunde und den Menschen selber zu des Menschen bestem Haustiere.

»Wir setzten unsern Stuhl in die *Mitte*« – das sagt mir ihr Schmunzeln – »und ebenso weit weg von sterbenden Fechtern wie von vergnügten Säuen.«

Dies aber ist – *Mittelmäßigkeit*: ob es schon Mäßigkeit heißt. –

Ich gehe durch dies Volk und lasse manches Wort fallen: aber sie wissen weder zu nehmen noch zu behalten.

Sie wundern sich, daß ich nicht kam, auf Lüste und Laster zu lästern; und wahrlich, ich kam auch nicht, daß ich vor Taschendieben warnte!

Sie wundern sich, daß ich nicht bereit bin, ihre Klugheit noch zu witzigen und zu spitzigen: als ob sie noch nicht genug der Klüglinge hätten, deren Stimme mir gleich Schieferstiften kritzelt!

Und wenn ich rufe: »Flucht allen feigen Teufeln in euch, die gerne winseln und Hände falten und anbeten möchten«: so rufen sie:

»Zarathustra ist gottlos.«

Und sonderlich rufen es ihre Lehrer der Ergebung –; aber gerade ihnen liebe ich's in das Ohr zu schrein: Ja! Ich *bin* Zarathustra, der Gottlose!

Diese Lehrer der Ergebung! Überallhin, wo es klein und krank und grindig ist, kriechen sie, gleich Läusen; und nur mein Ekel hindert mich, sie zu knacken.

Wohlan! Dies ist meine Predigt für *ihre* Ohren: ich bin Zarathustra, der Gottlose, der da spricht »wer ist gottloser denn ich, daß ich mich seiner Unterweisung freue?«

Ich bin Zarathustra, der Gottlose: wo finde ich meinesgleichen? Und alle die sind meinesgleichen, die sich selber ihren Willen geben und alle Ergebung von sich abtun.

Ich bin Zarathustra, der Gottlose: ich koche mir noch jeden Zufall in *meinem* Topfe. Und erst, wenn er da gar gekocht ist, heiße ich ihn willkommen, als *meine* Speise.

Und wahrlich, mancher Zufall kam herrisch zu mir: aber herrischer noch sprach zu ihm mein *Wille*, – da lag er schon bittend auf den Knien –

– bittend, daß er Herberge finde und Herz bei mir, und schmeichlerisch zuredend: »sieh doch, o Zarathustra, wie nur Freund zum Freunde kommt!« –

Doch was rede ich, wo niemand *meine* Ohren hat! Und so will ich es hinaus in alle Winde rufen:

Ihr werdet immer kleiner, ihr kleinen Leute! Ihr bröckelt ab, ihr Behaglichen! Ihr geht mir noch zugrunde –

– an euren vielen kleinen Tugenden, an eurem vielen kleinen Unterlassen, an eurer vielen kleinen Ergebung!

Zu viel schonend, zu viel nachgebend: so ist euer Erdreich! Aber daß ein Baum *groß* werde, dazu will er um harte Felsen harte Wurzeln schlagen!

Auch was ihr unterlaßt, webt am Gewebe aller Menschen-Zukunft; auch euer Nichts ist ein Spinnennetz und eine Spinne, die von der Zukunft Blute lebt.

Und wenn ihr nehmt, so ist es wie stehlen, ihr kleinen Tugendhaften; aber noch unter Schelmen spricht die *Ehre:* »man soll nur stehlen, wo man nicht rauben kann.«

»Es gibt sich« – das ist auch eine Lehre der Ergebung. Aber ich sage euch, ihr Behaglichen: *es nimmt sich* und wird immer mehr noch von euch nehmen!

Ach, daß ihr alles *halbe* Wollen von euch abtätet und entschlossen würdet zur Trägheit wie zur Tat!

Ach, daß ihr mein Wort verstündet: »Tut immerhin, was ihr wollt – aber seid erst solche, die *wollen können!*«

»Liebt immerhin euren Nächsten gleich euch, – aber seid mir erst solche, die *sich selber lieben* –

– mit der großen Liebe lieben, mit der großen Verachtung lieben!« Also spricht Zarathustra, der Gottlose. –

Doch was rede ich, wo niemand *meine* Ohren hat! Es ist hier noch eine Stunde zu früh für mich.

Mein eigner Vorläufer bin ich unter diesem Volke, mein eigner Hahnen-Ruf durch dunkle Gassen.

Aber *ihre* Stunde kommt! Und es kommt auch die meine! Stündlich werden sie kleiner, ärmer, unfruchtbarer – armes Kraut! armes Erdreich!

Und *bald* sollen sie mir dastehn wie dürres Gras und Steppe, und wahrlich! ihrer selber müde – und mehr als nach Wasser, nach *Feuer* lechzend!

O gesegnete Stunde des Blitzes! O Geheimnis vor Mittag! – Laufende Feuer will ich einst noch aus ihnen machen und Verkünder mit Flammen-Zungen: –

– verkünden sollen sie einst noch mit Flammen-Zungen:
Er kommt, er ist nahe, *der große Mittag*!

Also sprach Zarathustra.

AUF DEM ÖLBERGE

Der Winter, ein schlimmer Gast, sitzt bei mir zu Hause,
blau sind meine Hände von seiner Freundschaft Händedruck.

Ich ehre ihn, diesen schlimmen Gast, aber lasse gerne ihn
allein sitzen. Gerne laufe ich ihm davon; und läuft man *gut*,
so entläuft man ihm!

Mit warmen Füßen und warmen Gedanken laufe ich dorthin, wo der Wind stille steht, zum Sonnen-Winkel meines
Ölbergs.

Da lache ich meines gestrengen Gastes und bin ihm noch
gut, daß er zu Hause mir die Fliegen wegfängt und vielen
kleinen Lärm stille macht.

Er leidet es nämlich nicht, wenn eine Mücke singen will,
oder gar zwei; noch die Gasse macht er einsam, daß der
Mondschein drin nachts sich fürchtet.

Ein harter Gast ist er – aber ich ehre ihn, und nicht bete
ich, gleich den Zärtlingen, zum dickbäuchichten Feuer-Götzen.

Lieber noch ein wenig zähneklappern als Götzen anbeten!
– so will's meine Art. Und sonderlich bin ich allen brünstigen dampfenden dumpfigen Feuer-Götzen gram.

Wen ich liebe, den liebe ich winters besser als sommers;
besser spotte ich jetzt meiner Feinde und herzhafter, seit der
Winter mir im Hause sitzt.

Herzhaft wahrlich, selbst dann noch, wenn ich zu Bett
krieche –: da lacht und mutwillt noch mein verkrochenes
Glück; es lacht noch mein Lügen-Traum.

Ich ein – Kriecher? Niemals kroch ich im Leben vor Mächtigen; und log ich je, so log ich aus Liebe. Deshalb bin ich
froh auch im Winter-Bette.

Ein geringes Bett wärmt mich mehr als ein reiches, denn ich bin eifersüchtig auf meine Armut. Und im Winter ist sie mir am treusten.

Mit einer Bosheit beginne ich jeden Tag, ich spotte des Winters mit einem kalten Bade: darob brummt mein gestrenger Hausfreund.

Auch kitzle ich ihn gerne mit einem Wachskerzlein: daß er mir endlich den Himmel herauslasse aus aschgrauer Dämmerung.

Sonderlich boshaft bin ich nämlich des Morgens: zur frühen Stunde, da der Eimer am Brunnen klirrt und die Rosse warm durch graue Gassen wiehern: –

Ungeduldig warte ich da, daß mir endlich der lichte Himmel aufgehe, der schneebärtige Winter-Himmel, der Greis und Weißkopf – – der Winter-Himmel, der schweigsame, der oft noch seine Sonne verschweigt!

Lernte ich wohl von ihm das lange lichte Schweigen? Oder lernte er's von mir? Oder hat ein jeder von uns es selbst erfunden?

Aller guten Dinge Ursprung ist tausendfältig – alle guten mutwilligen Dinge springen vor Lust ins Dasein: wie sollten sie das immer nur – einmal tun!

Ein gutes mutwilliges Ding ist auch das lange Schweigen und gleich dem Winter-Himmel blicken aus lichtem rundäugichtem Antlitze: –

– gleich ihm seine Sonne verschweigen und seinen unbeugsamen Sonnen-Willen: wahrlich, diese Kunst und diesen Winter-Mutwillen lernte ich *gut*!

Meine liebste Bosheit und Kunst ist es, daß mein Schweigen lernte, sich nicht durch Schweigen zu verraten.

Mit Worten und Würfeln klappernd überliste ich mir die feierlichen Warter: allen diesen gestrengen Aufpassern soll mein Wille und Zweck entschlüpfen.

Daß mir niemand in meinen Grund und letzten Willen hinab sehe – dazu erfand ich mir das lange lichte Schweigen.

So manchen Klugen fand ich: der verschleierte sein Antlitz und trübte sein Wasser, daß niemand ihm hindurch und hinunter sehe.

Aber zu ihm gerade kamen die klügeren Mißtrauer und

Nußknacker: ihm gerade fischte man seinen verborgensten Fisch heraus!

Sondern die Hellen, die Wackern, die Durchsichtigen – das sind mir die klügsten Schweiger: denen so *tief* ihr Grund ist, daß auch das hellste Wasser ihn nicht – verrät. –

Du schneebärtiger schweigender Winter-Himmel, du rundäugichter Weißkopf über mir! Oh, du himmlisches Gleichnis meiner Seele und ihres Mutwillens!

Und *muß* ich mich nicht verbergen, gleich einem, der Gold verschluckt hat – daß man mir nicht die Seele aufschlitze?

Muß ich nicht Stelzen tragen, daß meine langen Beine *übersehen* – alle diese Neidbolde und Leidholde, die um mich sind?

Diese räucherigen, stubenwarmen, verbrauchten, vergrünten, vergrämelten Seelen – wie *könnte* ihr Neid mein Glück ertragen!

So zeige ich ihnen nur das Eis und den Winter auf meinen Gipfeln – und *nicht*, daß mein Berg noch alle Sonnengürtel um sich schlingt!

Sie hören nur meine Winter-Stürme pfeifen: und *nicht*, daß ich auch über warme Meere fahre, gleich sehnsüchtigen, schweren, heißen Südwinden.

Sie erbarmen sich noch meiner Unfälle und Zufälle – aber *mein* Wort heißt: »Laßt den Zufall zu mir kommen: unschuldig ist er, wie ein Kindlein!«

Wie *könnten* sie mein Glück ertragen, wenn ich nicht Unfälle und Winter-Nöte und Eisbären-Mützen und Schneehimmel-Hüllen um mein Glück legte!

– wenn ich mich nicht selbst ihres *Mitleids* erbarmte: des Mitleids dieser Neidbolde und Leidholde!

– wenn ich nicht selber vor ihnen seufzte und frostklapperte und mich geduldsam in ihr Mitleid wickeln *ließe*!

Dies ist der weise Mutwille und Wohlwille meiner Seele, daß sie ihren Winter und ihre Froststürme *nicht verbirgt*; sie verbirgt auch ihre Frostbeulen nicht.

Des einen Einsamkeit ist die Flucht des Kranken; des andern Einsamkeit die Flucht *vor* den Kranken.

Mögen sie mich klappern und seufzen *hören* vor Winterkälte, alle diese armen scheelen Schelme um mich! Mit solchem Geseufz und Geklapper flüchte ich noch vor ihren geheizten Stuben.

Mögen sie mich bemitleiden und bemitseufzen ob meiner Frostbeulen: »am Eis der Erkenntnis *erfriert* er uns noch!« – so klagen sie.

Inzwischen laufe ich mit warmen Füßen kreuz und quer auf meinem Ölberge: im Sonnen-Winkel meines Ölberges singe und spotte ich alles Mitleids. –

Also sang Zarathustra.

VOM VORÜBERGEHEN

Also, durch viel Volk und vielerlei Städte langsam hindurchschreitend, ging Zarathustra auf Umwegen zurück zu seinem Gebirge und seiner Höhle. Und siehe, dabei kam er unversehens auch an das Stadttor der *großen Stadt*: hier aber sprang ein schäumender Narr mit ausgebreiteten Händen auf ihn zu und trat ihm in den Weg. Dies aber war der selbige Narr, welchen das Volk »den Affen Zarathustras« hieß: denn er hatte ihm etwas vom Satz und Fall der Rede abgemerkt und borgte wohl auch gerne vom Schatze seiner Weisheit. Der Narr aber redete also zu Zarathustra:

»O Zarathustra, hier ist die große Stadt: hier hast du nichts zu suchen und alles zu verlieren.

Warum wolltest du durch diesen Schlamm waten? Habe doch Mitleiden mit deinem Fuße! Speie lieber auf das Stadttor und – kehre um!

Hier ist die Hölle für Einsiedler-Gedanken: hier werden große Gedanken lebendig gesotten und klein gekocht.

Hier verwesen alle großen Gefühle: hier dürfen nur klapperdürre Gefühlchen klappern!

Riechst du nicht schon die Schlachthäuser und Garküchen des Geistes? Dampft nicht diese Stadt vom Dunst geschlachteten Geistes?

Siehst du nicht die Seele hängen wie schlaffe schmutzige

Lumpen? – Und sie machen noch Zeitungen aus diesen Lumpen!

Hörst du nicht, wie der Geist hier zum Wortspiel wurde? Widriges Wort-Spülicht bricht er heraus! – Und sie machen noch Zeitungen aus diesem Wort-Spülicht.

Sie hetzen einander und wissen nicht, wohin? Sie erhitzen einander und wissen nicht, warum? Sie klimpern mit ihrem Bleche, sie klingeln mit ihrem Golde.

Sie sind kalt und suchen sich Wärme bei gebrannten Wassern; sie sind erhitzt und suchen Kühle bei gefrorenen Geistern; sie sind alle siech und süchtig an öffentlichen Meinungen.

Alle Lüste und Laster sind hier zu Hause; aber es gibt hier auch Tugendhafte, es gibt viele anstellige angestellte Tugend: –

Viel anstellige Tugend mit Schreibfiguren und hartem Sitz- und Warte-Fleische, gesegnet mit kleinen Bruststernen und ausgestopften steißlosen Töchtern.

Es gibt hier auch viel Frömmigkeit und viel gläubige Speichel-Leckerei, Schmeichel-Bäckerei vor dem Gott der Heerscharen.

»Von oben« her träufelt ja der Stern und der gnädige Speichel; nach oben hin sehnt sich jeder sternenlose Busen.

Der Mond hat seinen Hof, und der Hof hat seine Mondkälber: zu allem aber, was vom Hofe kommt, betet das Bettel-Volk und alle anstellige Bettel-Tugend.

»Ich diene, du dienst, wir dienen« – so betet alle anstellige Tugend hinauf zum Fürsten: daß der verdiente Stern sich endlich an den schmalen Busen hefte!

Aber der Mond dreht sich noch um alles Irdische: so dreht sich auch der Fürst noch um das Aller-Irdischste –: das aber ist das Gold der Krämer.

Der Gott der Heerscharen ist kein Gott der Goldbarren; der Fürst denkt, aber der Krämer – lenkt!

Bei allem, was licht und stark und gut in dir ist, o Zarathustra! Speie auf diese Stadt der Krämer und kehre um!

Hier fließt alles Blut faulicht und lauicht und schaumicht durch alle Adern: speie auf die große Stadt, welche der große Abraum ist, wo aller Abschaum zusammenschäumt!

Speie auf die Stadt der eingedrückten Seelen und schmalen Brüste, der spitzen Augen, der klebrigen Finger –

– auf die Stadt der Aufdringlinge, der Unverschämten, der Schreib- und Schreihälse, der überheizten Ehrgeizigen: –

– wo alles Anbrüchige, Anrüchige, Lüsterne, Düstere, Übermürbe, Geschwürige, Verschwörerische zusammenschwärt: –

– speie auf die große Stadt und kehre um!« – –

Hier aber unterbrach Zarathustra den schäumenden Narren und hielt ihm den Mund zu.

»Höre endlich auf!« rief Zarathustra, »mich ekelt lange schon deiner Rede und deiner Art!

Warum wohntest du so lange am Sumpfe, daß du selber zum Frosch und zur Kröte werden mußtest?

Fließt dir nicht selber nun ein faulichtes schaumichtes Sumpf-Blut durch die Adern, daß du also quaken und lästern lerntest?

Warum gingst du nicht in den Wald? Oder pflügtest die Erde? Ist das Meer nicht voll von grünen Eilanden?

Ich verachte dein Verachten; und wenn du mich warntest, – warum warntest du dich nicht selber?

Aus der Liebe allein soll mir mein Verachten und mein warnender Vogel auffliegen: aber nicht aus dem Sumpfe! –

Man heißt dich meinen Affen, du schäumender Narr: aber ich heiße dich mein Grunze-Schwein – durch Grunzen verdirbst du mir noch mein Lob der Narrheit.

Was war es denn, was dich zuerst grunzen machte? Daß niemand dir genug *geschmeichelt* hat – darum setztest du dich hin zu diesem Unrate, daß du Grund hättest viel zu grunzen, –

– daß du Grund hättest zu vieler *Rache*! Rache nämlich, du eitler Narr, ist all dein Schäumen, ich erriet dich wohl!

Aber dein Narren-Wort tut *mir* Schaden, selbst wo du recht hast! Und wenn Zarathustras Wort sogar hundertmal recht *hätte: du* würdest mit meinem Wort immer – unrecht *tun*!«

Also sprach Zarathustra; und er blickte die große Stadt an, seufzte und schwieg lange. Endlich redete er also:

Mich ekelt auch dieser großen Stadt und nicht nur dieses Narren. Hier und dort ist nichts zu bessern, nichts zu bösern.

Wehe dieser großen Stadt! – Und ich wollte, ich sähe schon die Feuersäule, in der sie verbrannt wird!

Denn solche Feuersäulen müssen dem großen Mittage vorangehen. Doch dies hat seine Zeit und sein eigenes Schicksal. –

Diese Lehre aber gebe ich dir, du Narr, zum Abschiede: wo man nicht mehr lieben kann, da soll man – *vorübergehn*! –

Also sprach Zarathustra und ging an dem Narren und der großen Stadt vorüber.

VON DEN ABTRÜNNIGEN

I

Ach, liegt alles schon welk und grau, was noch jüngst auf dieser Wiese grün und bunt stand! Und wie vielen Honig der Hoffnung trug ich von hier in meine Bienenkörbe!

Diese jungen Herzen sind alle schon alt geworden – und nicht alt einmal! nur müde, gemein, bequem – sie heißen es »wir sind wieder fromm geworden«.

Noch jüngst sah ich sie in der Frühe auf tapferen Füßen hinauslaufen: aber ihre Füße der Erkenntnis wurden müde, und nun verleumden sie auch noch ihre Morgen-Tapferkeit!

Wahrlich, mancher von ihnen hob einst die Beine wie ein Tänzer, ihm winkte das Lachen in meiner Weisheit: – da besann er sich. Eben sah ich ihn krumm – zum Kreuze kriechen.

Um Licht und Freiheit flatterten sie einst gleich Mücken und jungen Dichtern. Ein wenig älter, ein wenig kälter: und schon sind sie Dunkler und Munkler und Ofenhocker.

Verzagte ihnen wohl das Herz darob, daß mich die Einsamkeit verschlang gleich einem Walfische? Lauschte ihr Ohr wohl sehnsüchtig-lange *umsonst* nach mir und meinen Trompeten- und Herolds-Rufen?

– Ach! Immer sind ihrer nur wenige, deren Herz einen langen Mut und Übermut hat; und solchen bleibt auch der Geist geduldsam. Der Rest aber ist *feige*.

Der Rest: das sind immer die Allermeisten, der Alltag, der Überfluß, die Viel-zu-Vielen – diese alle sind feige! –

Wer meiner Art ist, dem werden auch die Erlebnisse meiner Art über den Weg laufen: also, daß seine ersten Gesellen Leichname und Possenreißer sein müssen.

Seine zweiten Gesellen aber – die werden sich seine *Gläubigen* heißen: ein lebendiger Schwarm, viel Liebe, viel Torheit, viel unbärtige Verehrung.

An diese Gläubigen soll der nicht sein Herz binden, wer meiner Art unter Menschen ist; an diese Lenze und bunten Wiesen soll der nicht glauben, wer die flüchtig-feige Menschenart kennt!

Könnten sie anders, so würden sie auch anders *wollen*. Halb- und Halbe verderben alles Ganze. Daß Blätter welk werden – was ist da zu klagen!

Laß sie fahren und fallen, o Zarathustra, und klage nicht! Lieber noch blase mit raschelnden Winden unter sie, –

– blase unter diese Blätter, o Zarathustra, daß alles *Welke* schneller noch von dir davonlaufe! –

2

»Wir sind wieder fromm geworden« – so bekennen diese Abtrünnigen; und manche von ihnen sind noch zu feige, also zu bekennen.

Denen sehe ich ins Auge – denen sage ich es ins Gesicht und in die Röte ihrer Wangen: ihr seid solche, welche wieder *beten*!

Es ist aber eine Schmach, zu beten! Nicht für alle, aber für dich und mich, und wer auch im Kopfe sein Gewissen hat. Für *dich* ist es eine Schmach, zu beten!

Du weißt es wohl: dein feiger Teufel in dir, der gerne Hände-falten und Hände-in-den-Schoß-legen und es bequemer haben möchte – dieser feige Teufel redet dir zu »es *gibt* einen Gott!«

Damit aber gehörst du zur lichtscheuen Art, denen Licht nimmer Ruhe läßt, nun mußt du täglich deinen Kopf tiefer in Nacht und Dunst stecken!

Und wahrlich, du wähltest die Stunde gut: denn eben wieder fliegen die Nachtvögel aus. Die Stunde kam allem lichtscheuen Volke, die Abend- und Feierstunde, wo es nicht »feiert«.

Ich höre und rieche es: es kam ihre Stunde für Jagd und Umzug, nicht zwar für eine wilde Jagd, sondern für eine zahme lahme schnüffelnde Leisetreter- und Leisebeter-Jagd, –

– für eine Jagd auf seelenvolle Duckmäuser: alle Herzens-Mausefallen sind jetzt wieder aufgestellt! Und wo ich einen Vorhang aufhebe, da kommt ein Nachtfalterchen herausgestürzt.

Hockte es da wohl zusammen mit einem andern Nachtfalterchen? Denn überall rieche ich kleine verkrochene Gemeinden; und wo es Kämmerlein gibt, da gibt es neue Bet-Brüder drin und den Dunst von Bet-Brüdern.

Sie sitzen lange Abende beieinander und sprechen: »lasset uns wieder werden wie die Kindlein und ›lieber Gott‹ sagen!« – an Mund und Magen verdorben durch die frommen Zuckerbäcker.

Oder sie sehen lange Abende einer listigen lauernden Kreuzspinne zu, welche den Spinnen selber Klugheit predigt und also lehrt: »unter Kreuzen ist gut spinnen!«

Oder sie sitzen tagsüber mit Angelruten an Sümpfen und glauben sich *tief* damit; aber wer dort fischt, wo es keine Fische gibt, den heiße ich noch nicht einmal oberflächlich!

Oder sie lernen fromm-froh die Harfe schlagen bei einem Lieder-Dichter, der sich gern jungen Weibchen ins Herz harfnen möchte – denn er wurde der alten Weibchen müde und ihres Lobpreisens.

Oder sie lernen gruseln bei einem gelahrten Halb-Tollen, der in dunklen Zimmern wartet, daß ihm die Geister kommen – und der Geist ganz davonläuft!

Oder sie horchen einem alten umgetriebnen Schnurr- und

Knurrpfeifer zu, der trüben Winden die Trübsal der Töne ablernte; nun pfeift er nach dem Winde und predigt in trüben Tönen Trübsal.

Und einige von ihnen sind sogar Nachtwächter geworden: die verstehen jetzt in Hörner zu blasen und nachts umherzugehn und alte Sachen aufzuwecken, die lange schon eingeschlafen sind.

Fünf Worte von alten Sachen hörte ich gestern nachts an der Garten-Mauer: die kamen von solchen alten betrübten trocknen Nachtwächtern.

»Für einen Vater sorgt er nicht genug um seine Kinder: Menschen-Väter tun dies besser!« –

»Er ist zu alt! Er sorgt schon gar nicht mehr um seine Kinder« – also antwortete der andre Nachtwächter.

»*Hat* er denn Kinder? Niemand kann's beweisen, wenn er's selber nicht beweist! Ich wollte längst, er bewiese es einmal gründlich.«

»Beweisen? Als ob *der* je etwas bewiesen hätte! Beweisen fällt ihm schwer; er hält große Stücke darauf, daß man ihm *glaubt.*«

»Ja! Ja! Der Glaube macht ihn selig, der Glaube an ihn. Das ist so die Art alter Leute! So gehts uns auch!« –

Also sprachen zueinander die zwei alten Nachtwächter und Lichtscheuchen, und tuteten darauf betrübt in ihre Hörner: so geschah's gestern nachts an der Garten-Mauer.

Mir aber wand sich das Herz vor Lachen und wollte brechen und wußte nicht, wohin? und sank ins Zwerchfell.

Wahrlich, das wird noch mein Tod sein, daß ich vor Lachen ersticke, wenn ich Esel betrunken sehe und Nachtwächter also an Gott zweifeln höre.

Ist es denn nicht *lange* vorbei auch für alle solche Zweifel? Wer darf noch solche alte eingeschlafne lichtscheue Sachen aufwecken!

Mit den alten Göttern ging es ja lange schon zu Ende: und wahrlich, ein gutes fröhliches Götter-Ende hatten sie!

Sie »dämmerten« sich nicht zu Tode – das lügt man wohl! Vielmehr: sie haben sich selber einmal zu Tode – *gelacht!*

Das geschah, als das gottloseste Wort von einem Gotte

selber ausging – das Wort: »Es ist *ein* Gott! Du sollst keinen andern Gott haben neben mir!« –

– ein alter Grimm-Bart von Gott, ein eifersüchtiger, vergaß sich also: –

Und alle Götter lachten damals und wackelten auf ihren Stühlen und riefen: »Ist das nicht eben Göttlichkeit, daß es Götter, aber keinen Gott gibt?«

Wer Ohren hat, der höre. –

Also redete Zarathustra in der Stadt, die er liebte und welche zubenannt ist »die bunte Kuh«. Von hier nämlich hatte er nur noch zwei Tage zu gehen, daß er wieder in seine Höhle käme und zu seinen Tieren; seine Seele aber frohlockte beständig ob der Nähe seiner Heimkehr. –

DIE HEIMKEHR

O Einsamkeit! Du meine *Heimat* Einsamkeit! Zu lange lebte ich wild in wilder Fremde, als daß ich nicht mit Tränen zu dir heimkehrte!

Nun drohe mir nur mit dem Finger, wie Mütter drohn, nun lächle mir zu, wie Mütter lächeln, nun sprich nur: »Und wer war das, der wie ein Sturmwind einst von mir davonstürmte? –

– der scheidend rief: zu lange saß ich bei der Einsamkeit, da verlernte ich das Schweigen! *Das* – lerntest du nun wohl?

O Zarathustra, alles weiß ich: und daß du unter den Vielen *verlassener* warst, du Einer, als je bei mir!

Ein anderes ist Verlassenheit, ein anderes Einsamkeit: *das* – lerntest du nun! Und daß du unter Menschen immer wild und fremd sein wirst:

– wild und fremd auch noch, wenn sie dich lieben: denn zuerst von allem wollen sie *geschont* sein!

Hier aber bist du bei dir zu Heim und Hause; hier kannst du alles hinausreden und alle Gründe ausschütten, nichts schämt sich hier versteckter, verstockter Gefühle.

Hier kommen alle Dinge liebkosend zu deiner Rede und schmeicheln dir: denn sie wollen auf deinem Rücken reiten. Auf jedem Gleichnis reitest du hier zu jeder Wahrheit.

Aufrecht und aufrichtig darfst du hier zu allen Dingen reden: und wahrlich, wie Lob klingt es ihren Ohren, daß einer mit allen Dingen – gerade redet!

Ein anderes aber ist Verlassensein. Denn, weißt du noch, o Zarathustra? Als damals dein Vogel über dir schrie, als du im Walde standest, unschlüssig, wohin? unkundig, einem Leichnam nahe: –

– als du sprachst: mögen mich meine Tiere führen! Gefährlicher fand ich's unter Menschen, als unter Tieren: – *Das* war Verlassenheit!

Und weißt du noch, o Zarathustra? Als du auf deiner Insel saßest, unter leeren Eimern ein Brunnen Weins, gebend und ausgebend, unter Durstigen schenkend und ausschenkend:

– bis du endlich durstig allein unter Trunkenen saßest und nächtlich klagtest ›ist Nehmen nicht seliger als Geben? Und Stehlen noch seliger als Nehmen?‹ – *Das* war Verlassenheit!

Und weißt du noch, o Zarathustra? Als deine stillste Stunde kam und dich von dir selber forttrieb, als sie mit bösem Flüstern sprach: ›Sprich und zerbrich!‹ –

– als sie dir all dein Warten und Schweigen leid machte und deinen demütigen Mut entmutigte: *Das* war Verlassenheit!« –

O Einsamkeit! Du meine Heimat Einsamkeit! Wie selig und zärtlich redet deine Stimme zu mir!

Wir fragen einander nicht, wir klagen einander nicht, wir gehen offen miteinander durch offne Türen.

Denn offen ist es bei dir und hell; und auch die Stunden laufen hier auf leichteren Füßen. Im Dunklen nämlich trägt man schwerer an der Zeit als im Lichte.

Hier springen mir alles Seins Worte und Wort-Schreine auf: alles Sein will hier Wort werden, alles Werden will hier von mir reden lernen.

Da unten aber – da ist alles Reden umsonst! Da ist Vergessen und Vorübergehn die beste Weisheit: *Das* – lernte ich nun!

Wer alles bei den Menschen begreifen wollte, der müßte alles angreifen. Aber dazu habe ich zu reinliche Hände.

Ich mag schon ihren Atem nicht einatmen; ach, daß ich so lange unter ihrem Lärm und üblen Atem lebte!

O selige Stille um mich! O reine Gerüche um mich! O wie aus tiefer Brust diese Stille reinen Atem holt! O wie sie horcht, diese selige Stille!

Aber da unten – da redet alles, da wird alles überhört. Man mag seine Weisheit mit Glocken einläuten: die Krämer auf dem Markte werden sie mit Pfennigen überklingeln!

Alles bei ihnen redet, niemand weiß mehr zu verstehn. Alles fällt ins Wasser, nichts fällt mehr in tiefe Brunnen.

Alles bei ihnen redet, nichts gerät mehr und kommt zu Ende. Alles gackert, aber wer will noch still auf dem Neste sitzen und Eier brüten?

Alles bei ihnen redet, alles wird zerredet. Und was gestern noch zu hart war für die Zeit selber und ihren Zahn: heute hängt es zerschabt und zernagt aus den Mäulern der Heutigen.

Alles bei ihnen redet, alles wird verraten. Und was einst Geheimnis hieß und Heimlichkeit tiefer Seelen, heute gehört es den Gassen-Trompetern und andern Schmetterlingen.

O Menschenwesen, du wunderliches! Du Lärm auf dunklen Gassen! Nun liegst du wieder hinter mir – meine größte Gefahr liegt hinter mir!

Im Schonen und Mitleiden lag immer meine größte Gefahr; und alles Menschenwesen will geschont und gelitten sein.

Mit verhaltenen Wahrheiten, mit Narrenhand und vernarrtem Herzen und reich an kleinen Lügen des Mitleidens – also lebte ich immer unter Menschen.

Verkleidet saß ich unter ihnen, bereit, *mich* zu verkennen, daß ich *sie* ertrüge, und gern mir zuredend »du Narr, du kennst die Menschen nicht!«

Man verlernt die Menschen, wenn man unter Menschen lebt: zu viel Vordergrund ist an allen Menschen – was sollen *da* weitsichtige, weitsüchtige Augen!

Und wenn sie mich verkannten: ich Narr schonte sie darob mehr als mich: gewohnt zur Härte gegen mich und oft noch an mir selber mich rächend für diese Schonung.

Zerstochen von giftigen Fliegen und ausgehöhlt, dem Steine gleich, von vielen Tropfen Bosheit, so saß ich unter ihnen und redete mir noch zu: »unschuldig ist alles Kleine an seiner Kleinheit!«

Sonderlich die, welche sich »die Guten« heißen, fand ich als die giftigsten Fliegen: sie stechen in aller Unschuld, sie lügen in aller Unschuld; wie *vermöchten* sie gegen mich – gerecht zu sein!

Wer unter den Guten lebt, den lehrt Mitleid lügen, Mitleid macht dumpfe Luft allen freien Seelen. Die Dummheit der Guten ist unergründlich.

Mich selber verbergen und meinen Reichtum – *das* lernte ich da unten: denn jeden fand ich noch arm am Geiste. Das war der Lug meines Mitleidens daß ich bei jedem wußte,

– daß ich jedem es ansah und anroch, was ihm Geistes *genug* und was ihm schon Geistes *zuviel* war!

Ihr steifen Weisen: ich hieß sie weise, nicht steif – so lernte ich Worte verschlucken. Ihre Totengräber: ich hieß sie Forscher und Prüfer – so lernte ich Worte vertauschen.

Die Totengräber graben sich Krankheiten an. Unter altem Schutte ruhn schlimme Dünste. Man soll den Morast nicht aufrühren. Man soll auf Bergen leben.

Mit seligen Nüstern atme ich wieder Berges-Freiheit! Erlöst ist endlich meine Nase vom Geruch alles Menschenwesens!

Von scharfen Lüften gekitzelt, wie von schäumenden Weinen, *niest* meine Seele – niest und jubelt sich zu: Gesundheit!

Also sprach Zarathustra.

VON DEN DREI BÖSEN

I

Im Traum, im letzten Morgentraume stand ich heut auf einem Vorgebirge – jenseits der Welt, hielt eine Waage und *wog* die Welt.

O daß zu früh mir die Morgenröte kam: die glühte mich wach, die Eifersüchtige! Eifersüchtig ist sie immer auf meine Morgentraum-Gluten.

Meßbar für den, der Zeit hat, wägbar für einen guten Wäger, erfliegbar für starke Fittiche, erratbar für göttliche Nüsseknacker: also fand mein Traum die Welt: –

Mein Traum, ein kühner Segler, halb Schiff, halb Windsbraut, gleich Schmetterlingen schweigsam, ungeduldig gleich Edelfalken:

wie hatte er doch zum Welt-Wägen heute Geduld und Weile!

Sprach ihm heimlich wohl meine Weisheit zu, meine lachende wache Tags-Weisheit, welche über alle »unendliche Welten« spottet? Denn sie spricht: »wo Kraft ist, wird auch die *Zahl* Meisterin: die hat mehr Kraft.«

Wie sicher schaute mein Traum auf diese endliche Welt, nicht neugierig, nicht altgierig, nicht fürchtend, nicht bittend: –

– als ob ein voller Apfel sich meiner Hand böte, ein reifer Goldapfel, mit kühl-sanfter samtener Haut – so bot sich mir die Welt: –

– als ob ein Baum mir winke, ein breitästiger, starkwilliger, gekrümmt zur Lehne und noch zum Fußbrett für den Wegmüden: so stand die Welt auf meinem Vorgebirge: –

– als ob zierliche Hände mir einen Schrein entgegentrügen – einen Schrein, offen für das Entzücken schamhafter verehrender Augen: also bot sich mir heute die Welt entgegen: –

– nicht Rätsel genug, um Menschen-Liebe davon zu scheuchen, nicht Lösung genug, um Menschen-Weisheit einzuschläfern – ein menschlich gutes Ding war mit heut die Welt, der man so Böses nachredet!

Wie danke ich es meinem Morgentraum, daß ich also in der Frühe heut die Welt wog! Als ein menschlich gutes Ding kam er zu mir, dieser Traum und Herzenströster!

Und daß ich's ihm gleichtue am Tage und sein Bestes ihm nach- und ablerne: will ich jetzt die drei bösesten Dinge auf die Waage tun und menschlich gut abwägen. –

Wer da segnen lehrte, der lehrte auch fluchen: welches sind in der Welt die drei bestverfluchten Dinge? Diese will ich auf die Waage tun.

Wollust, Herrschsucht, Selbstsucht: diese drei wurden bisher am besten verflucht und am schlimmsten beleu- und belügenmundet – diese drei will ich menschlich gut abwägen.

Wohlauf! Hier ist mein Vorgebirg, und da das Meer: *das* wälzt sich zu mir heran, zottelig, schmeichlerisch, das getreue alte hundertköpfige Hunds-Ungetüm, das ich liebe.

Wohlauf! Hier will ich die Waage halten über gewälztem Meere: und auch einen Zeugen wähle ich, daß er zusehe – dich, du Einsiedler-Baum, dich starkduftigen, breitgewölbten, den ich liebe! –

Auf welcher Brücke geht zum Dereinst das Jetzt? Nach welchem Zwange zwingt das Hohe sich zum Niederen? Und was heißt auch das Höchste noch – hinaufwachsen? –

Nun steht die Waage gleich und still: drei schwere Fragen warf ich hinein, drei schwere Antworten trägt die andere Waagschale.

2

Wollust: allen bußhemdigen Leib-Verächtern ihr Stachel und Pfahl, und als »Welt« verflucht bei allen Hinterweltlern: denn sie höhnt und narrt alle Wirr- und Irr-Lehrer.

Wollust: dem Gesindel das langsame Feuer, auf dem es verbrannt wird; allem wurmichten Holze, allen stinkenden Lumpen der bereite Brunst- und Brodel-Ofen.

Wollust: für die freien Herzen unschuldig und frei, das Garten-Glück der Erde, aller Zukunft Dankes-Überschwang an das Jetzt.

Wollust: nur dem Welken ein süßlich Gift, für die Löwen-Willigen aber die große Herzstärkung, und der ehrfürchtig geschonte Wein der Weine.

Wollust: das große Gleichnis-Glück für höheres Glück und höchste Hoffnung. Vielem nämlich ist Ehe verheißen und mehr als Ehe, –

– vielem, das fremder sich ist als Mann und Weib: – und wer begriff es ganz, *wie fremd* sich Mann und Weib sind!

Wollust: – doch ich will Zäune um meine Gedanken haben und auch noch um meine Worte: daß mir nicht in meine Gärten die Schweine und Schwärmer brechen! –

Herrschsucht: die Glüh-Geißel der härtesten Herzensharten; die grause Marter, die sich dem Grausamsten selber aufspart; die düstere Flamme lebendiger Scheiterhaufen.

Herrschsucht: die boshafte Bremse, die den eitelsten Völkern aufgesetzt wird; die Verhöhnerin aller ungewissen Tugend; die auf jedem Rosse und jedem Stolze reitet.

Herrschsucht: das Erdbeben, das alles Morsche und Höhlichte bricht und aufbricht; die rollende grollende strafende Zerbrecherin übertünchter Gräber; das blitzende Fragezeichen neben vorzeitigen Antworten.

Herrschsucht: vor deren Blick der Mensch kriecht und duckt und frönt und niedriger wird als Schlange und Schwein – bis endlich die große Verachtung aus ihm aufschreit –,

Herrschsucht: die furchtbare Lehrerin der großen Verachtung, welche Städten und Reichen ins Antlitz predigt »hinweg mit dir!« – bis es aus ihnen selber aufschreit »hinweg mit *mir*!«

Herrschsucht: die aber lockend auch zu Reinen und Einsamen und hinauf zu selbstgenugsamen Höhen steigt, glühend gleich einer Liebe, welche purpurne Seligkeiten lockend an Erdenhimmel malt.

Herrschsucht: doch wer hieße es *Sucht*, wenn das Hohe hinab nach Macht gelüstet! Wahrlich, nichts Sieches und Süchtiges ist an solchem Gelüsten und Niedersteigen!

Daß die einsame Höhe sich nicht ewig vereinsame und selbst begnüge; daß der Berg zu Tal komme, und die Winde der Höhe zu den Niederungen: –

O wer fände den rechten Tauf- und Tugendnamen für solche Sehnsucht! »Schenkende Tugend« – so nannte das Unnennbare einst Zarathustra.

Und damals geschah es auch – und wahrlich, es geschah zum ersten Male! – daß sein Wort die *Selbstsucht* selig pries, die heile, gesunde Selbstsucht, die aus mächtiger Seele quillt: –

– aus mächtiger Seele, zu welcher der hohe Leib gehört, der schöne, sieghafte, erquickliche, um den herum jedwedes Ding Spiegel wird:

– der geschmeidige überredende Leib, der Tänzer, dessen Gleichnis und Auszug die selbst-lustige Seele ist. Solcher Leiber und Seelen Selbst-Lust heißt sich selber: »Tugend«.

Mit ihren Worten von Gut und Schlecht schirmt sich solche Selbst-Lust wie mit heiligen Hainen; mit den Namen ihres Glücks bannt sie von sich alles Verächtliche.

Von sich weg bannt sie alles Feige; sie spricht: schlecht – *das ist* feige! Verächtlich dünkt ihr der immer Sorgende, Seufzende, Klägliche und wer auch die kleinsten Vorteile aufliest.

Sie verachtet auch alle wehselige Weisheit: denn wahrlich, es gibt auch Weisheit, die im Dunklen blüht, eine Nachtschatten-Weisheit: als welche immer seufzt: »Alles ist eitel!«

Das scheue Mißtrauen gilt ihr gering, und jeder, wer Schwüre statt Blicke und Hände will: auch alle allzu mißtrauische Weisheit, denn solche ist feiger Seelen Art.

Geringer noch gilt ihr der Schnell-Gefällige, der Hündische, der gleich auf dem Rücken liegt, der Demütige; und auch Weisheit gibt es, die demütig und hündisch und fromm und schnell-gefällig ist.

Verhaßt ist ihr gar und ein Ekel, wer nie sich wehren will, wer giftigen Speichel und böse Blicke hinunterschluckt, der Allzu-Geduldige, Alles-Dulder, Allgenügsame: das nämlich ist die knechtische Art.

Ob einer vor Göttern und göttlichen Fußtritten knechtisch ist, ob vor Menschen und blöden Menschen-Meinungen: *alle* Knechts-Art speit sie an, diese selige Selbstsucht!

Schlecht: so heißt sie alles, was geknickt und knickerisch-knechtisch ist, unfreie Zwinker-Augen, gedrückte Herzen, und jene falsche nachgebende Art, welche mit breiten feigen Lippen küßt.

Und After-Weisheit: so heißt sie alles, was Knechte und Greise und Müde witzeln; und sonderlich die ganze schlimme aberwitzige, überwitzige Priester-Narrheit!

Die After-Weisheiten aber, alle die Priester, Weltmüden, und wessen Seele von Weibs- und Knechtsart ist – o wie hat ihr Spiel von jeher der Selbstsucht übel mitgespielt!

Und das gerade sollte Tugend sein und Tugend heißen *daß* man der Selbstsucht übel mitspiele! Und »selbstlos« – so wünschten sich selber mit gutem Grunde alle diese weltmüden Feiglinge und Kreuzspinnen!

Aber denen allen kommt nun der Tag, die Wandlung, das Richtschwert, *der große Mittag*: da soll vieles offenbar werden!

Und wer das Ich heil und heilig spricht und die Selbstsucht selig, wahrlich, der spricht auch, was er weiß, ein Weissager: *»Siehe, er kommt, er ist nahe, der große Mittag!«*

Also sprach Zarathustra.

VOM GEIST DER SCHWERE

I

Mein Mundwerk – ist des Volks: zu grob und herzlich rede ich für die Seidenhasen. Und noch fremder klingt mein Wort allen Tinten-Fischen und Feder-Füchsen.

Meine Hand – ist eine Narrenhand: wehe allen Tischen und Wänden, und was noch Platz hat für Narren-Zierat, Narren-Schmierat!

Mein Fuß – ist ein Pferdefuß; damit trapple und trabe ich über Stock und Stein, kreuz- und quer-feld-ein, und bin des Teufels vor Lust bei allem schnellen Laufen.

Mein Magen – ist wohl eines Adlers Magen? Denn er liebt am liebsten Lammfleisch. Gewißlich aber ist er eines Vogels Magen.

Von unschuldigen Dingen genährt und von wenigem, bereit und ungeduldig zu fliegen, davonzufliegen – das ist nun meine Art: wie sollte nicht etwas daran von Vogel-Art sein!

Und zumal, daß ich dem Geist der Schwere feind bin, das ist Vogel-Art: und wahrlich, totfeind, erzfeind, urfeind! O wohin flog und verflog sich nicht schon meine Feindschaft!

Davon könnte ich schon ein Lied singen – und *will* es singen: ob ich gleich allein in leerem Hause bin und es meinen eignen Ohren singen muß.

Andre Sänger gibt es freilich, denen macht das volle Haus erst ihre Kehle weich, ihre Hand gesprächig, ihr Auge ausdrücklich, ihr Herz wach – denen gleiche ich nicht. –

2

Wer die Menschen einst fliegen lehrt, der hat alle Grenzsteine verrückt; alle Grenzsteine selber werden ihm in die Luft fliegen, die Erde wird er neu taufen – als »die Leichte«.

Der Vogel Strauß läuft schneller als das schnellste Pferd, aber auch er steckt noch den Kopf schwer in schwere Erde: also der Mensch, der noch nicht fliegen kann.

Schwer heißt ihm Erde und Leben; und so *will* es der Geist der Schwere! Wer aber leicht werden will und ein Vogel, der muß sich selber lieben – also lehre *ich*.

Nicht freilich mit der Liebe der Siechen und Süchtigen: denn bei denen stinkt auch die Eigenliebe!

Man muß sich selber lieben lernen – also lehre ich – mit

einer heilen und gesunden Liebe: daß man es bei sich selber aushalte und nicht umherschweife.

Solches Umherschweifen tauft sich »Nächstenliebe«: mit diesem Worte ist bisher am besten gelogen und geheuchelt worden, und sonderlich von solchen, die aller Welt schwerfielen.

Und wahrlich, das ist kein Gebot für heute und morgen, sich lieben *lernen*. Vielmehr ist von allen Künsten diese die feinste, listigste, letzte und geduldsamste.

Für seinen Eigener ist nämlich alles Eigene gut versteckt; und von allen Schatzgruben wird die eigne am spätesten ausgegraben – also schafft es der Geist der Schwere.

Fast in der Wiege gibt man uns schon schwere Worte und Werte mit: »Gut« und »Böse« – so heißt sich diese Mitgift. Um deretwillen vergibt man uns, daß wir leben.

Und dazu läßt man die Kindlein zu sich kommen, daß man ihnen beizeiten wehre, sich selber zu lieben: also schafft es der Geist der Schwere.

Und wir – wir schleppen treulich, was man uns mitgibt, auf harten Schultern und über rauhe Berge! Und schwitzen wir, so sagt man uns: »Ja, das Leben ist schwer zu tragen!«

Aber der Mensch nur ist sich schwer zu tragen! Das macht, er schleppt zu vieles Fremde auf seinen Schultern. Dem Kamele gleich kniet er nieder und läßt sich gut aufladen.

Sonderlich der starke, tragsame Mensch, dem Ehrfurcht innewohnt: zu viele *fremde* schwere Worte und Werte lädt er auf sich – nun dünkt das Leben ihm eine Wüste!

Und wahrlich! Auch manches *Eigene* ist schwer zu tragen! Und viel Inwendiges am Menschen ist der Auster gleich, nämlich ekel und schlüpfrig und schwer erfaßlich –, – also daß eine edle Schale mit edler Zierart fürbitten muß. Aber auch diese Kunst muß man lernen: Schale *haben* und schönen Schein und kluge Blindheit!

Abermals trügt über manches am Menschen, daß manche Schale gering und traurig und zu sehr Schale ist. Viel verborgene Güte und Kraft wird nie erraten; die köstlichsten Leckerbissen finden keine Schmecker!

Die Frauen wissen das, die köstlichsten: ein wenig fetter,

ein wenig magerer – o wie viel Schicksal liegt in so wenigem!

Der Mensch ist schwer zu entdecken und sich selber noch am schwersten; oft lügt der Geist über die Seele. Also schafft es der Geist der Schwere.

Der aber hat sich selber entdeckt, welcher spricht: Das ist *mein* Gutes und Böses: damit hat er den Maulwurf und Zwerg stumm gemacht, welcher spricht: »Allen gut, allen bös.«

Wahrlich, ich mag auch solche nicht, denen jegliches Ding gut und diese Welt gar die beste heißt. Solche nenne ich die Allgenügsamen.

Allgenügsamkeit, die alles zu schmecken weiß: das ist nicht der beste Geschmack! Ich ehre die widerspenstigen wählerischen Zungen und Mägen, welche »Ich« und »Ja« und »Nein« sagen lernten.

Alles aber kauen und verdauen – das ist eine rechte Schweine-Art! Immer I-A sagen – das lernte allein der Esel, und wer seines Geistes ist! –

Das tiefe Gelb und das heiße Rot: so will es *mein* Geschmack – der mischt Blut zu allen Farben. Wer aber sein Haus weiß tüncht, der verrät mir eine weißgetünchte Seele.

In Mumien verliebt die einen, die andern in Gespenster; und beide gleich feind allem Fleisch und Blute – o wie gehen beide mir wider den Geschmack! Denn ich liebe Blut.

Und dort will ich nicht wohnen und weilen, wo jedermann spuckt und speit: das ist nun *mein* Geschmack – lieber noch lebte ich unter Dieben und Meineidigen. Niemand trägt Gold im Munde.

Widriger aber sind mir noch alle Speichellecker; und das widrigste Tier von Mensch, das ich fand, das taufte ich Schmarotzer: das wollte nicht lieben und doch von Liebe leben.

Unselig heiße ich alle, die nur eine Wahl haben: böse Tiere zu werden oder böse Tierbändiger: bei solchen würde ich mir keine Hütten bauen.

Unselig heiße ich auch die, welche immer *warten* müssen – die gehen mir wider den Geschmack: alle die Zöllner

und Krämer und Könige und andren Länder- und Laden-
hüter.

Wahrlich, ich lernte das Warten auch und von Grund aus
– aber nur das Warten auf *mich*. Und über allem lernte ich
stehn und gehn und laufen und springen und klettern und
tanzen.

Das ist aber meine Lehre: wer einst fliegen lernen will,
der muß erst stehn und gehn und laufen und klettern und
tanzen lernen – man erfliegt das Fliegen nicht!

Mit Strickleitern lernte ich manches Fenster erklettern,
mit hurtigen Beinen klomm ich auf hohe Masten: auf hohen Masten der Erkenntnis sitzen dünkte mich keine geringe Seligkeit, –

– gleich kleinen Flammen flackern auf hohen Masten:
ein kleines Licht zwar, aber doch ein großer Trost für ver-
schlagene Schiffer und Schiffbrüchige! –

Auf vielerlei Weg und Weise kam ich zu meiner Wahrheit: nicht auf *einer* Leiter stieg ich zur Höhe wo mein
Auge in meine Ferne schweift.

Und ungern nur fragte ich stets nach Wegen – das ging
mir immer wider den Geschmack! Lieber fragte und versuchte ich die Wege selber.

Ein Versuchen und Fragen war all mein Gehen – und
wahrlich auch antworten muß man *lernen* auf solches
Fragen! Das aber – ist mein Geschmack:

– kein guter, kein schlechter, aber *mein* Geschmack, dessen ich weder Scham noch Hehl mehr habe.

»Das – ist nun *mein* Weg – wo ist der eure?« so antwortete ich denen, welche mich »nach dem Wege« fragten.
Den Weg nämlich – den gibt es nicht!

Also sprach Zarathustra.

VON ALTEN UND NEUEN TAFELN

1

Hier sitze ich und warte, alte zerbrochene Tafeln um mich und auch neue halb beschriebene Tafeln. Wann kommt meine Stunde?

– die Stunde meines Niederganges, Unterganges: denn noch *ein*mal will ich zu den Menschen gehn.

Des warte ich nun: denn erst müssen mir die Zeichen kommen, daß es *meine* Stunde sei – nämlich der lachende Löwe mit dem Taubenschwarme.

Inzwischen rede ich als einer, der Zeit hat, zu mir selber. Niemand erzählt mir Neues: so erzähle ich mir mich selber. –

2

Als ich zu den Menschen kam, da fand ich sie sitzen auf einem alten Dünkel: alle dünkten sich lange schon zu wissen, was dem Menschen gut und böse sei.

Eine alte müde Sache dünkte ihnen alles Reden von Tugend; und wer gut schlafen wollte, der sprach vor Schlafengehen noch von »Gut« und »Böse«.

Diese Schläferei störte ich auf, als ich lehrte: was gut und böse ist, *das weiß noch niemand* – es sei denn der Schaffende!

– Das aber ist der, welcher des Menschen Ziel schafft und der Erde ihren Sinn gibt und ihre Zukunft: dieser erst *schafft* es, *daß* etwas gut und böse ist.

Und ich hieß sie ihre alten Lehr-Stühle umwerfen, und wo nur jener alte Dünkel gesessen hatte; ich hieß sie lachen über ihre großen Tugend-Meister und Heiligen und Dichter und Welt-Erlöser.

Über ihre düsteren Weisen hieß ich sie lachen, und wer je als schwarze Vogelscheuche warnend auf dem Baume des Lebens gesessen hatte.

An ihre große Gräberstraße setzte ich mich und selber zu Aas und Geiern – und ich lachte über all ihr Einst und seine mürbe verfallende Herrlichkeit.

Wahrlich, gleich Bußpredigern und Narren schrie ich Zorn und Zeter über all ihr Großes und Kleines – daß ihr Bestes so gar klein ist! Daß ihr Bösestes so gar klein ist! – also lachte ich.

Meine weise Sehnsucht schrie und lachte also aus mir, die auf Bergen geboren ist, eine wilde Weisheit wahrlich! – meine große flügelbrausende Sehnsucht.

Und oft riß sie mich fort und hinauf und hinweg und mitten im Lachen: da flog ich wohl schaudernd, ein Pfeil, durch sonnentrunkenes Entzücken:

– hinaus in ferne Zukünfte, die kein Traum noch sah, in heißere Süden, als je sich Bilder träumten: dorthin, wo Götter tanzend sich aller Kleider schämen: –

– daß ich nämlich in Gleichnissen rede und gleich Dichtern hinke und stammle: und wahrlich, ich schäme mich, daß ich noch Dichter sein muß! –

Wo alles Werden mich Götter-Tanz und Götter-Mutwillen dünkte, und die Welt los- und ausgelassen und zu sich selber zurückfliehend: –

– als ein ewiges Sich-Fliehn und -Wiedersuchen vieler Götter, als das selige Sich-Widersprechen, Sich-Wieder-hören, Sich-Wieder-Zugehören vieler Götter: –

Wo alle Zeit mich ein seliger Hohn auf Augenblicke dünkte, wo die Notwendigkeit die Freiheit selber war, die selig mit dem Stachel der Freiheit spielte: –

Wo ich auch meinen alten Teufel und Erzfeind wiederfand, den Geist der Schwere, und alles, was er schuf: Zwang, Satzung, Not und Folge und Zweck und Wille und Gut und Böse: –

Denn muß nicht dasein, *über* das getanzt, hinweggetanzt werde? Müssen nicht um der Leichten, Leichtesten willen – Maulwürfe und schwere Zwerge dasein? –

Dort war's auch; wo ich das Wort »Übermensch« vom Wege auflas, und daß der Mensch etwas sei, das überwunden werden müsse,

– daß der Mensch eine Brücke sei und kein Zweck: sich selig preisend ob seines Mittags und Abends, als Weg zu neuen Morgenröten:

– das Zarathustra-Wort vom großen Mittage, und was sonst ich über den Menschen aufhängte, gleich purpurnen zweiten Abendröten.

Wahrlich, auch neue Sterne ließ ich sie sehn samt neuen Nächten; und über Wolken und Tag und Nacht spannte ich noch das Lachen aus wie ein buntes Gezelt.

Ich lehrte sie all *mein* Dichten und Trachten: in eins zu dichten und zusammenzutragen, was Bruchstück ist am Menschen und Rätsel und grauser Zerfall, –

– als Dichter, Rätselrater und Erlöser des Zufalls lehrte ich sie an der Zukunft schaffen, und alles, das *war* –, schaffend zu erlösen.

Das Vergangne am Menschen zu erlösen und alles »Es war« umzuschaffen, bis der Wille spricht: »Aber so wollte ich es! So werde ich's wollen –«

– dies hieß ich ihnen Erlösung, dies allein lehrte ich sie Erlösung heißen. – –

Nun warte ich *meiner* Erlösung –, daß ich zum letzten Male zu ihnen gehe.

Denn noch *ein*mal will ich zu den Menschen: *unter* ihnen will ich untergehen, sterbend will ich ihnen meine reichste Gabe geben!

Der Sonne lernte ich das ab, wenn sie hinabgeht, die Überreiche: Gold schüttet sie da ins Meer aus unerschöpflichem Reichtume, –

– also, daß der ärmste Fischer noch mit *goldenem* Ruder rudert! Dies nämlich sah ich einst und wurde der Tränen nicht satt im Zuschauen – –

Der Sonne gleich will auch Zarathustra untergehn: nun sitzt er hier und wartet, alte zerbrochene Tafeln um sich und auch neue Tafeln – halbbeschriebene.

4

Siehe, hier ist eine neue Tafel: aber wo sind meine Brüder, die sie mit mir zu Tale und in fleischerne Herzen tragen? –

Also heischt es meine große Liebe zu den Fernsten: *schone deinen Nächsten nicht!* Der Mensch ist etwas, das überwunden werden muß.

Es gibt vielerlei Weg und Weise der Überwindung: da siehe *du* zu! Aber nur ein Possenreißer denkt: »der Mensch kann auch *übersprungen* werden.«

Überwinde dich selber noch in deinem Nächsten: und ein Recht, das du dir rauben kannst, sollst du dir nicht geben lassen!

Was du tust, das kann dir keiner wieder tun. Siehe, es gibt keine Vergeltung.

Wer sich nicht befehlen kann, der soll gehorchen. Und mancher *kann* sich befehlen, aber da fehlt noch viel, daß er sich auch gehorche!

5

Also will es die Art edler Seelen: sie wollen nichts *umsonst* haben, am wenigsten das Leben.

Wer vom Pöbel ist, der will umsonst leben; wir anderen aber, denen das Leben sich gab – wir sinnen immer darüber, *was* wir am besten *dagegen* geben!

Und wahrlich, dies ist eine vornehme Rede, welche

spricht: »Was *uns* das Leben verspricht, das wollen *wir* – dem Leben halten!«

Man soll nicht genießen wollen, wo man nicht zu genießen gibt. Und – man soll nicht genießen *wollen*!

Genuß und Unschuld nämlich sind die schamhaftesten Dinge: Beide wollen nicht gesucht sein. Man soll sie *haben* –, aber man soll eher noch nach Schuld und Schmerzen *suchen*! –

6

O meine Brüder wer ein Erstling ist, der wird immer geopfert. Nun aber sind wir Erstlinge.

Wir bluten alle an geheimen Opfertischen, wir brennen und braten alle zu Ehren alter Götzenbilder.

Unser Bestes ist noch jung: das reizt alte Gaumen. Unser Fleisch ist zart, unser Fell ist nur ein Lamm-Fell – wie sollten wir nicht alte Götzenpriester reizen!

In uns selber wohnt er noch, der alte Götzenpriester, der unser Bestes sich zum Schmause brät. Ach, meine Brüder, wie sollten Erstlinge nicht Opfer sein!

Aber so will es unsre Art; und ich liebe die, welche sich nicht bewahren wollen. Die Untergehenden liebe ich mit meiner ganzen Liebe: denn sie gehn hinüber. –

7

Wahr sein – das *können* wenige! Und wer es kann, der will es noch nicht! Am wenigsten aber können es die Guten.

O diese Guten! *Gute Menschen reden nie die Wahrheit*; für den Geist ist solchermaßen gut sein eine Krankheit.

Sie geben nach, diese Guten, sie ergeben sich, ihr Herz spricht nach, ihr Grund gehorcht: wer aber gehorcht, *der hört sich selber nicht!*

Alles, was den Guten böse heißt, muß zusammenkommen, daß *eine* Wahrheit geboren werde: o meine Brüder, seid ihr auch böse genug zu *dieser* Wahrheit?

Das verwegene Wagen, das lange Mißtrauen, das grausame Nein, der Überdruß, das Schneiden ins Lebendige – wie selten kommt *das* zusammen! Aus solchem Samen aber wird – Wahrheit gezeugt!

Neben dem bösen Gewissen wuchs bisher alles *Wissen!* Zerbrecht, zerbrecht mir, ihr Erkennenden, die alten Tafeln!

8

Wenn das Wasser Balken hat, wenn Stege und Geländer über den Fluß springen: wahrlich, da findet keiner Glauben, der da spricht: »Alles ist im Fluß.«

Sondern selber die Tölpel widersprechen ihm. »Wie?« sagen die Tölpel, »alles wäre im Flusse? Balken und Geländer sind doch *über* dem Flusse!«

»*Über* dem Flusse ist alles fest, alle die Werte der Dinge, die Brücken, Begriffe, alles ›Gut‹ und ›Böse‹: das ist alles *fest!*« –

Kommt gar der harte Winter, der Fluß-Tierbändiger: dann lernen auch die Witzigsten Mißtrauen; und wahrlich, nicht nur die Tölpel sprechen dann: »Sollte nicht alles – *stille stehn?*«

»Im Grunde steht alles stille« –, das ist eine rechte Winter-Lehre, ein gut Ding für unfruchtbare Zeit, ein guter Trost für Winterschläfer und Ofenhocker.

»Im Grund steht alles still« –: *dagegen* aber predigt der Tauwind!

Der Tauwind, ein Stier, der kein pflügender Stier ist

– ein wütender Stier, ein Zerstörer, der mit zornigen Hörnern Eis bricht! Eis aber – – *bricht Stege!*

O meine Brüder, ist *jetzt* nicht alles im *Flusse?* Sind nicht alle Geländer und Stege ins Wasser gefallen? Wer *hielte* sich noch an »Gut« und »Böse«?

»Wehe uns! Heil uns! Der Tauwind weht!« – Also predigt mir, o meine Brüder, durch alle Gassen!

9

Es gibt einen alten Wahn, der heißt Gut und Böse. Um Wahrsager und Sterndeuter drehte sich bisher das Rad dieses Wahns.

Einst *glaubte* man an Wahrsager und Sterndeuter: und *darum* glaubte man »alles ist Schicksal: du sollst, denn du mußt!«

Dann wieder mißtraute man allen Wahrsagern und Sterndeutern: und *darum* glaubte man »alles ist Freiheit: du kannst, denn du willst!«

O meine Brüder, über Sterne und Zukunft ist bisher nur gewähnt, nicht gewußt worden: und *darum* ist über Gut und Böse bisher nur gewähnt, nicht gewußt worden!

10

»Du sollst nicht rauben! Du sollst nicht totschlagen!« – solche Worte hieß man einst heilig; vor ihnen beugte man Knie und Köpfe und zog die Schuhe aus.

Aber ich frage euch: wo gab es je bessere Räuber und Totschläger in der Welt, als es solche heilige Worte waren?

Ist in allem Leben selber nicht – Rauben und Totschlagen? Und daß solche Worte heilig hießen, wurde damit die *Wahrheit* selber nicht – totgeschlagen?

Oder war es eine Predigt des Todes, daß heilig hieß, was allem Leben widersprach und widerriet? – O meine Brüder, zerbrecht, zerbrecht mir die alten Tafeln!

11

Dies ist mein Mitleid mit allem Vergangenen, daß ich sehe: es ist preisgegeben, –

– der Gnade, dem Geiste, dem Wahnsinne jedes Geschlechtes preisgegeben, das kommt und alles, was war, zu seiner Brücke umdeutet!

Ein großer Gewalt – Herr könnte kommen, ein gewitzter Unhold, der mit seiner Gnade und Ungnade alles Vergangene zwänge und zwängte: bis es ihm Brücke würde und Vorzeichen und Herold und Hahnenschrei.

Dies aber ist die andre Gefahr und mein andres Mitleiden – wer vom Pöbel ist, dessen Gedenken geht zurück bis zum Großvater – mit dem Großvater aber hört die Zeit auf.

Also ist alles Vergangene preisgegeben: denn es könnte einmal kommen, daß der Pöbel Herr würde, und in seichten Gewässern alle Zeit ertränke.

Darum, o meine Brüder, bedarf es eines *neuen Adels*, der allem Pöbel und allem Gewalt-Herrischen Widersacher ist und auf neue Tafeln neu das Wort schreibt »edel«.

Vieler Edlen nämlich bedarf es und vielerlei Edlen, *daß es Adel gebe*! Oder, wie ich einst im Gleichnis sprach: »Das eben ist Göttlichkeit, daß es Götter, aber keinen Gott gibt!«

12

O meine Brüder, ich weihe und weise euch zu einem neuen Adel: ihr sollt mir Zeuger und Züchter werden und Sämänner der Zukunft –

– wahrlich, nicht zu einem Adel, den ihr kaufen könntet gleich den Krämern und mit Krämer-Golde: denn wenig Wert hat alles, was seinen Preis hat.

Nicht, woher ihr kommt, mache euch fürderhin eure Ehre, sondern wohin ihr geht! Euer Wille und euer Fuß, der über euch selber hinaus will – das mache eure neue Ehre!

Wahrlich nicht, daß ihr einem Fürsten gedient habt – was liegt noch an Fürsten! – oder dem, was steht, zum Bollwerk wurdet, daß es fester stünde!

Nicht, daß euer Geschlecht an Höfen höfisch wurde, und ihr lerntet, bunt, einem Flamingo ähnlich, lange Stunden in flachen Teichen stehn.

– Denn Stehen-*können* ist ein Verdienst bei Höflingen; und alle Höflinge glauben, zur Seligkeit nach dem Tode gehöre – Sitzen-*dürfen*! –

Nicht auch, daß ein Geist, den sie heilig nennen, eure Vorfahren in gelobte Länder führte, die *ich* nicht lobe: denn wo der schlimmste aller Bäume wuchs, das Kreuz, – an dem Lande ist nichts zu loben! –

– und wahrlich, wohin dieser »heilige Geist« auch seine Ritter führte, immer liefen bei solchen Zügen – Ziegen und Gänse und Kreuz- und Querköpfe *voran*! –

O meine Brüder, nicht zurück soll euer Adel schauen, sondern *hinaus*! Vertriebene sollt ihr sein aus allen Vater- und Urväterländern!

Eurer *Kinder Land* sollt ihr lieben: diese Liebe sei euer neuer Adel – das unentdeckte im fernsten Meere! Nach ihm heiße ich eure Segel suchen und suchen!

An euren Kindern sollt ihr *gut machen*, daß ihr eurer Väter Kinder seid: Alles Vergangene sollt ihr *so* erlösen! Diese neue Tafel stelle ich über euch!

13

»Wozu leben? Alles ist eitel! Leben – das ist Stroh dreschen; Leben – das ist sich verbrennen und doch nicht warm werden.«

Solch altertümliches Geschwätz gilt immer noch als »Weisheit«; daß es aber alt ist und dumpfig riecht, *darum* wird es besser geehrt. Auch der Moder adelt. –

Kinder durften so reden: die *scheuen* das Feuer, weil es sie brannte! Es ist viel Kinderei in den alten Büchern der Weisheit.

Und wer immer »Stroh drischt«, wie sollte der auf das Dreschen lästern dürfen! Solchem Narren müßte man doch das Maul verbinden!

Solche setzen sich zu Tisch und bringen nichts mit das Maul verbinden!

Solche setzen sich zu Tisch und bringen nichts mit, selbst den guten Hunger nicht – und nun lästern sie »alles ist eitel!«

Aber gut essen und trinken, o meine Brüder, ist wahrlich keine eitle Kunst! Zerbrecht, zerbrecht mir die Tafeln der Nimmer-Frohen!

14

»Dem Reinen ist alles rein« – so spricht das Volk. Ich aber sage euch: den Schweinen wird alles Schwein!

Darum predigen die Schwärmer und Kopfhänger, denen auch das Herz niederhängt: »Die Welt selber ist ein kotiges Ungeheuer.«

Denn diese alle sind unsäuberlichen Geistes; sonderlich aber jene, welche nicht Ruhe noch Rast haben, es sei denn, sie sehen die Welt *von hinten* – die Hinterweltler!

Denen sage ich ins Gesicht, ob es gleich nicht lieblich klingt: die Welt gleicht darin dem Menschen, daß sie einen Hintern hat – *so viel* ist wahr!

Es gibt in der Welt viel Kot: *so viel* ist wahr! Aber darum ist die Welt selber noch kein kotiges Ungeheuer!

Es ist Weisheit darin, daß vieles in der Welt übel riecht: der Ekel selber schafft Flügel und quellenahnende Kräfte!

An dem Besten ist noch etwas zum Ekeln; und der Beste ist noch etwas, das überwunden werden muß! –

O meine Brüder, es ist viel Weisheit darin, daß viel Kot in der Welt ist! –

15

Solche Sprüche hörte ich fromme Hinterweltler zu ihrem Gewissen reden; und wahrlich, ohne Arg und Falsch – ob es schon nichts Falscheres in der Welt gibt, noch Ärgeres.

»Laß doch die Welt der Welt sein! Hebe dawider auch nicht *einen* Finger auf!«

»Laß, wer da wolle, die Leute würgen und stechen und schneiden und schaben: hebe dawider auch nicht *einen* Finger auf! Darob lernen sie noch der Welt absagen.«

»Und deine eigne Vernunft – die sollst du selber görgeln und würgen; denn es ist eine Vernunft von dieser Welt, – darob lernst du selber der Welt absagen.« –

– Zerbrecht, zerbrecht mir, o meine Brüder, diese alten Tafeln der Frommen! Zersprecht mir die Sprüche der Welt-Verleumder!

»Wer viel lernt, der verlernt alles heftige Begehren« – das flüstert man heute sich zu auf allen Gassen.

»Weisheit macht müde, es lohnt sich – nichts; du sollst nicht begehren!« – diese neue Tafel fand ich hängen selbst auf offenen Märkten.

Zerbrecht mir, o meine Brüder, zerbrecht mir auch diese *neue* Tafel! Die Welt-Müden hängten sie hin und die Prediger des Todes, und auch die Stockmeister: denn seht, es ist auch eine Predigt zur Knechtschaft! –

Daß sie schlecht lernten und das Beste nicht, um alles zu früh und alles zu geschwind: daß sie schlecht *aßen*, daher kam ihnen jener verdorbene Magen, –

– ein verdorbener Magen ist nämlich ihr Geist: *der* rät zum Tode! Denn wahrlich, meine Brüder, der Geist *ist* ein Magen!

Das Leben ist ein Born der Lust: aber aus wem der verdorbene Magen redet, der Vater der Trübsal, dem sind alle Quellen vergiftet.

Erkennen: das ist *Lust* dem Löwen-willigen! Aber wer müde wurde, der wird selber nur »gewollt«, mit dem spielen alle Wellen.

Und so ist es immer schwacher Menschen Art: sie verlieren sich auf ihren Wegen. Und zuletzt fragt noch ihre Müdigkeit: »wozu gingen wir jemals Wege! Es ist alles gleich!«

Denen klingt es lieblich zu Ohren, daß gepredigt wird: »Es verlohnt sich nichts! Ihr sollt nicht wollen!« Dies aber ist eine Predigt zur Knechtschaft.

O meine Brüder, ein frischer Brause-Wind kommt Zarathustra allen Weg-Müden; viele Nasen wird er noch niesen machen!

Auch durch Mauern bläst mein freier Atem, und hinein in Gefängnisse und eingefangne Geister!

Wollen befreit: denn Wollen ist Schaffen: *so* lehre ich. Und *nur* zum Schaffen sollt ihr lernen!

Und auch das Lernen sollt ihr erst von mir *lernen*, das Gut-Lernen! – Wer Ohren hat, der höre!

Da steht der Nachen – dort hinüber geht es vielleicht ins große Nichts. – Aber wer will in dies »Vielleicht« einsteigen?

Niemand von euch will in den Todes-Nachen einsteigen? Wieso wollt ihr dann *Welt-Müde* sein?

Weltmüde! Und noch nicht einmal Erd-Entrückte wurdet ihr! Lüstern fand ich euch immer noch nach Erde, verliebt noch in die eigne Erd-Müdigkeit!

Nicht umsonst hängt euch die Lippe herab – ein kleiner Erden-Wunsch sitzt noch darauf! Und im Auge – schwimmt da nicht ein Wölkchen unvergeßner Erden-Lust?

Es gibt auf Erden viel gute Erfindungen, die einen nützlich, die andern angenehm: derentwegen ist die Erde zu lieben.

Und mancherlei so gut Erfundenes gibt es da, daß es ist wie des Weibes Busen: nützlich zugleich und angenehm.

Ihr Welt-Müden aber! Ihr Erden-Faulen! Euch soll man mit Ruten streichen! Mit Rutenstreichen soll man euch wieder muntre Beine machen.

Denn: seid ihr nicht Kranke und verlebte Wichte, deren die Erde müde ist, so seid ihr schlaue Faultiere oder naschhafte verkrochene Lust-Katzen. Und wollt ihr nicht wieder lustig *laufen*, so sollt ihr – dahinfahren!

An Unheilbaren soll man nicht Arzt sein wollen: also lehrt es Zarathustra – so sollt ihr dahinfahren!

Aber es gehört mehr *Mut* dazu, ein Ende zu machen, als einen neuen Vers: das wissen alle Ärzte und Dichter. –

O meine Brüder, es gibt Tafeln, welche die Ermüdung, und Tafeln, welche die Faulheit schuf, die faulige: ob sie schon gleich reden, so wollen sie doch ungleich gehört sein. –

Seht hier diesen Verschmachtenden! Nur eine Spanne weit ist er noch von seinem Ziele, aber vor Müdigkeit hat er sich trotzig hier in den Staub gelegt: dieser Tapfere!

Vor Müdigkeit gähnt er Weg und Erde und Ziel und sich selber an: keinen Schritt will er noch weiter tun, – dieser Tapfere!

Nun glüht die Sonne auf ihn, und Hunde lecken nach seinem Schweiße: aber er liegt da in seinem Trotze und will lieber verschmachten: –

– eine Spanne weit von seinem Ziele verschmachten! Wahrlich, ihr werdet ihn noch an den Haaren in seinen Himmel ziehen müssen – diesen Helden!

Besser noch, ihr laßt ihn liegen, wohin er sich gelegt hat, daß der Schlaf ihm komme, der Tröster, mit kühlendem Rausche-Regen:

Laßt ihn liegen, bis er von selber wach wird – bis er von selber alle Müdigkeit widerruft und was Müdigkeit aus ihm lehrte!

Nur, meine Brüder, daß ihr die Hunde von ihm scheucht, die faulen Schleicher, und all das schwärmende Geschmeiß: –

– all das schwärmende Geschmeiß der »Gebildeten«, das sich am Schweiße jedes Helden – gütlich tut! –

Ich schließe Kreise um mich und heilige Grenzen; immer wenigere steigen mit mir auf immer höhere Berge: ich baue ein Gebirge aus immer heiligeren Bergen. –

Wohin ihr aber auch mit mir steigen mögt, o meine Brüder: seht zu, daß nicht ein *Schmarotzer* mit euch steige!

Schmarotzer: das ist ein Gewürm, ein kriechendes, geschmiegtes, das fett werden will an euren kranken wunden Winkeln.

Und *das* ist seine Kunst, daß er steigende Seelen errät, wo sie müde sind: in euren Gram und Unmut, in eure zarte Scham baut er sein ekles Nest.

Wo der Starke schwach, der Edle allzumild ist – dahinein baut er sein ekles Nest: der Schmarotzer wohnt, wo der Große kleine wunde Winkel hat.

Was ist die höchste Art alles Seienden und was die geringste? Der Schmarotzer ist die geringste Art; wer aber höchste Art ist, der ernährt die meisten Schmarotzer.

Die Seele nämlich, welche die längste Leiter hat und am tiefsten hinunter kann: wie sollten nicht an der die meisten Schmarotzer sitzen? –

– die umfänglichste Seele, welche am weitesten in sich laufen und irren und schweifen kann; die notwendigste, welche sich aus Lust in den Zufall stürzt: –

– die seiende Seele, welches ins Werden taucht; die habende, welche ins Wollen und Verlangen *will*: –

– die sich selber fliehende, die sich selber im weitesten Kreise einholt; die weiseste Seele, welcher die Narrheit am süßesten zuredet: –

– die sich selber liebendste, in der alle Dinge ihr Strömen und Widerströmen und Ebbe und Flut haben: – o wie sollte *die höchste Seele* nicht die schlimmsten Schmarotzer haben?

20

O meine Brüder, bin ich denn grausam? Aber ich sage: was fällt, das soll man auch noch stoßen!

Das Alles von heute – das fällt, das verfällt: wer wollte es halten! Aber ich – ich *will* es noch stoßen!

Kennt ihr die Wollust, die Steine in steile Tiefen rollt? – Diese Menschen von heute: seht sie doch, wie sie in meine Tiefe rollen!

Ein Vorspiel bin ich besserer Spieler, o meine Brüder! Ein Beispiel! *Tut* nach meinem Beispiele!

Und wen ihr nicht fliegen lehrt, den lehrt mir – *schneller fallen!* –

21

Ich liebe die Tapferen: aber es ist nicht genug, Hau-Degen sein – man muß auch wissen Hau-schau-*wen*!

Und oft ist mehr Tapferkeit darin, daß einer an sich hält und vorübergeht: *damit* er sich dem würdigeren Feinde aufspare!

Ihr sollt nur Feinde haben, die zu hassen sind, aber nicht Feinde zum Verachten: ihr müßt stolz auf euren Feind sein: also lehrte ich schon einmal.

Dem würdigeren Feinde, o meine Freunde, sollt ihr euch aufsparen: darum müßt ihr an vielem vorübergehn, –

– sonderlich an vielem Gesindel, das euch in die Ohren lärmt von Volk und Völkern.

Haltet euer Auge rein von ihrem Für und Wider! Da gibt es viel Recht, viel Unrecht: wer da zusieht, wird zornig.

Dreinschaun, dreinhaun – das ist da eins: darum geht weg in die Wälder und legt euer Schwert schlafen!

Geht *eure* Wege! Und laßt Volk und Völker die ihren

gehn! – dunkle Wege wahrlich, auf denen auch nicht *eine* Hoffnung mehr wetterleuchtet!

Mag da der Krämer herrschen, wo alles, was noch glänzt – Krämer-Gold ist! Es ist die Zeit der Könige nicht mehr: was sich heute Volk heißt, verdient keine Könige.

Seht doch, wie diese Völker selber den Krämern gleich tun: sie lesen sich die kleinsten Vorteile noch aus jedem Kehrricht!

Sie lauern einander auf, sie lauern einander etwas ab – das heißen sie »gute Nachbarschaft«. O selige ferne Zeit, wo ein Volk sich sagte: »ich will über Völker – *Herr* sein!«

Denn, meine Brüder: das Beste soll herrschen, das Beste *will* auch herrschen! Und wo die Lehre anders lautet, da – *fehlt* es am Besten.

22

Wenn *die* – Brot umsonst hätten, wehe! Wonach würden *die* schrein! Ihr Unterhalt – das ist ihre rechte Unterhaltung; und sie sollen es schwer haben!

Raubtiere sind es: in ihrem »Arbeiten« – da ist auch noch Rauben, in ihrem »Verdienen« – da ist auch noch Überlisten! Darum sollen sie es schwer haben!

Bessere Raubtiere sollen sie also werden, feinere, klügere, *menschenähnlichere*: der Mensch nämlich ist das beste Raubtier.

Allen Tieren hat der Mensch schon ihre Tugenden abgeraubt: das macht, von allen Tieren hat es der Mensch am schwersten gehabt.

Nur noch die Vögel sind über ihm. Und wenn der Mensch noch fliegen lernte, wehe! *wohinauf* – würde seine Raublust fliegen!

So will ich Mann und Weib: kriegstüchtig den einen, gebär-
tüchtig das andere, beide aber tanztüchtig mit Kopf und
Beinen.

Und verloren sei uns der Tag, wo nicht *einmal* getanzt
wurde! Und falsch heiße uns jede Wahrheit, bei der
es nicht *ein* Gelächter gab!

Euer Eheschließen: seht zu, daß es nicht ein schlechtes
Schließen sei! Ihr schlosset zu schnell: so *folgt* daraus –
Ehebrechen!

Und besser noch Ehebrechen als Ehe-biegen, Ehe-lügen!
– So sprach mir ein Weib: »wohl brach ich die Ehe, aber
zuerst brach die Ehe – mich!«

Schlimm-Gepaarte fand ich immer als die schlimmsten
Rachsüchtigen: sie lassen es aller Welt entgelten, daß sie
nicht mehr einzeln laufen.

Deswillen will ich, daß Redliche zueinander reden: »wir
lieben uns: laßt uns *zusehn*, daß wir uns lieb behalten!
Oder soll unser Versprechen ein Versehen sein?

– Gebt uns eine Frist und kleine Ehe, daß wir zusehn,
ob wir zur großen Ehe taugen! Es ist ein großes Ding, immer zu zweien sein!«

Also rate ich allen Redlichen; und was wäre denn meine
Liebe zum Übermenschen und zu allem, was kommen soll,
wenn ich anders riete und redete!

Nicht nur fort euch zu pflanzen, sondern *hinauf* – dazu,
o meine Brüder, helfe euch der Garten der Ehe!

Wer über alte Ursprünge weise wurde, siehe, der wird zuletzt nach Quellen der Zukunft suchen und nach neuen Ursprüngen. –

O meine Brüder, es ist nicht über lange, da werden *neue Völker* entspringen und neue Quellen hinab in neue Tiefen rauschen.

Das Erdbeben nämlich – das verschüttet viel Brunnen, das schafft viel Verschmachten: das hebt auch innre Kräfte und Heimlichkeiten ans Licht.

Das Erdbeben macht eure Quellen offenbar. Im Erdbeben alter Völker brechen neue Quellen aus.

Und wer da ruft: »Siehe hier ein Brunnen für viele Durstige, *ein* Herz für viele Sehnsüchtige, *ein* Wille für viele Werkzeuge«: – um den sammelt sich ein *Volk*, das ist: viel Versuchende.

Wer befehlen kann, wer gehorchen muß – *das wird da versucht*! Ach, mit welch langem Suchen und Raten und Mißraten und Lernen und Neu-Versuchen!

Die Menschen-Gesellschaft: die ist ein Versuch, so lehre ich's – ein langes Suchen: sie sucht aber den Befehlenden! –

– ein Versuch, o meine Brüder! Und *kein* »Vertrag«! Zerbrecht, zerbrecht mir solch Wort der Weich-Herzen und Halb- und Halben!

O meine Brüder! Bei welchen liegt doch die größte Gefahr aller Menschen-Zukunft? Ist es nicht bei den Guten und Gerechten? –

– als bei denen, die sprechen und im Herzen fühlen: »Wir wissen schon, was gut ist und gerecht, wir haben es auch; wehe denen, die hier noch suchen!«

Und was für Schaden auch die Bösen tun mögen: der Schaden der Guten ist der schädlichste Schaden!

Und was für Schaden auch die Welt-Verleumder tun mögen: der Schaden der Guten ist der schädlichste Schaden.

O meine Brüder, den Guten und Gerechten sah einer einmal ins Herz, der da sprach: »es sind die Pharisäer.« Aber man verstand ihn nicht.

Die Guten und Gerechten selber durften ihn nicht verstehen: ihr Geist ist eingefangen in ihr gutes Gewissen. Die Dummheit der Guten ist unergründlich klug.

Das aber ist die Wahrheit: die Guten *müssen* Pharisäer sein – sie haben keine Wahl!

Die Guten *müssen* den kreuzigen, der sich seine eigne Tugend erfindet! Das *ist* die Wahrheit!

Der zweite aber, der ihr Land entdeckte, Land, Herz und Erdreich der Guten und Gerechten: das war, der da fragte: »wen hassen sie am meisten?«

Den *Schaffenden* hassen sie am meisten: den, der Tafeln bricht und alte Werte, den Brecher – den heißen sie Verbrecher.

Die Guten nämlich – die *können* nicht schaffen: die sind immer der Anfang vom Ende: –

– sie kreuzigen den, der neue Werte auf neue Tafeln schreibt, sie opfern *sich* die Zukunft – sie kreuzigen alle Menschen-Zukunft!

Die Guten – die waren immer der Anfang vom Ende. –

27

O meine Brüder, verstandet ihr auch dies Wort? Und was ich einst sagte vom »letzten Menschen«? – –

Bei welchen liegt die größte Gefahr aller Menschen-Zukunft? Ist es nicht bei den Guten und Gerechten?

Zerbrecht, zerbrecht mir die Guten und Gerechten! – O meine Brüder, verstandet ihr auch dies Wort?

Ihr flieht von mir? Ihr seid erschreckt? Ihr zittert vor diesem Worte?

O meine Brüder, als ich euch die Guten zerbrechen hieß und die Tafeln der Guten: da erst schiffte ich den Menschen ein auf seine hohe See.

Und nun erst kommt ihm der große Schrecken, das große Um-sich-sehn, die große Krankheit, der große Ekel, die große See-Krankheit.

Falsche Küsten und falsche Sicherheiten lehrten euch die Guten; in Lügen der Guten wart ihr geboren und geborgen. Alles ist in den Grund hinein verlogen und verbogen durch die Guten.

Aber wer das Land »Mensch« entdeckte, entdeckte auch das Land »Menschen-Zukunft«. Nun sollt ihr mir Seefahrer sein, wackere, geduldsame!

Aufrecht geht mir beizeiten, o meine Brüder, lernt aufrecht gehn! Das Meer stürmt: viele wollen an euch sich wieder aufrichten.

Das Meer stürmt: alles ist im Meere. Wohlan! Wohlauf! Ihr alten Seemanns-Herzen!

Was Vaterland! *Dorthin* will unser Steuer, wo unser *Kinder-Land* ist! Dorthinaus, stürmischer als das Meer, stürmt unsre große Sehnsucht! –

»Warum so hart!« – sprach zum Diamanten einst die Küchen-Kohle; »sind wir denn nicht Nah-Verwandte?« –

Warum so weich? O meine Brüder, also frage *ich* euch: seid ihr denn nicht – meine Brüder?

Warum so weich, so weichend und nachgebend? Warum ist so viel Leugnung, Verleugnung in eurem Herzen? So wenig Schicksal in eurem Blicke?

Und wollt ihr nicht Schicksale sein und Unerbittliche: wie könntet ihr mit mir – siegen?

Und wenn eure Härte nicht blitzen und scheiden und zerschneiden will: wie könntet ihr einst mit mir – schaffen?

Die Schaffenden nämlich sind hart. Und Seligkeit muß es euch dünken, eure Hand auf Jahrtausende zu drücken wie auf Wachs, –

– Seligkeit, auf dem Willen von Jahrtausenden zu schreiben wie auf Erz, – härter als Erz, edler als Erz. Ganz hart ist allein das Edelste.

Diese neue Tafel, o meine Brüder, stelle ich über euch: *werdet hart!* –

O du mein Wille! Du Wende aller Not, du *meine* Notwendigkeit! Bewahre mich vor allen kleinen Siegen!

Du Schickung meiner Seele, die ich Schicksal heiße! Du In-mir! Über-mir! Bewahre und spare mich auf zu *einem* großen Schicksale!

Und deine letzte Größe, mein Wille, spare dir für dein letztes auf – daß du unerbittlich bist *in* deinem Siege! Ach, wer unterlag nicht seinem Siege!

Ach, wessen Auge dunkelte nicht in dieser trunkenen Dämmerung! Ach, wessen Fuß taumelte nicht und verlernte im Siege – stehen! –

– Daß ich einst bereit und reif sei im großen Mittage: bereit und reif gleich glühendem Erze, blitzschwangrer Wolke und schwellendem Milch-Euter: –

– bereit zu mir selber und zu meinem verborgensten Willen: ein Bogen brünstig nach seinem Pfeile, ein Pfeil brünstig nach seinem Sterne: –

– ein Stern, bereit und reif in seinem Mittage, glühend, durchbohrt, selig vor vernichtenden Sonnen-Pfeilen: –

– eine Sonne selber und ein unerbittlicher Sonnen-Wille, zum Vernichten bereit im Siegen!

O Wille, Wende aller Not, du *meine* Notwendigkeit! Spare mich auf zu *einem* großen Siege! – –

Also sprach Zarathustra.

DER GENESENDE

1

Eines Morgens, nicht lange nach seiner Rückkehr zur Höhle, sprang Zarathustra von seinem Lager auf wie ein Toller, schrie mit furchtbarer Stimme und gebärdete sich, als ob noch einer auf dem Lager läge, der nicht davon aufstehen wollte; und also tönte Zarathustras Stimme, daß seine Tiere erschreckt hinzukamen und daß aus allen Höhlen und Schlupfwinkeln, die Zarathustras Höhle benachbart waren, alles Getier davonhuschte – fliegend, flatternd, kriechend, springend, wie ihm nur die Art von Fuß und Flügel gegeben war. Zarathustra aber redete diese Worte:

Herauf, abgründlicher Gedanke, aus meiner Tiefe! Ich bin dein Hahn und Morgen-Grauen, verschlafener Wurm: auf! auf! Meine Stimme soll dich schon wach krähen!

Knüpfe die Fessel deiner Ohren los: horche! Denn ich will dich hören! Auf! Auf! Hier ist Donners genug, daß auch Gräber horchen lernen!

Und wische den Schlaf und alles Blöde, Blinde aus deinen Augen! Höre mich auch mit deinen Augen: meine Stimme ist ein Heilmittel noch für Blindgeborene.

Und bist du erst wach, sollst du mir ewig wach bleiben. Nicht ist das *meine* Art, Urgroßmütter aus dem Schlafe wecken, daß ich sie heiße – weiterschlafen!

Du regst dich, dehnst dich, röchelst? Auf! Auf! Nicht röcheln – reden sollst du mir! Zarathustra ruft dich, der Gottlose!

Ich, Zarathustra, der Fürsprecher des Lebens, der Fürsprecher des Leidens, der Fürsprecher des Kreises – dich rufe ich, meinen abgründlichsten Gedanken!

Heil mir! Du kommst – ich höre dich! Mein Abgrund *redet*, meine letzte Tiefe habe ich ans Licht gestülpt!

Heil mir! Heran! Gib die Hand – – ha! laß! Haha – – Ekel, Ekel, Ekel – – – wehe mir!

2

Kaum aber hatte Zarathustra diese Worte gesprochen, da stürzte er nieder gleich einem Toten und blieb lange wie ein Toter. Als er aber wieder zu sich kam, da war er bleich und zitterte und blieb liegen und wollte lange nicht essen noch trinken. Solches Wesen dauerte an ihm sieben Tage; seine Tiere verließen ihn aber nicht bei Tag und Nacht, es sei denn, daß der Adler ausflog, Speise zu holen. Und was er holte und zusammenraubte, das legte er auf Zarathustras Lager: also daß Zarathustra endlich unter gelben und roten Beeren, Trauben, Rosenäpfeln, wohlriechendem Krautwerke und Pinien-Zapfen lag. Zu seinen Füßen aber waren zwei Lämmer gebreitet, welche der Adler mit Mühe ihren Hirten abgeraubt hatte.

Endlich, nach sieben Tagen, richtete sich Zarathustra auf seinem Lager auf, nahm einen Rosenapfel in die Hand, roch daran und fand seinen Geruch lieblich. Da glaubten seine Tiere, die Zeit sei gekommen, mit ihm zu reden.

»O Zarathustra«, sagten sie, »nun liegst du schon sieben Tage so, mit schweren Augen: willst du dich nicht endlich wieder auf deine Füße stellen?

Tritt hinaus aus deiner Höhle: die Welt wartet dein wie ein Garten. Der Wind spielt mit schweren Wohlgerüchen, die zu dir wollen; und alle Bäche möchten dir nachlaufen.

Alle Dinge sehnen sich nach dir, dieweil du sieben Tage allein bliebst, – tritt hinaus aus deiner Höhle! Alle Dinge wollen deine Ärzte sein!

Kam wohl eine neue Erkenntnis zu dir, eine saure, schwere? Gleich angesäuertem Teige lagst du, deine Seele ging auf und schwoll über alle ihre Ränder. –«

O meine Tiere, antwortete Zarathustra, schwätzt also weiter und laßt mich zuhören! Es erquickt mich so, daß ihr schwätzt: wo geschwätzt wird, da liegt mir schon die Welt wie ein Garten.

Wie lieblich ist es, daß Worte und Töne da sind: sind nicht Worte und Töne Regenbogen und Schein-Brücken zwischen Ewig-Geschiedenem?

Zu jeder Seele gehört eine andre Welt; für jede Seele ist jede andre Seele eine Hinterwelt.

Zwischen dem Ähnlichsten gerade lügt der Schein am schönsten; denn die kleinste Kluft ist am schwersten zu überbrücken.

Für mich – wie gäbe es ein Außer-mir? Es gibt kein Außen! Aber das vergessen wir bei allen Tönen; wie lieblich ist es, daß wir vergessen!

Sind nicht den Dingen Namen und Töne geschenkt, daß der Mensch sich an den Dingen erquicke? Es ist eine schöne Narretei, das Sprechen: damit tanzt der Mensch über alle Dinge.

Wie lieblich ist alles Reden und alle Lüge der Töne! Mit Tönen tanzt unsre Liebe auf bunten Regenbögen. –

– »O Zarathustra«, sagten darauf die Tiere, »solchen, die

denken wie wir, tanzen alle Dinge selber: das kommt und reicht sich die Hand und lacht und flieht – und kommt zurück.

Alles geht, alles kommt zurück; ewig rollt das Rad des Seins. Alles stirbt, alles blüht wieder auf, ewig läuft das Jahr des Seins.

Alles bricht, alles wird neu gefügt; ewig baut sich das gleiche Haus des Seins. Alles scheidet, alles grüßt sich wieder; ewig bleibt sich treu der Ring des Seins.

In jedem Nu beginnt das Sein; um jedes Hier rollt sich die Kugel Dort. Die Mitte ist überall. Krumm ist der Pfad der Ewigkeit.« –

– O ihr Schalks-Narren und Drehorgeln! antwortete Zarathustra und lächelte wieder, wie gut wißt ihr, was sich in sieben Tagen erfüllen mußte: –

– und wie jenes Untier mir in den Schlund kroch und mich würgte! Aber ich biß ihm den Kopf ab und spie ihn weg von mir.

Und ihr – ihr machtet schon ein Leier-Lied daraus? Nun aber liege ich da, müde noch von diesem Beißen und Wegspein, krank noch von der eigenen Erlösung.

Und ihr schautet dem allen zu? O meine Tiere, seid auch ihr grausam? Habt ihr meinem großen Schmerze zuschaun wollen, wie Menschen tun? Der Mensch nämlich ist das grausamste Tier.

Bei Trauerspielen, Stierkämpfen und Kreuzigungen ist es ihm bisher am wohlsten geworden auf Erden; und als er sich die Hölle erfand, siehe, da war das sein Himmel auf Erden.

Wenn der große Mensch schreit –: flugs läuft der kleine hinzu; und die Zunge hängt ihm aus dem Halse vor Lüsternheit. Er aber heißt es sein »Mitleiden«.

Der kleine Mensch, sonderlich der Dichter – wie eifrig klagt er das Leben in Worten an! Hört hin, aber überhört mir die Lust nicht, die in allem Anklagen ist!

Solche Ankläger des Lebens: die überwindet das Leben mit einem Augenblinzeln. »Du liebst mich?« sagt die Freche; »warte noch ein wenig, noch habe ich für dich nicht Zeit.«

Der Mensch ist gegen sich selber das grausamste Tier; und bei allem, was sich »Sünder« und »Kreuzträger« und »Büßer« heißt, überhört mir die Wollust nicht, die in diesem Klagen und Anklagen ist!

Und ich selber – will ich damit des Menschen Ankläger sein? Ach, meine Tiere, das allein lernte ich bisher, daß dem Menschen sein Bösestes nötig ist zu seinem Besten, –

– daß alles Böseste seine beste *Kraft* ist und der härteste Stein dem höchsten Schaffenden; und daß der Mensch besser *und* böser werden muß: –

Nicht an *dies* Marterholz war ich geheftet, daß ich weiß: der Mensch ist böse – sondern ich schrie, wie noch niemand geschrien hat:

»Ach, daß sein Bösestes so gar klein ist! Ach, daß sein Bestes so gar klein ist!«

Der große Überdruß am Menschen – *der* würgte mich und war mir in den Schlund gekrochen: und was der Wahrsager wahrsagte: »Alles ist gleich, es lohnt sich nichts, Wissen würgt.«

Eine lange Dämmerung hinkte vor mir her, eine todesmüde, todestrunkene Traurigkeit, welche mit gähnendem Munde redete.

»Ewig kehrt er wieder, der Mensch, des du müde bist, der kleine Mensch«, so gähnte meine Traurigkeit und schleppte den Fuß und konnte nicht einschlafen.

Zur Höhle wandelte sich mir die Menschen-Erde, ihre Brust sank hinein, alles Lebendige ward mir Menschen-Moder und Knochen und morsche Vergangenheit.

Mein Seufzen saß auf allen Menschen-Gräbern und konnte nicht mehr aufstehn; mein Seufzen und Fragen unkte und würgte und nagte und klagte bei Tag und Nacht:

– »ach der Mensch kehrt ewig wieder! Der kleine Mensch kehrt ewig wieder!«

Nackt hatte ich einst beide gesehn, den größten Menschen und den kleinsten Menschen: allzuähnlich einander – allzumenschlich auch den Größten noch!

Allzuklein der Größte! – das war mein Überdruß am Menschen! Und ewige Wiederkunft auch des Kleinsten! – das war mein Überdruß an allem Dasein!

Ach, Ekel, Ekel, Ekel! – – Also sprach Zarathustra und seufzte und schauderte; denn er erinnerte sich seiner Krankheit. Da ließen ihn aber seine Tier nicht weiterreden.

»Sprich nicht weiter, du Genesender!« – so antworteten ihm seine Tiere, »sondern geh hinaus, wo die Welt auf dich wartet gleich einem Garten.

Geh hinaus zu den Rosen und Bienen und Taubenschwärmen! Sonderlich aber zu den Singe-Vögeln: daß du ihnen das *Singen* ablernst.

Singen nämlich ist für Genesende; der Gesunde mag reden. Und wenn auch der Gesunde Lieder will, will er andre Lieder doch als der Genesende.«

– »O ihr Schalks-Narren und Drehorgeln, so schweigt doch!« – antwortete Zarathustra und lächelte über seine Tiere. »Wie gut ihr wißt, welchen Trost ich mir selber in sieben Tagen erfand!

Daß ich wieder singen müsse – *den* Trost erfand ich mir und *diese* Genesung: wollt ihr auch daraus gleich wieder ein Leier-Lied machen?«

– »Sprich nicht weiter«, antworteten ihm abermals seine Tiere; »lieber noch, du Genesender, mache dir erst eine Leier zurecht, eine neue Leier!

Denn siehe doch, o Zarathustra! Zu deinen neuen Liedern bedarf es neuer Leiern.

Singe und brause über, o Zarathustra, heile mit neuen Liedern deine Seele: daß du dein großes Schicksal tragest, das noch keines Menschen Schicksal war!

Denn deine Tiere wissen es wohl, o Zarathustra, wer du bist und werden mußt: siehe, *du bist der Lehrer der ewigen Wiederkunft* –, das ist nun *dein* Schicksal!

Daß du als der erste diese Lehre lehren mußt – wie sollte dies große Schicksal nicht auch deine größte Gefahr und Krankheit sein!

Siehe, wir wissen, was du lehrst: daß alle Dinge ewig wiederkehren, und wir selber mit, und daß wir schon ewige Male dagewesen sind, und alle Dinge mit uns.

Du lehrst, daß es ein großes Jahr des Werdens gibt, ein

Ungeheuer von großem Jahre: das muß sich, einer Sand-uhr gleich, immer wieder von neuem umdrehn, damit es von neuem ablaufe und auslaufe: –

– so daß alle diese Jahre sich selber gleich sind, im Größ-ten und auch im Kleinsten, so daß wir selber in jedem gro-ßen Jahre uns selber gleich sind, im Größten und auch im Kleinsten.

Und wenn du jetzt sterben wolltest, o Zarathustra: siehe, wir wissen auch, wie du da zu dir sprechen würdest – aber deine Tiere bitten dich, daß du noch nicht sterbest!

Du würdest sprechen und ohne Zittern, vielmehr aufat-mend vor Seligkeit: denn eine große Schwere und Schwüle wäre von dir genommen, du Geduldigster! –

›Nun sterbe und schwinde ich‹, würdest du sprechen, ›und im Nu bin ich ein Nichts. Die Seelen sind so sterblich wie die Leiber.

Aber der Knoten von Ursachen kehrt wieder, in den ich verschlungen bin – der wird mich wieder schaffen! Ich sel-ber gehöre zu den Ursachen der ewigen Wiederkunft.

Ich komme wieder, mit dieser Sonne, mit dieser Erde, mit diesem Adler, mit dieser Schlange – *nicht* zu einem neuen Leben oder besseren Leben oder ähnlichen Leben:

– ich komme ewig wieder zu diesem gleichen und selbi-gen Leben, im Größten und auch im Kleinsten, daß ich wieder aller Dinge ewige Wiederkunft lehre, –

– daß ich wieder das Wort spreche vom großen Erden- und Menschen-Mittage, daß ich wieder den Menschen den Übermenschen künde.

Ich sprach mein Wort, ich zerbreche an meinem Wort: so will es mein ewiges Los –, als Verkündiger gehe ich zu-grunde!

Die Stunde kam nun, daß der Untergehende sich selber segnet. Also – *endet* Zarathustras Untergang.‹« – –

Als die Tiere diese Worte gesprochen hatten, schwiegen sie und warteten, daß Zarathustra etwas zu ihnen sagen werde: aber Zarathustra hörte nicht, daß sie schwiegen. Vielmehr lag er still, mit geschlossenen Augen, einem Schlafenden ähnlich, ob er schon nicht schlief: denn er unterredete sich eben mit seiner Seele. Die Schlange aber und der Adler, als sie ihn solchermaßen schweigsam fanden, ehrten die große Stille um ihn und machten sich behutsam davon.

VON DER GROSSEN SEHNSUCHT

O meine Seele, ich lehrte dich »Heute« sagen wie »Einst« und »Ehemals« und über alles Hier und Da und Dort deinen Reigen hinwegtanzen.

O meine Seele, ich erlöste dich von allen Winkeln, ich kehrte Staub, Spinnen und Zwielicht von dir ab.

O meine Seele, ich wusch die kleine Scham und die Winkel-Tugend von dir ab und überredete dich, nackt vor den Augen der Sonne zu stehn.

Mit dem Sturme, welcher »Geist« heißt, blies ich über deine wogende See; alle Wolken blies ich davon, ich erwürgte selbst die Würgerin, die »Sünde« heißt.

O meine Seele, ich gab dir das Recht, nein zu sagen wie der Sturm, und ja zu sagen, wie offner Himmel ja sagt: still wie Licht stehst du und gehst du nun durch verneinende Stürme.

O meine Seele, ich gab dir die Freiheit zurück über Erschaffnes und Unerschaffnes: und wer kennt, wie du sie kennst, die Wollust des Zukünftigen?

O meine Seele, ich lehrte dich das Verachten, das nicht wie ein Wurmfraß kommt, das große, das liebende Verachten, welches am meisten liebt, wo es am meisten verachtet.

O meine Seele, ich lehrte dich so überreden, daß du zu dir die Gründe selber überredest: der Sonne gleich, die das Meer noch zu ihrer Höhe überredet.

O meine Seele, ich nahm von dir alles Gehorchen, Kniebeugen und Herr-Sagen; ich gab dir selber den Namen »Wende der Not« und »Schicksal«.

O meine Seele, ich gab dir neue Namen und bunte Spielwerke, ich hieß dich »Schicksal« und »Umfang der Umfänge« und »Nabelschnur der Zeit« und »azurne Glocke«.

O meine Seele, deinem Erdreich gab ich alle Weisheit zu trinken, alle neuen Weine und auch alle unvordenklich alten starken Weine der Weisheit.

O meine Seele, jede Sonne goß ich auf dich und jede Nacht und jedes Schweigen und jede Sehnsucht – da wuchsest du mir auf wie ein Weinstock.

O meine Seele, überreich und schwer stehst du nun da, ein Weinstock mit schwellenden Eutern und gedrängten braunen Gold-Weintrauben: –

– gedrängt und gedrückt von deinem Glücke, wartend vor Überflusse und schamhaft noch ob deines Wartens.

O meine Seele, es gibt nun nirgends eine Seele, die liebender wäre und umfangender und umfänglicher! Wo wäre Zukunft und Vergangenes näher beisammen als bei dir?

O meine Seele, ich gab dir alles, und alle meine Hände sind an dich leer geworden – und nun! Nun sagst du mir lächelnd und voll Schwermut: »Wer von uns hat zu danken? –

– hat der Geber nicht zu danken, daß der Nehmende nahm? Ist Schenken nicht eine Notdurft? Ist Nehmen nicht – Erbarmen?«

O meine Seele, ich verstehe das Lächeln deiner Schwermut: dein Über-Reichtum selber streckt nun sehnende Hände aus!

Deine Fülle blickt über brausende Meere hin und sucht und wartet; die Sehnsucht der Über-Fülle blickt aus deinem lächelnden Augen-Himmel!

Und wahrlich, o meine Seele! Wer sähe dein Lächeln und schmölze nicht vor Tränen? Die Engel selber schmelzen vor Tränen ob der Über-Güte deines Lächelns.

Deine Güte und Über-Güte ist es, die nicht klagen und weinen will: und doch sehnt sich, o meine Seele, dein Lächeln nach Tränen und dein zitternder Mund nach Schluchzen.

»Ist alles Weinen nicht ein Klagen? Und alles Klagen nicht ein Anklagen?« Also redest du zu dir selber, und darum willst du, o meine Seele, lieber lächeln als dein Leid ausschütten

– in stürzende Tränen ausschütten all dein Leid über deine Fülle und über all die Drängnis des Weinstocks nach Winzer und Winzermesser!

Aber willst du nicht weinen, nicht ausweinen deine purpurne Schwermut, so wirst du *singen* müssen, o meine Seele! – Siehe, ich lächle selber, der ich dir solches vorhersage:

– singen, mit brausendem Gesange, bis alle Meere still werden, daß sie deiner Sehnsucht zuhorchen, –

– bis über stille sehnsüchtige Meere der Nachen schwebt, das güldene Wunder, um dessen Gold alle guten schlimmen wunderlichen Dinge hüpfen: –

– auch vieles große und kleine Getier und alles, was leichte wunderliche Füße hat, daß es auf veilchenblauen Pfaden laufen kann, –

– hin zu dem güldenen Wunder, dem freiwilligen Nachen und zu seinem Herrn: das aber ist der Winzer, der mit diamantenem Winzermesser wartet, –

– dein großer Löser, o meine Seele, der Namenlose – – dem zukünftige Gesänge erst Namen finden! Und wahrlich, schon duftet dein Atem nach zukünftigen Gesängen, –

– schon glühst du und träumst, schon trinkst du durstig an allen tiefen klingenden Trost-Brunnen, schon ruht deine Schwermut in der Seligkeit zukünftiger Gesänge! – –

O meine Seele, nun gab ich dir alles und auch mein letztes, und alle meine Hände sind an dich leer geworden: – *daß ich dich singen hieß*, siehe, das war mein letztes!

Daß ich dich singen hieß, sprich nun, sprich *wer* von uns hat jetzt – zu danken? – Besser aber noch: singe mir, singe, o meine Seele! Und mich laß danken! –

Also sprach Zarathustra.

DAS ANDERE TANZLIED

I

»In dein Auge schaute ich jüngst, o Leben: Gold sah ich in deinem Nacht-Auge blinken, – mein Herz stand still vor dieser Wollust:

– einen goldenen Kahn sah ich blinken auf nächtigen Gewässern, einen sinkenden, trinkenden, wieder winkenden goldenen Schaukel-Kahn!

Nach meinem Fuße, dem tanzwütigen, warfst du einen Blick, einen lachenden fragenden schmelzenden Schaukel-Blick:

Zweimal nur regtest du deine Klapper mit kleinen Händen – da schaukelte schon mein Fuß vor Tanz-Wut. –

Meine Fersen bäumten sich, meine Zehen horchten, dich zu verstehen: trägt doch der Tänzer sein Ohr – in seinen Zehen!

Zu dir hin sprang ich: da flohst du zurück vor meinem Sprunge; und gegen mich züngelte deines fliehenden fliegenden Haars Zunge!

Von dir weg sprang ich und von deinen Schlangen: da standst du schon, halbgewandt, das Auge voll Verlangen.

Mit krummen Blicken – lehrst du mich krumme Bahnen; auf krummen Bahnen lernt mein Fuß – Tücken!

Ich fürchte dich nahe, ich liebe dich ferne; deine Flucht lockt mich, dein Suchen stockt mich – ich leide, aber was litt ich um dich nicht gerne!

Deren Kälte zündet, deren Haß verführt, deren Flucht bindet, deren Spott – rührt:

– wer haßte dich nicht, dich große Binderin, Umwinderin, Versucherin, Sucherin, Finderin! Wer liebte dich nicht, dich unschuldige, ungeduldige, windseilige, kindsäugige Sünderin!

Wohin ziehst du mich jetzt, du Ausbund und Unband? Und jetzt fliehst du mich wieder, du süßer Wildfang und Undank!

Ich tanze dir nach, ich folge dir auch auf geringer Spur. Wo bist du? Gib mir die Hand! Oder einen Finger nur!

Hier sind Höhlen und Dickichte: wir werden uns verirren! – Halt! Steh still! Siehst du nicht Eulen und Fledermäuse schwirren?

Du Eule! Du Fledermaus! Du willst mich äffen? Wo sind wir? Von den Hunden lerntest du dies Heulen und Kläffen.

Du fletschest mich lieblich an mit weißen Zähnlein, deine bösen Augen springen gegen mich aus lockichtem Mähnlein!

Das ist ein Tanz über Stock und Stein: ich bin der Jäger – willst du mein Hund oder meine Gemse sein?

Jetzt neben mir! Und geschwind, du boshafte Springerin! Jetzt hinauf! Und hinüber – Wehe! Da fiel ich selber im Springen hin!

O sieh mich liegen, du Übermut, und um Gnade flehn! Gerne möchte ich mit dir – lieblichere Pfade gehn!

– der Liebe Pfade durch stille bunte Büsche! Oder dort den See entlang: da schwimmen und tanzen Goldfische!

Du bist jetzt müde? Da drüben sind Schafe und Abendröten: ist es nicht schön, zu schlafen, wenn Schäfer flöten?

Du bist so arg müde? Ich trage dich hin, laß nur die Arme sinken! Und hast du Durst – ich hätte wohl etwas, aber dein Mund will es nicht trinken! –

– O diese verfluchte flinke gelenke Schlange und Schlupf-Hexe! Wo bist du hin? Aber im Gesicht fühle ich von deiner Hand zwei Tupfen und rote Klexe!

Ich bin es wahrlich müde, immer dein schafichter Schäfer zu sein! Du Hexe, habe ich dir bisher gesungen, nun sollst *du* mir – schrein! –

Nach dem Takt meiner Peitsche sollst du mir tanzen und schrein! Ich vergaß doch die Peitsche nicht? – Nein!«

Da antwortete mir das Leben also und hielt sich dabei die zierlichen Ohren zu:

»O Zarathustra! Klatsche doch nicht so fürchterlich mit deiner Peitsche! Du weißt es ja: Lärm mordet Gedanken – und eben kommen mir so zärtliche Gedanken.

Wir sind beide zwei rechte Tunichtgute und Tunichtböse. Jenseits von Gut und Böse fanden wir unser Eiland und unsre grüne Wiese – wir zwei allein! Darum müssen wir schon einander gut sein!

Und lieben wir uns auch nicht von Grund aus –, muß man sich denn gram sein, wenn man sich nicht von Grund aus liebt?

Und daß ich dir gut bin und oft zu gut, das weißt du: und der Grund ist, daß ich auf deine Weisheit eifersüchtig bin. Ah, diese tolle alte Närrin von Weisheit!

Wenn dir deine Weisheit einmal davonliefe, ach! da liefe dir schnell auch meine Liebe noch davon.« –

Darauf blickte das Leben nachdenklich hinter sich und um sich und sagte leise: »O Zarathustra, du bist mir nicht treu genug!

Du liebst mich lange nicht so sehr wie du redest; ich weiß, du denkst daran, daß du mich bald verlassen willst.

Es gibt eine alte schwere schwere Brumm-Glocke: die brummt nachts bis zu deiner Höhle hinauf: –

– hörst du diese Glocke mitternachts die Stunde schlagen, so denkst du zwischen eins und zwölf daran –

– du denkst daran, o Zarathustra, ich weiß es; daß du mich bald verlassen willst!« –

»Ja«, antwortete ich zögernd, »aber du weißt es auch –« Und ich sagte ihr etwas ins Ohr, mitten hinein zwischen ihre verwirrten gelben törichten Haar-Zotteln.

»Du *weißt* das, o Zarathustra? Das weiß niemand. – –«

Und wir sahen uns an und blickten auf die grüne Wiese,

über welche eben der kühle Abend lief, und weinten miteinander. – Damals aber war mir das Leben lieber, als je
alle meine Weisheit. –

Also sprach Zarathustra.

3

Eins!

O Mensch! Gib acht!

Zwei!

Was spricht die tiefe Mitternacht?

Drei!

»Ich schlief, ich schlief –,

Vier!

Aus tiefem Traum bin ich erwacht: –

Fünf!

Die Welt ist tief,

Sechs!

Und tiefer als der Tag gedacht.

Sieben!

Tief ist ihr Weh –,

Acht!

Lust – tiefer noch als Herzeleid:

Neun!

Weh spricht: Vergeh!

Zehn!

Doch alle Lust will Ewigkeit –,

Elf!

– will tiefe, tiefe Ewigkeit!«

Zwölf!

DIE SIEBEN SIEGEL
(Oder: das Ja- und Amen-Lied)

I

Wenn ich ein Wahrsager bin und voll jenes wahrsagerischen Geistes, der auf hohem Joche zwischen zwei Meeren wandelt, –

zwischen Vergangenem und Zukünftigem als schwere Wolke wandelt, – schwülen Niederungen feind und allem, was müde ist und nicht sterben noch leben kann:

zum Blitze bereit im dunklen Busen und zum erlösenden Lichtstrahle, schwanger von Blitzen, die ja! sagen, ja! lachen, zu wahrsagerischen Blitzstrahlen: –

– selig aber ist der also Schwangere! Und wahrlich, lange muß als schweres Wetter am Berge hängen, wer einst das Licht der Zukunft zünden soll! –

o wie sollte ich nicht nach der Ewigkeit brünstig sein und nach dem hochzeitlichen Ring der Ringe – dem Ring der Wiederkunft!

Nie noch fand ich das Weib, von dem ich Kinder mochte, es sei denn dieses Weib, das ich liebe: denn ich liebe dich, o Ewigkeit!

Denn ich liebe dich, o Ewigkeit!

2

Wenn mein Zorn je Gräber brach, Grenzsteine rückte und alte Tafeln zerbrochen in steile Tiefen rollte:

Wenn mein Hohn je vermoderte Worte zerblies und ich wie ein Besen kam den Kreuzspinnen und als Fegewind alten verdampften Grabkammern:

Wenn ich je frohlockend saß, wo alte Götter begraben liegen, weltsegnend, weltliebend neben den Denkmalen alter Welt-Verleumder: –

– denn selbst Kirchen und Gottes-Gräber liebe ich, wenn der Himmel erst reinen Auges durch ihre zerbrochenen Decken blickt; gern sitze ich gleich Gras und rotem Mohne auf zerbrochenen Kirchen –

o wie sollte ich nicht nach der Ewigkeit brünstig sein und nach dem hochzeitlichen Ring der Ringe, – dem Ring der Wiederkunft?

Nie noch fand ich das Weib, von dem ich Kinder mochte, es sei denn dieses Weib, das ich liebe: denn ich liebe dich, o Ewigkeit!

Denn ich liebe dich, o Ewigkeit!

3

Wenn je ein Hauch zu mir kam vom schöpferischen Hauche und von jener himmlischen Not, die noch Zufälle zwingt, Sternen-Reigen zu tanzen:

Wenn ich je mit dem Lachen des schöpferischen Blitzes lachte, dem der lange Donner der Tat grollend, aber gehorsam nachfolgt:

Wenn ich je am Göttertisch der Erde mit Göttern Würfel spielte, daß die Erde bebte und brach und Feuerflüsse heraufschnob: –

– denn ein Göttertisch ist die Erde, und zitternd von schöpferischen neuen Worten und Götter-Würfen: –

o wie sollte ich nicht nach der Ewigkeit brünstig sein und nach dem hochzeitlichen Ring der Ringe – dem Ring der Wiederkunft?

Nie noch fand ich das Weib, von dem ich Kinder mochte, es sei denn dieses Weib, das ich liebe: denn ich liebe dich, o Ewigkeit!

Denn ich liebe dich, o Ewigkeit!

4

Wenn ich je vollen Zuges trank aus jenem schäumenden Würz- und Mischkruge, in dem alle Dinge gut gemischt sind:

Wenn meine Hand je Fernstes zum Nächsten goß und Feuer zu Geist und Lust zu Leid und Schlimmstes zum Gütigsten:

Wenn ich selber ein Korn bin von jenem erlösenden Salze, welches macht, daß alle Dinge im Mischkruge gut sich mischen: –

– denn es gibt ein Salz, das Gutes mit Bösem bindet; und auch das Böseste ist zum Würzen würdig und zum letzten Überschäumen: –

O wie sollte ich nicht nach der Ewigkeit brünstig sein und nach dem hochzeitlichen Ring der Ringe – dem Ring der Wiederkunft?

Nie noch fand ich das Weib, von dem ich Kinder mochte, es sei denn dieses Weib, das ich liebe: denn ich liebe dich, o Ewigkeit!

Denn ich liebe dich, o Ewigkeit!

5

Wenn ich dem Meere hold bin und allem, was Meeres-Art ist, und am holdesten noch, wenn es mir zornig widerspricht:

Wenn jene suchende Lust in mir ist, die nach Unentdecktem die Segel treibt, wenn eine Seefahrer-Lust in meiner Lust ist:

Wenn je mein Frohlocken rief: »die Küste schwand – nun fiel mir die letzte Kette ab –

– das Grenzenlose braust um mich, weit hinaus glänzt mir Raum und Zeit, wohlan! wohlauf! altes Herz!« –

O wie sollte ich nicht nach der Ewigkeit brünstig sein und nach dem hochzeitlichen Ring der Ringe, – dem Ring der Wiederkunft?

Nie noch fand ich das Weib, von dem ich Kinder mochte, es sei denn dieses Weib, das ich liebe: denn ich liebe dich, o Ewigkeit!

Denn ich liebe dich, o Ewigkeit!

6

Wenn meine Tugend eines Tänzers Tugend ist, und ich oft mit beiden Füßen in gold-smaragdenes Entzücken sprang:

Wenn meine Bosheit eine lachende Bosheit ist, heimisch unter Rosenhängen und Lilien-Hecken:

– im Lachen nämlich ist alles Böse beieinander, aber heilig- und losgesprochen durch seine eigne Seligkeit: –

Und wenn das mein A und O ist, daß alles Schwere leicht, aller Leib Tänzer, aller Geist Vogel werde: und wahrlich, das ist mein A und O! –

O wie sollte ich nicht nach der Ewigkeit brünstig sein und nach dem hochzeitlichen Ring der Ringe – dem Ring der Wiederkunft!

Nie noch fand ich das Weib, von dem ich Kinder mochte, es sei denn dieses Weib, das ich liebe: denn ich liebe dich, o Ewigkeit!

Denn ich liebe dich, o Ewigkeit!

7

Wenn ich je stille Himmel über mir ausspannte und mit eignen Flügeln in eigne Himmel flog:

Wenn ich spielend in tiefen Licht-Fernen schwamm und meiner Freiheit Vogel-Weisheit kam: –

– so aber spricht Vogel-Weisheit: »Siehe, es gibt kein Oben, kein Unten! Wirf dich umher, hinaus, zurück, du Leichter! Singe! sprich nicht mehr!

– sind alle Worte nicht für die Schweren gemacht? Lügen dem Leichten nicht alle Worte! Singe! sprich nicht mehr!«

O wie sollte ich nicht nach der Ewigkeit brünstig sein und nach dem hochzeitlichen Ring der Ringe – dem Ring der Wiederkunft?

Nie noch fand ich das Weib, von dem ich Kinder mochte, es sei denn dieses Weib, das ich liebe: denn ich liebe dich, o Ewigkeit!

Denn ich liebe dich, o Ewigkeit!

VIERTER UND LETZTER TEIL

Ach, wo in der Welt geschehen größere Torheiten als
bei den Mitleidigen? Und was in der Welt stiftete
mehr Leid als die Torheiten der Mitleidigen?
Wehe allen Liebenden, die nicht noch eine
Höhe haben, welche über ihrem Mitleiden
ist! Also sprach der Teufel einst zu mir:
»auch Gott hat seine Hölle: das ist
seine Liebe zu den Menschen.«
Und jüngst hörte ich ihn dies
Wort sagen: »Gott ist
tot, an seinem Mitlei-
den mit den Men-
schen ist Gott
gestorben.«
Also sprach Zarathustra (S. 92)

DAS HONIG-OPFER

– Und wieder liefen Monde und Jahre über Zarathustras Seele, und er achtete dessen nicht; sein Haar aber wurde weiß.

Eines Tages, als er auf einem Steine vor seiner Höhle saß und still hinausschaute, – man schaut aber dort auf das Meer hinaus, und hinweg über gewundene Abgründe –, da gingen seine Tiere nachdenklich um ihn herum und stellten sich endlich vor ihn hin.

»O Zarathustra«, sagten sie, »schaust du wohl aus nach deinem Glücke?« – »Was liegt am Glücke!« antwortete er, »ich trachte lange nicht mehr nach Glücke, ich trachte nach meinem Werke.« – »O Zarathustra«, redeten die Tiere abermals, »das sagst du als einer, der des Guten übergenug hat. Liegst du nicht in einem himmelblauen See von Glück?« – »Ihr Schalks-Narren«, antwortete Zarathustra und lächelte, »wie gut wähltet ihr das Gleichnis! Aber ihr wißt auch, daß mein Glück schwer ist, und nicht wie eine flüssige Wasserquelle: es drängt mich, und will nicht von mir, und tut gleich geschmolzenem Peche.« –

Da gingen die Tiere wieder nachdenklich un ihm herum und stellten sich dann abermals vor ihn hin. »O Zarathustra«, sagten sie, »*daher* also kommt es, daß du selber immer gelber und dunkler wirst, obschon dein Haar weiß und flächsern aussehen will? Siehe doch, du sitzest in deinem Peche!« – »Was sagt ihr da, meine Tiere«, sagte Zarathustra und lachte dazu, »wahrlich, ich lästerte, als ich von Peche sprach. Wie mir geschieht, so geht es allen Früchten, die reif werden. Es ist der *Honig* in meinen Adern, der mein Blut dicker und auch meine Seele stiller macht.« – »So wird es sein, o Zarathustra«, antworteten die Tiere und drängten sich an ihn; »willst du aber nicht heute auf einen hohen Berg steigen? Die Luft ist rein, und man sieht heute mehr von der Welt als jemals.« – »Ja, meine Tiere«, antwortete er, »ihr ratet trefflich und mir nach dem Herzen: ich will heute auf einen hohen Berg steigen! Aber sorgt, daß dort

Honig mir zur Hand sei, gelber, weißer, guter, eisfrischer Waben-Goldhonig. Denn wisset, ich will droben das Honig-Opfer bringen.« –

Als Zarathustra aber oben auf der Höhe war, sandte er die Tiere heim, die ihn geleitet hatten, und fand, daß er nunmehr allein sei – da lachte er aus ganzem Herzen, sah sich um und sprach also:

Daß ich von Opfern sprach und Honig-Opfern, eine List war's nur meiner Rede und, wahrlich, eine nützliche Torheit! Hier oben darf ich schon freier reden als von Einsiedler-Höhlen und Einsiedler-Haustieren.

Was opfern! Ich verschwende, was mir geschenkt wird, ich Verschwender mit tausend Händen: wie dürfte ich das noch – opfern heißen!

Und als ich nach Honig begehrte, begehrte ich nur nach Köder und süßem Seime und Schleime, nach dem auch Brummbären und wunderliche mürrische böse Vögel die Zunge lecken:

– nach dem besten Köder, wie er Jägern und Fischfängern nottut. Denn wenn die Welt wie ein dunkler Tierwald ist und aller wilden Jäger Lustgarten, so dünkt sie mich noch mehr und lieber ein abgründliches reiches Meer,

– ein Meer voll bunter Fische und Krebse, nach dem es auch Götter gelüsten möchte, daß sie an ihm zu Fischern würden und zu Netz-Auswerfern: so reich ist die Welt an Wunderlichem, großem und kleinem!

Sonderlich die Menschen-Welt, das Menschen-Meer – nach *dem* werfe ich nun meine goldene Angelrute aus und spreche: tue dich auf, du Menschen-Abgrund!

Tue dich auf und wirf mir deine Fische und Glitzer-Krebse zu! Mit meinem besten Köder ködere ich mir heute die wunderlichsten Menschen-Fische!

– mein Glück selber werfe ich hinaus in alle Weiten und Fernen, zwischen Aufgang, Mittag und Niedergang, ob nicht an meinem Glücke viele Menschen-Fische zerrn und zappeln lernen.

Bis sie, anbeißend an meine spitzen verborgenen Haken, hinauf müssen in *meine* Höhe, die buntesten Abgrund-

Gründlinge zu dem boshaftigsten aller Menschen-Fischfänger.

Der nämlich bin ich von Grund und Anbeginn, ziehend, heranziehend, hinaufziehend, aufziehend, ein Zieher, Züchter und Zuchtmeister, der sich nicht umsonst einstmals zusprach: »Werde, der du bist!«

Also mögen nunmehr die Menschen zu mir *hinauf* kommen: denn noch warte ich der Zeichen, daß es Zeit sei zu meinem Niedergange; noch gehe ich selber nicht unter, wie ich muß, unter Menschen.

Dazu warte ich hier, listig und spöttisch auf hohen Bergen, kein Ungeduldiger, kein Geduldiger, vielmehr einer, der auch die Geduld verlernt hat – weil er nicht mehr »duldet.«

Mein Schicksal nämlich läßt mir Zeit: es vergaß mich wohl? Oder sitzt es hinter einem großen Steine im Schatten und fängt Fliegen?

Und wahrlich, ich bin ihm gut darob, meinem ewigen Schicksale, daß es mich nicht hetzt und drängt und mir Zeit zu Possen läßt und Bosheiten: also daß ich heute zu einem Fischfange auf diesen hohen Berg stieg.

Fing wohl je ein Mensch auf hohen Bergen Fische? Und wenn es auch eine Torheit ist, was ich hier oben will und treibe: besser noch dies, als daß ich da unten feierlich würde vor Warten und grün und gelb –

– ein gespreizter Zornschnauber vor Warten, ein heiliger Heule-Sturm aus Bergen, ein Ungeduldiger, der in die Täler hinab ruft: »Hört, oder ich peitsche euch mit der Geißel Gottes!«

Nicht daß ich solchen Zürnern darob gram würde: zum Lachen sind sie mir gut genug! Ungeduldig müssen sie schon sein, diese großen Lärmtrommeln, welche heute oder niemals zu Worte kommen!

Ich aber und mein Schicksal – wir reden nicht zum Heute, wir reden auch nicht zum Niemals: wir haben zum Reden schon Geduld und Zeit und Überzeit. Denn einst muß er doch kommen und darf nicht vorübergehn.

Wer muß einst kommen und darf nicht vorübergehn? Unser großer Hazar, das ist unser großes fernes Menschen-Reich, das Zarathustra-Reich von tausend Jahren – –

Wie ferne mag solches »Ferne« sein? was geht's mich an! Aber darum steht es mir doch nicht minder fest –, mit beiden Füßen stehe ich sicher auf diesem Grunde,

– auf einem ewigen Grunde, auf hartem Urgesteine, auf diesem höchsten härtesten Urgebirge, zu dem alle Winde kommen als zur Wetterscheide, fragend nach wo? und woher? und wohinaus?

Hier lache, lache, meine helle heile Bosheit! Von hohen Bergen wirf hinab dein glitzerndes Spott-Gelächter! Ködere mit deinem Glitzern mir die schönsten Menschen-Fische!

Und was in allen Meeren *mir* zugehört, mein An-und-für-mich in allen Dingen – *das* fische mir heraus, *das* führe zu mir herauf: des warte ich, der boshaftigste aller Fischfänger.

Hinaus, hinaus, meine Angel! Hinein, hinab, Köder meines Glücks! Träufle deinen süßesten Tau, mein Herzens-Honig! Beiße, meine Angel, in den Bauch aller schwarzen Trübsal!

Hinaus, hinaus, mein Auge! O welche vielen Meere rings um mich, welch dämmernde Menschen-Zukünfte! Und über mir – welch rosenrote Stille! Welch entwölktes Schweigen!

DER NOTSCHREI

Des nächsten Tages saß Zarathustra wieder auf seinem Steine vor der Höhle, während die Tiere draußen in der Welt herumschweiften, daß sie neue Nahrung heimbrächten – auch neuen Honig: denn Zarathustra hatte den alten Honig bis auf das letzte Korn vertan und verschwendet. Als er aber dermaßen dasaß, mit einem Stecken in der Hand, und den Schatten seiner Gestalt auf der Erde abzeichnete, nachdenkend, und wahrlich! nicht über sich und seinen Schatten – da erschrak er mit einemmale und fuhr zusammen: denn er sahe neben seinem Schatten noch einen andern Schatten. Und wie er schnell um sich blickte und aufstand, siehe, da stand der Wahrsager neben ihm, derselbe, den er einstmals an seinem Tische gespeist und getränkt hatte, der Verkündiger der großen Müdigkeit, welcher lehrte: »Alles ist gleich, es lohnt sich nichts, Welt ist ohne Sinn, Wissen würgt.« Aber sein Antlitz hatte sich inzwischen verwandelt; und als ihm Zarathustra in die Augen blickte, wurde sein Herz abermals erschreckt: so viel schlimme Verkündigungen und aschgraue Blitze liefen über dies Gesicht.

Der Wahrsager, der es wahrgenommen, was sich in Zarathustras Seele zutrug, wischte mit der Hand über sein Antlitz hin, wie als ob er dasselbe wegwischen wollte; desgleichen tat auch Zarathustra. Und als beide dergestalt sich schweigend gefaßt und gekräftigt hatten, gaben sie sich die Hände, zum Zeichen, daß sie sich wiedererkennen wollten.

»Sei mir willkommen«, sagte Zarathustra, »du Wahrsager der großen Müdigkeit, du sollst nicht umsonst einstmals mein Tisch- und Gastfreund gewesen sein. Iß und trink auch heute bei mir und vergib es, daß ein vergnügter alter Mann mit dir zu Tische sitzt!« – »Ein vergnügter alter Mann?« antwortete der Wahrsager, den Kopf schüttelnd: »wer du aber auch bist oder sein willst, o Zarathustra, du bist es zum längsten hier oben gewesen – dein Nachen soll über kurzem nicht mehr im Trocknen sitzen!« – »Sitze ich denn im Trocknen?« – fragte Zarathustra lachend. – »Die Wellen um deinen Berg«, antwortete der Wahrsager, »steigen und steigen, die Wellen großer Not und Trübsal: die werden bald auch deinen Nachen heben und dich davontragen.« – Zarathustra schwieg hierauf und wunderte sich. – »Hörst du noch nichts?« fuhr der Wahrsager fort: »rauscht und braust es nicht herauf aus der Tiefe?« – Zarathustra schwieg abermals und horchte: da hörte er einen langen, langen Schrei, welchen die Abgründe sich zuwarfen und weitergaben, denn keiner wollte ihn behalten: so böse klang er.

»Du schlimmer Verkündiger«, sprach endlich Zarathustra, »das ist ein Notschrei und der Schrei eines Menschen; der mag wohl aus einem schwarzen Meere kommen. Aber was geht mich Menschen-Not an! Meine letzte Sünde, die mir aufgespart blieb, weißt du wohl, wie sie heißt?«

– »*Mitleiden!*« antwortete der Wahrsager aus einem

überströmenden Herzen und hob beide Hände empor – »o Zarathustra, ich komme, daß ich dich zu deiner letzen Sünde verführe!« –

Und kaum waren diese Worte gesprochen, da erscholl der Schrei abermals, und länger und ängstlicher als vorher, auch schon viel näher. »Hörst du? Hörst du, o Zarathustra?« rief der Wahrsager, »dir gilt der Schrei, dich ruft er: komm, komm, komm, es ist Zeit, es ist höchste Zeit!« –

Zarathustra schwieg hierauf, verwirrt und erschüttert; endlich fragte er, wie einer, der bei sich selber zögert: »Und wer ist das, der dort mich ruft?«

»Aber du weißt es ja«, antwortete der Wahrsager heftig, »was verbirgst du dich? *Der höhere Mensch* ist es, der nach dir schreit!«

»Der höhere Mensch?« schrie Zarathustra von Grausen erfaßt: »was will *der*? Was will *der*? Der höhere Mensch! Was will der hier?« – und seine Haut bedeckte sich mit Schweiß.

Der Wahrsager aber antwortete nicht auf die Angst Zarathustras, sondern horchte und horchte nach der Tiefe zu. Als es jedoch lange Zeit dort stille blieb, wandte er seinen Blick zurück und sahe Zarathustra stehn und zittern:

»O Zarathustra«, hob er mit trauriger Stimme an, »du stehst nicht da wie einer, den sein Glück drehend macht: du wirst tanzen müssen, daß du mir nicht umfällst!

Aber wenn du auch vor mir tanzen wolltest und alle deine Seitensprünge springen: niemand soll mir doch sagen dürfen: ›Siehe, hier tanzt der letzte frohe Mensch!‹

Umsonst käme einer auf diese Höhe, der *den* hier suchte: Höhlen fände er wohl und Hinter-Höhlen, Verstecke für Versteckte, aber nicht Glücks-Schachte und Schatzkammern und neue Glücks-Goldadern.

Glück – wie fände man wohl das Glück bei solchen Vergrabenen und Einsiedlern! Muß ich das letzte Glück noch auf glückseligen Inseln suchen und ferne zwischen vergessenen Meeren?

Aber alles ist gleich, es lohnt sich nichts, es hilft kein Suchen, es gibt auch keine glückseligen Inseln mehr!« – –

Also seufzte der Wahrsager; bei seinem letzten Seufzer aber wurde Zarathustra wieder hell und sicher, gleich einem, der aus einem tiefen Schlunde ans Licht kommt. »Nein! Nein! Dreimal nein!« rief er mit starker Stimme und strich den Bart, »*das* weiß ich besser! Es gibt noch glückselige Inseln. Stille *davon*, du seufzender Trauersack!

Höre *davon* auf zu plätschern, du Regenwolke am Vormittag! Stehe ich denn nicht schon da, naß von deiner Trübsal und begossen wie ein Hund?

Nun schüttle ich mich und laufe dir davon, daß ich wieder trocken werde: des darfst du nicht wunder haben! Dünke ich dir unhöflich? Aber hier ist *mein* Hof.

Was aber deinen höheren Menschen angeht: wohlan! ich suche ihn flugs in jenen Wäldern: *daher* kam sein Schrei. Vielleicht bedrängt ihn da ein böses Tier.

Er ist in *meinem* Bereiche: darin soll er mir nicht zu Schaden kommen! Und wahrlich, es gibt viele böse Tiere bei mir.«

Mit diesen Worten wandte sich Zarathustra zum Gehen. Da sprach der Wahrsager: »O Zarathustra, du bist ein Schelm!

Ich weiß es schon: du willst mich los sein! Lieber noch läufst du in die Wälder und stellst bösen Tieren nach!

Aber was hilft es dir? Des Abends wirst du doch mich wiederhaben; in deiner eignen Höhle werde ich dasitzen, geduldig und schwer wie ein Klotz – und auf dich warten!«

»So sei's!« rief Zarathustra zurück im Fortgehn: »und was mein ist in meiner Höhle, gehört auch dir, meinem Gastfreunde!

Solltest du aber drin noch Honig finden, wohlan! so lecke ihn nur auf, du Brummbär, und versüße deine Seele! Am Abende nämlich wollen wir beide guter Dinge sein,

– guter Dinge und froh darob, daß dieser Tag zu Ende ging! Und du selber sollst zu meinen Liedern als mein Tanzbär tanzen.

Du glaubst nicht daran? Du schüttelst den Kopf? Wohlan! Wohlauf! Alter Bär! Aber auch ich – bin ein Wahrsager.«

Also sprach Zarathustra.

GESPRÄCH MIT DEN KÖNIGEN

I

Zarathustra war noch keine Stunde in seinen Bergen und Wäldern unterwegs, da sahe er mit einem Male einen seltsamen Aufzug. Gerade auf dem Wege, den er hinabwollte, kamen zwei Könige gegangen, mit Kronen und Purpurgürteln geschmückt und bunt wie Flamingo-Vögel: die trieben einen beladenen Esel vor sich her. »Was wollen diese Könige in meinem Reiche?« sprach Zarathustra erstaunt zu seinem Herzen und versteckte sich geschwind hinter einem Busche. Als aber die Könige bis zu ihm herankamen, sagte er, halblaut, wie einer, der zu sich allein redet: »Seltsam! Seltsam! Wie reimt sich das zusammen? Zwei Könige sehe ich – und nur einen Esel!«

Da machten die beiden Könige halt, lächelten, sahen nach der Stelle hin, woher die Stimme kam, und sahen sich nachher selber ins Gesicht. »Solcherlei denkt man wohl auch unter uns«, sagte der König zur Rechten, »aber man spricht es nicht aus.«

Der König zur Linken aber zuckte mit den Achseln und antwortete:

»Das mag wohl ein Ziegenhirt sein. Oder ein Einsiedler, der zu lange unter Felsen und Bäumen lebte. Gar keine Gesellschaft nämlich verdirbt auch die guten Sitten.«

»Die guten Sitten?« entgegnete unwillig und bitter der andre König: »wem laufen wir denn aus dem Wege? Ist es nicht den ›guten Sitten‹? Unsrer ›guten Gesellschaft‹?

Lieber, wahrlich, unter Einsiedlern und Ziegenhirten als mit unserm vergoldeten falschen überschminkten Pöbel leben – ob er sich schon ›gute Gesellschaft‹ heißt,

– ob er sich schon ›Adel‹ heißt. Aber da ist alles falsch und faul, voran das Blut, dank alten schlechten Krankheiten und schlechteren Heil-Künstlern.

Das Beste und Liebste ist mir heute noch ein gesunder

Bauer, grob, listig, hartnäckig, langhaltig: das ist heute die vornehmste Art.

Der Bauer ist heute der Beste; und Bauern-Art sollte Herr sein! Aber es ist das Reich des Pöbels – ich lasse mir nichts mehr vormachen. Pöbel aber, das heißt: Mischmasch.

Pöbel-Mischmasch: darin ist alles in allem durcheinander, Heiliger und Halunke und Junker und Jude und jeglich Vieh aus der Arche Noäh.

Gute Sitten! Alles ist bei uns falsch und faul. Niemand weiß mehr zu verehren: *dem* gerade laufen wir davon. Es sind süßliche zudringliche Hunde, sie vergolden die Palmenblätter.

Dieser Ekel würgt mich, daß wir Könige selber falsch wurden, überhängt und verkleidet durch alten vergilbten Großväter-Prunk, Schaumünzen für die Dümmsten und die Schlauesten und wer heute alles mit der Macht Schacher treibt!

Wir *sind* nicht die Ersten – und müssen es doch *bedeuten*: dieser Betrügerei sind wir endlich satt und ekel geworden.

Dem Gesindel gingen wir aus dem Wege, allen diesen Schreihälsen und Schreib-Schmeißfliegen, dem Krämer-Gestank, dem Ehrgeiz-Gezappel, dem üblen Atem –: pfui, unter dem Gesindel leben,

– pfui, unter dem Gesindel die Ersten zu bedeuten! Ach, Ekel! Ekel! Ekel! Was liegt noch an uns Königen!« –

»Deine alte Krankheit fällt dich an«, sagte hier der König zur Linken, »der Ekel fällt dich an, mein armer Bruder. Aber du weißt es doch, es hört uns einer zu.«

Sofort erhob sich Zarathustra, der zu diesen Reden Ohren und Augen aufgesperrt hatte, aus seinem Schlupfwinkel, trat auf die Könige zu und begann:

»Der Euch zuhört, der Euch gerne zuhört, ihr Könige, der heißt Zarathustra.

Ich bin Zarathustra, der einst sprach: ›Was liegt noch an Königen!‹ Vergebt mir, ich freute mich, als Ihr zueinander sagtet: ›Was liegt an uns Königen!‹

Hier aber ist *mein* Reich und meine Herrschaft: was mögt Ihr wohl in meinem Reiche suchen? Vielleicht aber *fandet* Ihr unterwegs, was *ich* suche: nämlich den höheren Menschen.«

Als dies die Könige hörten, schlugen sie sich an die Brust und sprachen mit einem Munde: »Wir sind erkannt!

Mit dem Schwerte dieses Wortes zerhaust du unsres Herzens dickste Finsternis. Du entdecktest unsre Not, denn siehe! wir sind unterwegs, daß wir den höheren Menschen fänden –

– den Menschen, der höher ist als wir: ob wir gleich Könige sind. Ihm führen wir diesen Esel zu. Der höchste Mensch nämlich soll auf Erden auch der höchste Herr sein.

Es gibt kein härteres Unglück in allem Menschen-Schicksale, als wenn die Mächtigen der Erde nicht auch die ersten Menschen sind. Da wird alles falsch und schief und ungeheuer.

Und wenn sie gar die letzten sind und mehr Vieh als Mensch: da steigt und steigt der Pöbel im Preise, und endlich spricht gar die Pöbel-Tugend: ›siehe, ich allein bin Tugend!‹« –

»Was hörte ich eben?« antwortete Zarathustra; »welche Weisheit bei Königen! Ich bin entzückt, und, wahrlich, schon gelüstet's mich, einen Reim darauf zu machen –

– mag es auch ein Reim werden, der nicht für jedermanns Ohren taugt. Ich verlernte seit langem schon die Rücksicht auf lange Ohren. Wohlan! Wohlauf!

(Hier aber geschah es, daß auch der Esel zu Worte kam: er sagte aber deutlich und mit bösem Willen I-A.)

Einstmals – ich glaub, im Jahr des Heiles Eins –
Sprach die Sibylle, trunken sonder Weins:
»Weh, nun geht's schief!
Verfall! Verfall! Nie sank die Welt so tief!
Rom sank zur Hure und zur Huren-Bude,
Roms Cäsar sank zum Vieh, Gott selbst – ward Jude!«

An diesen Reimen Zarathustras weideten sich die Könige; der König zur Rechten aber sprach: »O Zarathustra, wie gut taten wir, daß wir auszogen, dich zu sehn!

Deine Feinde nämlich zeigten uns dein Bild in ihrem Spiegel: da blicktest du mit der Fratze eines Teufels und hohnlachend: also daß wir uns vor dir fürchteten.

Aber was half's! Immer wieder stachst du uns in Ohr und Herz mit deinen Sprüchen. Da sprachen wir endlich: was liegt daran, wie er aussieht!

Wir müssen ihn *hören*, ihn, der lehrt: ›ihr sollt den Frieden lieben als Mittel zu neuen Kriegen, und den kurzen Frieden mehr als den langen!‹

Niemand sprach je so kriegerische Worte: ›Was ist gut? Tapfer sein ist gut. Der gute Krieg ist's, der jede Sache heiligt.‹

O Zarathustra, unserer Väter Blut rührte sich bei solchen Worten in unserm Leibe: das war wie die Rede des Frühlings zu alten Weinfässern.

Wenn die Schwerter durcheinander liefen gleich rotgefleckten Schlangen, da wurden unsre Väter dem Leben gut; alles Friedens Sonne dünkte sie flau und lau, der lange Frieden aber machte Scham.

Wie sie seufzten, unsre Väter, wenn sie an der Wand blitzblanke ausgedorrte Schwerter sahen! Denen gleich dürsteten sie nach Krieg. Ein Schwert nämlich will Blut trinken und funkelt vor Begierde.« – –

– Als die Könige dergestalt mit Eifer von dem Glück ihrer Väter redeten und schwätzten, überkam Zarathustra keine kleine Lust, ihres Eifers zu spotten: denn ersichtlich waren es sehr friedfertige Könige, welche er vor sich sah, solche mit alten und feinen Gesichtern. Aber er bezwang sich. »Wohlan!« sprach er, »dorthin führt der Weg, da liegt die Höhle Zarathustras; und dieser Tag soll einen langen Abend haben! Jetzt aber ruft mich eilig ein Notschrei fort von Euch.

Es ehrt meine Höhle, wenn Könige in ihr sitzen und warten wollen: aber, freilich, Ihr werdet lange warten müssen!

Je nun! Was tut's! Wo lernt man heute besser warten als an Höfen? Und der Könige ganze Tugend, die ihnen übrigblieb – heißt sie heute nicht: Warten-*können*?«

Als sprach Zarathustra.

DER BLUTEGEL

Und Zarathustra ging nachdenklich weiter und tiefer, durch Wälder und vorbei an moorigen Gründen; wie es aber jedem ergeht, der über schwere Dinge nachdenkt, so trat er unversehens dabei auf einen Menschen. Und siehe, da spritzten ihm mit einem Male, ein Wehegeschrei und zwei Flüche und zwanzig schlimme Schimpfworte ins Gesicht: also daß er in seinem Schrecken den Stock erhob und auch auf den Getretenen noch zuschlug. Gleich darauf aber kam ihm die Besinnung; und sein Herz lachte über die Torheit, die er eben getan hatte.

»Vergib«, sagte er zu dem Getretenen, der sich grimmig erhoben und gesetzt hatte, »vergib und vernimm vor allem erst ein Gleichnis.

Wie ein Wanderer, der von fernen Dingen träumt, unversehens auf einsamer Straße einen schlafenden Hund anstößt, einen Hund, der in der Sonne liegt:

– wie da beide auffahren, sich anfahren, Todfeinden gleich, diese zwei zu Tod Erschrockenen: also erging es uns.

Und doch! Und doch – wie wenig hat gefehlt, daß sie einander liebkosten, dieser Hund und dieser Einsame! Sind sie doch beide – Einsame!«

– »Wer du auch sein magst«, sagte immer noch grimmig der Getretene, »du trittst mir auch mit deinem Gleichnis zu nahe, und nicht nur mit deinem Fuße!

Siehe doch, bin ich denn ein Hund?« – und dabei erhob sich der Sitzende und zog seinen nackten Arm aus dem

Sumpfe. Zuerst nämlich hatte er ausgestreckt am Boden gelegen, verborgen und unkenntlich gleich solchen, die einem Sumpf-Wilde auflauern.

»Aber was treibst du doch!« rief Zarathustra erschreckt, denn er sahe, daß über den nackten Arm weg viel Blut floß – »was ist dir zugestoßen? Biß dich, du Unseliger, ein schlimmes Tier?«

Der Blutende lachte, immer noch erzürnt. »Was geht's dich an!« sagte er und wollte weitergehn. »Hier bin ich heim und in meinem Bereiche. Mag mich fragen, wer da will: einem Tölpel aber werde ich schwerlich antworten.«

»Du irrst«, sagte Zarathustra mitleidig und hielt ihn fest, »du irrst: hier bist du nicht bei dir, sondern in meinem Reiche, und darin soll mir keiner zu Schaden kommen.

Nenne mich aber immerhin, wie du willst – ich bin, der ich sein muß. Ich selber heiße mich Zarathustra.

Wohlan! Dort hinauf geht der Weg zu Zarathustras Höhle: die ist nicht fern, – willst du nicht bei mir deiner Wunden warten?

Es ging dir schlimm, du Unseliger, in diesem Leben: erst biß dich das Tier, und dann – trat dich der Mensch!« –

Als aber der Getretene den Namen Zarathustras hörte, verwandelte er sich. »Was geschieht mir doch!« rief er aus, »*wer* kümmert mich denn noch in diesem Leben als dieser eine Mensch, nämlich Zarathustra, und jenes eine Tier, das vom Blute lebt, der Blutegel?

Des Blutegels halber lag ich hier an diesem Sumpfe wie ein Fischer, und schon war mein ausgehängter Arm zehnmal gebissen, da beißt noch ein schönerer Egel nach meinen Blute, Zarathustra selber!

O Glück! O Wunder! Gelobt sei dieser Tag, der mich in diesen Sumpf lockte! Gelobt sei der beste lebendigste Schröpfkopf, der heut lebt, gelobt sei der große Gewissens-Blutegel Zarathustra!« –

Also sprach der Getretene; und Zarathustra freute sich über seine Worte und ihre feine ehrfürchtige Art. »Wer bist du?« fragte er und reichte ihm die Hand, »zwischen uns bleibt viel aufzuklären und aufzuheitern: aber schon, dünkt mich, wird es reiner heller Tag.«

»Ich bin der *Gewissenhafte des Geistes*«, antwortete der Gefragte, »und in Dingen des Geistes nimmt es nicht leicht einer strenger, enger und härter als ich, ausgenommen der, von dem ich's lernte, Zarathustra selber.

Lieber nichts wissen, als vieles halb wissen! Lieber ein Narr sein auf eigne Faust, als ein Weiser nach fremdem Gutdünken! Ich – gehe auf den Grund:

– was liegt daran, ob er groß oder klein ist? Ob er Sumpf oder Himmel heißt? Eine Handbreit Grund ist mir genug: wenn er nur wirklich Grund und Boden ist!

– eine Handbreit Grund: darauf kann man stehn. In der rechten Wissen-Gewissenschaft gibt es nichts Großes und nichts Kleines.«

»So bist du vielleicht der Erkenner des Blutegels?« fragte Zarathustra; »und du gehst dem Blutegel nach bis auf die letzten Gründe, du Gewissenhafter?«

»O Zarathustra«, antwortete der Getretene, »das wäre ein Ungeheures, wie dürfte ich mich dessen unterfangen!

Wes ich aber Meister und Kenner bin, das ist des Blutegels *Hirn*: – das ist *meine* Welt!

Und es ist auch eine Welt! Vergibt aber, daß hier mein Stolz zu Worte kommt, denn ich habe hier nicht meinesgleichen. Darum sprach ich ›hier bin ich heim‹.

Wie lange gehe ich schon diesem einen nach, dem Hirn des Blutegels, daß die schlüpfrige Wahrheit mir hier nicht mehr entschlüpfe! Hier ist *mein* Reich!

– darob warf ich alles andere fort, darob wurde mir alles andre gleich; und dicht neben meinem Wissen lagert mein schwarzes Unwissen.

Mein Gewissen des Geistes will es so von mir, daß ich eins weiß und sonst alles nicht weiß: es ekelt mich aller Halben des Geistes, aller Durstigen, Schwebenden, Schwärmerischen.

Wo meine Redlichkeit aufhört, bin ich blind und will auch blind sein. Wo ich aber wissen will, will ich auch redlich sein, nämlich hart, streng, eng, grausam, unerbittlich.

Daß *du* einst sprachst, o Zarathustra: ›Geist ist das Leben, das selber ins Leben schneidet‹, das führte und verführte mich zu deiner Lehre. Und, wahrlich, mit eignem Blute mehrte ich mir das eigne Wissen!«

– »Wie der Augenschein lehrt«, fiel Zarathustra ein; denn immer noch floß das Blut an dem nackten Arm des Gewissenhaften herab. Es hatten nämlich zehn Blutegel sich in denselben eingebissen.

»O du wunderlicher Gesell, wie viel lehrt mich dieser Augenschein da, nämlich du selber! Und nicht alles dürfte ich vielleicht in deine strengen Ohren gießen!

Wohlan! So scheiden wir hier! Doch möchte ich gerne dich wiederfinden. Dort hinauf führt der Weg zu meiner Höhle: heute Nacht sollst du dort mein lieber Gast sein!

Gerne möchte ich's auch an deinem Leibe wiedergutmachen, daß Zarathustra dich mit Füßen trat: darüber denke ich nach. Jetzt aber ruft mich ein Notschrei eilig fort von dir.«

Also sprach Zarathustra.

DER ZAUBERER

1

Als aber Zarathustra um einen Felsen herumbog, da sahe er, nicht weit unter sich, auf dem gleichen Wege, einen Menschen, der die Glieder warf wie ein Tobsüchtiger und endlich bäuchlings zur Erde niederstürzte. »Halt!« sprach da Zarathustra zu seinem Herzen, »der dort muß wohl der höhere Mensch sein, von ihm kam jener schlimme Notschrei, – ich will sehn, ob da zu helfen ist.« Als er aber hinzulief, an die Stelle, wo der Mensch auf dem Boden lag, fand er einen zitternden alten Mann mit stieren Augen; und wie sehr sich Zarathustra mühte, daß er ihn aufrichte und wieder auf seine Beine stelle, es war umsonst. Auch schien der Unglückliche nicht zu merken, daß jemand um ihn sei; vielmehr sah er sich immer mit rührenden Gebärden um, wie ein von aller Welt Verlassener und Vereinsamter. Zuletzt

aber, nach vielem Zittern, Zucken und Sich-Zusammen-
krümmen, begann er also zu jammern:

Wer wärmt mich, wer liebt mich noch?
        Gebt heiße Hände!
        Gebt Herzens-Kohlenbecken!
Hingestreckt, schaudernd,
Halbtotem gleich, dem man die Füße wärmt –
Geschüttelt, ach! von unbekannten Fiebern,
Zitternd vor spitzen eisigen Frost-Pfeilen,
Von dir gejagt, Gedanke!
Unnennbarer! Verhüllter! Entsetzlicher!
Du Jäger hinter Wolken!
Darniedergeblitzt von dir,
Du höhnisch Auge, das mich aus Dunklem anblickt:
                                    – so liege ich,
Biege mich, winde mich, gequält
Von allen ewigen Martern,
Getroffen
Von dir, grausamster Jäger,
Du unbekannter – Gott!
Triff tiefer!
Triff *ein*mal noch!
Zerstich, zerbrich dies Herz!
Was soll dies Martern
Mit zähnestumpfen Pfeilen?
Was blickst du wieder,
Der Menschen-Qual nicht müde,
Mit schadenfrohen Götter-Blitz-Augen?
Nicht töten willst du,
Nur martern, martern?
Wozu – *mich* martern,
Du schadenfroher unbekannter Gott? –
Haha! Du schleichst heran?
Bei solcher Mitternacht
Was willst du? Sprich!
Du drängst mich, drückst mich –
Ha! schon viel zu nahe!
Weg! Weg!

Du hörst mich atmen,
Du behorchst mein Herz,
Du Eifersüchtiger –
Worauf doch eifersüchtig?
Weg! Weg! Wozu die Leiter?
Willst du *hinein*,
Ins Herz,
Einsteigen, in meine heimlichsten
Gedanken einsteigen?
Schamloser! Unbekannter – Dieb!
Was willst du dir erstehlen?
Was willst du dir erhorchen?
Was willst du dir erfoltern,
Du Folterer!
Du – Henker-Gott!
Oder soll ich, dem Hunde gleich,
Vor dir mich wälzen?
Hingebend, begeistert-außer-mir,
Dir – Liebe zuwedeln?

Umsonst! Stich weiter,
Grausamster Stachel! Nein,
Kein Hund – dein Wild nur bin ich,
Grausamster Jäger!
Dein stolzester Gefangner,
Du Räuber hinter Wolken!
Sprich endlich!
Was willst du, Wegelagerer, von *mir*?
Du Blitz-Verhüllter! Unbekannter! Sprich,
Was *willst* du, unbekannter – Gott? – –

Wie? Lösegeld?
Was willst du Lösegelds?
Verlange viel – das rät mein Stolz!
Und rede kurz – das rät mein andrer Stolz!

Haha!
Mich – willst du? Mich?
Mich – ganz? . . .

Haha!
Und marterst mich, Narr, der du bist,
Zermarterst meinen Stolz?
Gib *Liebe* mir – wer wärmt mich noch?
Wer liebt mich noch? – gib heiße Hände,
Gib Herzens-Kohlenbecken,
Gib mir, dem Einsamsten,
Den Eis, ach! siebenfaches Eis
Nach Feinden selber,
Nach Feinden schmachten lehrt,
Gib, ja ergib
Grausamster Feind,
Mir – *dich*! – –

Davon!
Da floh er selber,
Mein letzter einziger Genoß,
Mein großer Feind,
Mein Unbekannter,
Mein Henker-Gott! –

– Nein! Komm zurück,
Mit allen deinen Martern!
Zum Letzten aller Einsamen
O komm zurück!
All meine Tränen-Bäche laufen
Zu dir den Lauf!
Und meine letzte Herzens-Flamme –
Dir Glüht sie auf!
O komm zurück,
Mein unbekannter Gott! Mein Schmerz!
Mein letztes – Glück!

– Hier aber konnte sich Zarathustra nicht länger halten, nahm seinen Stock und schlug mit allen Kräften auf den Jammernden los. »Halt ein!« schrie er ihm zu, mit ingrimmigem Lachen, »halt ein, du Schauspieler! Du Falschmünzer! Du Lügner aus dem Grunde! Ich erkenne dich wohl!

Ich will dir schon warme Beine machen, du schlimmer Zauberer, ich verstehe mich gut darauf, solchen, wie du bist – einzuheizen!«

– »Laß ab«, sagte der alte Mann und sprang vom Boden auf, »schlage nicht mehr, o Zarathustra! Ich trieb's also nur zum Spiele!

Solcherlei gehört zu meiner Kunst; dich selber wollte ich auf die Probe stellen, als ich dir diese Probe gab! Und, wahrlich, du hast mich gut durchschaut!

Aber auch du – gabst mir von dir keine kleine Probe: du bist *hart*, du weiser Zarathustra! Hart schlägst du zu mit deinen ›Wahrheiten‹, dein Knüttel erzwingt von mir – *diese* Wahrheit!«

– »Schmeichle nicht«, antwortete Zarathustra, immer noch erregt und finsterblickend, »du Schauspieler aus dem Grunde! Du bist falsch: was redest du – von Wahrheit!

Du Pfau der Pfauen, du Meer der Eitelkeit, *was* spieltest du vor mir, du schlimmer Zauberer, an *wen* sollte ich glauben, als du in solcher Gestalt jammertest?«

»*Den Büßer des Geistes*«, sagte der alte Mann, »*den* – spielte ich: du selber erfandest einst dies Wort –

– den Dichter und Zauberer, der gegen sich selber endlich seinen Geist wendet, den Verwandelten, der an seinem bösen Wissen und Gewissen erfriert.

Und gesteh es nur ein: es währte lange, o Zarathustra, bis du hinter meine Kunst und Lüge kamst! Du *glaubtest* an meine Not, als du mir den Kopf mit beiden Händen hieltest, –

– ich hörte dich jammern ›man hat ihn zu wenig geliebt, zu wenig geliebt!‹ Daß ich dich soweit betrog, darüber frohlockte inwendig meine Bosheit.«

»Du magst Feinere betrogen haben als mich«, sagte Zarathustra hart. »Ich bin nicht auf der Hut vor Betrügern, ich *muß* ohne Vorsicht sein: so will es mein Los.

Du aber – *mußt* betrügen: so weit kenne ich dich! Du mußt immer zwei- drei- vier- fünfdeutig sein! Auch was du jetzt bekanntest, war mir lange nicht wahr und nicht falsch genug!

Du schlimmer Falschmünzer, wie könntest du anders! Deine Krankheit würdest du noch schminken, wenn du dich deinem Arzte nackt zeigtest.

So schminktest du eben vor mir deine Lüge, als du sprachst: ›ich trieb's also *nur* zum Spiele!‹ Es war auch *Ernst* darin, du *bist* etwas von einem Büßer des Geistes!

Ich errate dich wohl: du wurdest der Bezauberer aller, aber gegen dich hast du keine Lüge und List mehr übrig – du selber bist dir entzaubert!

Du erntetest den Ekel ein, als deine eine Wahrheit. Kein Wort ist mehr an dir echt, aber dein Mund: nämlich der Ekel, der an deinem Munde klebt.« – –

– »Wer bist du doch!« schrie hier der alte Zauberer mit einer trotzigen Stimme, »wer darf also zu *mir* reden, dem Größten, der heute lebt?« – und ein grüner Blitz schoß aus seinem Auge nach Zarathustra. Aber gleich darauf verwandelte er sich und sagte traurig:

»O Zarathustra, ich bin's müde, es ekelt mich meiner Künste, ich bin nicht *groß*, was verstelle ich mich! Aber, du weißt es wohl – ich suchte nach Größe!

Einen großen Menschen wollte ich vorstellen und überredete viele: aber diese Lüge ging über meine Kraft. An ihr zerbreche ich.

O Zarathustra, alles ist Lüge an mir; aber daß ich zerbreche – dies mein Zerbrechen ist *echt*!« –

»Es ehrt dich«, sprach Zarathustra düster und zur Seite niederblickend, »es ehrt dich, daß du nach Größe suchtest, aber es verrät dich auch. Du bist nicht groß.

Du schlimmer alter Zauberer, *das* ist dein Bestes und

Redlichstes, was ich an dir ehre, daß du deiner müde wurdest und es aussprachst: ›ich bin nicht groß‹.

Darin ehre ich dich als einen Büßer des Geistes: und wenn auch nur für einen Hauch und Husch, diesen einen Augenblick warst du – echt.

Aber sprich, was suchst du hier in *meinen* Wäldern und Felsen? Und wenn du *mir* dich in den Weg legtest, welche Probe wolltest du von mir? – – wes versuchtest du *mich*?« –

Also sprach Zarathustra, und seine Augen funkelten. Der alte Zauberer schwieg eine Weile, dann sagte er: »Versuchte ich dich? Ich – suche nur.

O Zarathustra, ich suche einen Echten, Rechten, Einfachen, Eindeutigen, einen Menschen aller Redlichkeit, ein Gefäß der Weisheit, einen Heiligen der Erkenntnis, einen großen Menschen!

Weißt du es denn nicht, o Zarathustra? *Ich suche Zarathustra.*«

– Und hier entstand ein langes Stillschweigen zwischen beiden; Zarathustra aber versank tief hinein in sich selber, also daß er die Augen schloß. Dann aber, zu seinem Unterredner zurückkehrend, ergriff er die Hand des Zauberers und sprach, voller Artigkeit und Arglist:

»Wohlan! Dort hinauf führt der Weg, da liegt die Höhle Zarathustras. In ihr darfst du suchen, wen du finden möchtest.

Und frage meine Tiere um Rat, meinen Adler und meine Schlange: die sollen dir suchen helfen. Meine Höhle aber ist groß.

Ich selber freilich – ich sah noch keinen großen Menschen. Was groß ist, dafür ist das Auge der Feinsten heute grob. Es ist das Reich des Pöbels.

So manchen fand ich schon, der streckte und blähte sich, und das Volk schrie: »Seht da, einen großen Menschen!« Aber was helfen alle Blasebälge! Zuletzt fährt der Wind heraus.

Zuletzt platzt ein Frosch, der sich zu lange aufblies: da fährt der Wind heraus. Einem Geschwollnen in den Bauch stechen, das heiße ich eine brave Kurzweil. Hört das, ihr Knaben!

Dies Heute ist des Pöbels: wer *weiß* da noch, was groß, was klein ist! Wer suchte da mit Glück nach Größe! Ein Narr allein: den Narren glückt's.

Du suchst nach großen Menschen, du wunderlicher Narr? Wer *lehrte's* dich? Ist heute dazu die Zeit? O du schlimmer Sucher, was – versuchst du mich?« – –

Also sprach Zarathustra, getrösteten Herzens, und ging lachend seines Wegs fürbaß.

AUSSER DIENST

Nicht lange aber, nachdem Zarathustra sich von dem Zauberer losgemacht hatte, sahe er wiederum jemanden am Wege sitzen, den er ging, nämlich einen schwarzen langen Mann mit einem hageren Bleichgesicht: *der* verdroß ihn gewaltig. »Wehe«, sprach er zu seinem Herzen, »da sitzt vermummte Trübsal, das dünkt mich von der Art der Priester: was wollen *die* in meinem Reiche?

Wie! Kaum bin ich jenem Zauberer entronnen: muß mir da wieder ein anderer Schwarzkünstler über den Weg laufen, –

– irgendein Hexenmeister mit Handauflegen, ein dunkler Wundertäter von Gottes Gnaden, ein gesalbter Welt-Verleumder, den der Teufel holen möge!

Aber der Teufel ist nie am Platze, wo er am Platze wäre: immer kommt er zu spät, dieser vermaledeite Zwerg und Klumpfuß!« –

Also fluchte Zarathustra ungeduldig in seinem Herzen und gedachte, wie er abgewandten Blicks an dem schwarzen Manne vorüberschlüpfe: aber siehe, es kam anders. Im gleichen Augenblicke nämlich hatte ihn schon der Sitzende erblickt; und nicht unähnlich einem solchen, dem ein unvermutetes Glück zustößt, sprang er auf und ging auf Zarathustra los.

»Wer du auch bist, du Wandersmann«, sprach er, »hilf

einem Verirrten, einem Suchenden, einem alten Manne, der hier leicht zu Schaden kommt!

Diese Welt hier ist mir fremd und fern, auch hörte ich wilde Tiere heulen; und der, welcher mir hätte Schutz bieten können, der ist selber nicht mehr.

Ich suchte den letzten frommen Menschen, einen Heiligen und Einsiedler, der allein in seinem Walde noch nichts davon gehört hatte, was alle Welt heute weiß.«

»*Was* weiß heute alle Welt?« fragte Zarathustra. »Etwa dies, daß der alte Gott nicht mehr lebt, an den alle Welt einst geglaubt hat?«

»Du sagst es«, antwortete der alte Mann betrübt. »Und ich diente diesem alten Gotte bis zu seiner letzten Stunde.

Nun aber bin ich außer Dienst, ohne Herrn, und doch nicht frei, auch keine Stunde mehr lustig, es sei denn in Erinnerungen.

Dazu stieg ich in diese Berge, daß ich endlich wieder ein Fest mir machte, wie es einem alten Papste und Kirchen-Vater zukommt: denn wisse, ich bin der letzte Papst! – ein Fest frommer Erinnerungen und Gottesdienste.

Nun aber ist er selber tot, der frömmste Mensch, jener Heilige im Walde, der seinen Gott mit Singen und Brummen lobte.

Ihn selber fand ich nicht mehr, als ich seine Hütte fand – wohl aber zwei Wölfe darin, welche um seinen Tod heulten – denn alle Tiere liebten ihn. Da lief ich davon.

Kam ich also umsonst in diese Wälder und Berge? Da entschloß sich mein Herz, daß ich einen anderen suchte, den Frömmsten aller derer, die nicht an Gott glauben –, daß ich Zarathustra suchte!«

Also sprach der Greis und blickte scharfen Auges den an, welcher vor ihm stand; Zarathustra aber ergriff die Hand des alten Papstes und betrachtete sie lange mit Bewunderung.

»Siehe da, du Ehrwürdiger«, sagte er dann, »welche schöne und lange Hand! Das ist die Hand eines solchen, der immer Segen ausgeteilt hat. Nun aber hält sie den fest, welchen du suchst, mich, Zarathustra.

Ich bin's, der gottlose Zarathustra, der da spricht: wer ist gottloser als ich, daß ich mich seiner Unterweisung freue?« –

Also sprach Zarathustra und durchbohrte mit seinen Blicken die Gedanken und Hintergedanken des alten Papstes. Endlich begann dieser:

»Wer ihn am meisten liebte und besaß, der hat ihn nun am meisten auch verloren –:

– siehe, ich selber bin wohl von uns beiden jetzt der Gottlosere? Aber wer könnte daran sich freuen!« –

– »Du dientest ihm bis zuletzt«, fragte Zarathustra nachdenklich, nach einem tiefen Schweigen, »du weißt, *wie* er starb! Ist es wahr, was man spricht, daß ihn das Mitleiden erwürgte,

– daß er es sah, wie *der Mensch* am Kreuze hing, und es nicht ertrug, daß die Liebe zum Menschen seine Hölle und zuletzt sein Tod wurde?« –

Der alte Papst aber antwortete nicht, sondern blickte scheu und mit einem schmerzlichen und düsteren Ausdrucke zur Seite.

»Laß ihn fahren«, sagte Zarathustra nach einem langen Nachdenken, indem er immer noch dem alten Manne gerade ins Auge blickte.

»Laß ihn fahren, er ist dahin. Und ob es dich auch ehrt, daß du diesem Toten nur Gutes nachredest, so weißt du so gut als ich, *wer* er war; und daß er wunderliche Wege ging.«

»Unter drei Augen gesprochen«, sagte erheitert der alte Papst (denn er war auf einem Auge blind), »in Dingen Gottes bin ich aufgeklärter als Zarathustra selber – und darf es sein.

Meine Liebe diente ihm lange Jahre, mein Wille ging allem seinem Willen nach. Ein guter Diener aber weiß alles, und mancherlei auch, was sein Herr sich selbst verbirgt.

Es war ein verborgener Gott, voller Heimlichkeit. Wahrlich zu einem Sohne sogar kam er nicht anders als auf Schleichwegen. An der Tür seines Glaubens steht der Ehebruch.

Wer ihn als einen Gott der Liebe preist, denkt nicht hoch genug von der Liebe selber. Wollte dieser Gott nicht auch Richter sein? Aber der Liebende liebt jenseits von Lohn und Vergeltung.

Als er jung war, dieser Gott aus dem Morgenlande, da war er hart und rachsüchtig und erbaute sich eine Hölle zum Ergötzen seiner Lieblinge.

Endlich aber wurde er alt und weich und mürbe und mitleidig, einem Großvater ähnlicher als einem Vater, am ähnlichsten aber einer wackeligen alten Großmutter.

Da saß er, welk, in seinem Ofenwinkel, härmte sich ob seiner schwachen Beine, weltmüde, willensmüde, und erstickte eines Tages an seinem allzugroßen Mitleiden.« –

»Du alter Papst«, sagte hier Zarathustra dazwischen, »hast du *das* mit Augen angesehn? Es könnte wohl so abgegangen sein: so, *und* auch anders. Wenn Götter sterben, sterben sie immer viele Arten Todes.

Aber wohlan! So oder so, so und so – er ist dahin! Er ging meinen Ohren und Augen wider den Geschmack, Schlimmeres möchte ich ihm nicht nachsagen.

Ich liebe alles, was hell blickt und redlich redet. Aber er – du weißt es ja, du alter Priester, es war etwas von deiner Art an ihm, von Priester-Art – er war vieldeutig.

Er war auch undeutlich. Was hat er uns darob gezürnt, dieser Zornschnauber, daß wir ihn schlecht verstünden! Aber warum sprach er nicht reinlicher?

Und lag es an unsern Ohren, warum gab er uns Ohren, die ihn schlecht hörten? War Schlamm in unsern Ohren, wohlan! wer legte ihn hinein?

Zu vieles mißriet ihm, diesem Töpfer, der nicht ausgelernt hatte! Daß er aber Rache an seinen Töpfen und Geschöpfen nahm, dafür daß sie ihm schlecht gerieten – das war eine Sünde wider den *guten Geschmack*.

Es gibt auch in der Frömmigkeit guten Geschmack: der sprach endlich: ›Fort mit einem *solchen* Gotte! Lieber keinen Gott, lieber auf eigne Faust Schicksal machen, lieber Narr sein, lieber selber Gott sein!‹«

– »Was höre ich!« sprach hier der alte Papst mit gespitzten Ohren; »o Zarathustra, du bist frömmer, als du glaubst, mit einem solchen Unglauben! Irgendein Gott in dir bekehrte dich zu deiner Gottlosigkeit.

Ist es nicht deine Frömmigkeit selber, die dich nicht mehr

an einen Gott glauben läßt? Und deine übergroße Redlichkeit wird dich auch noch jenseits von Gut und Böse wegführen!

Siehe doch, was blieb dir aufgespart? Du hast Augen und Hand und Mund, die sind zum Segnen vorherbestimmt seit Ewigkeit. Man segnet nicht mit der Hand allein.

In deiner Nähe, ob du schon der Gottloseste sein willst, wittere ich einen heimlichen Weih- und Wohlgeruch von langen Segnungen: mir wird wohl und wehe dabei.

Laß mich dein Gast sein, o Zarathustra, für eine einzige Nacht! Nirgends auf Erden wird es mir jetzt wohler als bei dir!« –

»Amen! So soll es sein!« sprach Zarathustra mit großer Verwunderung, »dort hinauf führt der Weg, da liegt die Höhle Zarathustras.

Gerne, fürwahr, würde ich dich selber dahin geleiten, du Ehrwürdiger, denn ich liebe alle frommen Menschen. Aber jetzt ruft mich eilig ein Notschrei weg von dir.

In meinem Bereiche soll mir niemand zu Schaden kommen; meine Höhle ist ein guter Hafen. Und am liebsten möchte ich jedweden Traurigen wieder auf festes Land und feste Beine stellen.

Wer aber nähme dir *deine* Schwermut von der Schulter? Dazu bin ich zu schwach. Lange, wahrlich, möchten wir warten, bis dir einer deinen Gott wieder aufweckt.

Dieser alte Gott lebt nämlich nicht mehr: der ist gründlich tot.« –

Also sprach Zarathustra.

DER HÄSSLICHSTE MENSCH

– Und wieder liefen Zarathustras Füße durch Berge und Wälder, und seine Augen suchten und suchten, aber nirgends war der zu sehen, welchen sie sehn wollten, der große Notleidende und Notschreiende. Auf dem ganzen Wege aber frohlockte er in seinem Herzen und war dankbar. »Welche guten Dinge«, sprach er, »schenkte mir doch dieser Tag, zum Entgelt, daß er schlimm begann! Welche seltsamen Unterredner fand ich!

An deren Worten will ich lange nun kauen gleich als an guten Körnern; klein soll mein Zahn sie mahlen und malmen, bis sie mir wie Milch in die Seele fließen!« –

Als aber der Weg wieder um einen Felsen bog, veränderte sich mit einem Male die Landschaft, und Zarathustra trat in ein Reich des Todes. Hier starrten schwarze und rote Klippen empor: kein Gras, kein Baum, keine Vogelstimme. Es war nämlich ein Tal, welches alle Tiere mieden, auch die Raubtiere; nur daß eine Art häßlicher, dicker, grüner Schlangen, wenn sie alt wurden, hierher kamen, um zu sterben. Darum nannten dies Tal die Hirten: Schlangen-Tod.

Zarathustra aber versank in eine schwarze Erinnerung, denn ihm war, als habe er schon einmal in diesem Tal gestanden. Und vieles Schwere legte sich ihm über den Sinn: also, daß er langsam ging und immer langsamer und endlich still stand. Da aber sahe er, als er die Augen auftat, etwas, das am Wege saß, gestaltet wie ein Mensch, und kaum wie ein Mensch, etwas Unaussprechliches. Und mit einem Schlage überfiel Zarathustra die große Scham darob, daß er so etwas mit den Augen angesehen habe: errötend bis hinauf an sein weißes Haar, wandte er den Blick ab und hob den Fuß, daß er diese schlimme Stelle verlasse. Da aber wurde die tote Öde laut: vom Boden auf nämlich quoll es gurgelnd und röchelnd, wie Wasser nachts durch verstopfte Wasser-Röhren gurgelt und röchelt; und zuletzt wurde daraus eine Menschen-Stimme und Menschen-Rede – die lautete also:

»Zarathustra! Zarathustra! Rate mein Rätsel! Sprich, sprich! Was ist *die Rache am Zeugen?*

Ich locke dich zurück, hier ist glattes Eis! Sieh zu, sieh zu, ob dein Stolz sich hier nicht die Beine bricht!

Du dünkst dich weise, du stolzer Zarathustra! So rate doch das Rätsel, du harter Nüsseknacker – das Rätsel, das ich bin! So sprich doch: wer bin *ich*!«

– Als aber Zarathustra diese Worte gehört hatte – was glaubt ihr wohl, daß sich da mit seiner Seele zutrug? *Das*

Mitleiden fiel ihn an; und er sank mit einem Male nieder, wie ein Eichbaum, der lange vielen Holzschlägen widerstanden hat – schwer, plötzlich, zum Schrecken selber für die, welche ihn fällen wollten. Aber schon stand er wieder vom Boden auf, und sein Antlitz wurde hart.

»Ich erkenne dich wohl«, sprach er mit einer erzenen Stimme: »*du bist der Mörder Gottes!* Laß mich gehn.

Du *ertrugst* den nicht, der *dich* sah – der dich immer und durch und durch sah, du häßlichster Mensch! Du nahmst Rache an diesem Zeugen!«

Also sprach Zarathustra und wollte davon; aber der Unaussprechliche faßte nach einem Zipfel seines Gewandes und begann von neuem zu gurgeln und nach Worten zu suchen, »Bleib!« sagte er endlich –

»– bleib! Geh nicht vorüber! Ich erriet, welche Axt dich zu Boden schlug: Heil dir, o Zarathustra, daß du wieder stehst!

Du errietest, ich weiß es gut, wie dem zumute ist, der ihn tötete – dem Mörder Gottes. Bleib! Setze dich her zu mir, es ist nicht umsonst.

Zu wem wollte ich, wenn nicht zu dir? Bleib, setze dich! Blicke mich aber nicht an! Ehre also – meine Häßlichkeit!

Sie verfolgen mich: nun bist *du* meine letzte Zuflucht. *Nicht* mit ihrem Hasse, *nicht* mit ihren Häschern – o solcher Verfolgung würde ich spotten und stolz und froh sein!

War nicht aller Erfolg bisher bei den Gut-Verfolgten? Und wer gut verfolgt, lernt leicht *folgen* – ist er doch einmal – hinterher! Aber ihr *Mitleid* ist's –

– ihr Mitleid ist's, vor dem ich flüchte und dir zuflüchte. O Zarathustra, schütze mich, du meine letzte Zuflucht, du einziger, der mich erriet:

– du errietest, wie dem zumute ist, welcher *ihn* tötete. Bleib! Und willst du gehn, du Ungeduldiger: geh nicht den Weg, den ich kam. *Der* Weg ist schlecht.

Zürnst du mir, daß ich zu lange schon rede-radebreche? Daß ich schon dir rate? Aber wisse, ich bin's, der häßlichste Mensch.

– der auch die größten schwersten Füße hat. Wo *ich* ging, ist der Weg schlecht. Ich trete alle Wege tot und zuschanden.

Daß du aber an mir vorübergingst, schweigend; daß du errötetest, ich sah es wohl: daran erkannte ich dich als Zarathustra.

Jedweder andere hätte mir sein Almosen zugeworfen, sein Mitleiden, mit Blick und Rede. Aber dazu – bin ich nicht Bettler genug, das errietest du –

– dazu bin ich zu *reich*, reich an Großem, an Furchtbarem, am Häßlichsten, am Unaussprechlichsten! Deine Scham, o Zarathustra, *ehrte* mich!

Mit Not kam ich heraus aus dem Gedräng der Mitleidigen – daß ich den einzigen fände, der heute lehrt ›Mitleiden ist zudringlich‹ – dich, o Zarathustra!

– sei es eines Gottes, sei es der Menschen Mitleiden: Mitleiden geht gegen die Scham. Und Nicht-helfen-wollen kann vornehmer sein als jene Tugend, die zuspringt.

Das aber heißt heute Tugend selber bei allen kleinen Leuten, das Mitleiden – die haben keine Ehrfurcht vor großem Unglück, vor großer Häßlichkeit, vor großem Mißraten.

Über diese alle blicke ich hinweg, wie ein Hund über die Rücken wimmelnder Schafherden wegblickt. Es sind kleine wohlwollige wohlwillige graue Leute.

Wie ein Reiher verachtend über flache Teiche wegblickt, mit zurückgelegtem Kopfe: so blicke ich über das Gewimmel grauer kleiner Wellen und Willen und Seelen weg.

Zu lange hat man ihnen recht gegeben, diesen kleinen Leuten: so gab man ihnen endlich auch die Macht – nun lehren sie: ›gut ist nur, was kleine Leute gutheißen‹.

Und ›Wahrheit‹ heißt heute, was der Prediger sprach, der selber aus ihnen herkam, jener wunderliche Heilige und Fürsprecher der kleinen Leute, welcher von sich zeugt ›ich – bin die Wahrheit‹.

Dieser Unbescheidne macht nun lange schon den kleinen Leuten den Kamm hoch schwellen – er, der keinen kleinen Irrtum lehrte, als er lehrte ›ich – bin die Warheit‹.

Ward einem Unbescheidnen jemals höflicher geantwortet? – Du aber, o Zarathustra, gingst an ihm vorüber und sprachst: ›Nein! Nein! Dreimal nein!‹

Du warntest vor seinem Irrtum, du warntest als der erste

vor dem Mitleiden – nicht alle, nicht keinen, sondern dich und deine Art.

Du schämst dich an der Scham des großen Leidenden; und wahrlich, wenn du sprichst ›von dem Mitleiden her kommt eine große Wolke, habt acht, ihr Menschen!‹

– wenn du lehrst ›alle Schaffenden sind hart, alle große Liebe ist über ihrem Mitleiden‹: o Zarathustra, wie gut dünkst du mich eingelernt auf Wetter-Zeichen!

Du selber aber – warne dich selber auch vor *deinem* Mitleiden! Denn viele sind zu dir unterwegs, viele Leidende, Zweifelnde, Verzweifelnde, Ertrinkende, Frierende –

Ich warne dich auch vor mir. Du errietest mein bestes, schlimmstes Rätsel, mich selber und was ich tat. Ich kenne die Axt, die dich fällt.

Aber er – *mußte* sterben: er sah mit Augen, welche *alles* sahn – er sah des Menschen Tiefen und Gründe, alle seine verhehlte Schmach und Häßlichkeit.

Sein Mitleiden kannte keine Scham: er kroch in meine schmutzigsten Winkel. Dieser Neugierigste, Über-Zudringliche, Über-Mitleidige mußte sterben.

Er sah immer *mich*: an einem solchen Zeugen wollte ich Rache haben – oder selber nicht leben.

Der Gott, der alles sah, *auch den Menschen*: dieser Gott mußte sterben! Der Mensch *erträgt* es nicht, daß solch ein Zeuge lebt.«

Also sprach der häßlichste Mensch. Zarathustra aber erhob sich und schickte sich an fortzugehn: denn ihn fröstelte bis in seine Eingeweide.

»Du Unaussprechlicher«, sagte er, »du warntest mich vor deinem Wege. Zum Danke dafür lobe ich dir den meinen. Siehe, dort hinauf liegt die Höhle Zarathustras.

Meine Höhle ist groß und tief und hat viele Winkel; da findet der Versteckteste sein Versteck.

Und dich bei ihr sind hundert Schlüpfe und Schliche für kriechendes, flatterndes und springendes Getier.

Du Ausgestoßener, der du dich selber ausstießest, du willst nicht unter Menschen und Menschen-Mitleid wohnen? Wohlan, so tu's mir gleich! So lernst du auch von mir; nur der Täter lernt.

Und rede zuerst und -nächst mit meinen Tieren! Das stolzeste Tier und das klügste Tier – die möchten uns beiden wohl die rechten Ratgeber sein!« – –

Also sprach Zarathustra und ging seiner Wege, nachdenklicher und langsamer noch als zuvor: denn er fragte sich vieles und wußte sich nicht leicht zu antworten.

»Wie arm ist doch der Mensch!« dachte er in seinem Herzen, »wie häßlich, wie röchelnd, wie voll verborgener Scham!

Man sagt mir, daß der Mensch sich selber liebe: ach, wie groß muß diese Selber-Liebe sein! Wie viel Verachtung hat sie wider sich!

Auch dieser da liebte sich, wie er sich verachtete – ein großer Liebender ist er mir und ein großer Verächter.

Keinen fand ich noch, der sich tiefer verachtet hätte: auch *das* ist Höhe. Wehe, war *der* vielleicht der höhere Mensch, dessen Schrei ich hörte?

Ich liebe die großen Verachtenden. Der Mensch aber ist etwas, das überwunden werden muß.« – –

DER FREIWILLIGE BETTLER

Als Zarathustra den häßlichsten Menschen verlassen hatte, fror ihn, und er fühlte sich einsam: es ging ihm nämlich vieles Kalte und Einsame durch die Sinne, also, daß darob auch seine Glieder kälter wurden. Indem er aber weiter und weiter stieg, hinauf, hinab, bald an grünen Weiden vorbei, aber auch über wilde steinichte Lager, wo ehedem wohl ein ungeduldiger Bach sich zu Bett gelegt hatte: da wurde ihm mit einem Male wieder wärmer und herzlicher zu Sinne.

»Was geschah mir doch?« fragte er sich, »etwas Warmes und Lebendiges erquickt mich, das muß in meiner Nähe sein.

Schon bin ich weniger allein; unbewußte Gefährten und Brüder schweifen um mich, ihr warmer Atem rührt an meine Seele.«

Als er aber um sich spähte und nach den Tröstern seiner Einsamkeit suchte: siehe, da waren es Kühe, welche auf einer Anhöhe beieinanderstanden; deren Nähe und Geruch hatten sein Herz erwärmt. Diese Kühe aber schienen mit Eifer einem Redenden zuzuhören und gaben nicht auf den acht, der herankam. Wie aber Zarathustra ganz in ihrer Nähe war, hörte er deutlich, daß eine Menschen-Stimme aus der Mitte der Kühe heraus redete; und ersichtlich hatten sie allesamt ihre Köpfe dem Redenden zugedreht.

Da sprang Zarathustra mit Eifer hinauf und drängte die Tiere auseinander, denn er fürchtete, daß hier jemandem ein Leids geschehn sei, welchem schwerlich das Mitleid von Kühen abhelfen mochte. Aber darin hatte er sich getäuscht; denn siehe, da saß ein Mensch auf der Erde und schien den Tieren zuzureden, daß sie keine Scheu vor ihm haben sollten, ein friedfertiger Mensch und Berg-Prediger, aus dessen Augen die Güte selber predigte. »Was suchst du hier?« rief Zarathustra mit Befremden.

»Was ich hier suche?« antwortete er: »dasselbe, was du suchst, du Störenfried! nämlich das Glück auf Erden.

Dazu aber möchte ich von diesen Kühen lernen. Denn, weißt du wohl, einen halben Morgen schon rede ich ihnen zu, und eben wollten sie mir Bescheid geben. Warum störst du sie?

So wir nicht umkehren und werden wie die Kühe, so kommen wir nicht in das Himmelreich. Wir sollten ihnen nämlich eins ablernen: das Wiederkäuen.

Und wahrlich, wenn der Mensch auch die ganze Welt gewönne und lernte das eine nicht, das Wiederkäuen: was hülfe es! Er würde nicht seine Trübsal los.

– seine große Trübsal: die aber heißt heute *Ekel*. Wer hat heute von Ekel nicht Herz, Mund und Augen voll? Auch du! Auch du! Aber siehe doch diese Kühe an!« –

Also sprach der Berg-Prediger und wandte dann seinen eignen Blick Zarathustra zu – denn bisher hing er mit Liebe an den Kühen –: da aber verwandelte er sich. »Wer ist das, mit dem ich rede?« rief er erschreckt und sprang vom Boden empor.

»Dies ist der Mensch ohne Ekel, dies ist Zarathustra selber, der Überwinder des großen Ekels, dies ist das Auge, dies ist der Mund, dies ist das Herz Zarathustras selber.«

Und indem er also sprach, küßte er dem, zu welchem er redete, die Hände, mit überströmenden Augen, und gebärdete sich ganz als einer, dem ein kostbares Geschenk und Kleinod unversehens vom Himmel fällt. Die Kühe aber schauten dem allen zu und wunderten sich.

»Sprich nicht von mir, du Wunderlicher! Lieblicher!« sagte Zarathustra und wehrte seiner Zärtlichkeit, »sprich mir erst von dir! Bist du nicht der freiwillige Bettler, der einst einen großen Reichtum von sich warf, –

– der sich seines Reichtums schämte und der Reichen, und zu den Ärmsten floh, daß er ihnen seine Fülle und sein Herz schenke? Aber sie nahmen ihn nicht an.«

»Aber sie nahmen mich nicht an«, sagte der freiwillige Bettler, »du weißt es ja. So ging ich endlich zu den Tieren und zu diesen Kühen.«

»Da lerntest du«, unterbrach Zarathustra den Redenden, »wie es schwerer ist, recht geben als recht nehmen, und daß gut schenken eine *Kunst* ist und die letzte listigste Meister-Kunst der Güte.«

»Sonderlich heutzutage«, antwortete der freiwillige Bettler: »heute nämlich, wo alles Niedrige aufständisch ward und scheu und auf seine Art hoffärtig: nämlich auf Pöbel-Art.

Denn es kam die Stunde, du weißt es ja, für den großen schlimmen langen langsamen Pöbel- und Sklaven-Aufstand: der wächst und wächst!

Nun empört die Niedrigen alles Wohltun und kleine Weggeben; und die Überreichen mögen auf der Hut sein!

Wer heute gleich bauchichten Flaschen tröpfelt aus allzuschmalen Hälsen – solchen Flaschen bricht man heute gern den Hals.

Lüsterne Gier, gallichter Neid, vergrämte Rachsucht, Pöbel-Stolz: das sprang mir alles ins Gesicht. Es ist nicht mehr wahr, daß die Armen selig sind. Das Himmelreich aber ist bei den Kühen.«

»Und warum ist es nicht bei den Reichen?« fragte Zarathustra versuchend, während er den Kühen wehrte, die den Friedfertigen zutraulich anschnauften.

»Was versuchst du mich?« antwortete dieser. »Du weißt es selber besser noch als ich. Was trieb mich doch zu den Ärmsten, o Zarathustra? War es nicht der Ekel vor unsern Reichsten?

– vor den Sträflingen des Reichtums, welche sich ihren Vorteil aus jedem Kehricht auflesen, mit kalten Augen, geilen Gedanken, vor diesem Gesindel, das gen Himmel stinkt,

– vor diesem vergüldeten, verfälschten Pöbel, dessen Väter Langfinger oder Aasvögel oder Lumpensammler waren, mit Weibern willfährig, lüstern, vergeßlich – sie haben's nämlich alle nicht weit zur Hure –

Pöbel oben, Pöbel unten! Was ist heute noch ›arm‹ und ›reich‹! Diesen Unterschied verlernte ich – da floh ich davon, weiter, immer weiter, bis ich zu diesen Kühen kam.«

Also sprach der Friedfertige und schnaufte selber und schwitzte bei seinen Worten: also daß die Kühe sich von neuem wunderten. Zarathustra aber sah ihm immer mit Lächeln ins Gesicht, als er so hart redete, und schüttelte dazu schweigend den Kopf.

»Du tust dir Gewalt an, du Berg-Prediger, wenn du solche harte Worte brauchst. Für solche Härte wuchs dir nicht der Mund, nicht das Auge.

Auch, wie mich dünkt, dein Magen selber nicht: *dem* widersteht all solches Zürnen und Hassen und Überschäumen. Dein Magen will sanftere Dinge: du bist kein Fleischer.

Vielmehr dünkst du mich ein Pflanzler und Wurzelmann. Vielleicht malmst du Körner. Sicherlich aber bist du fleischlichen Freuden abhold und liebst den Honig.«

»Du errietest mich gut«, antwortete der freiwillige Bettler mit erleichtertem Herzen. »Ich liebe den Honig, ich malme auch Körner, denn ich suchte, was lieblich mundet und reinen Atem macht:

– auch was lange Zeit braucht, ein Tag- und Maul-Werk für sanfte Müßiggänger und Tagediebe.

Am weitesten freilich brachten es diese Kühe: die erfanden sich das Wiederkäuen und In-der-Sonne-Liegen. Auch enthalten sie sich aller schweren Gedanken, welche das Herz blähn.«

– »Wohlan!« sagte Zarathustra, »du sollst auch *meine*

Tiere sehn, meinen Adler und meine Schlange – ihresgleichen gibt es heute nicht auf Erden.

Siehe, dorthin führt der Weg zu meiner Höhle: sei diese Nacht ihr Gast. Und rede mit meinen Tieren vom Glück der Tiere, –

– bis ich selber heimkomme. Denn jetzt ruft ein Notschrei mich eilig weg von dir. Auch findest du neuen Honig bei mir, eisfrischen Waben-Goldhonig: den iß!

Jetzt aber nimm flugs Abschied von deinen Kühen, du Wunderlicher! Lieblicher! ob es dir schon schwer werden mag. Denn es sind deine wärmsten Freunde und Lehrmeister!« –

»– Einen ausgenommen, den ich noch lieber habe«, antwortete der freiwillige Bettler. »Du selber bist gut, und besser noch als eine Kuh, o Zarathustra!«

»Fort, fort mit dir! du arger Schmeichler!« schrie Zarathustra mit Bosheit, »was verdirbst du mich mit solchem Lob- und Schmeichel-Honig?«

»Fort, fort von mir!« schrie er noch einmal und schwang seinen Stock nach dem zärtlichen Bettler: der aber lief hurtig davon.

DER SCHATTEN

Kaum aber war der freiwillige Bettler davongelaufen und Zarathustra wieder mit sich allein, da hörte er hinter sich eine neue Stimme, die rief: »Halt Zarathustra! So warte doch! ich bin's ja, o Zarathustra, ich, dein Schatten!« Aber Zarathustra wartete nicht, denn ein plötzlicher Verdruß überkam ihn ob des vielen Zudrangs und Gedrängs in seinen Bergen. »Wo ist meine Einsamkeit hin?« sprach er.

»Es wird mir wahrlich zu viel; dies Gebirge wimmelt, mein Reich ist nicht mehr von *dieser* Welt, ich brauche neue Berge.

Mein Schatten ruft mich? Was liegt an meinem Schatten! Mag er mir nachlaufen! ich – laufe ihm davon.«

Also sprach Zarathustra zu seinem Herzen und lief davon. Aber der, welcher hinter ihm war, folgte ihm nach: so daß alsbald drei Laufende hintereinander her waren, nämlich voran der freiwillige Bettler, dann Zarathustra und zudritt und -hinterst sein Schatten. Nicht lange liefen sie so, da kam Zarathustra zur Besinnung über seine Torheit und schüttelte mit *einem* Rucke allen Verdruß und Überdruß von sich.

»Wie!« sprach er, »geschahen nicht von je die lächerlichsten Dinge bei uns alten Einsiedlern und Heiligen?

Wahrlich, meine Torheit wuchs hoch in den Bergen! Nun höre ich sechs alte Narren-Beine hintereinander her klappern!

Darf aber Zarathustra sich wohl vor einem Schatten fürchten? Auch dünkt mich zu guter Letzt, daß er längere Beine hat als ich.«

Also sprach Zarathustra, lachend mit Augen und Eingeweiden, blieb stehen und drehte sich schnell herum – und siehe, fast warf er dabei seinen Nachfolger und Schatten zu Boden: so dicht schon folgte ihm derselbe auf den Fersen, und so schwach war er auch. Als er ihn nämlich mit Augen prüfte, erschrak er wie vor einem plötzlichen Gespenste: so dünn, schwärzlich, hohl und überlebt sah dieser Nachfolger aus.

»Wer bist du?« fragte Zarathustra heftig, »was treibst du hier? Und weshalb heißest du dich meinen Schatten? Du gefällst mir nicht.«

»Vergib mir«, antwortete der Schatten, »daß ich's bin; und wenn ich dir nicht gefalle, wohlan, o Zarathustra! darin lobe ich dich und deinen guten Geschmack.

Ein Wanderer bin ich, der viel schon hinter deinen Fersen herging: immer unterwegs, aber ohne Ziel, auch ohne Heim: also daß mir wahrlich wenig zum Ewigen Juden fehlt, es sei denn, daß ich nicht ewig und auch nicht Jude bin.

Wie? Muß ich immerdar unterwegs sein? Von jedem Winde gewirbelt, unstet, fortgetrieben? O Erde, du wardst mir zu rund!

Auf jeder Oberfläche saß ich schon, gleich müdem Staube schlief ich ein auf Spiegeln und Fensterscheiben: alles nimmt von mir, nichts gibt, ich werde dünn – fast gleiche ich einem Schatten.

Dir aber, o Zarathustra, flog und zog ich am längsten nach, und, verbarg ich mich schon vor dir, so war ich doch dein bester Schatten: wo du nur gesessen hast, saß ich auch.

Mit dir bin ich in fernsten, kältesten Welten umgegangen, einem Gespenste gleich, das freiwillig über Winterdächer und Schnee läuft.

Mit dir strebte ich in jedes Verbotene, Schlimmste, Fernste: und wenn irgend etwas an mir Tugend ist, so ist es, daß ich vor keinem Verbote Furcht hatte.

Mir dir zerbrach ich, was je mein Herz verehrte, alle Grenzsteine und Bilder warf ich um, den gefährlichsten Wünschen lief ich nach – wahrlich, über jedwedes Verbrechen lief ich einmal hinweg.

Mit dir verlernte ich den Glauben an Worte und Werte und große Namen. Wenn der Teufel sich häutet, fällt da nicht auch sein Name ab? Der ist nämlich auch Haut. Der Teufel selber ist vielleicht – Haut.

›Nichts ist wahr, alles ist erlaubt‹: so sprach ich mir zu. In die kältesten Wasser stürzte ich mich, mit Kopf und Herzen. Ach, wie oft stand ich darob nackt als roter Krebs da!

Ach, wohin kam mir alles Gute und alle Scham und aller Glaube an die Guten! Ach, wohin ist jene verlogne Unschuld, die ich einst besaß, die Unschuld der Guten und ihrer edlen Lügen!

Zu oft, wahrlich, folgte ich der Wahrheit dicht auf dem Fuße: da trat sie mir vor den Kopf. Manchmal meinte ich zu lügen, und siehe! da erst traf ich – die Wahrheit.

Zu viel klärte sich mir auf: nun geht es mich nichts mehr an. Nichts lebt mehr, das ich liebe – wie sollte ich noch mich selber lieben?

›Leben, wie ich Lust habe, oder gar nicht leben‹: so will ich's, so will's auch der Heiligste. Aber, wehe! wie habe *ich* noch – Lust?

Habe *ich* noch ein Ziel? Einen Hafen, nach dem *mein* Segel läuft?

Einen guten Wind? Ach, nur wer weiß, *wohin* er fährt, weiß auch, welcher Wind gut und sein Fahrwind ist.

Was blieb mir noch zurück? Ein Herz, müde und frech; ein unsteter Wille; Flatter-Flügel; ein zerbrochnes Rückgrat.

Dieses Suchen nach *meinem* Heim: o Zarathustra, weißt du wohl, dies Suchen war *meine* Heimsuchung, es frißt mich auf.

Wo ist – *mein* Heim? Darnach frage und suche und suchte ich, das fand ich nicht. O ewiges Überall, o ewiges Nirgendwo, o ewiges – Umsonst!«

Also sprach der Schatten, und Zarathustras Gesicht verlängerte sich bei seinen Worten. »Du bist mein Schatten!« sagte er endlich, mit Traurigkeit.

»Deine Gefahr ist keine kleine, du freier Geist und Wanderer! Du hast einen schlimmen Tag gehabt: sieh zu, daß dir nicht noch ein schlimmerer Abend kommt!

Solchen Unsteten, wie du, dünkt zuletzt auch ein Gefängnis selig. Sahst du je, wie eingefangne Verbrecher schlafen? Sie schlafen ruhig, sie genießen ihre neue Sicherheit.

Hüte dich, daß dich nicht am Ende noch ein enger Glaube einfängt, ein harter, strenger Wahn! Dich nämlich verführt und versucht nunmehr jegliches, das eng und fest ist.

Du hast das Ziel verloren: wehe, wie wirst du diesen Verlust verscherzen und verschmerzen? Damit – hast du auch den Weg verloren!

Du armer Schweifender, Schwärmender, du müder Schmetterling! willst du diesen Abend eine Rast und Heimstätte haben? So gehe hinauf zu meiner Höhle!

Dorthin führt der Weg zu meiner Höhle. Und jetzo will ich schnell wieder von dir davonlaufen. Schon liegt es wie ein Schatten auf mir.

Ich will allein laufen, daß es wieder hell um mich werde. Dazu muß ich noch lange lustig auf den Beinen sein. Des Abends aber wird bei mir – getanzt!« – –

Also sprach Zarathustra.

MITTAGS

– Und Zarathustra lief und lief und fand niemanden mehr und war allein und fand immer wieder sich und genoß und schlürfte seine Eimsamkeit und dachte an gute Dinge, – stundenlang. Um die Stunde des Mittags aber, als die Sonne gerade über Zarathustras Haupte stand, kam er an einem alten krummen und knorrichten Baume vorbei, der von der reichen Liebe eines Weinstocks rings umarmt und vor sich selber verborgen war: von dem hingen gelbe Trauben in Fülle dem Wandernden entgegen. Da gelüstete ihn, einen kleinen Durst zu löschen und sich eine Traube abzubrechen; als er aber schon den Arm dazu ausstreckte, da gelüstete ihn etwas anderes noch mehr: nämlich sich neben den Baum niederzulegen, um die Stunde des vollkommenen Mittags, und zu schlafen.

Dies tat Zarathustra; und sobald er auf dem Boden lag, in der Stille und Heimlichkeit des bunten Grases, hatte er auch schon seinen kleinen Durst vergessen und schlief ein. Denn, wie das Sprichwort Zarathustras sagt: eins ist notwendiger als das andre. Nur daß seine Augen offen blieben – sie wurden nämlich nicht satt, den Baum und die Liebe des Weinstocks zu sehn und zu preisen.

Im Einschlafen aber sprach Zarathustra also zu seinem Herzen:

»Still! Still! Ward die Welt nicht eben vollkommen? Was geschieht mir doch?

Wie ein zierlicher Wind, ungesehn, auf getäfeltem Meere tanzt, leicht, federleicht: so – tanzt der Schlaf auf mir.

Kein Auge drückt er mir zu, die Seele läßt er mir wach. Leicht ist er, wahrlich! federleicht.

Er überredet mich, ich weiß nicht wie? er betupft mich inwendig mit schmeichelnder Hand, er zwingt mich. Ja, er zwingt mich, daß meine Seele sich ausstreckt: –

– wie sie mir lang und müde wird, meine wunderliche Seele! Kam ihr eines siebenten Tages Abend gerade am

Mittage? Wandelte sie zu lange schon selig zwischen guten und reifen Dingen?

Sie streckt sich lang aus, lang – länger! sie liegt stille, meine wunderliche Seele. Zu viel Gutes hat sie schon geschmeckt, diese goldene Traurigkeit drückt sie, sie verzieht den Mund.

– Wie ein Schiff, das in seine stillste Bucht einlief – nun lehnt es sich an die Erde, der langen Reisen müde und der ungewissen Meere. Ist die Erde nicht treuer?

Wie solch ein Schiff sich dem Lande anlegt, anschmiegt – da genügt's, daß eine Spinne vom Lande her zu ihm ihren Faden spinnt. Keiner stärkeren Taue bedarf es da.

Wie solch ein müdes Schiff in der stillsten Bucht: so ruhe auch ich nun der Erde nahe, treu, zutrauend, wartend, mit den leisesten Fäden ihr angebunden.

O Glück! O Glück! Willst du wohl singen, o meine Seele? Du liegst im Grase. Aber das ist die heimliche feierliche Stunde, wo kein Hirt seine Flöte bläst.

Scheue dich! Heißer Mittag schläft auf den Fluren. Singe nicht! Still! Die Welt ist vollkommen.

Singe nicht, du Gras-Geflügel, o meine Seele! Flüstere nicht einmal! Sieh doch – still! der alte Mittag schläft, er bewegt den Mund: trinkt er nicht eben einen Tropfen Glücks –

– einen alten braunen Tropfen goldenen Glücks, goldenen Weins? Es huscht über ihn hin, sein Glück lacht. So – lacht ein Gott. Still! –

– ›Zum Glück, wie wenig genügt schon zum Glücke!‹ So sprach ich einst und dünkte mich klug. Aber es war eine Lästerung: *das* lernte ich nun. Kluge Narrn reden besser.

Das wenigste gerade, das Leiseste, Leichteste, einer Eidechse Rascheln, ein Hauch, ein Husch, ein Augen-Blick – *wenig* macht die Art des *besten* Glücks. Still!

– Was geschah mir: Horch! Flog die Zeit wohl davon? Falle ich nicht? Fiel ich nicht – horch! in den Brunnen der Ewigkeit?

– Was geschieht mir? Still! Es sticht mich – wehe – ins Herz? Ins Herz! O zerbrich, zerbrich, Herz, nach solchem Glücke, nach solchem Stiche!

– Wie? Ward die Welt nicht eben vollkommen? Rund und reif? O des goldenen runden Reifs – wohin flieht er wohl? Laufe ich ihm nach! Husch!

Still – –« (und hier dehnte sich Zarathustra und fühlte, daß er schlafe).

»Auf!« sprach er zu sich selber, »du Schläfer! Du Mittagsschläfer! Wohlan, wohlauf, ihr alten Beine! Zeit ist's und Überzeit, manch gut Stück Wegs blieb euch noch zurück –

Nun schlieft ihr euch aus, wie lange doch? Eine halbe Ewigkeit! Wohlan, wohlauf nun, mein altes Herz! Wie lange erst darfst du nach solchem Schlaf – dich auswachen?«

(Aber da schlief er schon von neuem ein, und seine Seele sprach gegen ihn und wehrte sich und legte sich wieder hin) – »Laß mich doch! Still! Ward nicht die Welt eben vollkommen? O des goldnen runden Balls!« –

»Steh auf«, sprach Zarathustra, »du kleine Diebin, du Tagediebin! Wie? Immer noch sich strecken, gähnen, seufzen, hinunterfallen in tiefe Brunnen?

Wer bist du doch! O meine Seele!« (und hier erschrak er, denn ein Sonnenstrahl fiel vom Himmel herunter auf sein Gesicht.)

»O Himmel über mir«, sprach er seufzend und setzte sich aufrecht, »du schaust mir zu? Du horchst meiner wunderlichen Seele zu?

Wann trinkst du diesen Tropfen Taus, der auf alle Erden-Dinge niederfiel – wann trinkst du diese wunderliche Seele – – wann, Brunnen der Ewigkeit! du heiterer schauerlicher Mittags-Abgrund! wann trinkst du meine Seele in dich zurück?«

Also sprach Zarathustra und erhob sich von seinem Lager am Baume wie aus einer fremden Trunkenheit: und siehe, da stand die Sonne immer noch gerade über seinem Haupte. Es möchte aber einer daraus mit Recht abnehmen, daß Zarathustra damals nicht lange geschlafen habe.

DIE BEGRÜSSUNG

Am späten Nachmittage war es erst, daß Zarathustra, nach langem, umsonstigen Suchen und Umherstreifen, wieder zu seiner Höhle heimkam. Als er aber derselben gegenüberstand, nicht zwanzig Schritt mehr von ihr ferne, da geschah das, was er jetzt am wenigsten erwartete: von neuem hörte er den großen *Notschrei*. Und, erstaunlich! diesmal kam derselbige aus seiner eignen Höhle. Es war aber ein langer vielfältiger seltsamer Schrei, und Zarathustra unterschied deutlich, daß er sich aus vielen Stimmen zusammensetze: mochte er schon, aus der Ferne gehört, gleich dem Schrei aus einem einzigen Munde klingen.

Da sprang Zarathustra auf seine Höhle zu, und siehe! welches Schauspiel erwartete ihn erst nach diesem Hörspiele! Denn da saßen sie allesamt beieinander, an denen er des Tags vorübergegangen war: der König zur Rechten und der König zur Linken, der alte Zauberer, der Papst, der freiwillige Bettler, der Schatten, der Gewissenhafte des Geistes, der traurige Wahrsager und der Esel; der häßlichste Mensch aber hatte sich eine Krone aufgesetzt und zwei Purpurgürtel umgeschlungen – denn er liebte es, gleich allen Häßlichen, sich zu verkleiden und schön zu tun. Inmitten aber dieser betrübten Gesellschaft stand der Adler Zarathustras, gesträubt und unruhig, denn er sollte auf zu vieles antworten, wofür sein Stolz keine Antwort hatte; die kluge Schlange aber hing um seinen Hals.

Dies alles schaute Zarathustra mit großer Verwunderung; dann aber prüfte er jeden einzelnen seiner Gäste mit leutseliger Neugierde, las ihre Seelen ab und wunderte sich von neuem. Inzwischen hatten sich die Versammelten von ihren Sitzen erhoben und warteten mit Ehrfurcht, daß Zarathustra reden werde. Zarathustra aber sprach also:

»Ihr Verzweifelnden! Ihr Wunderlichen! Ich hörte also *euren* Notschrei? Und nun weiß ich auch, wo der zu suchen ist, den ich umsonst heute suchte: *der höhere Mensch* –:

– in meiner eignen Höhle sitzt er, der höhere Mensch!

Aber was wundere ich mich! Habe ich ihn nicht selber zu mir gelockt, durch Honig-Opfer und listige Lockrufe meines Glücks?

Doch dünkt mir, ihr taugt euch schlecht zur Gesellschaft, ihr macht einander das Herz unwirsch, ihr Notschreienden, wenn ihr hier beisammen sitzt? Es muß erst einer kommen,

– einer, der euch wieder lachen macht, ein guter fröhlicher Hanswurst, ein Tänzer und Wind und Wildfang, irgendein alter Narr: – was dünket euch?

Vergebt mir doch, ihr Verzweifelnden, daß ich vor euch mit solch kleinen Worten rede, unwürdig, wahrlich, solcher Gäste! Aber ihr erratet nicht, *was* mein Herz mutwillig macht: –

– ihr selber tut es und euer Anblick, vergebt es mir! Jeder nämlich wird mutig, der einem Verzweifelnden zuschaut. Einem Verzweifelnden zuzusprechen – dazu dünkt sich jeder stark genug.

Mir selber gabt ihr diese Kraft – eine gute Gabe, meine hohen Gäste! Ein rechtschaffnes Gastgeschenk! Wohlan, so zürnt nun nicht, daß ich euch auch vom Meinigen anbiete.

Dies hier ist mein Reich und meine Herrschaft: was aber mein ist, für diesen Abend und diese Nacht soll euer sein. Meine Tiere sollen euch dienen: meine Höhle sei eure Ruhestatt!

Bei mir zu Heim und Hause soll keiner verzweifeln, in meinem Reviere schütze ich jeden vor seinen wilden Tieren. Und das ist das erste, was ich euch anbiete: Sicherheit!

Das zweite aber ist: mein kleiner Finger. Und habt ihr *den* erst, so nehmt nur noch die ganze Hand, wohlan! und das Herz dazu! Willkommen hier, willkommen, meine Gastfreunde!«

Also sprach Zarathustra und lachte vor Liebe und Bosheit. Nach dieser Begrüßung verneigten sich seine Gäste abermals und schwiegen ehrfürchtig; der König zur Rechten aber antwortete ihm in ihrem Namen.

»Daran, o Zarathustra, wie du uns Hand und Gruß botest, erkennen wir dich als Zarathustra. Du erniedrigtest dich vor uns; fast tatest du unserer Ehrfurcht wehe –:

– wer aber vermöchte gleich dir sich mit solchem Stolze zu erniedrigen? *Das* richtet uns selber auf, ein Labsal ist es unsern Augen und Herzen.

Dies allein nur zu schaun, stiegen gern wir auf höhere Berge, als dieser Berg ist. Als Schaulustige nämlich kamen wir, wir wollten sehn, was trübe Augen hell macht.

Und siehe, schon ist es vorbei mit allem unsern Notschrein. Schon steht Sinn und Herz uns offen und ist entzückt. Wenig fehlt: und unser Mut wird mutwillig.

Nichts, o Zarathustra, wächst Erfreulicheres auf Erden als ein hoher starker Wille: der ist ihr schönstes Gewächs. Eine ganze Landschaft erquickt sich an *einem* solchen Baume.

Der Pinie vergleiche ich, wer gleich dir, o Zarathustra, aufwächst: lang, schweigend, hart, allein, besten biegsamsten Holzes, herrlich, –

– zuletzt aber hinausgreifend mit starken grünen Ästen nach *seiner* Herrschaft, starke Fragen fragend vor Winden und Wettern und was immer auf Höhen heimisch ist,

– stärker antwortend, ein Befehlender, ein Siegreicher: o wer sollte nicht, solche Gewächse zu schaun, auf hohe Berge steigen?

Deines Baumes hier, o Zarathustra, erlabt sich auch der Düstere, der Mißratene, an deinem Anblicke wird auch der Unstete sicher und heilt sein Herz.

Und wahrlich, zu deinem Berge und Baume richten sich heute viele Augen; eine große Sehnsucht hat sich aufgemacht, und manche lernten fragen: wer ist Zarathustra?

Und wem du jemals dein Lied und deinen Honig ins Ohr geträufelt: alle die Versteckten, die Einsiedler, die Zweisiedler sprachen mit einem Male zu ihrem Herzen:

›Lebt Zarathustra noch? Es lohnt sich nicht mehr zu leben, alles ist gleich, alles ist umsonst: oder – wir müssen mit Zarathustra leben!‹

›Warum kommt er nicht, der sich solange ankündigte?‹ also fragen viele; ›verschlang ihn die Einsamkeit? Oder sollen wir wohl zu ihm kommen?‹

Nun geschieht's, daß die Einsamkeit selber mürbe wird und zerbricht, einem Grabe gleich, das zerbricht und seine Toten nicht mehr halten kann. Überall sieht man Auferstandene.

Nun steigen und steigen die Wellen um deinen Berg, o Zarathustra. Und wie hoch auch deine Höhe ist, viele müssen zu dir hinauf; dein Nachen soll nicht lange mehr im Trocknen sitzen.

Und daß wir Verzweifelnde jetzt in deine Höhle kamen und schon nicht mehr verzweifeln: ein Wahr- und Vorzeichen ist es nur, davon, daß Bessere zu dir unterwegs sind, –

– denn er selber ist zu dir unterwegs, der letzte Rest Gottes unter Menschen, das ist: alle die Menschen der großen Sehnsucht, des großen Ekels, des großen Überdrusses,

– alle, die nicht leben wollen, oder sie lernen wieder *hoffen* – oder sie lernen von dir, o Zarathustra, die *große* Hoffnung!«

Also sprach der König zur Rechten und ergriff die Hand Zarathustras, um sie zu küssen; aber Zarathustra wehrte seiner Verehrung und trat erschreckt zurück, schweigend und plötzlich wie in weite Fernen entfliehend. Nach einer kleinen Weile aber war er schon wieder bei seinen Gästen, blickte sie mit hellen, prüfenden Augen an und sprach:

»Meine Gäste, ihr höheren Menschen, ich will deutsch und deutlich mit euch reden. Nicht auf *euch* wartete ich hier in diesen Bergen.«

(»Deutsch und deutlich? Daß Gott erbarm!« sagte hier der König zur Linken, beiseite; »man merkt, er kennt die lieben Deutschen nicht, dieser Weise aus dem Morgenlande!

Aber er meint ›deutsch und derb‹ – wohlan! Das ist heutzutage noch nicht der schlimmste Geschmack!«)

»Ihr mögt wahrlich insgesamt höhere Menschen sein«, fuhr Zarathustra fort, »aber für mich – seid ihr nicht hoch und stark genug.

Für mich, das heißt: für das Unerbittliche, das in mir schweigt, aber nicht immer schweigen wird. Und gehört ihr zu mir, so doch nicht als mein rechter Arm.

Wer nämlich selber auf kranken und zarten Beinen steht, gleich euch, der will vor allem, ob er's weiß oder sich verbirgt: daß er *geschont* werde.

Meine Arme und meine Beine aber schone ich nicht, *ich schone meine Krieger nicht:* wieso könntet ihr zu *meinem* Kriege taugen?

Mit euch verdürbe ich mir jeden Sieg noch. Und mancher von euch fiele schon um, wenn er nur den lauten Schall meiner Trommeln hörte.

Auch seid ihr mir nicht schön genug und wohlgeboren. Ich brauche reine glatte Spiegel für meine Lehren; auf eurer Oberfläche verzerrt sich noch mein eignes Bildnis.

Eure Schultern drückt manche Last, manche Erinnerung; manch schlimmer Zwerg hockt in euren Winkeln. Es gibt verborgenen Pöbel auch in euch.

Und seid ihr auch hoch und höherer Art: vieles an euch ist krumm und mißgestaltet. Da ist kein Schmied in der Welt, der euch mir zurecht und gerade schlüge.

Ihr seid nur Brücken: mögen Höhere auf euch hinüberschreiten! Ihr bedeutet Stufen: so zürnt dem nicht, der über euch hinweg in *seine* Höhe steigt!

Aus eurem Samen mag auch mir einst ein echter Sohn und vollkommener Erbe wachsen: aber das ist ferne. Ihr selber seid die nicht, welchen mein Erbgut und Name zugehört.

Nicht auf euch warte ich hier in diesen Bergen, nicht mit euch darf ich zum letzten Male niedersteigen. Als Vorzeichen kamt ihr mir nur, daß schon Höhere zu mir unterwegs sind, –

– *nicht* die Menschen der großen Sehnsucht, des großen Ekels, des großen Überdrusses und das, was ihr den Überrest Gottes nanntet.

– Nein! Nein! Dreimal nein! Auf *andere* warte ich hier in diesen Bergen und will meinen Fuß nicht ohne sie von dannen heben,

– auf Höhere, Stärkere, Sieghaftere, Wohlgemutere, solche, die rechtwinklig gebaut sind an Leib und Seele: *lachende Löwen* müssen kommen!

O, meine Gastfreunde, ihr Wunderlichen – hörtet ihr noch nichts von meinen Kindern? Und daß sie zu mir unterwegs sind?

Sprecht mir doch von meinen Gärten, von meinen glückseligen Inseln, von meiner neuen schönen Art – warum sprecht ihr mir nicht davon?

Dies Gastgeschenk erbitte ich mir von eurer Liebe, daß

ihr mir von meinen Kindern sprecht. Hierzu bin ich reich, hierzu ward ich arm: was gab ich nicht hin,

– was gäbe ich nicht hin, daß ich eins hätte: *diese* Kinder, *diese* lebendige Pflanzung, *diese* Lebensbäume meines Willens und meiner höchsten Hoffnung!«

Also sprach Zarathustra und hielt plötzlich inne in seiner Rede: denn ihn überfiel seine Sehnsucht, und er schloß Augen und Mund vor der Bewegung seines Herzens. Und auch alle seine Gäste schwiegen und standen still und bestürzt: nur daß der alte Wahrsager mit Händen und Gebärden Zeichen gab.

DAS ABENDMAHL

An dieser Stelle nämlich unterbrach der Wahrsager die Begrüßung Zarathustras und seiner Gäste: er drängte sich vor, wie einer, der keine Zeit zu verlieren hat, faßte die Hand Zarathustras und rief: »Aber Zarathustra!

Eins ist notwendiger als das andre, so redest du selber: wohlan, eins ist *mir* jetzt notwendiger als alles andere.

Ein Wort zur rechten Zeit: hast du mich nicht zum *Mahle* eingeladen? Und hier sind viele, die lange Wege machten. Du willst uns doch nicht mit Reden abspeisen?

Auch gedachtet ihr alle mir schon zu viel des Erfrierens, Ertrinkens, Erstickens und anderer Leibes-Notstände: keiner aber gedachte *meines* Notstandes, nämlich des Verhungerns –«

(Also sprach der Wahrsager; wie die Tiere Zarathustras aber diese Worte hörten, liefen sie vor Schrecken davon. Denn sie sahen, daß, was sie auch am Tage heimgebracht hatten, nicht genug sein werde, den einen Wahrsager zu stopfen.)

»Eingerechnet das Verdursten«, fuhr der Wahrsager fort. »Und ob ich schon Wasser hier plätschern höre, gleich

Reden der Weisheit, nämlich reichlich und unermüdlich: ich – will *Wein*!

Nicht jeder ist gleich Zarathustra ein geborner Wassertrinker. Wasser taugt auch nicht für Müde und Verwelkte: *uns* gebührt Wein – *der* erst gibt plötzliches Genesen und stegreife Gesundheit!«

Bei dieser Gelegenheit, da der Wahrsager nach Wein begehrte, geschah es, daß auch der König zur Linken, der Schweigsame, einmal zu Worte kam. »Für Wein«, sprach er, »trugen *wir* Sorge, ich samt meinem Bruder, dem Könige zur Rechten: wir haben Weins genug – einen ganzen Esel voll. So fehlt nichts als Brot.«

»Brot?« entgegnete Zarathustra und lachte dazu. »Nur gerade Brot haben Einsiedler nicht. Aber der Mensch lebt nicht vom Brot allein, sondern auch vom Fleische guter Lämmer, deren ich zwei habe:

– *Die* soll man geschwinde schlachten und würzig, mit Salbei, zubereiten: so liebe ichs. Und auch an Wurzeln und Früchten fehlt es nicht, gut genug selbst für Lecker- und Schmeckerlinge; noch an Nüssen und andern Rätseln zum Knacken.

Also wollen wir in Kürze eine gute Mahlzeit machen. Wer aber mit essen will, muß auch mit Hand anlegen, auch die Könige. Bei Zarathustra nämlich darf auch ein König Koch sein.«

Mit diesem Vorschlage war allen nach dem Herzen geredet: nur daß der freiwillige Bettler sich gegen Fleisch und Wein und Würzen sträubte.

»Nun hört mir doch diesen Schlemmer Zarathustra!« sagte er scherzhaft, »geht man dazu in Höhlen und Hoch-Gebirge, daß man solche Mahlzeiten macht?

Nun freilich verstehe ich, was er einst uns lehrte: ›Gelobt sei die kleine Armut!‹ und warum er die Bettler abschaffen will.«

»Sei guter Dinge«, antwortete ihm Zarathustra, »wie ich es bin. Bleibe bei deiner Sitte, du Trefflicher, malme deine Körner, trink dein Wasser, lobe deine Küche: wenn sie dich nur fröhlich macht!

Ich bin ein Gesetz nur für die Meinen, ich bin kein Gesetz

für alle. Wer aber zu mir gehört, der muß von starken Knochen sein, auch von leichten Füßen, –

– lustig zu Kriegen und Festen, kein Düsterling, kein Traum-Hans, bereit zum Schwersten wie zu einem Feste, gesund und heil.

Das Beste gehört den Meinen und mir; und gibt man's uns nicht, so nehmen wir's: die beste Nahrung, den reinsten Himmel, die stärksten Gedanken, die schönsten Fraun!« –

Also sprach Zarathustra; der König zur Rechten aber entgegnete: »Seltsam! Vernahm man je solche kluge Dinge aus dem Munde eines Weisen?

Und wahrlich, das ist das Seltsamste an einem Weisen, wenn er zu alledem auch noch klug und kein Esel ist.«

Also sprach der König zur Rechten und wunderte sich; der Esel aber sagte zu seiner Rede mit bösem Willen I-A. Dies aber war der Anfang von jener langen Mahlzeit, welche »das Abendmahl« in den Historien-Büchern genannt wird. Bei derselben wurde von nichts anderem geredet als *vom höheren Menschen*.

VOM HÖHEREN MENSCHEN

1

Als ich zum ersten Male zu den Menschen kam, da tat ich die Einsiedler-Torheit, die große Torheit: ich stellte mich auf den Markt.

Und als ich zu allen redete, redete ich zu keinem. Des Abends aber waren Seiltänzer meine Genossen, und Leichname; und ich selber fast ein Leichnam.

Mit dem neuen Morgen aber kam mir eine neue Wahrheit: da lernte ich sprechen »Was geht mich Markt und Pöbel und Pöbel-Lärm und lange Pöbel-Ohren an!«

Ihr höheren Menschen, dies lernt von mir: auf dem Markt glaubt niemand an höhere Menschen. Und wollt ihr dort reden, wohlan! Der Pöbel aber blinzelt »wir sind alle gleich!«

»Ihr höheren Menschen« – so blinzelt der Pöbel – »es gibt keine höheren Menschen, wir sind alle gleich, Mensch ist Mensch, vor Gott – sind wir alle gleich!«

Vor Gott! – Nun aber starb dieser Gott. Vor dem Pöbel aber wollen wir nicht gleich sein. Ihr höheren Menschen, geht weg vom Markt!

2

Vor Gott! – Nun aber starb dieser Gott! Ihr höheren Menschen, dieser Gott war eure größte Gefahr.

Seit er im Grabe liegt, seid ihr erst wieder auferstanden. Nun erst kommt der große Mittag, nun erst wird der höhere Mensch – Herr!

Verstandet ihr dies Wort, o meine Brüder? Ihr seid erschreckt: wird euren Herzen schwindlig? Klafft euch hier der Abgrund: Kläfft euch hier der Höllenhund?

Wohlan! Wohlauf! Ihr höheren Menschen! Nun erst kreißt der Berg der Menschen-Zukunft. Gott starb: nun wollen *wir* – daß der Übermensch lebe.

3

Die Sorglichsten fragen heute: »wie bleibt der Mensch erhalten?« Zarathustra aber fragt als der einzige und erste: »wie wird der Mensch *überwunden*?«

Der Übermensch liegt mir am Herzen, *der* ist mein erstes und einziges – und *nicht* der Mensch: nicht der Nächste, nicht der Ärmste, nicht der Leidendste, nicht der Beste.–

O meine Brüder, was ich lieben kann am Menschen, das ist, daß er ein Übergang ist und ein Untergang. Und auch an euch ist vieles, das mich lieben und hoffen macht.

Daß ihr verachtetet, ihr höheren Menschen, das macht mich hoffen. Die großen Verachtenden nämlich sind die großen Verehrenden.

Daß ihr verzweifeltet, daran ist viel zu ehren. Denn ihr lerntet nicht, wie ihr euch ergäbet, ihr lernet die kleinen Klugheiten nicht.

Heute nämlich wurden die kleinen Leute Herr: die predigen alle Ergebung und Bescheidung und Klugheit und Fleiß und Rücksicht und das lange Und-so-weiter der kleinen Tugenden.

Was von Weibsart ist, was von Knechtsart stammt und sonderlich der Pöbel-Mischmasch: *Das* will nun Herr werden alles Menschen-Schicksals – o Ekel! Ekel! Ekel!

Das frägt und frägt und wird nicht müde: »wie erhält sich der Mensch, am besten, am längsten, am angenehmsten?« Damit – sind sie die Herren von heute.

Diese Herren von heute überwindet mir, o meine Brüder – diese kleinen Leute: *die* sind des Übermenschen größte Gefahr!

Überwindet mir, ihr höheren Menschen, die kleinen Tugenden, die kleinen Klugheiten, die Sandkorn-Rücksichten, den Ameisen-Kribbelkram, das erbärmliche Behagen, das »Glück der meisten« –!

Und lieber verzweifelt, als daß ihr euch ergebt. Und, wahrlich, ich liebe euch dafür, daß ihr heute nicht zu leben wißt, ihr höheren Menschen! So nämlich lebt *ihr* – am besten!

4

Habt ihr Mut, o meine Brüder? Seid ihr herzhaft? *Nicht* Mut vor Zeugen, sondern Einsiedler- und Adler-Mut, dem auch kein Gott mehr zusieht?

Kalte Seelen, Maultiere, Blinde, Trunkene heißen mir nicht herzhaft. Herz hat, wer Furcht kennt, aber Furcht *zwingt*; wer den Abgrund sieht, aber mit *Stolz*.

Wer den Abgrund sieht, aber mit Adlers-Augen, – wer mit Adlers-Krallen den Abgrund *faßt*: der hat Mut. – –

5

»Der Mensch ist böse« – so sprachen mir zum Troste alle Weisesten. Ach, wenn es heute nur noch wahr ist! Denn das Böse ist des Menschen beste Kraft.

»Der Mensch muß besser und böser werden« – so lehre *ich*. Das Böseste ist nötig zu des Übermenschen Bestem.

Das mochte gut sein für jenen Prediger der kleinen Leute, daß er litt und trug an des Menschen Sünde. Ich aber erfreue mich der großen Sünde als meines großen *Trostes*. –

Solches ist aber nicht für lange Ohren gesagt. Jedwedes Wort gehört auch nicht in jedes Maul. Das sind feine ferne Dinge: nach denen sollen nicht Schafs-Klauen greifen!

6

Ihr höheren Menschen, meint ihr, ich sei da, gut zu machen, was ihr schlecht machtet?

Oder ich wollte fürderhin euch Leidende bequemer betten? Oder euch Unsteten, Verirrten, Verkletterten neue leichtere Fußsteige zeigen?

Nein! Nein! Dreimal nein! Immer mehr, immer Bessere eurer Art sollen zugrunde gehn – denn ihr sollt es immer schlimmer und härter haben. So allein –

– so allein wächst der Mensch in die Höhe, wo der Blitz ihn trifft und zerbricht: hoch genug für den Blitz!

Auf Weniges, auf Langes, auf Fernes geht mein Sinn und meine Sehnsucht: was ginge mich euer kleines, vieles, kurzes Elend an!

Ihr leidet mir noch nicht genug! Denn ihr leidet an euch, ihr littet noch nicht *am Menschen*. Ihr würdet lügen, wenn ihrs anders sagtet! Ihr leidet alle nicht, woran *ich* litt. – –

7

Es ist mir nicht genug, daß der Blitz nicht mehr schadet. Nicht ableiten will ich ihn: er soll lernen für *mich* – arbeiten. –

Meine Weisheit sammelt sich lange schon gleich einer Wolke, sie wird stiller und dunkler. So tut jede Weisheit, welche einst *Blitze* gebären soll. –

Diesen Menschen von heute will ich nicht *Licht* sein, nicht Licht heißen. *Die* – will ich blenden. Blitz meiner Weisheit! stich ihnen die Augen aus!

8

Wollt nichts über eure Vermögen: es gibt eine schlimme Falschheit bei solchen, die über ihr Vermögen wollen.

Sonderlich, wenn sie große Dinge wollen! Denn sie wekken Mißtrauen gegen große Dinge, diese feinen Falschmünzer und Schauspieler: –

– bis sie endlich falsch vor sich selber sind, schieläugig, übertünchter Wurmfraß, bemäntelt durch starke Worte, durch Aushänge-Tugenden, durch glänzende falsche Werke.

Habt da eine gute Vorsicht, ihr höheren Menschen! Nichts nämlich gilt mir heute kostbarer und seltner als Redlichkeit.

Ist dies Heute nicht des Pöbels? Pöbel aber weiß nicht, was groß, was klein, was gerade und redlich ist: der ist unschuldig krumm, der lügt immer.

9

Habt heute ein gutes Mißtrauen, ihr höheren Menschen, ihr Beherzten! Ihr Offenherzigen! und haltet eure Gründe geheim! Dies Heute nämlich ist des Pöbels.

Was der Pöbel ohne Gründe einst glauben lernte, wer könnte ihm durch Gründe das – umwerfen?

Und auf dem Markte überzeugt man mit Gebärden. Aber Gründe machen den Pöbel mißtrauisch.

Und wenn da einmal die Wahrheit zum Siege kam, so fragt euch mit gutem Mißtrauen: »welch starker Irrtum hat für sie gekämpft?«

Hütet euch auch vor den Gelehrten! Die hassen euch: denn sie sind unfruchtbar! Sie haben kalte vertrocknete Augen, vor ihnen liegt jeder Vogel entfedert.

Solche brüsten sich damit, daß sie nicht lügen: aber Ohnmacht zur Lüge ist lange noch nicht Liebe zur Wahrheit. Hütet euch!

Freiheit von Fieber ist lange noch nicht Erkenntnis! Ausgekälteten Geistern glaube ich nicht. Wer nicht lügen kann, weiß nicht, was Wahrheit ist.

10

Wollt ihr hoch hinaus, so braucht die eignen Beine! Laßt euch nicht empor *tragen*, setzt euch nicht auf fremde Rücken und Köpfe!

Du aber stiegst zu Pferde? Du reitest nun hurtig hinauf zu deinem Ziele? Wohlan, mein Freund! Aber dein lahmer Fuß sitzt auch mit zu Pferde!

Wenn du an deinem Ziele bist, wenn du von deinem Pferde springst: auf deiner *Höhe* gerade, du höherer Mensch – wirst du stolpern!

Ihr Schaffenden, ihr höheren Menschen! Man ist nur für das eigne Kind schwanger.

Laßt euch nichts vorreden, einreden! Wer ist denn *euer* Nächster? Und handelt ihr auch »für den Nächsten« – ihr schafft doch nicht für ihn!

Verlernt mir doch dies »Für«, ihr Schaffenden: eure Tugend gerade will es, daß ihr kein Ding mit »für« und »um« und »weil« tut. Gegen diese falschen kleinen Worte sollt ihr euer Ohr zukleben.

Das »für den Nächsten« ist die Tugend nur der kleinen Leute: da heißt es »gleich und gleich« und »Hand wäscht Hand« – sie haben nicht Recht noch Kraft zu *eurem* Eigennutz!

In eurem Eigennutz, ihr Schaffenden, ist der Schwangeren Vorsicht und Vorsehung! Was niemand noch mit Augen sah, die Frucht: die schirmt und schont und nährt eure ganze Liebe.

Wo eure ganze Liebe ist, bei eurem Kinde, da ist auch eure ganze Tugend! Euer Werk, euer Wille ist *euer* »Nächster«: laßt euch keine falschen Werte einreden!

Ihr Schaffenden, ihr höheren Menschen! Wer gebären muß, der ist krank; wer aber geboren hat, ist unrein.

Fragt die Weiber: man gebiert nicht, weil es Vergnügen macht. Der Schmerz macht Hühner und Dichter gackern.

Ihr Schaffenden, an euch ist viel Unreines. Das macht, ihr mußtet Mütter sein.

Ein neues Kind: o, wie viel neuer Schmutz kam auch zur Welt! Geht beiseite! Und wer geboren hat, soll seine Seele rein waschen!

Seid nicht tugendhaft über eure Kräfte! Und wollt nichts von euch wider die Wahrscheinlichkeit!

Geht in die Fußstapfen, wo schon eurer Väter Tugend ging! Wie wolltet ihr hoch steigen, wenn nicht eurer Väter Wille mit euch steigt?

Wer aber Erstling sein will, sehe zu, daß er nicht auch Letztling werde! Und wo die Laster eurer Väter sind, darin sollt ihr nicht Heilige bedeuten wollen!

Wessen Väter es mit Weibern hielten und mit starken Weinen und Wildschweinen: was wäre es, wenn der von sich Keuschheit wollte?

Eine Narrheit wäre es! Viel, wahrlich, dünkt es mich für einen solchen, wenn er *eines* oder zweier oder dreier Weiber Mann ist.

Und stiftete er Klöster und schriebe über die Tür: »der Weg zum Heiligen« – ich spräche doch: wozu! es ist eine neue Narrheit!

Er stiftete sich selber ein Zucht- und Fluchthaus: wohl bekomm's! Aber ich glaube nicht daran.

In der Einsamkeit wächst, was einer in sie bringt, auch das innere Vieh. Solchergestalt widerrät sich vielen die Einsamkeit.

Gab es Schmutzigeres bisher auf Erden als Wüsten-Heilige? Um *die* herum war nicht nur der Teufel los – sondern auch das Schwein.

14

Scheu, beschämt, ungeschickt, einem Tiger gleich, dem der Sprung mißriet: also, ihr höheren Menschen, sah ich oft euch beiseite schleichen. Ein *Wurf* mißriet euch.

Aber, ihr Würfelspieler, was liegt daran! Ihr lerntet nicht spielen und spotten, wie man spielen und spotten muß! Sitzen wir nicht immer an einem großen Spott- und Spieltische?

Und wenn euch Großes mißriet, seid ihr selber darum – mißraten? Und mißrietet ihr selber, mißriet darum – der Mensch? Mißriet aber der Mensch: wohlan! wohlauf!

15

Je höher von Art, je seltener gerät ein Ding. Ihr höheren Menschen hier, seid ihr nicht alle – mißgeraten?

Seid guten Muts, was liegt daran! Wie vieles ist noch möglich! Lernt über euch selber lachen, wie man lachen muß!

Was Wunders auch, daß ihr mißrietet und halb gerietet, ihr Halbzerbrochenen! Drängt und stößt sich nicht in euch – des Menschen *Zukunft?*

Des Menschen Fernstes, Tiefstes, Sternen-Höchstes, seine ungeheure Kraft: schäumt das nicht alles gegeneinander in eurem Topfe?

Was Wunders, daß mancher Topf zerbricht! Lernt über euch lachen, wie man lachen muß! Ihr höheren Menschen, o wie vieles ist noch möglich!

Und wahrlich, wie viel geriet schon! Wie reich ist diese Erde an kleinen guten vollkommenen Dingen, an Wohlgeratenem!

Stellt kleine gute vollkommene Dinge um euch, ihr höheren Menschen! Deren goldene Reife heilt das Herz. Vollkommnes lehrt hoffen.

16

Welches war hier auf Erden bisher die größte Sünde? War es nicht das Wort dessen, der sprach: »Wehe denen, die hier lachen!«

Fand er zum Lachen auf der Erde selber keine Gründe? So suchte er nur schlecht. Ein Kind findet hier noch Gründe.

Der – liebte nicht genug: sonst hätte er auch uns geliebt, die Lachenden! Aber er haßte und höhnte uns, Heulen und Zähneklappern verhieß er uns.

Muß man denn gleich fluchen, wo man nicht liebt? Das – dünkt mich ein schlechter Geschmack. Aber so tat er, dieser Unbedingte. Er kam vom Pöbel.

Und er selber liebte nur nicht genug: sonst hätte er weniger gezürnt, daß man ihn nicht liebe. Alle große Liebe *will* nicht Liebe – die will mehr.

Geht aus dem Wege allen solchen Unbedingten! Das ist eine arme kranke Art, eine Pöbel-Art: die sehn schlimm diesem Leben zu, sie haben den bösen Blick für diese Erde.

Geht aus dem Wege allen solchen Unbedingten! Sie haben schwere Füße und schwüle Herzen – sie wissen nicht zu tanzen. Wie möchte solchen wohl die Erde leicht sein!

Krumm kommen alle guten Dinge ihrem Ziele nahe. Gleich Katzen machen sie Buckel, die schnurren innewendig vor ihrem nahen Glücke – alle guten Dinge lachen.

Der Schritt verrät, ob einer schon auf *seiner* Bahn schreitet: so seht mich gehn! Wer aber seinem Ziele nahe kommt, der tanzt.

Und, wahrlich, zum Standbild ward ich nicht, noch stehe ich nicht da, starr, stumpf, steinern, eine Säule; ich liebe geschwindes Laufen.

Und wenn es auf Erden auch Moor und dicke Trübsal gibt: wer leichte Füße hat, läuft über Schlamm noch hinweg und tanzt wie auf gefegtem Eise.

Erhebt eure Herzen, meine Brüder, hoch! höher! Und vergeßt mir auch die Beine nicht! Erhebt auch eure Beine, ihr guten Tänzer, und besser noch: ihr steht auch auf dem Kopf!

Diese Krone des Lachenden, diese Rosenkranz-Krone: ich selber setzte mir diese Krone auf, ich selber sprach heilig mein Gelächter. Keinen anderen fand ich heute stark genug dazu.

Zarathustra der Tänzer, Zarathustra der Leichte, der mit den Flügeln winkt, ein Flugbereiter, allen Vögeln zuwinkend, bereit und fertig, ein Selig-Leichtfertiger: –

Zarathustra der Wahrsager, Zarathustra der Wahrlacher, kein Ungeduldiger, kein Unbedingter, einer, der Sprünge und Seitensprünge liebt; ich selber setzte mir diese Krone auf!

Erhebt eure Herzen, meine Brüder, hoch! höher! Und
vergeßt mir auch die Beine nicht! Erhebt auch eure Beine,
ihr guten Tänzer, und besser noch: ihr steht auch auf dem
Kopf!

Es gibt auch im Glück schweres Getier, es gibt Plump-
füßler von Anbeginn. Wunderlich mühn sie sich ab, einem
Elefanten gleich, der sich müht auf dem Kopf zu stehn.

Besser aber noch närrisch sein vor Glücke als närrisch vor
Unglücke, besser plump tanzen, als lahm gehn. So lernt mir
doch meine Weisheit ab: auch das schlimmste Ding hat zwei
gute Kehrseiten, –

– auch das schlimmste Ding hat gute Tanzbeine: so lernt
mir doch euch selbst, ihr höheren Menschen, auf eure rechten Beine stellen!

So verlernt mir doch Trübsal-Blasen und alle Pöbel-Trau-
rigkeit! O wie traurig dünken mich heute des Pöbels Hans-
würste noch! Dies Heute aber ist des Pöbels.

Dem Winde tut mir gleich, wenn er aus seinen Berghöhlen
stürzt: nach seiner eignen Pfeife will er tanzen, die Meere
zittern und hüpfen unter seinen Fußtapfen.

Der den Eseln Flügel gibt, der Löwinnen melkt, gelobt
sei dieser gute unbändige Geist, der allem Heute und allem
Pöbel wie ein Sturmwind kommt, –

– der Distel- und Tiftelköpfen feind ist und allen welken
Blättern und Unkräutern: gelobt sei dieser wilde gute freie
Sturmgeist, welcher auf Mooren und Trübsalen wie auf
Wiesen tanzt!

Der die Pöbel-Schwindhunde haßt und alles mißratene düstere Gezücht: gelobt sei dieser Geist aller freien Geister, der lachende Sturm, welcher allen Schwarzsichtigen, Schwärsüchtigen Staub in die Augen bläst!

Ihr höheren Menschen, euer Schlimmstes ist: ihr lerntet alle nicht tanzen, wie man tanzen muß – über euch hinweg tanzen! Was liegt daran, daß ihr mißrietet!

Wie vieles ist noch möglich! So *lernt* doch über euch hinweg lachen! Erhebt eure Herzen, ihr guten Tänzer, hoch! höher! Und vergeßt mir auch das gute Lachen nicht!

Diese Krone des Lachenden, diese Rosenkranz-Krone: euch, meinen Brüdern, werfe ich diese Krone zu! Das Lachen sprach ich heilig; ihr höheren Menschen, *lernt* mir – lachen!

DAS LIED DER SCHWERMUT

I

Als Zarathustra diese Reden sprach, stand er nahe dem Eingange seiner Höhle; mit den letzten Worten aber entschlüpfte er seinen Gästen und floh für eine kurze Weile ins Freie.

»O reine Gerüche um mich«, rief er aus, »o selige Stille um mich! Aber wo sind meine Tiere? Heran, heran, mein Adler und meine Schlange!

Sagt mir doch, meine Tiere: diese höheren Menschen insgesamt – *riechen* sie vielleicht nicht gut? O reine Gerüche um mich! Jetzo weiß und fühle ich erst, wie ich euch, meine Tiere, liebe.«

– Und Zarathustra sprach nochmals: »ich liebe euch, meine Tiere!« Der Adler aber und die Schlange drängten sich an ihn, als er diese Worte sprach, und sahen zu ihm hinauf. Solchergestalt waren sie zu drei still beisammen und schnüffelten und schlürften miteinander die gute Luft. Denn die Luft war hier draußen besser als bei den höheren Menschen.

Kaum aber hatte Zarathustra seine Höhle verlassen, da erhob sich der alte Zauberer, sah listig umher und sprach: »Er ist hinaus!

Und schon, ihr höheren Menschen – daß ich euch mit diesem Lob- und Schmeichel-Namen kitzle, gleich ihm selber – schon fällt mich mein schlimmer Trug- und Zaubergeist an, mein schwermütiger Teufel,

– welcher diesem Zarathustra ein Widersacher ist aus dem Grunde: vergebt es ihm! Nun *will* er vor euch zaubern, er hat gerade *seine* Stunde; umsonst ringe ich mit diesem bösen Geiste.

Euch allen, welche Ehren ihr euch mit Worten geben mögt, ob ihr euch ›die freien Geister‹ nennt oder ›die Wahrhaftigen‹ oder ›die Büßer des Geistes‹ oder ›die Entfesselten‹ oder ›die großen Sehnsüchtigen‹ –

– euch allen, die ihr *am großen Ekel* leidet gleich mir, denen der alte Gott starb und noch kein neuer Gott in Wiegen und Windeln liegt, – euch allen ist mein böser Geist und Zauber-Teufel hold.

Ich kenne euch, ihr höheren Menschen, ich kenne ihn – ich kenne auch diesen Unhold, den ich wider Willen liebe, diesen Zarathustra: er selber dünkt mich öfter gleich einer schönen Heiligen-Larve,

– gleich einem neuen wunderlichen Mummenschanze, in dem sich mein böser Geist, der schwermütige Teufel, gefällt – ich liebe Zarathustra, so dünkt mich oft, um meines bösen Geistes willen. –

Aber schon fällt *der* mich an und zwingt mich, dieser Geist der Schwermut, dieser Abend-Dämmerungs-Teufel: und, wahrlich, ihr höheren Menschen, es gelüstet ihn –

– macht nur die Augen auf! – es gelüstet ihn, *nackt* zu kommen, ob männlich, ob weiblich, noch weiß ich's nicht: aber er kommt, er zwingt mich, wehe! macht eure Sinne auf!

Der Tag klingt ab, allen Dingen kommt nun der Abend, auch den besten Dingen; hört nun und seht, ihr höheren

Menschen, welcher Teufel, ob Mann, ob Weib, dieser Geist der Abend-Schwermut ist!«

Also sprach der alte Zauberer, sah listig umher und griff dann zu seiner Harfe.

3

Bei abgehellter Luft,
Wenn schon des Taus Tröstung
Zur Erde niederquillt,
Unsichtbar, auch ungehört –
Denn zartes Schuhwerk trägt
Der Tröster Tau gleich allen Trost-Milden –:
Gedenkst du da, gedenkst du, heißes Herz,
Wie einst du durstetest,
Nach himmlischen Tränen und Tau-Geträufel
Versengt und müde durstetest,
Dieweil auf gelben Gras-Pfaden
Boshaft abendliche Sonnenblicke
Durch schwarze Bäume um dich liefen,
Blendende Sonnen-Glutblicke, schadenfrohe?

»Der *Wahrheit* Freier? Du?« – so höhnten sie –
»Nein! Nur ein Dichter!
Ein Tier, ein listiges, raubendes, schleichendes,
Das lügen muß,
Das wissentlich, willentlich lügen muß:
Nach Beute lüstern,
Bunt verlarvt
Sich selber Larve,
Sich selbst zur Beute –
Das – der Wahrheit Freier?
Nein! Nur Narr! Nur Dichter!
Nur Buntes redend,

Aus Narren-Larven bunt herausschreiend,
Herumsteigend auf lügnerischen Wort-Brücken,
Auf bunten Regenbogen,
Zwischen falschen Himmeln
Und falschen Erden,
Herumschweifend, herumschwebend, –

Nur Narr! *Nur* Dichter!

Das – der Wahrheit Freier?
Nicht still, starr, glatt, kalt,
Zum Bilde worden,
Zur Gottes-Säule,
Nicht aufgestellt vor Tempeln,
Eines Gottes Türwart:
Nein! feindselig solchen Wahrheits-Standbildern,
In jeder Wildnis heimischer als vor Tempeln,
Voll Katzen-Mutwillens,
Durch jedes Fenster springend
Husch! in jeden Zufall,
Jedem Urwalde zuschnüffelnd,
Süchtig-sehnsüchtig zuschnüffelnd,
Daß du in Urwäldern
Unter buntgefleckten Raubtieren
Sündlich-gesund und bunt und schön liefest,
Mit lüsternen Lefzen,
Selig-höhnisch, selig-höllisch, selig-blutgierig,
Raubend, schleichend, lugend liefest: –

Oder dem Adler gleich, der lange,
Lange starr in Abgründe blickt,
In *seine* Abgründe: – –
O wie sie sich hier hinab,
Hinunter, hinein,
In immer tiefere Tiefen ringeln! –
Dann,
Plötzlich, geraden Zugs,
Gezückten Flugs,
Auf *Lämmer* stoßen,

Jach hinab, heißhungrig,
Nach Lämmern lüstern,
Gram allen Lamms-Seelen,
Grimmig-gram allem, was blickt
Schafmäßig, lammäugig, krauswollig,
Grau, mit Lamms-Schaf-Wohlwollen!

Also
Adlerhaft, pantherhaft
Sind des Dichters Sehnsüchte,
Sind *deine* Sehnsüchte unter tausend Larven,
Du Narr! Du Dichter!

Der du den Menschen schautest
So Gott als Schaf –:
Den Gott *zerreißen* im Menschen
Wie das Schaf im Menschen,
Und zerreißend *lachen* –

Das, das ist deine Seligkeit!
Eines Panthers und Adlers Seligkeit!
Eines Dichters und Narren Seligkeit!« – –

Bei abgehellter Luft,
Wenn schon des Monds Sichel
Grün zwischen Purpurröten
Und neidisch hinschleicht:
– dem Tage feind,
Mit jedem Schritte heimlich
An Rosen-Hängematten
Hinsichelnd, bis sie sinken,
Nacht-abwärts blaß hinabsinken: –

So sank ich selber einstmals
Aus meinem Wahrheits-Wahnsinne,
Aus meinen Tages-Sehnsüchten,
Des Tages müde, krank vom Lichte,
– sank abwärts, abendwärts, schattenwärts:
Von einer Wahrheit

Verbrannt und durstig:
– gedenkst du noch, gedenkst du, heißes Herz,
Wie da du durstetest? –
Daß ich verbannt sei
Von aller Wahrheit,
Nur Narr!
Nur Dichter!

VON DER WISSENSCHAFT

Also sang der Zauberer; und alle, die beisammen waren, gingen gleich Vögeln unvermerkt in das Netz seiner listigen und schwermütigen Wollust. Nur der Gewissenhafte des Geistes war nicht eingefangen: er nahm flugs dem Zauberer die Harfe weg und rief: »Luft! Laßt gute Luft herein! Laßt Zarathustra herein! Du machst diese Höhle schwül und giftig, du schlimmer alter Zauberer!

Du verführst, du Falscher, Feiner, zu unbekannten Begierden und Wildnissen. Und wehe, wenn solche wie du von der *Wahrheit* Redens und Wesens machen!

Wehe allen freien Geistern, welche nicht vor *solchen* Zauberern auf der Hut sind! Dahin ist es mit ihrer Freiheit: du lehrst und lockst zurück in Gefängnisse, –

– du alter schwermütiger Teufel, aus deiner Klage klingt eine Lockpfeife, du gleichst solchen, welche mit ihrem Lobe der Keuschheit heimlich zu Wollüsten laden!«

Also sprach der Gewissenhafte; der alte Zauberer aber blickte um sich, genoß seines Sieges und verschluckte darüber den Verdruß, welchen ihm der Gewissenhafte machte. »Sei still!« sagte er mit bescheidener Stimme, »gute Lieder wollen gut widerhallen; nach guten Liedern soll man lange schweigen.

So tun es diese alle, die höheren Menschen. Du aber hast wohl wenig von meinem Lied verstanden? In dir ist wenig von einem Zaubergeiste.«

»Du lobst mich«, entgegnete der Gewissenhafte, »indem du mich von dir abtrennst, wohlan! Aber ihr anderen, was sehe ich? Ihr sitzt alle noch mit lüsternen Augen da –:

Ihr freien Seelen, wohin ist eure Freiheit! Fast, dünkt mich's, gleicht ihr solchen, die lange schlimmen tanzenden nackten Mädchen zusahn: eure Seelen tanzen selber!

In euch, ihr höheren Menschen, muß mehr von dem sein, was der Zauberer seinen bösen Zauber- und Truggeist nennt – wir müssen wohl verschieden sein.

Und wahrlich, wir sprachen und dachten genug mitsammen, ehe Zarathustra heimkam zu seiner Höhle, als daß ich nicht wüßte: wir *sind* verschieden.

Wir *suchen* Verschiednes auch hier oben, ihr und ich. Ich nämlich suche mehr *Sicherheit*, deshalb kam ich zu Zarathustra. Der nämlich ist noch der festeste Turm und Wille –

– heute, wo alles wackelt, wo alle Erde bebt. Ihr aber, wenn ich eure Augen sehe, die ihr macht, fast dünkt mich's, ihr sucht *mehr Unsicherheit*,

– mehr Schauder, mehr Gefahr, mehr Erdbeben. Euch gelüstet, fast dünkt mich's so, vergebt meinem Dünkel, ihr höheren Menschen –

– euch gelüstet nach dem schlimmsten gefährlichsten Leben, das *mir* am meisten Furcht macht, nach dem Leben wilder Tiere, nach Wäldern, Höhlen, steilen Bergen und Irr-Schlünden.

Und nicht die Führer *aus* der Gefahr gefallen euch am besten, sondern die euch von allen Wegen abführen, die Verführer. Aber, wenn solch Gelüsten an euch *wirklich* ist, so dünkt es mich trotzdem *unmöglich*.

Furcht nämlich – das ist des Menschen Erb- und Grundgefühl; aus der Furcht erklärt sich jegliches, Erbsünde und Erbtugend. Aus der Furcht wuchs auch *meine* Tugend, die heißt: Wissenschaft.

Die Furcht nämlich vor wildem Getier – die wurde dem Menschen am längsten angezüchtet, einschließlich das Tier, das er in sich selber birgt und fürchtet – Zarathustra heißt es ›das innere Vieh‹.

Solche lange alte Furcht, endlich fein geworden, geistlich, geistig – heute, dünkt mich, heißt sie: *Wissenschaft*.« –

Also sprach der Gewissenhafte; aber Zarathustra, der eben in seine Höhle zurückkam und die letzte Rede gehört und erraten hatte, warf dem Gewissenhaften eine Handvoll Rosen zu und lachte ob seiner »Wahrheiten«. »Wie!« rief er, »was hörte ich da eben? Wahrlich, mich dünkt, du bist ein Narr oder ich selber bin's: und deine ›Wahrheit‹ stelle ich rucks und flugs auf den Kopf.

Furcht nämlich – ist unsre Ausnahme. Mut aber und Abenteuer und Lust am Ungewissen, am Ungewagten – *Mut* dünkt mich des Menschen ganze Vorgeschichte.

Den wildesten mutigsten Tieren hat er alle ihre Tugenden abgeneidet und abgeraubt: so erst wurde er – zum Menschen.

Dieser Mut, endlich fein geworden, geistlich, geistig, dieser Menschen-Mut mit Adler-Flügeln und Schlangen-Klugheit: *der*, dünkt mich, heißt heute –«

»*Zarathustra!*« schrien alle, die beisammen saßen, wie aus einem Munde und machten dazu ein großes Gelächter; es hob sich aber von ihnen wie eine schwere Wolke. Auch der Zauberer lachte und sprach mit Klugheit: »Wohlan! Er ist davon, mein böser Geist!

Und habe ich euch nicht selber vor ihm gewarnt, als ich sagte, daß er ein Betrüger sei, ein Lug- und Truggeist?

Sonderlich nämlich, wenn er sich nackend zeigt. Aber was kann *ich* für seine Tücken! Habe *ich* ihn und die Welt geschaffen?

Wohlan! Seien wir wieder gut und guter Dinge! Und ob schon Zarathustra böse blickt – seht ihn doch! er ist mir gram –:

– bevor die Nacht kommt, lernt er wieder mich lieben und loben, er kann nicht lange leben, ohne solche Torheiten zu tun.

Der – liebt seine Feinde: diese Kunst versteht er am besten von allen, die ich sah. Aber er nimmt Rache dafür – an seinen Freunden!«

Also sprach der alte Zauberer, und die höheren Menschen zollten ihm Beifall: so daß Zarathustra herumging und mit Bosheit und Liebe seinen Freunden die Hände schüttelte – gleichsam als einer, der an allen etwas gutzumachen und abzubitten hat. Als er aber dabei an die Tür seiner Höhle kam, siehe, da gelüstete ihn schon wieder nach der guten Luft da draußen und nach seinen Tieren – und er wollte hinausschlüpfen.

UNTER TÖCHTERN DER WÜSTE

I

»Gehe nicht davon!« sagte der Wanderer, der sich den Schatten Zarathustras nannte, »bleibe bei uns, es möchte uns sonst die alte dumpfe Trübsal wieder anfallen.

Schon gab uns jener alte Zauberer von seinem Schlimmsten zum besten, und siehe doch, der gute fromme Papst da hat Tränen in den Augen und sich ganz wieder aufs Meer der Schwermut eingeschifft.

Diese Könige mögen wohl vor uns noch gute Miene machen: das lernten *die* nämlich von uns allen heute am besten! Hätten sie aber keine Zeugen, ich wette, auch bei ihnen finge das böse Spiel wieder an –

– das böse Spiel der ziehenden Wolken, der feuchten Schwermut, der verhängten Himmel, der gestohlenen Sonnen der heulenden Herbst-Winde!

– das böse Spiel unsres Heulens und Notschreiens: bleibe bei uns, o Zarathustra! Hier ist viel verborgenes Elend, das reden will, viel Abend, viel Wolke, viel dumpfe Luft!

Du nährtest uns mit starker Manns-Kost und kräftigen Sprüchen: laß es nicht zu, daß uns zum Nachtisch die weichlichen weiblichen Geister wieder anfallen!

Du allein machst die Luft um dich herum stark und klar! Fand ich je auf Erden so gute Luft als bei dir in deiner Höhle?

Viele Länder sah ich doch, meine Nase lernte vielerlei Luft prüfen und abschätzen: aber bei dir schmecken meine Nüstern ihre größte Lust!

Es sei denn, – es sei denn –, o vergib eine alte Erinnerung! Vergib mir ein altes Nachtisch-Lied, das ich einst unter Töchtern der Wüste dichtete: –

– bei denen nämlich gab es gleich gute helle morgenländische Luft; dort war ich am fernsten vom wolkigen feuchten schwermütigen Alt-Europa!

Damals liebte ich solcherlei Morgenland-Mädchen und andres blaues Himmelreich, über dem keine Wolken und keine Gedanken hängen.

Ihr glaubt es nicht, wie artig sie dasaßen, wenn sie nicht tanzten, tief, aber ohne Gedanken, wie kleine Geheimnisse, wie bebänderte Rätsel, wie Nachtisch-Nüsse –

bunt und fremd fürwahr! aber ohne Wolken: Rätsel, die sich raten lassen; solchen Mädchen zu Liebe erdachte ich damals einen Nachtisch-Psalm.«

Also sprach der Wanderer und Schatten; und ehe jemand ihm antwortete, hatte er schon die Harfe des alten Zauberers ergriffen, die Beine gekreuzt und blickte gelassen und weise um sich: – mit den Nüstern aber zog er langsam und fragend die Luft ein, wie einer, der in neuen Ländern neue fremde Luft kostet. Darauf hob er mit einer Art Gebrüll zu singen an.

DIE WÜSTE WÄCHST:
WEH DEM, DER WÜSTEN BIRGT

2

– Ha! Feierlich!
In der Tat feierlich!
Ein würdiger Anfang!
Afrikanisch feierlich!
Eines Löwen würdig
Oder eines moralischen Brüllaffen –
– aber nichts für euch,

Ihr allerliebsten Freundinnen,
Zu deren Füßen mir
Zum ersten Male,
Einem Europäer unter Palmen,
Zu sitzen vergönnt ist. Sela.

Wunderbar wahrlich!
Da sitze ich nun,
Der Wüste nahe, und bereits
So ferne wieder der Wüste,
Auch in nichts noch verwüstet:
Nämlich hinabgeschluckt
Von dieser kleinsten Oasis –:
– sie sperrte gerade gähnend
Ihr liebliches Maul auf,
Das wohlriechendste aller Mäulchen:
Da fiel ich hinein,
Hinab, hindurch – unter euch,
Ihr allerliebsten Freundinnen! Sela.

Heil, Heil jenem Walfische,
Wenn er also es seinem Gaste
Wohl sein ließ! – ihr versteht
Meine gelehrte Anspielung?
Heil seinem Bauche,
Wenn er also
Ein so lieblicher Oasis-Bauch war
Gleich diesem: was ich aber in Zweifel ziehe,
– dafür komme ich aus Europa,
Das zweifelsüchtiger ist als alle
Ältlichen Eheweibchen.
Möge Gott es bessern!
Amen!

Da sitze ich nun,
In dieser kleinsten Oasis,
Einer Dattel gleich,
Braun, durchsüßt, goldschwürig, lüstern
Nach einem runden Mädchenmunde,

Mehr noch aber nach mädchenhaften
Eiskalten schneeweißen schneidigen
Beißzähnen: nach denen nämlich
Lechzt das Herz allen heißen Datteln. Sela.

Den genannten Südfrüchten
Ähnlich, allzuähnlich
Liege ich hier, von kleinen
Flügelkäfern
Umschnüffelt und umspielt,
Insgleichen von noch kleineren
Törichteren sündhafteren
Wünschen und Einfällen, –
Umlagert von euch,
Ihr stummen, ihr ahnungsvollen
Mädchen-Katzen,
Dudu und Suleika,
– *umsphinxt*, daß ich in *ein* Wort
Viel Gefühle stopfe:
(Vergebe mir Gott
Diese Sprach-Sünde!)
– sitze hier, die beste Luft schnüffelnd,
Paradieses-Luft wahrlich,
Lichte leichte Luft, goldgestreifte,
So gute Luft nur je
Vom Monde herabfiel –
Sei es aus Zufall,
Oder geschah es aus Übermute?
Wie die alten Dichter erzählen.
Ich Zweifler aber ziehe es
In Zweifel, dafür aber komme ich
Aus Europa,
Das zweifelsüchtiger ist als alle
Ältlichen Eheweibchen.
Möge Gott es bessern!
Amen!

Diese schönste Luft trinkend,
Mit Nüstern geschwellt gleich Bechern,

Ohne Zukunft, ohne Erinnerungen,
So sitze ich hier, ihr
Allerliebsten Freundinnen,
Und sehe der Palme zu,
Wie sie, einer Tänzerin gleich,
Sich biegt und schmiegt und in der Hüfte wiegt,
– man tut es mit, sieht man lange zu!
Einer Tänzerin gleich, die, wie mir scheinen will,
Zu lange schon, gefährlich lange
Immer, immer nur auf *einem* Beine stand?
– da vergaß sie darob, wie mir scheinen will,
Das andre Bein?
Vergebens wenigstens
Suchte ich das vermißte
Zwillings-Kleinod
– nämlich das andre Bein –
In der heiligen Nähe
Ihres allerliebsten, allerzierlichsten
Fächer- und Flatter- und Flitterröckchens.
Ja, wenn ihr mir, ihr schönen Freundinnen,
Ganz glauben wollt:
Sie hat es verloren!
Es ist dahin!
Auf ewig dahin!
Das andre Bein!
O schade um das liebliche andere Bein!
Wo – mag es wohl weilen und verlassen trauern?
Das einsame Bein?
In Furcht vielleicht vor einem
Grimmen blondgelockten
Löwen-Ungetiere? Oder gar schon
Abgenagt, abgeknabbert –
Erbärmlich, wehe! wehe!, abgeknappert! Sela.

O weint mir nicht,
Weiche Herzen!
Weint mir nicht, ihr
Dattel-Herzen! Milch-Busen!
Ihr Süßholz-Herz-

Beutelchen!
Weine nicht mehr,
Bleiche Dudu!
Sei ein Mann, Suleika! Mut! Mut!
– Oder sollte vielleicht
Etwas Stärkendes, Herz-Stärkendes
Hier am Platze sein?
Ein gesalbter Spruch?
Ein feierlicher Zuspruch? –

Ha! Herauf, Würde!
Tugend-Würde! Europäer-Würde!
Blase, blase wieder,
Blasebalg der Tugend!
Ha!
Noch einmal brüllen,
Moralisch brüllen!
Als moralischer Löwe
Vor den Töchtern der Wüste brüllen!
– Denn Tugend-Geheul,
Ihr allerliebsten Mädchen,
Ist mehr als alles
Europäer-Inbrunst, Europäer-Heißhunger!
Und da stehe ich schon,
Als Europäer,
Ich kann nicht anders, Gott helfe mir!
Amen!
Die Wüste wächst: weh Dem, der Wüsten birgt!

DIE ERWECKUNG

1

Nach dem Liede des Wanderers und Schattens wurde die
Höhle mit einem Male voll Lärmens und Lachens; und da

die versammelten Gäste alle zugleich redeten und auch der Esel, bei einer solchen Ermutigung, nicht mehr still blieb, überkam Zarathustra ein kleiner Widerwille und Spott gegen seinen Besuch: ob er sich gleich ihrer Fröhlichkeit erfreute. Denn sie dünkte ihm ein Zeichen der Genesung. So schlüpfte er hinaus ins Freie und sprach zu seinen Tieren.

»Wo ist nun ihre Not hin?« sprach er, und schon atmete er selber von seinem kleinen Überdrusse auf – »bei mir verlernten sie, wie mich dünkt, das Notschrein!

– wenn auch, leider, noch nicht das Schrein.« Und Zarathustra hielt sich die Ohren zu, denn eben mischte sich das I-A des Esels wunderlich mit dem Jubel-Lärm dieser höheren Menschen.

»Sie sind lustig«, begann er wieder, »und wer weiß? vielleicht auf ihre Wirtes Unkosten; und lernten sie von mir lachen, so ist es doch nicht *mein* Lachen, das sie lernten.

Aber was liegt daran! Es sind alte Leute: sie genesen auf ihre Art, sie lachen auf ihre Art; meine Ohren haben schon Schlimmeres erduldet und wurden nicht unwirsch.

Dieser Tag ist ein Sieg: er weicht schon, er flieht, *der Geist der Schwere*, mein alter Erzfeind! Wie gut will dieser Tag enden, der so schlimm und schwer begann!

Und enden *will* er. Schon kommt der Abend: über das Meer her reitet er, der gute Reiter! Wie er sich wiegt, der Selige, Heimkehrende, in seinen purpurnen Sätteln!

Der Himmel blickt klar dazu, die Welt liegt tief: o all ihr Wunderlichen, die ihr zu mir kamt, es lohnt sich schon, bei mir zu leben!«

Also sprach Zarathustra. Und wieder kam da das Geschrei und Gelächter der höheren Menschen aus der Höhle: da begann er von neuem.

»Sie beißen an, mein Köder wirkt, es weicht auch ihnen ihr Feind, der Geist der Schwere. Schon lernen sie über sich selber lachen: höre ich recht?

Meine Manns-Kost wirkt, mein Saft- und Kraft-Spruch: und wahrlich, ich nährte sie nicht mit Bläh-Gemüsen! Sondern mit Krieger-Kost, mit Eroberer-Kost: neue Begierden weckte ich.

Neue Hoffnungen sind in ihren Armen und Beinen, ihr

Herz streckt sich aus. Sie finden neue Worte, bald wird ihr Geist Mutwillen atmen.

Solche Kost mag freilich nicht für Kinder sein, noch auch für sehnsüchtige alte und junge Weibchen. Denen überredet man anders die Eingeweide; deren Arzt und Lehrer bin ich nicht.

Der *Ekel* weicht diesen höheren Menschen: wohlan! das ist mein Sieg. In meinem Reiche werden sie sicher, alle dumme Scham läuft davon, sie schütten sich aus.

Sie schütten ihr Herz aus, gute Stunden kehren ihnen zurück, sie feiern und käuen wieder – sie werden *dankbar*.

Das nehme ich als das beste Zeichen: sie werden dankbar. Nicht lange noch, und sie denken sich Feste aus und stellen Denksteine ihren alten Freuden auf.

Es sind *Genesende*!« Also sprach Zarathustra fröhlich zu seinem Herzen und schaute hinaus; seine Tiere aber drängten sich an ihn und ehrten sein Glück und sein Stillschweigen.

2

Plötzlich aber erschrak das Ohr Zarathustras: die Höhle nämlich, welche bisher voller Lärmens und Gelächter war, wurde mit einem Male totenstill; – seine Nase aber roch einen wohlriechenden Qualm und Weihrauch, wie von brennenden Pinien-Zapfen.

»Was geschieht? Was treiben sie?« fragte er sich und schlich zum Eingange heran, daß er seinen Gästen, unvermerkt, zusehen könne. Aber, Wunder über Wunder! was mußte er da mit seinen eigenen Augen sehn!

»Sie sind alle wieder *fromm* geworden, sie *beten*, sie sind toll!« – sprach er und verwunderte sich über die Maßen. Und, fürwahr! alle diese höheren Menschen, die zwei Könige, der Papst außer Dienst, der schlimme Zauberer, der freiwillige Bettler, der Wanderer und Schatten, der alte

Wahrsager, der Gewissenhafte des Geistes und der häßlichste Mensch: sie lagen alle gleich Kindern und gläubigen alten Weibchen auf den Knien und beteten den Esel an. Und eben begann der häßlichste Mensch zu gurgeln und zu schnauben, wie als ob etwas Unaussprechliches aus ihm herauswolle; als er es aber wirklich bis zu Worten gebracht hatte, siehe, da war es eine fromme seltsame Litanei zur Lobpreisung des angebeteten und angeräucherten Esels. Diese Litanei aber klang also:

Amen! Und Lob und Ehre und Weisheit und Dank und Preis und Stärke sei unserm Gott, von Ewigkeit zu Ewigkeit!

– Der Esel aber schrie dazu I-A.

Er trägt unsre Last, er nahm Knechtsgestalt an, er ist geduldsam von Herzen und redet niemals nein; und wer seinen Gott liebt, der züchtigt ihn.

– Der Esel aber schrie dazu I-A.

Er redet nicht: es sei denn, daß er zur Welt, die er schuf, immer ja sagt: also preist er seine Welt. Seine Schlauheit ist es, die nicht redet: so bekömmt er selten Unrecht.

– Der Esel aber schrie dazu I-A.

Unscheinbar geht er durch die Welt. Grau ist die Leib-Farbe, in welche er seine Tugend hüllt. Hat er Geist, so verbirgt er ihn; jedermann aber glaubt an seine langen Ohren.

– Der Esel aber schrie dazu I-A.

Welche verborgene Weisheit ist das, daß er lange Ohren trägt und allein ja und nimmer nein sagt: Hat er nicht die Welt erschaffen nach seinem Bilde, nämlich so dumm als möglich?

– Der Esel aber schrie dazu I-A.

Du gehst gerade und krumme Wege; es kümmert dich wenig, was uns Menschen gerade oder krumm dünkt. Jenseits von Gut und Böse ist dein Reich. Es ist deine Unschuld, nicht zu wissen, was Unschuld ist.

– Der Esel aber schrie dazu I-A.

Siehe doch, wie du niemanden von dir stößest, die Bettler nicht, noch die Könige. Die Kindlein lässest du zu dir kommen, und wenn dich die bösen Buben locken, so sprichst du einfältiglich I-A.

– Der Esel aber schrie dazu I-A.

Du liebst Eselinnen und frische Feigen, du bist kein Kostverächter. Eine Distel kitzelt dir das Herz, wenn du gerade Hunger hast. Darin liegt eines Gottes Weisheit.

– Der Esel aber schrie dazu I-A.

DAS ESELSFEST

I

An dieser Stelle der Litanei aber konnte Zarathustra sich nicht länger bemeistern, schrie selber I-A, lauter noch als der Esel, und sprang mitten unter seine toll gewordenen Gäste. »Aber was treibt ihr da, ihr Menschenkinder?« rief er, indem er die Betenden vom Boden emporriß. »Wehe, wenn euch jemand anderes zusähe als Zarathustra:

Jeder würde urteilen, ihr wäret mit eurem neuen Glauben die ärgsten Gotteslästerer oder die törichtsten aller alten Weiblein!

Und du selber, du alter Papst, wie stimmt das mit dir selber zusammen, daß du solchergestalt einen Esel hier als Gott anbetest?« –

»O Zarathustra«, antwortete der Papst, »vergib mir, aber in Dingen Gottes bin ich aufgeklärter noch als du. Und so ist's billig.

Lieber Gott also anbeten, in dieser Gestalt als in gar keiner Gestalt! Denke über diesen Spruch nach, mein hoher Freund: du errätst geschwind, in solchem Spruch steckt Weisheit.

Der, welcher sprach ›Gott ist ein Geist‹ – der machte bisher auf Erden den größten Schritt und Sprung zum Unglauben: solch Wort ist auf Erden nicht leicht wiedergutzumachen!

Mein altes Herz springt und hüpft darob, daß es auf Erden noch etwas anzubeten gibt. Vergib das, o Zarathustra, einem alten frommen Papst-Herzen!« –

– »Und du«, sagte Zarathustra zu dem Wanderer und Schatten, »du nennst und wähnst dich einen freien Geist? Und treibst hier solchen Götzen- und Pfaffendienst?

Schlimmer, wahrlich, treibst du's hier noch als bei deinen schlimmen braunen Mädchen, du schlimmer neuer Gläubiger!«

»Schlimm genug«, antwortete der Wanderer und Schatten, »du hast recht: aber was kann ich dafür! Der alte Gott lebt wieder, o Zarathustra, du magst reden, was du willst.

Der häßlichste Mensch ist an allem schuld: der hat ihn wieder auferweckt. Und wenn er sagt, daß er ihn einst getötet habe: *Tod* ist bei Göttern immer nur ein Vorurteil.«

– »Und du«, sprach Zarathustra, »du schlimmer alter Zauberer, was tatest du! Wer soll, in dieser freien Zeit, fürderhin an dich glauben, wenn *du* an solche Götter-Eseleien glaubst?

Es war eine Dummheit, was du tatest; wie konntest du, du Kluger, eine solche Dummheit tun!«

»O Zarathustra«, antwortete der kluge Zauberer, »du hast recht, es war eine Dummheit – es ist mir auch schwer genug geworden.«

– »Und du gar«, sagte Zarathustra zu dem Gewissenhaften des Geistes, »erwäge doch und lege den Finger an deine Nase! Geht hier denn nichts wider dein Gewissen? Ist dein Geist nicht zu reinlich für dies Beten und den Dunst dieser Betbrüder?«

»Es ist etwas daran«, antwortete der Gewissenhafte und legte den Finger an die Nase, »es ist etwas an diesem Schauspiele, das meinem Gewissen sogar wohltut.

Vielleicht, daß ich an Gott nicht glauben darf: gewiß aber ist, daß Gott mir in dieser Gestalt noch am glaubwürdigsten dünkt.

Gott soll ewig sein, nach dem Zeugnisse der Frömmsten: wer so viel Zeit hat, läßt sich Zeit. So langsam und so dumm als möglich: *damit* kann ein solcher es doch sehr weit bringen.

Und wer des Geistes zu viel hat, der möchte sich wohl in die Dumm- und Narrheit selber vernarren. Denke über dich selber nach, O Zarathustra!

Du selber – wahrlich! auch du könntest wohl aus Überfluß und Weisheit zu einem Esel werden.

Geht nicht ein vollkommner Weiser gern auf den krümmsten Wegen? Der Augenschein lehrt es, o Zarathustra – *dein* Augenschein!«

– »Und du selber zuletzt«, sprach Zarathustra und wandte sich gegen den häßlichsten Menschen, der immer noch auf dem Boden lag, den Arm zu dem Esel emporhebend (er gab ihm nämlich Wein zu trinken). »Sprich, du Unaussprechlicher, was hast du da gemacht!

Du dünkst mich verwandelt, dein Auge glüht, der Mantel des Erhabenen liegt um deine Häßlichkeit: *was* tatest du?

Ist es denn wahr, was jene sagen, daß du ihn wieder auferwecktest? Und wozu? War er nicht mit Grund abgetötet und abgetan?

Du selber dünkst mich aufgeweckt: was tatest du? was kehrtest *du* um? Was bekehrtest *du* dich? Sprich, du Unaussprechlicher!«

»O Zarathustra«, antwortete der häßlichste Mensch, »du bist ein Schelm!

Ob *der* noch lebt oder wieder lebt oder gründlich tot ist, – wer von uns beiden weiß das am besten? Ich frage dich.

Eins aber weiß ich, – von dir selber lernte ich's einst, o Zarathustra: wer am gründlichsten töten will, der *lacht.*

›Nicht durch Zorn, sondern durch Lachen tötet man‹ – so sprachst du einst. O Zarathustra, du Verborgener, du Vernichter ohne Zorn, du gefährlicher Heiliger, – du bist ein Schelm!«

2

Da aber geschah es, daß Zarathustra, verwundert über lauter solche Schelmen-Antworten, zur Tür seiner Höhle zurück sprang und, gegen alle seine Gäste gewendet, mit starker Stimme schrie:

»O ihr Schalks-Narren allesamt, ihr Possenreißer! Was verstellt und versteckt ihr euch vor mir!

Wie doch einem jeden von euch das Herz zappelte vor Lust und Bosheit, darob, daß ihr endlich einmal wieder wurdet wie die Kindlein, nämlich fromm, –

– daß ihr endlich wieder tatet, wie Kinder tun, nämlich betetet, händefaltetet und ›lieber Gott‹ sagtet!

Aber nun laßt mir *diese* Kinderstube, meine eigne Höhle, wo heute alle Kinderei zu Hause ist. Kühlt hier draußen euren heißen Kinder-Übermut und Herzenslärm ab!

Freilich: so ihr nicht werdet wie die Kindlein, so kommt ihr nicht in *das* Himmelreich.« (Und Zarathustra zeigte mit den Händen nach oben.)

»Aber wir wollen auch gar nicht ins Himmelreich: Männer sind wir worden, – *so wollen wir das Erdenreich.*«

3

Und noch einmal hob Zarathustra an zu reden. »O meine neuen Freunde«, sprach er – »ihr Wunderlichen, ihr höheren Menschen, wie gut gefallt ihr mir nun, –

– seit ihr wieder fröhlich wurdet! Ihr seid wahrlich alle aufgeblüht: mich dünkt, solchen Blumen, wie ihr seid, tun *neue Feste* not,

– ein kleiner tapferer Unsinn, irgendein Gottesdienst und Eselsfest, irgendein alter fröhlicher Zarathustra-Narr, ein Brausewind, der euch die Seelen hell bläst.

Vergeßt diese Nacht und dies Eselsfest nicht, ihr höheren Menschen! *Das* erfandet ihr bei mir, das nehme ich als gutes Wahrzeichen, – solcherlei erfinden nur Genesende!

Und feiert ihr es abermals, dieses Eselsfest, tut's euch zuliebe, tut's auch mir zuliebe! Und zu *meinem* Gedächtnis!«

Also sprach Zarathustra.

DAS TRUNKNE LIED

I

Inzwischen aber war einer nach dem andern hinausgetreten ins Freie und in die kühle nachdenkliche Nacht; Zarathustra selber aber führte den häßlichsten Menschen an der Hand, daß er ihm seine Nacht-Welt und den großen runden Mond und die silbernen Wasserstürze bei seiner Höhle zeige. Da standen sie endlich still beieinander, lauter alte Leute, aber mit einem getrösteten tapferen Herzen und verwundert bei sich, daß es ihnen auf Erden so wohl war; die Heimlichkeit der Nacht aber kam ihnen näher und näher ans Herz. Und von neuem dachte Zarathustra bei sich: »O wie gut sie mir nun gefallen, diese höheren Menschen!« – aber er sprach es nicht aus, denn er ehrte ihr Glück und ihr Stillschweigen. –

Da aber geschah das, was an jenem erstaunlichen langen Tage das Erstaunlichste war: der häßlichste Mensch begann noch einmal und zum letztenmal zu gurgeln und zu schnauben, und als er es bis zu Worten gebracht hatte, siehe, da sprang eine Frage rund und reinlich aus seinem Munde, eine gute tiefe klare Frage, welche allen, die ihm zuhörten, das Herz im Leibe bewegte.

»Meine Freunde insgesamt«, sprach der häßlichste Mensch, »was dünket euch? Um dieses Tages willen – *ich* bins zum ersten Male zufrieden, daß ich das ganze Leben lebte.

Und daß ich so viel bezeuge, ist mir noch nicht genug. Es lohnt sich auf der Erde zu leben: *ein* Tag, *ein* Fest mit Zarathustra lehrte mich die Erde lieben.

›War *das* – das Leben‹ will ich zum Tode sprechen. ›Wohlan! Noch einmal!‹

Meine Freunde, was dünket euch? Wollt ihr nicht gleich mir zum Tode sprechen: war *das* – das Leben? Um Zarathustras willen, wohlan! Noch einmal!« – –

Also sprach der häßlichste Mensch; es war aber nicht lange vor Mitternacht. Und was glaubt ihr wohl, daß damals sich zutrug? Sobald die höheren Menschen seine Frage hörten, wurden sie sich mit einem Male ihrer Verwandlung und Genesung bewußt, und wer ihnen dieselbe gegeben habe: da sprangen sie auf Zarathustra zu, dankend, verehrend, liebkosend, ihm die Hände küssend, so wie es der Art eines jeden eigen war: also, daß einige lachten, einige weinten. Der alte Wahrsager aber tanzte vor Vergnügen; und wenn er auch, wie manche Erzähler meinen, damals voll süßen Weines war, so war er gewißlich noch voller des süßen Lebens und hatte aller Müdigkeit abgesagt. Es gibt sogar solche, die erzählen, daß damals der Esel getanzt habe: nicht umsonst nämlich habe ihm der häßlichste Mensch vorher Wein zu trinken gegeben. Dies mag sich nun so verhalten oder auch anders; und wenn in Wahrheit an jenem Abende der Esel nicht getanzt hat, so geschahen doch damals größere und seltsamere Wunderdinge, als es das Tanzen eines Esels wäre. Kurz, wie das Sprichwort Zarathustras lautet: »was liegt daran!«

2

Zarathustra aber, als sich dies mit dem häßlichsten Menschen zutrug, stand da wie ein Trunkener: sein Blick erlosch, seine Zunge lallte, seine Füße schwankten. Und wer möchte auch erraten, welche Gedanken dabei über Zarathustras Seele liefen? Ersichtlich aber wich sein Geist zurück und floh voraus und war in weiten Fernen und gleichsam »auf hohem Joche«, wie geschrieben steht, »zwischen zwei Meeren,

– zwischen Vergangenem und Zukünftigem als schwere Wolke wandelnd«. Allgemach aber, während ihn die höheren Menschen in den Armen hielten, kam er ein wenig zu sich selber zurück und wehrte mit den Händen dem Gedränge der Verehrenden und Besorgten; doch sprach er nicht. Mit einem Male wandte er schnell den Kopf, denn er schien etwas zu hören: da legte er den Finger an den Mund und sprach: *»Kommt!«*

Und alsbald wurde es rings still und heimlich; aus der Tiefe aber kam langsam der Klang einer Glocke herauf. Zarathustra horchte danach, gleich den höheren Menschen; dann aber legte er zum andern Male den Finger an den Mund und sprach wiederum: *»Kommt! Kommt! Es geht gen Mitternacht!«* – und seine Stimme hatte sich verwandelt. Aber immer noch rührte er sich nicht von der Stelle: da wurde es noch stiller und heimlicher, und alles horchte, auch der Esel, und Zarathustras Ehrentiere, der Adler und die Schlange, insgleichen die Höhle Zarathustras und der große kühle Mond und die Nacht selber. Zarathustra aber legte zum dritten Male die Hand an den Mund und sprach:

Kommt! Kommt! Kommt! Laßt uns jetzo wandeln! Es Ist die Stunde: laßt uns in die Nacht wandeln!

3

Ihr höheren Menschen, es geht gen Mitternacht: da will ich euch etwas in die Ohren sagen, wie jene alte Glocke es mir ins Ohr sagt, –

– so heimlich, so schrecklich, so herzlich, wie jene Mitternachts-Glocke zu mir es redet, die mehr erlebt hat als ein Mensch:

– welche schon eurer Väter Herzens-Schmerzens-Schläge abzählte – ach! ach! wie sie seufzt! wie sie im Traume lacht! die alte tiefe tiefe Mitternacht!

Still! Still! Da hört sich manches, das am Tage nicht laut werden darf; nun aber, bei kühler Luft, da auch aller Lärm eurer Herzen stille ward, –

– nun redet es, nun hört es sich, nun schleicht es sich in nächtliche überwache Seelen: ach! ach! wie es seufzt! wie sie im Traume lacht!

– hörst du's nicht, wie sie heimlich, schrecklich, herzlich zu *dir* redet, die alte tiefe tiefe Mitternacht?

O Mensch, gib acht!

4

Wehe mir! Wo ist die Zeit hin? Sank ich nicht in tiefe Brunnen? Die Welt schläft –

Ach! Ach! Der Hund heult, der Mond scheint. Lieber will ich sterben, sterben, als euch sagen, was mein Mitternachts-Herz eben denkt.

Nun starb ich schon. Es ist dahin. Spinne, was spinnst du um mich? Willst du Blut? Ach! Ach! der Tau fällt, die Stunde kommt –

– die Stunde, wo mich fröstelt und friert, die fragt und fragt und fragt: »wer hat Herz genug dazu?

– wer soll der Erde Herr sein? Wer will sagen: *so* sollt ihr laufen, ihr großen und kleinen Ströme!«

– die Stunde naht: o Mensch, du höherer Mensch, gib acht! diese Rede ist für feine Ohren, für deine Ohren – *was spricht die tiefe Mitternacht?*

5

Es trägt mich dahin, meine Seele tanzt. Tagewerk! Tagewerk! Wer soll der Erde Herr sein?

Der Mond ist kühl, der Wind schweigt. Ach! Ach! Flogt ihr schon hoch genug? Ihr tanztet: aber ein Bein ist doch kein Flügel.

Ihr guten Tänzer, nun ist alle Lust vorbei: Wein ward Hefe, jeder Becher ward mürbe, die Gräber stammeln.

Ihr flogt nicht hoch genug: nun stammeln die Gräber »erlöst doch die Toten! Warum ist solange Nacht? Macht uns nicht der Mond trunken?«

Ihr höheren Menschen, erlöst doch die Gräber, weckt die Leichname auf! Ach, was gräbt noch der Wurm? Es naht, es naht die Stunde, –

– es brummt die Glocke, es schnarrt noch das Herz, es gräbt noch der Holzwurm, der Herzenswurm. Ach! Ach! *Die Welt ist tief!*

6

Süße Leier! Süße Leier! Ich liebe deinen Ton, deinen trunkenen Unken-Ton! – wie lang her, wie fern her kommt mir dein Ton, weit her, von den Teichen der Liebe!

Du alte Glocke, du süße Leier! Jeder Schmerz riß dir ins Herz, Vaterschmerz, Väterschmerz, Urväterschmerz; deine Rede wurde reif, –

– reif gleich goldenem Herbste und Nachmittage, gleich meinem Einsiedlerherzen – nun redest du: die Welt selber ward reif, die Traube bräunt,

– nun will sie sterben, vor Glück sterben. Ihr höheren Menschen, riecht ihr's nicht? Es quillt heimlich ein Geruch herauf,

– ein Duft und Geruch der Ewigkeit, ein rosenseliger brauner Gold-Wein-Geruch von altem Glücke,

– von trunkenem Mitternachts-Sterbeglücke, welches singt: die Welt ist tief, *und tiefer als der Tag gedacht!*

7

Laß mich! Laß mich! Ich bin zu rein für dich. Rühre mich nicht an! Ward meine Welt nicht eben vollkommen?

Meine Haut ist zu rein für deine Hände. Laß mich, du dummer tölpischer dumpfer Tag! Ist die Mitternacht nicht heller?

Die Reinsten sollen der Erde Herr sein, die Unerkanntesten, Stärksten, die Mitternachts-Seelen, die heller und tiefer sind als jeder Tag.

O Tag, du tappst nach mir? Du tastest nach meinem Glücke? Ich bin dir reich, einsam, eine Schatzgrube, eine Goldkammer?

O Welt, du willst *mich*? Bin ich dir weltlich? Bin ich dir geistlich? Bin ich dir göttlich? Aber Tag und Welt, ihr seid zu plump, –

habt klügere Hände, greift nach tieferem Glücke, nach tieferem Unglücke, greift nach irgendeinem Gotte, greift nicht nach mir:

– mein Unglück, mein Glück ist tief, du wunderlicher Tag, aber doch bin ich kein Gott, keine Gottes-Hölle: *tief ist ihr Weh.*

8

Gottes Weh ist tiefer, du wunderliche Welt! Greife nach Gottes Weh, nicht nach mir! Was bin ich! eine trunkene süße Leier, –

– eine Mitternachts-Leier, eine Glocken-Unke, die niemand versteht, aber welche reden *muß*, vor Tauben, ihr höheren Menschen! Denn ihr versteht mich nicht!

Dahin! Dahin! O Jugend! O Mittag! O Nachmittag!

Nun kam Abend und Nacht und Mitternacht, – der Hund heult, der Wind:

– ist der Wind nicht ein Hund? Er winselt, er kläfft, er heult. Ach! Ach! wie sie seufzt! wie sie lacht, wie sie röchelt und keucht, die Mitternacht!

Wie sie eben nüchtern spricht, diese trunkene Dichterin! sie übertrank wohl ihre Trunkenheit? sie wurde überwach? sie käut zurück?

– ihr Weh käut sie zurück, im Traume, die alte tiefe Mitternacht, und mehr noch ihre Lust. Lust nämlich, wenn schon Weh tief ist: *Lust ist tiefer noch als Herzeleid.*

9

Du Weinstock! Was preisest du mich! Ich schnitt dich doch! Ich bin grausam, du blutest –: was will dein Lob meiner trunkenen Grausamkeit?

»Was vollkommen ward, alles Reife – will sterben!« so redest du. Gesegnet, gesegnet sei das Winzermesser! Aber alles Unreife will leben: wehe!

Weh spricht: »Vergeh! Weg, du Wehe!« Aber alles, was leidet, will leben, daß es reif werde und lustig und sehnsüchtig,

– sehnsüchtig nach Fernerem, Höherem, Hellerem. »Ich will Erben, so spricht alles, was leidet, ich will Kinder, ich will nicht *mich*«, –

Lust aber will nicht Erben, nicht Kinder – Lust will sich selber, will Ewigkeit, will Wiederkunft, will Alles-sich-ewig-gleich.

Weh spricht: »Brich, blute, Herz! Wandle, Bein! Flügel, flieg! Hinan! Hinauf! Schmerz!« Wohlan! Wohlauf! O mein altes Herz: *Weh spricht: »vergeht!«*

10

Ihr höheren Menschen, was dünket euch? Bin ich ein Wahrsager? Ein Träumender? Trunkener? Ein Traumdeuter? Eine Mitternachts-Glocke?

Ein Tropfen Taus? Ein Dunst und Duft der Ewigkeit? Hört ihr's nicht? Riecht ihr's nicht? Eben ward meine Welt vollkommen, Mitternacht ist auch Mittag, –

Schmerz ist auch eine Lust, Fluch ist auch ein Segen, Nacht ist auch eine Sonne – geht davon oder ihr lernt: ein Weiser ist auch ein Narr.

Sagtet ihr jemals ja zu einer Lust? Oh, meine Freunde, so sagtet ihr ja auch zu *allem* Wehe. Alle Dinge sind verkettet, verfädelt, verliebt, –

– wolltet ihr jemals einmal zweimal, spracht ihr jemals »du gefällst mir, Glück! Husch! Augenblick!«, so wolltet ihr *alles* zurück!

– Alles von neuem, alles ewig, alles verkettet, verfädelt, verliebt, o, so *liebtet* ihr die Welt, –

– ihr Ewigen, liebt sie ewig und allezeit: und auch zum Weh sprecht ihr: vergeh, aber komm zurück! *Denn alle Lust will – Ewigkeit!*

11

Alle Lust will aller Dinge Ewigkeit, will Honig, will Hefe, will trunkene Mitternacht, will Gräber, will Gräber-Tränen-Trost, will vergüldetes Abendrot –

– *was* will nicht Lust! sie ist durstiger, herzlicher, hungriger, schrecklicher, heimlicher als alles Weh, sie will *sich*, sie beißt in *sich*, des Ringes Wille ringt in ihr, –

– sie will Liebe, sie will Haß, sie ist überreich, schenkt, wirft weg, bettelt, daß einer sie nimmt, dankt dem Nehmenden, sie möchte gern gehaßt sein, –

327

– so reich ist Lust, daß sie nach Wehe durstet, nach Hölle, nach Haß, nach Schmach, nach dem Krüppel, nach *Welt*, – denn diese Welt, o ihr kennt sie ja!

Ihr höheren Menschen, nach euch sehnt sie sich, die Lust, die unbändige, selige – nach eurem Weh, ihr Mißratenen! Nach Mißratenem sehnt sich alle ewige Lust.

Denn alle Lust will sich selber, drum will sie auch Herzeleid! O Glück, o Schmerz! O brich, Herz! Ihr höheren Menschen, lernt es doch, Lust will Ewigkeit,

– Lust will *aller* Dinge Ewigkeit, *will tiefe, tiefe Ewigkeit!*

12

Lerntet ihr nun mein Lied? Errietet ihr, was es will? Wohlan! Wohlauf! Ihr höheren Menschen, so singt mir nun meinen Rundgesang!

Singt mir nun selber das Lied, des Name ist ›Noch einmal‹, des Sinn ist ›in alle Ewigkeit!‹ – singt, ihr höheren Menschen, Zarathustras Rundgesang!

> *O Mensch! Gib acht!*
> *Was spricht die tiefe Mitternacht?*
> *Ich schlief, ich schlief –,*
> *Aus tiefem Traum bin ich erwacht: –*
> *Die Welt ist tief,*
> *Und tiefer als der Tag gedacht.*
> *Tief ist ihr Weh –,*
> *Lust – tiefer noch als Herzeleid:*
> *Weh spricht: Vergeh!*
> *Doch alle Lust will Ewigkeit –,*
> *– will tiefe, tiefe Ewigkeit!«*

DAS ZEICHEN

Des Morgens aber nach dieser Nacht sprang Zarathustra von seinem Lager auf, gürtete sich die Lenden und kam heraus aus seiner Höhle, glühend und stark, wie eine Morgensonne, die aus dunklen Bergen kommt.

»Du großes Gestirn«, sprach er, wie er einstmals gesprochen hatte, »du tiefes Glücks-Auge, was wäre all dein Glück, wenn du nicht *die* hättest, welchen du leuchtest!

Und wenn sie in ihren Kammern blieben, während du schon wach bist und kommst und schenkst und austeilst: wie würde darob deine stolze Scham zürnen!

Wohlan! sie schlafen noch, diese höheren Menschen, während *ich* wach bin: *das* sind nicht meine rechten Gefährten! Nicht auf sie warte ich hier in meinen Bergen.

Zu meinem Werke will ich, zu meinem Tage: aber sie verstehen nicht, was die Zeichen meines Morgens sind, mein Schritt – ist für sie kein Weckruf.

Sie schlafen noch in meiner Höhle, ihr Traum trinkt noch an meinen trunkenen Liedern. Das Ohr doch, das nach *mir* horcht, – das *gehorchende* Ohr fehlt in ihren Gliedern.«

– Dies hatte Zarathustra zu seinem Herzen gesprochen, als die Sonne aufging: da blickte er fragend in die Höhe, denn er hörte über sich den scharfen Ruf seines Adlers. »Wohlan!« rief er hinauf, »so gefällt und gebührt es mir. Meine Tiere sind wach, denn ich bin wach. Mein Adler ist wach und ehrt gleich mir die Sonne. Mit Adlers-Klauen greift er nach dem neuen Lichte. Ihr seid meine rechten Tiere; ich liebe euch. Aber noch fehlen mir meine rechten Menschen!« –

Also sprach Zarathustra; da aber geschah es, daß er sich plötzlich wie von unzähligen Vögeln umschwärmt und umflattert hörte – das Geschwirr so vieler Flügel aber und das Gedräng um sein Haupt war so groß, daß er die Augen schloß. Und wahrlich, einer Wolke gleich fiel es über ihn her, einer Wolke von Pfeilen gleich, welche sich über einen neuen Feind ausschüttet. Aber siehe, hier war es eine Wolke der Liebe, und über einen neuen Freund.

»Was geschieht mir?« dachte Zarathustra in seinem erstaunten Herzen und ließ sich langsam auf dem großen Steine nieder, der neben dem Ausgange seiner Höhle lag. Aber, indem er mit den Händen um sich und über sich und unter sich griff und den zärtlichen Vögeln wehrte, siehe, da geschah ihm etwas noch Seltsameres: er griff nämlich dabei unvermerkt in ein dichtes warmes Haar-Gezottel hinein; zugleich aber erscholl vor ihm ein Gebrüll – ein sanftes langes Löwen-Brüllen.

»*Das Zeichen kommt*«, sprach Zarathustra, und sein Herz verwandelte sich. Und in Wahrheit, als es helle vor ihm wurde, da lag ihm ein gelbes mächtiges Getier zu Füßen und schmiegte das Haupt an seine Knie und wollte nicht von ihm lassen vor Liebe, und tat einem Hunde gleich, welcher seinen alten Herrn wiederfindet. Die Tauben aber waren mit ihrer Liebe nicht minder eifrig als der Löwe; und jedes Mal, wenn eine Taube über die Nase des Löwen huschte, schüttelte der Löwe das Haupt und wunderte sich und lachte dazu.

Zu dem allen sprach Zarathustra nur ein Wort: »*meine Kinder sind nahe, meine Kinder*« –, dann wurde er ganz stumm. Sein Herz aber war gelöst, und aus seinen Augen tropften Tränen herab und fielen auf seine Hände. Und er achtete keines Dings mehr und saß da, unbeweglich und ohne daß er sich noch gegen die Tiere wehrte. Da flogen die Tauben ab und zu und setzten sich ihm auf die Schulter und liebkosten sein weißes Haar und wurden nicht müde mit Zärtlichkeit und Frohlocken. Der starke Löwe aber leckte immer die Tränen, welche auf die Hände Zarathustras herabfielen, und brüllte und brummte schüchtern dazu. Also trieben es diese Tiere. –

Dies alles dauerte eine lange Zeit, oder eine kurze Zeit: denn, recht gesprochen, gibt es für dergleichen Dinge auf Erden *keine* Zeit –. Inzwischen aber waren die höheren Menschen in der Höhle Zarathustras wach geworden und ordneten sich miteinander zu einem Zuge an, daß sie Zarathustra entgegengingen und ihm den Morgengruß böten: denn sie hatten gefunden, als sie erwachten, daß er schon nicht mehr unter ihnen weilte. Als sie aber zur Tür der

Höhle gelangten und das Geräusch ihrer Schritte ihnen voranlief, da stutzte der Löwe gewaltig, kehrte sich mit einem Male von Zarathustra ab und sprang, wild brüllend, auf die Höhle los; die höheren Menschen aber, als sie ihn brüllen hörten, schrien alle auf, wie mit *einem* Munde, und flohen zurück und waren im Nu verschwunden.

Zarathustra selber aber, betäubt und fremd, erhob sich von seinem Sitze, sah um sich, stand staunend da, fragte sein Herz, besann sich und war allein. »Was hörte ich doch?« sprach er endlich langsam, »was geschah mir eben?«

Und schon kam ihm die Erinnerung, und er begriff mit *einem* Blicke alles, was zwischen gestern und heute sich begeben hatte. »Hier ist ja der Stein«, sprach er und strich sich den Bart, »auf *dem* saß ich gestern am Morgen; und hier trat der Wahrsager zu mir, und hier hörte ich zuerst den Schrei, den ich eben hörte, den großen Notschrei.

O ihr höheren Menschen, von *eurer* Not war's ja, daß gestern am Morgen jener alte Wahrsager mir wahrsagte, –

– zu eurer Not wollte er mich verführen und versuchen: o Zarathustra, sprach er zu mir, ich komme, daß ich dich zu deiner letzten Sünde verführe.

Zu meiner letzten Sünde? rief Zarathustra und lachte zornig über sein eigenes Wort: *was* blieb mir doch aufgespart als meine letzte Sünde?«

– Und noch einmal versank Zarathustra in sich und setzte sich wieder auf den großen Stein nieder und sann nach. Plötzlich sprang er empor, –

»*Mitleiden! Das Mitleiden mit dem höheren Menschen!*« schrie er auf, und sein Antlitz verwandelte sich in Erz. »Wohlan! *Das* – hatte seine Zeit!

Mein Leid und mein Mitleiden – was liegt daran! Trachte ich denn nach *Glücke?* Ich trachte nach meinem *Werke!*

Wohlan! Der Löwe kam, meine Kinder sind nahe, Zarathustra ward reif, meine Stunde kam: –

Dies ist *mein* Morgen, *mein* Tag hebt an: *herauf nun, herauf, du großer Mittag!*« – –

Also sprach Zarathustra und verließ seine Höhle, glühend und stark, wie eine Morgensonne, die aus dunklen Bergen kommt.

NIETZSCHE's PHILOSOPHIE
IM LICHTE UNSERER ERFAHRUNG

Als zu Anfang des Jahres 1889 von Turin und Basel her die Nachricht von Nietzsche's geistigem Zusammenbruch sich verbreitete, mag mancher von denen, die, über Europa hin verstreut, bereits ein Wissen um die schicksalsvolle Größe des Mannes hatten, Ophelia's Klageruf bei sich wiederholt haben:

> O, what a noble mind is here o'erthrown!
> O, welch ein edler Geist ist hier zerstört!

Und auch von den Kennzeichnungen der nachfolgenden Verse, die das schauerliche Unglück bejammern, daß solche hochgebietende Vernunft, durch Schwärmerei zerrüttet, »blasted by ecstasy«, nun mißtönt wie verstimmte Glocken, treffen viele genau auf Nietzsche zu, – nicht zuletzt die Wendung, in welche die Trauernde ihre Lobpreisung zusammenfaßt: »The observ'd of all observers«, was Schlegel übersetzt: »Das Merkziel der Betrachter.« Wir würden dafür das Wort »faszinierend« gebrauchen, und wahrlich, nach einer Gestalt, faszinierender als die des Einsiedlers von Sils Maria, sieht man sich in aller Weltliteratur und Geistesgeschichte vergebens um. Es ist aber eine Faszination, derjenigen nahe verwandt, die von Shakespeare's Charakterschöpfung, dem melancholischen Dänenprinzen, durch die Jahrhunderte ausgeht.

Nietzsche, der Denker und Schriftsteller, »the mould of form« oder »der Bildung Muster«, wie Ophelia ihn nennen würde, war eine Erscheinung von ungeheuerer, das Europäische resumierender, kultureller Fülle und Komplexität, welche vieles Vergangene in sich aufgenommen hatte, das sie in mehr oder weniger bewußter Nachahmung und Nachfolge erinnerte, wiederholte, auf mythische Art wieder gegenwärtig machte, und ich zweifle nicht, daß der große Liebhaber der Maske des hamletischen Zuges in dem tragischen Lebensschauspiel, das er bot – ich möchte fast sagen: das er veranstaltete, wohl gewahr war. Was mich, den ergriffen sich versenkenden Leser und »Betrachter« der nächstfolgenden Generation, betrifft, so habe ich diese Verwandtschaft früh empfunden und dabei die Gefühlsmischung erfahren, die gerade für das jugendliche Gemüt etwas so Neues, Aufwühlendes und Vertiefendes hat: die Mischung von Ehrfurcht und Erbarmen. Sie ist mir niemals fremd geworden. Es ist das tragische Mitleid mit einer überlasteten, über-beauftragten Seele, welche zum Wissen nur berufen, nicht eigentlich dazu geboren war und, wie Hamlet, daran zerbrach; mit einer zarten, feinen, gütigen, liebebedürftigen, auf edle Freundschaft gestellten und für die Einsamkeit gar nicht gemachten Seele, der gerade dies: tiefste, kälteste Einsamkeit, die Einsamkeit des Verbrechens, verhängt war; mit einer ursprünglich tief pietätvollen, ganz zur Verehrung gestimmten, an fromme Traditionen gebundenen Geistigkeit, die vom Schicksal gleichsam an den Haaren in ein wildes und trunkenes, jeder Pietät entsagendes, gegen die eigene Natur tobendes Prophetentum der barbarisch strotzenden Kraft, der Gewissensverhärtung, des Bösen gezerrt wurde.

Man muß einen Blick auf die Herkunft dieses Geistes werfen, den Einflüssen nachgehen, die an der Bildung seiner Persönlichkeit arbeiteten, und zwar ohne daß seine Natur sie im geringsten als ungemäß empfunden hätte, – um der unwahrscheinlichen Abenteuerlichkeit seiner Lebenskurve, ihrer völligen Unvoraussehbarkeit innezuwerden. In mitteldeutscher Ländlichkeit geboren 1844, vier Jahre vor dem Versuch einer bürgerlichen Revolution in Deutschland, stammt Nietzsche von Vaters- wie Muttersseite aus angesehenen Pastorenfamilien. Von seinem Großvater gibt es ironischerweise eine Schrift über ›Die immer während Dauer des Christentums, zur Beruhigung bei der gegenwärtigen Gährung‹. Sein Vater war etwas wie ein Hofmann, Erzieher der preußischen Prinzessinnen, und verdankte seine Pfarrstelle der Gunst Friedrich Wilhelms IV. Sinn für aristokratische Formen, Sittenstrenge, Ehrgefühl, peinliche Ordnungsliebe waren denn auch in seinem Elternhause heimisch. Der Knabe lebte nach des Vaters frühem Tode in der kirchenfrommen und royalistischen Beamtenstadt Naumburg. Er wird als »ungeheuer artig« geschildert, als ein notorischer Musterknabe von gesittetem Ernst und einem frommen Pathos, das ihm den Namen »der kleine Pastor« einträgt. Man kennt die charakteristische Anekdote, wie er bei einem Platzregen gemessenen und würdigen Schrittes von der Schule nach Hause geht, – weil die Schulregeln den Kindern ein sittsames Betragen auf der Straße zur Pflicht machen. Seine gymnasiale Bildung wird glänzend vollendet in der berühmten Klosterzucht von Schulpforta. Er neigt zur Theologie, außerdem zur Musik, entschließt sich aber zur klassischen Philologie und studiert sie in Leipzig unter einem strengen Methodiker namens Ritschl. Seine Erfolge sind derart, daß er, kaum daß er seiner Militärpflicht als Artillerist nachgekommen ist, fast ein Jüngling noch, aufs akademische Katheder berufen wird, und zwar in der ernsten und frommen, patrizisch regierten Stadt Basel.

Man hat das Bild einer hochbegabten Edel-Normalität, die eine Laufbahn der Korrektheit auf vornehmem Niveau zu gewährleisten scheint. Statt dessen, von dieser Basis, welch ein Getriebenwerden ins Weglose! Welch ein Sich-Versteigen in tödliche Höhe! Das Wort »verstiegen«, zum moralischen und geistigen Urteil geworden, stammt aus der Alpinistensprache und bezeichnet die Situation, wo es im Hochgestein weder vorwärts noch rückwärts mehr geht und der Bergsteiger verloren ist. Dies Wort anzuwenden auf den Mann, der sicher nicht nur der größte Philosoph des ausgehenden neunzehnten Jahrhunderts, sondern einer der unerschrockensten Helden überhaupt im Reich des Gedankens war, klingt wie Philisterei. Aber Jacob Burckhardt, zu dem Nietzsche wie zu einem Vater aufblickte, war kein Philister, und doch hat er die Neigung, ja den Willen zum Sich-Versteigen und zur tödlichen Verirrung früh schon der Geistesrichtung des jüngeren Freundes angemerkt und sich weislich von ihm getrennt, ihn mit einer gewissen Gleichgültigkeit, die Goethe'scher Selbstschutz war, fallenlassen ...

Was war es, was Nietzsche ins Unwegsame trieb, ihn unter Qualen dort hinaufgeißelte und ihn den Martertod am Kreuz des Gedankens sterben ließ? Sein Schicksal – und sein

Schicksal war sein Genie. Aber dieses Genie hat noch einen anderen Namen. Er lautet: Krankheit – dies Wort nicht in dem vagen und allgemeinen Sinn genommen, in welchem es sich so leicht mit dem Begriff des Genies verbindet, sondern in einem so spezifischen und klinischen Verstande, daß man sich wiederum dem Verdacht des Banausentums und dem Vorwurf aussetzt, man wolle die schöpferische Lebensleistung eines Geistes damit entwerten, der als Sprachkünstler, Denker, Psycholog die ganze Atmosphäre seiner Epoche verändert hat. Das wäre ein Mißverständnis. Oft ist gesagt worden, und ich sage es wieder: Krankheit ist etwas bloß Formales, bei dem es darauf ankommt, womit es sich verbindet, womit es sich erfüllt. Es kommt darauf an, *wer* krank ist: ein Durchschnittsdummkopf, bei welchem die Krankheit des geistigen und kulturellen Aspektes freilich entbehrt, oder ein Nietzsche, ein Dostojewski. Das Medizinisch-Pathologische ist *eine* Seite der Wahrheit, ihre naturalistische sozusagen, und wer die Wahrheit als Ganzes liebt und willens ist, ihr unbedingt die Ehre zu geben, wird nicht aus geistiger Prüderie irgendeinen Gesichtspunkt verleugnen, unter dem sie gesehen werden kann. Man hat es dem Arzte Möbius sehr verübelt, daß er ein Buch geschrieben hat, worin er die Entwicklungsgeschichte Nietzsche's als die Geschichte einer progressiven Paralyse fachmännisch darstellt. Ich habe an der Entrüstung darüber nie teilnehmen können. Der Mann sagt, auf seine Weise, die unbestreitbare Wahrheit.

Im Jahre 1865 erzählt der einundzwanzigjährige Nietzsche seinem Studienfreunde Paul Deussen, dem späteren berühmten Sanskritisten und Vedanta-Forscher, eine sonderbare Geschichte. Der junge Mann hatte allein einen Ausflug nach Köln gemacht und dort einen Dienstmann engagiert, damit er ihm die Sehenswürdigkeiten der Stadt zeige. Das geht den ganzen Nachmittag, und schließlich, gegen Abend, fordert Nietzsche seinen Führer auf, ihm ein empfehlenswertes Restaurant zu zeigen. Der Kerl aber, der für mich die Gestalt eines recht unheimlichen Sendboten angenommen hat, führt ihn in ein Freudenhaus. Der Jüngling, rein wie ein Mädchen, ganz Geist, ganz Gelehrsamkeit, ganz fromme Scheu, sieht sich, so sagt er, plötzlich umgeben von einem halben Dut-

zend Erscheinungen in Flitter und Gaze, die ihn erwartungs-
voll ansehen. Zwischen ihnen hindurch geht der junge Musiker, Philolog und Schopenhauer-Verehrer instinktiv auf
das Klavier zu, daß er im Hintergrunde des teuflischen Sa-
lons gewahrt und worin er (das sind seine Worte) »das
einzige seelenhafte Wesen in der Gesellschaft« erblickt, und
schlägt einige Akkorde an. Das löst seinen Bann, seine Er-
starrung, und er gewinnt das Freie, er vermag zu fliehen.

Am nächsten Tage hat er dem Kameraden dies Erlebnis
gewiß unter Lachen erzählt. Welchen Eindruck es auf ihn
gemacht, war ihm nicht bewußt. Es war aber nicht mehr und
nicht weniger, als was die Psychologen ein ›Trauma‹ nennen,
eine Erschütterung, deren wachsende, die Phantasie nie wieder loslassende Nachwirkung von der Empfänglichkeit des
Heiligen für die Sünde zeugt. Im vierten Teil des ›Zarathustra‹, entstanden zwanzig Jahre später, findet sich, in dem
Kapitel ›Unter Töchtern der Wüste‹, ein orientalisierendes
Gedicht, dessen gräßliche Scherzhaftigkeit eine kasteite Sinnlichkeit und ihre Nöte, bei schon gelockerten Hemmungen,
mit qualvoller Geschmacklosigkeit verrät. In diesem Gedicht
von den »allerliebsten Freundinnen und Mädchen-Katzen
Dudu und Suleika«, einem erotischen Wachtraum von pein-
licher Humorigkeit, sind die »Flatter- und Flitterröckchen«
jener Kölner gewerbetreibenden Damen wieder da, noch immer da. Die »Erscheinungen in Flitter und Gaze« von damals haben sichtlich zu den wonnigen Wüstentöchtern
Modell gestanden, und von diesen ist es nicht mehr weit, es
sind nur noch vier Jahre, bis zur Baseler Klinik, wo der
Kranke zu Protokoll gibt, er habe sich zweimal in früheren
Jahren spezifisch infiziert. Die Jenaer Krankengeschichte
nennt für das erste dieser Mißgeschicke das Jahr 1866. Ein
Jahr also, nachdem er aus jenem Kölner Hause geflohen,
kehrt er, ohne diabolische Führung diesmal, an einen solchen
Ort zurück und zieht sich – einige sagen: absichtlich, als
Selbstbestrafung – zu, was sein Leben zerrütten, aber auch
ungeheuer steigern wird –, ja, wovon auch teils glückliche,
teils fatale Reizwirkungen auf eine ganze Epoche ausgehen
sollen.

Was ihn nach wenigen Jahren aus seinem Baseler akademischen Amte fortbegehren läßt, ist eine Mischung von zunehmender Kränklichkeit und Freiheitsdrang, die im Grunde dasselbe sind. Früh schon hat der junge Verehrer Wagners und Schopenhauers Kunst und Philosophie als die wahren Führer des Lebens ausgerufen – gegen die Geschichte, von der sein Lehrfach, die Philologie, ein Zweig ist. Er wendet sich ab von ihr, läßt sich krankheitshalber pensionieren und lebt fortan ohne jede Bindung, als bescheidener Zimmerherr, an internationalen Plätzen Italiens, Süd-Frankreichs, des Schweizer Hochgebirges, wo er seine stilistisch blendenden, von kühnen Beleidigungen seiner Zeit funkelnden, psychologisch immer radikaleren, in immer grellerem Weißlicht aufstrahlenden Bücher schreibt. Brieflich nennt er sich »einen Menschen, der nichts mehr wünscht, als täglich irgend einen beruhigenden Glauben zu verlieren, der in dieser täglich größeren Befreiung des Geistes sein Glück sucht und findet. Vielleicht daß ich sogar noch mehr Freigeist sein *will*, als ich es sein *kann!*« – Das ist ein Geständnis, sehr früh, schon 1876 abgelegt, es ist die Antizipation seines Schicksals, seines Zerbrechens; das Vorwissen eines Menschen, der getrieben sein wird, sich an Erkenntnis Grausameres zuzumuten, als ein Gemüt ertragen kann, und der der Welt das Schauspiel einer erschütternden Selbstkreuzigung bieten wird.

Unter sein Werk hätte er wohl, wie jener Maler, schreiben können: »In doloribus pinxi.« In mehr als einem Sinn, dem geistigen wie dem körperlichen, hätte er damit die Wahrheit gesagt. 1880 bekennt er dem Arzt Dr. Eiser: »Meine Existenz ist eine fürchterliche Last: ich hätte sie längst von mir abgeworfen, wenn ich nicht die lehrreichsten Proben und Experimente auf geistig-sittlichem Gebiete gerade in diesem Zustande des Leidens und der fast absoluten Entsagung machte ... Beständiger Schmerz, mehrere Stunden des Tags ein der Seekrankheit eng verwandtes Gefühl, eine Halblähmung, wo mir das Reden schwer wird, zur Abwechslung wütende Anfälle (der letzte nötigte mich, drei Tage und Nächte lang zu erbrechen, ich dürstete nach dem Tode) ... Könnte ich Ihnen das *Fortwährende* beschreiben, den beständigen Schmerz und Druck im Kopf, auf den Augen, und jenes lähmungsartige Gesamtgefühl vom Kopf bis in die

Fußspitzen!...« – Seine scheinbar vollkommene Unwissenheit – und die seiner Ärzte obendrein! – über die Natur und Quelle dieser Leiden ist schwer zu begreifen. Daß sie vom Gehirn ausgehen, wird ihm allmählich zur Gewißheit, und er hält sich hier für hereditär belastet: Sein Vater, meint er, sei an »Gehirnerweichung« zugrunde gegangen, – was bestimmt nicht wahr ist; der Pastor Nietzsche starb durch einen bloßen Unfall an einer Gehirnverletzung durch einen Sturz. Jenes völlige Nicht-Wissen aber, oder die Dissimulation des Wissens, von dem Ursprung seiner Krankheit ist nur aus der Tatsache zu erklären, daß sie mit seinem Genie verschränkt und verbunden war, daß dieses sich mit ihr entfaltete, – und daß *alles* einem genialen Psychologen zum Objekt demaskierender Erkenntnis werden kann, nur nicht das eigene Genie.

Es ist vielmehr der Gegenstand staunender Bewunderung, überschwenglichen Selbstgefühls, krasser Hybris. In voller Naivität verherrlicht Nietzsche die beseligende Kehrseite seines Leidens, diese euphorischen Schadloshaltungen und Überkompensationen, die zum Bilde gehören. Er tut es am großartigsten in dem fast schon hemmungslosen Spätwerk ›Ecce homo‹, dort wo er den körperlich und geistig unerhört gehobenen Zustand preist, worin er in unglaublich kurzer Zeit seine Zarathustra-Dichtung hervorbrachte. Die Seite ist ein stilistisches Meisterstück, sprachlich ein wahrer tour de force, zu vergleichen nur etwa der wundervollen Analyse des Meistersinger-Vorspiels in ›Jenseits von Gut und Böse‹ und der dionysischen Darstellung des Kosmos am Ende des ›Willens zur Macht‹. »Hat jemand«, fragt er im ›Ecce homo‹, »Ende des neunzehnten Jahrhunderts, einen deutlichen Begriff davon, was Dichter starker Zeitalter *Inspiration* nannten? Im andren Falle will ich's beschreiben.« Und nun beginnt eine Schilderung von Erleuchtungen, Entzückungen, Elevationen, Einflüsterungen, göttlicher Kraft- und Machtgefühle, die er nicht umhinkann, als etwas Atavistisches, Dämonisch-Rückschlägiges, anderen, »stärkeren« und gottnäheren Zuständen der Menschheit Angehöriges und aus den psychischen Möglichkeiten unserer schwächlich-vernünftigen Epoche Herausfallendes zu empfinden. Und dabei beschreibt er ›in Wahrheit‹ – aber was ist Wahrheit: das Erlebnis oder die Medizin? – einen verderblichen Reizungszustand, der dem paralytischen Kollaps höhnend vorangeht.

Jeder wird zugeben, daß es hektische, von entgleitender Vernunft zeugende Ausschreitungen des Selbstbewußtseins sind, wenn Nietzsche den ›Zarathustra‹ eine Tat nennt, an der gemessen der ganze Rest von menschlichem Tun als arm und bedingt erscheint, wenn er behauptet, daß ein Goethe, ein Shakespeare, ein Dante nicht einen Augenblick in der Höhe dieses Buches zu atmen wissen würde, und daß der Geist und die Güte aller großen Seelen zusammen genommen nicht imstande wären, nur *eine* Rede Zarathustra's hervorzubringen. Natürlich muß es ein großer Genuß sein, dergleichen niederzuschreiben, aber ich finde es unerlaubt. Übrigens mag es sein, daß ich nur meine eigenen Grenzen feststelle, wenn ich weitergehe und bekenne, daß mir überhaupt das Verhältnis Nietzsche's zu dem Zarathustra-Werk dasjenige blinder Überschätzung zu sein scheint. Es ist, dank seiner biblischen Attitude, das ›populärste‹ seiner Bücher geworden, aber es ist bei weitem nicht sein bestes Buch. Nietzsche war vor allem ein großer Kritiker und Kultur-Philosoph, ein aus der Schule Schopenhauers kommender europäischer Prosaist und Essayist obersten Ranges, dessen Genie zur Zeit von ›Jenseits von Gut und Böse‹ und der ›Genealogie der Moral‹ auf seinen Scheitelpunkt kam. Ein Dichter mag weniger sein als solch ein Kritiker, aber zu diesem Weniger reichte es nicht, oder doch nur in einzelnen lyrischen Augenblicken, nicht für ein ausgedehntes Werk von kreativer Ursprünglichkeit. Dieser gesicht- und gestaltlose Unhold und Flügelmann Zarathustra mit der Rosenkrone des Lachens auf dem unkenntlichen Haupt, seinem »Werdet hart!« und seinen Tänzerbeinen ist keine Schöpfung, er ist Rhetorik, erregter Wortwitz, gequälte Stimme und zweifelhafte Prophetie, ein Schemen von hilfloser Grandezza, oft rührend und allermeist peinlich – eine an der Grenze des Lächerlichen schwankende Unfigur.

Indem ich so spreche, erinnere ich mich an die verzweifelte Grausamkeit, mit der Nietzsche über vieles, eigentlich über *alles* ihm Ehrwürdige gesprochen hat: über Wagner, über die Musik im allgemeinen, über die Moral, über das Christentum, – ich hätte beinahe gesagt: auch über das Deutschtum, – und wie er bei den wütendsten kritischen Ausfällen gegen diese im Innersten stets hochgehaltenen Werte und Mächte offenbar nicht das Gefühl hatte, ihnen wirklich zu nahe zu treten, sondern, wie es scheint, die fürchterlichsten gegen sie geschleuderten Beleidigungen als eine Form der Huldigung empfand. Über Wagner hat er Dinge gesagt, daß man seinen Sinnen nicht traut, wenn im ›Ecce homo‹ plötzlich von der *heiligen* Stunde die Rede ist, in der Richard Wagner in Venedig starb. Wieso, fragt man sich, Tränen in den Augen, ist diese Sterbestunde auf einmal »heilig«, wenn Wagner der üble Histrione, der verderbte Verderber war, als den Nietzsche ihn hundertmal geschildert hat? – Bei seinem Freunde, dem Musiker Peter Gast, entschuldigt er sich wegen seiner beständigen Auseinandersetzung mit dem Christentum: es sei eben das beste Stück idealen Lebens, das er wirklich kennengelernt habe. Zuletzt sei er der Nachkomme ganzer Geschlechter von christlichen Geistlichen und glaube, »nie in seinem Herzen gegen das Christentum gemein gewesen« zu sein. Nein, aber er hat es mit sich überschlagender Stimme »den einen unsterblichen Schandfleck der Menschheit« genannt – nicht ohne sich zugleich über die Behauptung lustig zu machen, daß der Germane irgendwie für das Christentum vorgebildet und vorbestimmt gewesen sei: Der faule, aber kriegerische und raubsüchtige Bärenhäuter, der sinnlich kalte Jagdliebhaber und Biertrinker, der es nicht höher als bis zu einer rechten und schlechten Indianerreligion gebracht und noch vor zehnhundert Jahren Menschen auf Opfersteinen geschlachtet habe, – was habe er zu schaffen mit der höchsten, von Rabbinerverstand geschärften moralischen Subtilität, mit der orientalischen Feinheit des Christentums! – Die Wertverteilung ist klar und erheiternd. Seiner Autobiographie gibt der »Antichrist« den allerchristlichsten Titel ›Ecce Homo‹. Und letzte Wahnsinnszettel unterzeichnet er »der Gekreuzigte«.

Man kann sagen, daß Nietzsche's Verhältnis zu den Vorzugsgegenständen seiner Kritik schlechthin das der Leidenschaft war: einer Leidenschaft, im Grunde ohne bestimmtes

Vorzeichen, denn das negative wechselt beständig ins positive hinüber. Noch kurz vor dem Ende seines geistigen Lebens schreibt er eine Seite über den ›Tristan‹, die von Begeisterung vibriert. Andererseits hat er schon zur Zeit seiner scheinbar unbedingtesten Wagner-Jüngerschaft, bevor er für die Außenwelt die Festschrift ›Richard Wagner in Bayreuth‹ verfaßte, gegen Baseler Vertraute Äußerungen über den ›Lohengrin‹ getan – von so distanziertem Scharfblick, daß sie über anderthalb Jahrzehnte hin den ›Fall Wagner‹ vorwegnahmen. In Nietzsche's Verhältnis zu Wagner ist *kein* Bruch, was man auch sagen möge. Die Welt will immer einen Bruch sehen im Leben und Werk großer Männer. Sie fand ihn bei Tolstoi, wo alles eiserne Konsequenz, alles Späte im Frühen psychologisch vorgebildet ist. Sie fand ihn bei Wagner selbst, in dessen Entwicklung die gleiche unverbrüchliche Kontinuität und Logik waltet. Es ist mit Nietzsche nicht anders. So sehr sein größtenteils aphoristisches Werk in tausend farbigen Facetten spielt, so viel an der Oberfläche liegende Widersprüche ihm nachzuweisen sind, – er war von Anfang ganz da, war immer derselbe, und in den Schriften des jugendlichen Professors, den ›Unzeitgemäßen Betrachtungen‹, der ›Geburt der Tragödie‹, der Abhandlung ›Der Philosoph‹ von 1873 liegen nicht nur die Keime seiner späteren Lehrbotschaft, sondern diese, eine *frohe* Botschaft nach seiner Meinung, ist bereits vollkommen und fertig in ihnen enthalten. Was sich ändert, ist allein die Akzentuierung, die immer frenetischer, die Stimmlage, die immer schriller, die Gebärde, die immer grotesker und fürchterlicher wird. Was sich ändert, ist die Schreibweise, die, hochmusikalisch von jeher, aus der würdigen, etwas altfränkisch-gelehrtenhaft gefärbten Zucht und Gebundenheit deutsch-humanistischer Überlieferung allmählich in einen unheimlich mondänen und hektisch heiteren, zuletzt mit der Schellenkappe des Weltenspaßmachers sich schmückenden Über-Feuilletonismus entartet.

Nicht genug aber ist die vollkommene Einheitlichkeit und Geschlossenheit von Nietzsche's Lebenswerk zu betonen. In der Nachfolge Schopenhauers, dessen Schüler er blieb, auch als er den Meister längst verleugnet hatte, hat er eigentlich sein Leben lang nur *einen* überall gegenwärtigen Gedanken variiert, ausgebaut, eingeprägt, welcher, anfangs in voller Gesundheit und mit unbestreitbarer zeitkritischer Berechtigung auftretend, im Lauf der Jahre einer mänadischen Verwilderung anheimfällt, so daß man Nietzsche's Geschichte die Verfallsgeschichte dieses Gedankens nennen kann.

Welcher ist es? – Man muß ihn in seine Ingredienzen, seine in ihm streitenden Teile zerlegen, um ihn zu verstehen. Sie heißen, bunt durcheinander aufgeführt: Leben, Kultur, Bewußtsein oder Erkenntnis, Kunst, Vornehmheit, Moral, Instinkt. In diesem Ideenkomplex dominiert der Begriff der *Kultur*. Er ist dem Leben selbst fast gleichgesetzt: Kultur, das ist die Vornehmheit des Lebens, und mit ihr verbunden, als ihre Quellen und Bedingungen, sind Kunst und Instinkt, während als Todfeinde und Zerstörer von Kultur und Leben Bewußtsein und Erkenntnis, die Wissenschaft und endlich die Moral figurieren, – die Moral, welche als Wahrerin der Wahrheit dem Leben ans Leben geht, da dieses ganz wesentlich auf Schein, Kunst, Täuschung, Perspektive, Illusion beruht und der Irrtum der Vater des Lebendigen ist.

Er hat von Schopenhauer den Satz ererbt, daß »das Leben als Vorstellung allein, rein angeschaut oder durch die Kunst wiederholt, ein bedeutsames Schauspiel ist«, den Satz also, daß nur als ästhetisches Phänomen das Leben zu rechtfertigen ist. Das Leben ist Kunst und Schein, nichts weiter, und darum steht höher als die Wahrheit (die eine Angelegenheit der Moral ist) die Weisheit (als Sache der Kultur und des Lebens) – eine tragisch-ironische Weisheit, welche der Wissenschaft aus künstlerischem Instinkt, um der Kultur willen, Grenzen setzt und den obersten Wert, das Leben, nach zwei Seiten hin verteidigt: gegen den Pessimismus der Lebensverleumder und Fürsprecher des Jenseits oder des Nirwana – und gegen den Optimismus der Vernünftler und Weltverbesserer, die vom Erdenglück aller, von Gerechtigkeit fabeln und dem sozialistischen Sklavenaufstand vorarbeiten. Nietzsche hat diese tragische Weisheit, die das Leben in all seiner Falschheit, Härte und Grausamkeit segnet, auf den Namen des Dionysos getauft.

Der Name des trunkenen Gottes erscheint zuerst in der

ästhetisch-mystischen Jugendschrift von der ›Geburt der Tragödie aus dem Geiste der Musik‹, wo das Dionysische als künstlerisch-seelische Verfassung dem Kunstprinzip apollinischer Distanziertheit und Objektivität entgegengestellt wird, sehr ähnlich, wie Schiller in seinem berühmten Essay das »Naive« dem »Sentimentalischen« gegenüberstellt. Hier fällt zum erstenmal das Wort vom »theoretischen Menschen«, und die Kampfstellung gegen Sokrates, den Erztyp dieses theoretischen Menschen, wird bezogen: gegen Sokrates, den Verächter des Instinktes, den Verherrlicher des Bewußtseins, der lehrte, daß nur gut sein kann, was bewußt ist, den Feind des Dionysos und den Mörder der Tragödie. Von ihm stammt, nach Nietzsche, eine alexandrinische Wissenschaftskultur, blaß, gelehrtenhaft, mythosfremd, lebensfremd, eine Kultur, in der Optimismus und Vernunftglaube gesiegt haben, der praktische und theoretische Utilitarismus, welcher, gleich der Demokratie selbst, ein Symptom absinkender Kraft und der physiologischen Ermüdung ist. Der Mensch dieser sokratischen, antitragischen Kultur, der theoretische Mensch, will nichts mehr *ganz* haben, mit aller natürlichen Grausamkeit der Dinge, verzärtelt wie er ist durch optimistische Betrachtung. Aber, so hält der junge Nietzsche sich überzeugt, die Zeit des sokratischen Menschen ist vorüber. Ein neues Geschlecht, heroisch, verwegen, verachtungsvoll gegen alle Schwächlichkeitsdoktrinen betritt den Schauplatz, ein allmähliches Erwachen des dionysischen Geistes ist festzustellen in unserer gegenwärtigen Welt, der Welt von 1870, aus den dionysischen Tiefen des deutschen Geistes, der deutschen Musik, der deutschen Philosophie, vollzieht sich die Wiedergeburt der Tragödie.

Er hat sich später über seinen Glauben von damals an den deutschen Geist verzweifelt lustig gemacht – und darüber, was er alles in ihn hineingelegt hat, nämlich sich selbst! Er selbst, in der Tat, ist in diesem noch mild-human, noch schwärmerisch-romantisch getönten Vorspiel seiner Philosophie schon vollständig enthalten, und auch die Welt-Perspektive, der Blick auf die abendländische Gesamtkultur ist schon da, wenn es ihm auch vor allem noch um die deutsche Kultur zu tun ist, an deren hohe Sendung er glaubt, die er aber in größter Gefahr sieht, durch Bismarcks Machtstaats-Gründung, durch Politik, demokratische Vermittelmäßigung und selbstgefällige Siegessattheit dieser Sendung verlustig zu gehen. Seine glänzende Diatribe gegen das altersschwache und vergnügte Buch des Theologen David Strauß ›Der alte und der neue Glaube‹ ist das unmittelbarste Beispiel für diese Kritik eines Philisteriums der Saturiertheit, das den deutschen Geist aller Tiefe zu berauben droht. Und es hat etwas Erschütterndes, wie schon hier der jugendliche Denker prophetische Blicke vorauswirft auf das eigene Schicksal, das wie ein tragischer Lebensplan offen vor ihm zu liegen scheint. Ich meine die Stelle, wo er die ethische Feigheit des vulgären Aufklärers Strauß verhöhnt, der sich wohl hüte, aus seinem Darwinismus, aus dem bellum omnium contra omnes und dem Vorrecht des Stärkeren *Moralvorschriften für das Leben* abzuleiten, sondern sich immer nur in kräftigen Ausfällen gegen Pfaffen und Wunder gefalle, bei denen man den Philister für sich habe. Er selbst, das weiß er in seiner Tiefe schon, wird das Äußerste tun und selbst den Wahnwitz nicht scheuen, um den Philister *gegen* sich zu haben.

Es ist die zweite der ›Unzeitgemäßen Betrachtungen‹, betitelt ›Vom Nutzen und Nachtheil der Historie für das Leben‹, worin jener Grundgedanke seines Lebens, von dem ich sprach, am vollkommensten, wenn auch noch in einer speziellen kritischen Einkleidung, präformiert ist. Die bewundernswerte Abhandlung ist im Grunde nur *eine* große Variation des Hamlet-Wortes von der »angebornen Farbe der Entschließung«, die von »des Gedankens Blässe angekränkelt« wird. Der Titel ist insofern inkorrekt, als von dem Nutzen der Historie kaum – und desto mehr von ihrem Nachteil für das *Leben*, das teure, heilige, ästhetisch gerechtfertigte, die Rede ist. Man hat das neunzehnte Jahrhundert das historische Zeitalter genannt, und in Wahrheit hat es den historischen Sinn überhaupt erst hervorgebracht und entwickelt, von dem frühere Kulturen, eben *als* Kulturen, als künstlerisch in sich geschlossene Lebenssysteme, wenig oder gar nichts wußten. Nietzsche spricht geradezu von der

»historischen Krankheit«, die das Leben und seine Sponta-
neität zum Erlahmen bringe. Bildung, das sei heutzutage historische Bildung. Aber die Griechen hätten überhaupt keine
historische Bildung gekannt, und man werde ja wohl An-
stand nehmen, die Griechen ungebildet zu nennen. Historie,
um der reinen Erkenntnis willen, nicht zum Zwecke des Lebens betrieben und ohne das Gegengewicht »plastischer
Begabung«, schöpferischer Unbefangenheit, ist mörderisch,
ist der Tod. Ein historisches Phänomen in seiner Erkannt-
heit – ist tot. Um eine wissenschaftlich erkannte Religion
zum Beispiel ist es geschehen, sie ist am Ende. Die historisch-
kritische Behandlung des Christentums, sagt Nietzsche mit
konservativer Besorgnis, löst es in reines Wissen um das
Christentum auf. Bei der historischen Prüfung der Religion,
sagt er, »kommen Dinge zu Tage, die die pietätvolle Illu-
sionsstimmung, in der alles, was leben will, allein leben kann,
notwendig zerstören«. Nur in Liebe, umschattet von der
Illusion der Liebe, *schafft* der Mensch. Historie müßte als
Kunstwerk traktiert werden, um kulturschöpferisch zu sein,
– aber das liefe dem analytischen und unkünstlerischen Zug
der Zeit zuwider. Historie treibt die Instinkte aus. Von ihr
gebildet, oder verbildet, vermag der Mensch nicht mehr, »die
Zügel hängen zu lassen« und naiv zu handeln, dem »göttlichen Tier« vertrauend. Historie unterschätzt stets das
Werdende und lähmt die Tat, die immer Pietäten verletzen
muß. Was sie lehrt und schafft, ist *Gerechtigkeit*. Aber das
Leben braucht keine Gerechtigkeit, es braucht Ungerechtigkeit, es ist wesentlich ungerecht. »Es gehört sehr viel Kraft
dazu«, sagt Nietzsche (und man zweifelt, ob er sich diese
Kraft zutraut), »leben zu können und zu vergessen, inwie-
fern leben und ungerecht sein eins sind.« Auf das Vergessen-
Können aber kommt alles an. Er will das Unhistorische: die
Kunst und Kraft, *vergessen* zu können und sich in einen begrenzten Horizont einzuschließen, – eine Forderung, leichter erhoben als erfüllt, so möchte man hinzusetzen. Denn mit
einem begrenzten Horizont wird man geboren, sich künst-
lich darin einzuschließen, ist eine ästhetische Mummerei und
eine Verleugnung des Schicksals, aus der schwerlich etwas
Echtes und Rechtes kommen kann. Aber Nietzsche, sehr

schöner und edler Weise, will das *Über*historische, welches den Blick vom Werden ablenkt hin zu dem, was dem Dasein den Charakter des Ewigen und Seienden gibt, zu Kunst und Religion. Der Feind ist die Wissenschaft, denn sie sieht und kennt nur Historie und Werden, kein Seiendes, Ewiges; sie haßt das Vergessen als den Tod des Wissens und sucht alle Horizont-Umschränkungen aufzuheben. Alles Lebendige aber braucht eine schützende Atmosphäre, einen geheimnisvollen Dunstkreis und umhüllenden Wahn. Ein durch Wissenschaft beherrschtes Leben ist viel weniger Leben als eines, das nicht durch Wissen, sondern durch Instinkte und *kräftige Wahnbilder* beherrscht wird ...

Bei den »kräftigen Wahnbildern« denken wir heute an Sorel und sein Buch ›Sur la violence‹, worin proletarischer Syndikalismus und Faschismus noch eines sind, und das den Massenmythos, ganz unabhängig von Wahrheit oder Unwahrheit, für den unentbehrlichen Motor der Geschichte erklärt. Wir fragen uns auch, ob es nicht besser wäre, die Massen in Respekt vor Vernunft und Wahrheit zu halten und dabei ihre Forderung nach Gerechtigkeit zu ehren, – als den Massenmythos zu pflanzen und von »kräftigen Wahnbildern« beherrschte Horden auf die Menschheit loszulassen. Wer tut das heute und zu welchem Zweck? Zu dem der Kultur gewiß nicht. – Aber Nietzsche weiß nichts von Massen und will nichts von ihnen wissen. »Der Teufel hole sie«, sagt er, »und die Statistik!« Er will und verkündet eine Zeit, in der man sich, unhistorisch-überhistorisch, aller Konstruktionen des Weltprozesses oder auch der Menschheitsgeschichte weislich enthält, überhaupt nicht mehr die Massen betrachtet, sondern die Großen, Zeitlos-Gleichzeitigen, die über das historische Gewimmel hinweg, ihr Geistergespräch führen. Das Ziel der Menschheit, sagt er, liegt nicht am Ende, sondern in ihren höchsten Exemplaren. Das ist sein Individualismus: ein ästhetischer Genie- und Heroenkult, den er von Schopenhauer übernommen hat, zusammen mit der Einprägung, daß das Glück unmöglich und das einzig Mögliche und Menschenwürdige ein *heroischer* Lebenslauf ist. In Nietzsche's Umformung, im Verein mit seiner Anbetung des starken und schönen Lebens, ergibt das einen heroischen

Ästhetizismus, zu dessen Schutzherrn er den Gott der Tragödie, Dionysos, ausruft. Es ist eben dieser dionysische Ästhetizismus, welcher den späteren Nietzsche zum größten Kritiker und Psychologen der Moral macht, den die Geistesgeschichte kennt.

Zum Psychologen ist er geboren, die Psychologie ist seine Urleidenschaft: Erkenntnis und Psychologie, das ist ihm im Grunde ein und dieselbe Passion, und es ist ein Wahrzeichen der ganzen inneren Widersprüchlichkeit dieses großen und leidenden Geistes, daß er, dem das Leben weit höher als das Erkennen gilt, so vollkommen und unrettbar der Psychologie verfallen ist. Psycholog ist er allein schon kraft des schopenhauerschen Befundes, daß nicht der Intellekt den Willen hervorbringt, sondern umgekehrt, daß nicht der Intellekt das Primäre und Herrschende ist, sondern der Wille, zu dem der Intellekt in einem rein bedientenhaften Verhältnis steht. Der Intellekt als dienendes Werkzeug des Willens: das ist der Quellpunkt aller Psychologie, einer Verdächtigungs- und Entlarvungspsychologie, und Nietzsche, als Anwalt des Lebens, wirft sich der Moral-Psychologie in die Arme, er verdächtigt alle »guten« Triebe der Herkunft aus schlimmen und ruft die »bösen« als die vornehmen und lebenerhöhenden aus. Das ist »die Umwertung aller Werte«.

Was früher Sokratismus, »der theoretische Mensch«, Bewußtheit, historische Krankheit hieß, das heißt nun schlechthin »Moral«, insonderheit »christliche Moral«, die als etwas durch und durch Giftiges, Rankünöses und Lebensfeindliches enthüllt wird, – und nun darf man nicht vergessen, daß Nietzsche's Moralkritik zum Teil etwas Unpersönliches, seiner Epoche allgemein Angehöriges ist. Es ist die Zeit um die Jahrhundertwende, die Zeit des ersten Anrennens der europäischen Intelligenz gegen die verheuchelte Moral des viktorianischen, des bürgerlichen Zeitalters: in dieses Bild fügt Nietzsche's wütender Kampf gegen die Moral sich bis zu einem gewissen Grade und oft in überraschender Familienähnlichkeit ein. Es ist überraschend, die nahe Verwandtschaft mancher Aperçus von Nietzsche mit den keineswegs nur eitlen Attacken auf die Moral festzustellen, mit denen ungefähr gleichzeitig Oscar Wilde, der englische Ästhet, sein Publikum chokierte und zum Lachen brachte. Wenn Wilde erklärt: »For, try as we may, we cannot get behind appearance of things to reality. And the terrible reason may be that there is no reality in things apart from their appearances«; wenn er von der »Wahrheit der Masken« und von dem »Verfall der Lüge« spricht, wenn er ausbricht: »To me beauty is the wonder of wonders. It is only shallow people who do not judge by appearances. The true mystery of the world is the visible, not the invisible«; wenn er die Wahrheit etwas so Persönliches nennt, daß niemals ein und dieselbe Wahrheit von zwei Geistern gewürdigt werden kann, wenn er sagt: »Every impulse that we strive to strangle broods in the mind, and poisons us ... The only way to get rid of a temptation is to yield to it«, und »Don't be led astray into the paths of virtue!« – so könnte das alles sehr wohl bei Nietzsche stehen. Und wenn man andererseits bei diesem liest: »der Ernst, dieses unmißverständliche Abzeichen des mühsameren Stoffwechsels.« – »In der Kunst heiligt sich die Lüge und hat der Wille zur Täuschung das gute Gewissen auf seiner Seite.« – »Wir sind grundsätzlich geneigt zu behaupten, daß die falschesten Urteile uns die unentbehrlichsten sind.« – »Es ist nicht mehr als ein moralisches Vorurteil, daß Wahrheit mehr wert ist als Schein« – so ist unter diesen Sätzen keiner, der nicht in einer von Oscar Wilde's Komödien vorkommen könnte and get a laugh in the St. James Theatre. Wollte man Wilde sehr loben, so verglich man seine Stücke mit Sheridans ›The School for Scandal‹. Vieles bei Nietzsche scheint aus dieser Schule zu stammen.

Natürlich hat die Zusammenstellung Nietzsche's mit Wilde etwas fast Sakrilegisches, denn dieser war ein dandy, der deutsche Philosoph aber etwas wie ein Heiliger des Immoralismus. Und doch gewinnt durch das mehr oder weniger gewollte Märtyrertum seines Lebensendes, das Zuchthaus von Reading, Wilde's dandyism einen Anflug von Heiligkeit, der Nietzsche's ganze Sympathie erweckt hätte. Was ihn mit Sokrates versöhnte, war der Schierlingsbecher, das Ende, der Opfertod, dessen Eindruck auf die griechische Jugend und auf Plato er für unüberschätzbar hält. Und die Person des Jesus von Nazareth ließ er unberührt von seinem Haß auf das historische Christentum, abermals um des Endes, des Kreuzes willen, das er in tiefster Seele liebte, und auf das er selber willentlich zuschritt.

Sein Leben war Rausch und Leiden – eine hochkünstlerische Verfassung, mythologisch gesprochen die Vereinigung des Dionysos mit dem Gekreuzigten. Den Thyrus schwingend hat er das starke und schöne, das amoralisch triumphierende Leben ekstatisch verherrlicht und es gegen jede Verkümmerung durch den Geist verteidigt – und zugleich dem Leiden Huldigungen dargebracht wie keiner. »Es bestimmt die *Rangordnung*«, sagt er, »wie tief einer leiden kann.« Das ist nicht das Wort eines Anti-Moralisten. Es hat auch nichts von Anti-Moralismus, wenn er schreibt: »Was Qual und Entsagung betrifft, so darf sich das Leben meiner letzten Jahre mit dem jedes Asketen irgend einer Zeit messen.« Denn er schreibt das nicht Mitleid heischend, sondern mit Stolz: »Ich *will*«, sagt er, »es so schwer haben, wie nur irgendein Mensch es hat.« Schwer hat er es sich gemacht, schwer bis zur Heiligkeit, denn Schopenhauers Heiliger blieb ihm im Grunde immer der höchste Typus, und der »heroische Lebenslauf«, das ist der Lebenslauf des Heiligen. Was definiert den Heiligen? Daß er nichts von allem tut, was er möchte, und alles, was er nicht möchte. So hat Nietzsche gelebt: »Allem entsagend, was ich verehrte, der Verehrung selbst entsagend ... Du sollst Herr über dich werden, Herr auch über die eigenen Tugenden.« Das ist der »Akt des sich selbst Überspringens«, von dem Novalis einmal spricht, und von dem er meint, daß er überall der höchste sei. Dieser »Akt« nun (ein Artisten- und Akrobatenausdruck) hat bei Nietzsche so gar nichts Übermütig-Gekonntes und Tänzerisches. Alles »Tänzerische« in seinem Gehaben ist Velleität und im höchsten Grade unangenehm. Sondern es ist ein blutiges Sich-ins-eigene-Fleisch-Schneiden, Kasteiung, Moralismus. Sein Wahrheitsbegriff selbst ist asketisch: denn Wahrheit ist ihm, was wehe tut, und er würde jeder Wahrheit mißtrauen, die ihm wohltäte. »Unter den Kräften«, sagt er, »die die Moral großzog, war die Wahrhaftigkeit: diese wendet sich endlich gegen die Moral, entdeckt ihre Teleologie, ihre *interessierte* Betrachtung ...« Sein »Immoralismus« ist also die Selbstaufhebung der Moral aus Wahrhaftigkeit. Aber daß dies eine Art von Überschwang und Luxuriieren der Moral ist, deutet er an, wenn er von einem Erbreichtum an Moralität spricht, die viel verschwenden und zum Fenster hinauswerfen kann, ohne dadurch sonderlich zu verarmen.

Dies alles steht hinter den Atrozitäten und trunkenen Botschaften von Macht, Gewalt, Grausamkeit und politischem Betrug, zu welchem sein Gedanke des Lebens als Kunstwerk und einer vom Instinkt beherrschten, unreflektierten Kultur in den späteren Schriften glänzend degeneriert. Als ein öffentlich Urteilender einmal schrieb, Nietzsche plädiere für die Abschaffung aller anständigen Gefühle, da war der so Mißverstandene völlig wie vor den Kopf geschlagen. »Sehr verbunden!« sagte er höhnisch. Denn er hatte es alles sehr nobel und menschenfreundlich, im Sinn eines höheren, tieferen, stolzeren, *schöneren* Menschentums gemeint und sich sozusagen »nichts dabei gedacht« – jedenfalls nichts Schlechtes, wenn auch eine Menge Böses. Denn alles, was Tiefe hat, ist böse; das Leben selbst ist tief böse, es ist nicht von der Moral ausgedacht, es weiß nichts von ›Wahrheit‹, sondern beruht auf Schein und künstlerischer Lüge, es spricht der Tugend Hohn, denn es ist wesentlich Ruchlosigkeit und Ausbeutung, – und, sagt Nietzsche, es gibt einen Pessimismus der Stärke, eine intellektuelle Vorneigung für das Harte, Schauerliche, Böse, Problematische des Daseins aus Wohlsein, aus Fülle des Daseins. Dieses »Wohlsein«, diese »Fülle des Daseins« schreibt der kranke Euphoriker sich zu und macht es zu seiner Sache, die bisher verneinten, vor allem vom Christentum verneinten, Seiten des Lebens als seine bejahenswertesten auszurufen. Das Leben über alles! Warum? Das hat er nie gesagt. Er hat nie einen Grund dafür angegeben, warum das Leben etwas unbedingt Anbetungswürdiges und höchst Erhaltenswertes ist, sondern hat nur erklärt, Leben gehe über Erkennen, denn mit dem Leben vernichte das Erkennen sich selbst. Es setze das Leben voraus und habe also an ihm das Interesse der Selbsterhaltung.

Es scheint also, das Leben muß sein, damit es was zu erkennen gebe. Uns ist aber doch, als reiche diese Logik nicht aus für seine begeisterte Protektion des Lebens. Wenn er die Schöpfung eines Gottes darin sähe, so müßte man seine Frömmigkeit ehren, auch wenn man persönlich wenig Anlaß fände, vor dem explodierenden Weltall der modernen Physik auf die Stirn zu fallen. Er sieht aber eine massive und sinnlose Ausgeburt des Willens zur Macht darin, über deren Sinnlosigkeit und kolossale Unmoralität eben man sich zu entzücken habe. Sein Huldigungsruf ist nicht »Hosianna!«, sondern »Evoe!«, und der Ruf hat außerordentlich gebrochenen und gequälten Klang. Er soll verleugnen, daß im Menschen etwas Über-Biologisches ist, das im Interesse am Leben nicht aufgeht, die Möglichkeit einer Distanzierung von diesem Interesse, eine kritische Ungebundenheit, die vielleicht das ist, was Nietzsche »Moral« nennt, und die dem lieben Leben zwar nie etwas Ernstliches anhaben wird – dazu ist dieses viel zu unverbesserlich –, aber als leises Korrektiv und Gewissensschärfung wirken mag, wie das Christentum es immer nur getan hat. »Es gibt keinen festen Punkt außerhalb des Lebens«, sagt Nietzsche, »von dem aus über das Dasein reflektiert werden könnte, keine Instanz, vor der das Leben sich *schämen* könnte.« Wirklich nicht? Man hat das Gefühl, daß doch eine da ist, und möge es nicht die Moral sein, so ist es schlechthin der Geist des Menschen, die Humanität selbst als Kritik, Ironie und Freiheit, verbunden mit dem richtenden Wort. »Das Leben hat keinen Richter über sich«? Aber im Menschen kommen doch irgendwie Natur und Leben über sich selbst hinaus, sie verlieren in ihm ihre Unschuld, sie bekommen *Geist* – und Geist ist die Selbstkritik des Lebens. Dieses humane Etwas in uns hat einen zweifelnden Blick des Mitleids für eine »Gesundheitslehre« des Lebens, die in noch nüchternen Tagen sich nur gegen die historische Krankheit richtet, aber dann in eine mänadische Wut gegen Wahrheit, Moral, Religion, Menschlichkeit, gegen alles ausartet, was zu einer leidlichen Zähmung des wilden Lebens dienen kann.

Soviel ich sehe, sind es zwei Irrtümer, die das Denken Nietzsche's verstören und ihm verhängnisvoll werden. Der erste ist eine völlige, man muß annehmen: geflissentliche Verkennung des Machtverhältnisses zwischen Instinkt und Intellekt auf Erden, so, als sei dieser das gefährlich Dominierende, und höchste Notzeit sei es, den Instinkt vor ihm zu retten. Wenn man bedenkt, wie völlig bei der großen Mehrzahl der Menschen der Wille, der Trieb, das Interesse den Intellekt, die Vernunft, das Rechtsgefühl beherrschen und niederhalten, so gewinnt die Meinung etwas Absurdes, man müsse den Intellekt überwinden durch den Instinkt. Nur historisch, aus einer philosophischen Augenblickssituation, als Korrektur rationalistischer Saturiertheit, ist diese Meinung zu erklären, und sofort bedarf sie der Gegen-Korrektur. Als ob es nötig wäre, das Leben gegen den Geist zu verteidigen! Als ob die geringste Gefahr bestünde, daß es je zu geistig zugehen könnte auf Erden! Die einfachste Generosität sollte dazu anhalten, das schwache Flämmchen der Vernunft des Geistes, der Gerechtigkeit zu hüten und zu schützen, statt sich auf die Seite der Macht und des instinkthaften Lebens zu schlagen und sich in einer korybantischen Überschätzung seiner »verneinten« Seiten, des Verbrechens zu gefallen, – dessen Schwachsinn wir Heutigen erlebt haben. Nietzsche tut – und hat damit viel Unheil angerichtet –, als sei es das moralische Bewußtsein, das dem Leben, wie Mephistopheles, die kalte Teufelsfaust entgegenstrecke. Für mein Teil sehe ich nichts besonders Teuflisches in dem Gedanken (einem alten Mystiker-Gedanken), daß einmal durch den Menschengeist das Leben aufgehoben werden könnte, – womit es ja gute, unendlich gute Weile hat. Die Gefahr, daß das Leben auf diesem Stern sich durch die Vervollkommnung der Atombombe selber aufhebt, ist wesentlich dringender. Aber auch das ist unwahrscheinlich. Das Leben ist eine zähe Katze, und eine solche ist die Menschheit.

Der zweite von Nietzsche's Irrtümern ist das ganz und gar falsche Verhältnis, in das er Leben und Moral zueinander bringt, wenn er sie als Gegensätze behandelt. Die Wahrheit ist, daß sie zusammengehören. Ethik ist Lebensstütze, und der moralische Mensch ein rechter Lebensbürger, – vielleicht etwas langweilig, aber höchst nützlich. Der wahre Gegensatz ist der von Ethik und *Ästhetik*. Nicht die Moral, die

Schönheit ist todverbunden, wie viele Dichter gesagt und gesungen haben, – und Nietzsche sollte es nicht wissen? »Als Sokrates und Plato anfingen, von Wahrheit und Gerechtigkeit zu sprechen«, sagt er einmal, »da waren sie keine Griechen mehr, sondern Juden – oder ich weiß nicht was.« Nun, die Juden haben sich, dank ihrer Moralität, als gute und ausharrende Kinder des Lebens erwiesen. Sie haben, nebst ihrer Religion, ihrem Glauben an einen gerechten Gott, die Jahrtausende überdauert, während das liederliche Ästheten- und Artistenvölkchen der Griechen sehr bald vom Schauplatz der Geschichte verschwunden ist.

Aber Nietzsche, fern allem Rassen-Antisemitismus, sieht allerdings im Judentum die Wiege des Christentums und in diesem, mit Recht, aber mit Abscheu, den Keim der Demokratie, der Französischen Revolution und der verhaßten »modernen Ideen«, die sein schmetterndes Wort als Herdentier-Moral brandmarkt. »Krämer, Christen, Kühe, Weiber, Engländer und andere Demokraten«, sagt er; denn den Ursprung der »modernen Ideen« sieht er in England (die Franzosen, meint er, waren nur ihre Soldaten), und was er an diesen Ideen verachtet und verflucht, ist ihr Utilitarismus und Eudämonismus, ihre Erhebung von Frieden und Erdenglück zu höchsten Wünschbarkeiten, – während auf solche gemeinen und weichlichen Werte der vornehme, der tragische, der heroische Mensch doch mit Füßen tritt. Dieser ist notwendig ein Krieger, hart gegen sich und andere, bereit zur Opferung seiner selbst und anderer. Was er dem Christentum vor allem zum Vorwurf macht, ist, daß es das Individuum zu solcher Wichtigkeit erhob, daß man es nicht mehr *opfern* konnte. Aber, sagt er, die Gattung bestehe nur durch Menschenopfer, und Christentum sei das Gegenprinzip gegen die Selektion. Es hat tatsächlich die Kraft, die Verantwortlichkeit, die hohe Pflicht, Menschen zu opfern, heruntergebracht und abgeschwächt und für Jahrtausende, bis zu Nietzsche hin, die Entstehung jener Energie der Größe verhindert, welche »durch Züchtung und andererseits durch Vernichtung von Millionen Mißratener den zukünftigen Menschen gestaltet und nicht zugrunde geht an dem nie dagewesenen Leid, das er schafft«. – Wer hat jüngst die Kraft zu dieser Verantwortung besessen, diese Größe frech sich zugemutet und die hohe Pflicht, Menschen hekatombenweise zu opfern, ohne Wanken erfüllt? Eine crapule größenwahnsinniger Kleinbürger, bei deren Anblick Nietzsche sofort von schwerster Migräne mit allen ihren Begleiterscheinungen befallen worden wäre.

Er hat es nicht erlebt. Er hat auch seit dem altmodischen Chassepot- und Zündnadelgewehr-Kriege von 1870 keinen Krieg mehr erlebt und kann daher, aus lauter Haß auf die christlich-demokratische Glücksphilanthropie, in Verherrlichungen des Krieges schwelgen, die uns heute anmuten wie das Gerede eines erhitzten Knaben. Daß die gute Sache den Krieg heilige, ist ihm viel zu moralisch: es ist der gute Krieg, der *jede* Sache heiligt. »Die Wertung, mit der heute die verschiedenen Formen der Sozietät beurteilt werden«, schreibt er, »ist ganz und gar eins mit jener, welche dem *Frieden* einen höheren Wert zuerteilt als dem Krieg: aber dies Urteil ist antibiologisch, ist selbst eine Ausgeburt der décadence des Lebens ... Das Leben ist eine Folge des Kriegs, die Gesellschaft selbst ein Mittel zum Krieg.« Kein Gedanke daran, daß es vielleicht nicht schlecht wäre, wenn man versuchte, aus der Gesellschaft etwas anderes zu machen als ein Mittel zum Kriege. Sie ist ein Naturprodukt, das, wie das Leben selbst, auf unmoralischen Voraussetzungen beruht, Voraussetzungen, welche anzutasten einem tückischen Anschlag auf das Leben gleichkommt. »Man hat auf das große Leben verzichtet«, ruft er, »wenn man auf den Krieg verzichtet hat.« Auf das Leben und auf die Kultur; denn diese bedarf zu ihrer Erfrischung der gründlichen Rückfälle in die Barbarei, und es ist eitel Schwärmerei, von der Menschheit an Kultur und Größe noch irgend etwas zu erwarten, wenn sie verlernt hat, Krieg zu führen. Er verachtet alle nationalistische Borniertheit. Aber diese Verachtung ist offenbar ein esoterisches Vorrecht einzelner, denn er beschreibt Ausbrüche von nationalistischem Macht- und Opferrausch mit einer Begeisterung, die keinen Zweifel läßt, daß er den Völkern, den Massen das »kräftige Wahnbild« des Nationalismus zu erhalten wünscht.

Es ist hier eine Einschaltung nötig. Wir haben die Erfahrung gemacht, daß es um den unbedingten Pazifismus unter Umständen eine mehr als fragwürdige, eine lügenhafte und niederträchtige Sache sein kann. Jahrelang war er über Europa und über die Welt hin nichts als die Maske faschistischer Sympathien, und wahre Friedensfreunde haben den Frieden von München, den 1938 die Demokratien mit dem Faschismus schlossen, angeblich um den Völkern den Krieg zu ersparen, als den tiefsten Punkt der europäischen Geschichte empfunden. Der Krieg gegen Hitler, oder vielmehr die bloße Bereitschaft dazu, die genügt hätte, ist ersehnt worden von diesen Friedensfreunden. Wenn man sich aber vor Augen stellt – und es stellt sich einem vor Augen! –, welches Verderben in jedem Sinne des Wortes selbst der für die Menschheit geführte Krieg zeitigt, welche Entsittlichung, welche Entfesselung gierig egoistischer und antisozialer Triebe; wenn man, belehrt durch das schon Erlebte, sich ein ungefähres Bild davon macht, wie die Erde erst nach dem nächsten, dem dritten Weltkrieg aussehen wird – aussehen würde –, so erscheinen einem Nietzsche's Rodomontaden von der kulturerhaltenden und selektiven Funktion des Krieges als die Phantasien eines Unerfahrenen, des Sohnes einer langen Friedens- und Sekuritätsepoche mit ›mündelsicheren Anlagen‹, welche sich an sich selbst zu langweilen beginnt.

Da er übrigens mit erstaunlichem prophetischem Vorgefühl eine Folge ungeheurer Kriege und Explosionen, ja das klassische Zeitalter des Krieges voraussagt, »worauf Spätere mit Neid und Ehrfurcht blicken werden«, so scheint es ja um die humanitäre Entartung und Verschneidung der Menschheit noch nicht so gefährlich bestellt zu sein, und man sieht den Grund nicht ein, weshalb sie zu dem selektiven Gemetzel noch philosophisch angespornt werden muß. Will diese Philosophie die moralischen Skrupel beseitigen, die den kommenden Greueln etwa im Wege sind? Will sie die Menschheit für das prachtvoll Bevorstehende in Form bringen? Aber sie tut es auf eine voluptuöse Weise, die – nicht etwa, wie beabsichtigt, unseren moralischen Protest hervorruft, sondern uns weh und bange macht um den edlen Geist, der hier wollüstig gegen sich selber wütet. Über bloße Erziehung zur Männlichkeit geht es peinlich hinaus, wenn mittelalterliche Formen der Folter aufgezählt, beschrieben und empfohlen werden mit einer Genüßlichkeit, die ihre Spuren in zeitgenössischer deutscher Literatur hinterlassen hat. Es grenzt ans Gemeine, wenn »Zärtlingen zum Trost« die geringere Schmerzfähigkeit niedriger Rassen, der Neger etwa, zu bedenken gegeben wird. Und wenn dann der Sang von der »Blonden Bestie« sich erhebt, »dem frohlockenden Ungeheuer«, dem Typus Mensch, der »von der scheußlichen Abfolge von Mord, Niederbrennung, Schändung, Folter mit Übermut heimkommt wie von einem Studentenstreich«, so ist das Bild des infantilen Sadismus vollkommen, und unsere Seele windet sich in Pein.

Es ist der Romantiker Novalis, ein Geist von Nietzsche's Familie also, der die schlagendste Kritik dieser Geisteshaltung gegeben hat. »Das Ideal der Sittlichkeit«, sagt er, »hat keinen gefährlicheren Nebenbuhler als das Ideal der höchsten Stärke, des kräftigsten Lebens, was man auch das Ideal der ästhetischen Größe (im Grunde sehr richtig, der Meinung nach aber sehr falsch) benannt hat. Es ist das Maximum des Barbaren und hat leider in diesen Zeiten der verwildernden Kultur gerade unter den größesten Schwächlingen sehr viele Anhänger erhalten. Der Mensch wird durch dieses Ideal zum Tier-Geiste – eine Vermischung, deren brutaler Witz eben eine brutale Anziehungskraft für Schwächlinge hat.«

Das ist nicht zu übertreffen. Hat Nietzsche die Stelle gekannt? Man kann nicht daran zweifeln. Aber er hat sich durch sie in seinen trunkenen, bewußt trunkenen und darum im Grunde nicht ernst gemeinten Provokationen des »Ideals der Sittlichkeit« nicht stören lassen. Was Novalis das Ideal der ästhetischen Größe, das Maximum des Barbaren, den Menschen als Tier-Geist nennt, das ist Nietzsche's Übermensch, und er schildert ihn als die »Ausscheidung eines Luxus-Überschusses der Menschheit, in welcher eine stärkere Art, ein höheres Typus ans Licht tritt, der andere Entstehungs- und andere Erhaltungsbedingungen hat als der Durchschnittsmensch«. Es sind die zukünftigen Herren der Erde, ist der prangende Tyrannentyp, zu dessen Erzeugung die Demokratie gerade recht ist und der sie denn auch als Instrument benutzen, seine neue Moral in machiavellistischer Anknüpfung an das bestehende Sittengesetz unter dessen Worten einführen muß. Denn diese Schreckensutopie von Größe, Stärke und Schönheit lügt bei weitem lieber, als daß sie die Wahrheit sagt, – es kostet mehr Geist und Willen. Der Übermensch ist der Mensch, »in dem die spezifischen Eigenschaften des Lebens – Unrecht, Lüge, Ausbeutung – am größten sind«.

Es wäre die letzte Inhumanität, all diesen schrillen und gequälten Herausforderungen mit Spott und Schimpf – und bloße Dummheit, ihnen mit moralischer Entrüstung zu begegnen. Wir haben ein Hamletschicksal vor uns, ein tragisches Schicksal über die Kraft gehender Erkenntnis, das Ehrfurcht einflößt und Erbarmen. »Ich glaube«, sagt Nietzsche einmal, »ich habe einiges aus der Seele des höchsten Menschen erraten – *vielleicht geht jeder zugrunde*, der ihn errät.« Er ist daran zugrunde gegangen, und zu vielfach sind die Atrozitäten seines Lehrens von unendlich rührendem lyrischem Leid, von tiefen Liebesblicken, von Lauten schwermütigster Sehnsucht nach dem Tau der Liebe für das dürre, das regenlose Land seiner Einsamkeit durchzogen, als daß Hohn oder Abscheu vor solchem Ecce Homo-Bilde sich hervorwagen dürften. Aber etwas in die Enge getrieben sieht unsere Verehrung sich freilich, wenn der von Nietzsche hundertmal verhöhnte und als giftiger Hasser höheren Lebens angeprangerte »Sozialismus der unterworfenen Kaste« uns nachweist, daß sein Übermensch nichts anderes ist als die Idealisierung des faschistischen Führers, und daß er selbst mit seinem ganzen Philosophieren ein Schrittmacher, Mitschöpfer und Ideensouffleur des europäischen –, des Welt-Faschismus gewesen ist. Unterderhand bin ich geneigt, hier Ursache und Wirkung umzukehren und nicht zu glauben, daß Nietzsche den Faschismus gemacht hat, sondern der Faschismus ihn, – will sagen: politikfern im Grunde und unschuldig-geistig, hat er als sensibelstes Ausdrucks- und Registrierinstrument mit seinem Macht-Philosophen den heraufsteigenden Imperialismus vorempfunden und die faschistische Epoche des Abendlandes, in der wir leben und trotz dem militärischen Sieg über den Faschismus noch lange leben werden, als zitternde Nadel angekündigt.

Als Denker, der mit seinem ganzen Wesen von Anbeginn aus dem Bürgerlichen heraustrat, hat er die faschistische Komponente der nachbürgerlichen Zeit scheinbar bejaht und die sozialistische verneint, weil diese die moralische war, und weil er Moral überhaupt mit bürgerlicher Moral verwechselte. Aber dem Einfluß des sozialistischen Elements im Kommenden hat seine Empfindlichkeit sich gar nicht entziehen können, und das ist es, was die Sozialisten verkennen, die ihn als Faschisten pur sang verrufen. Es ist so einfach nicht, – so viel für diese Vereinfachung vorgebracht werden kann. Wahr ist es: seine heroische Glücksverachtung, die etwas sehr persönliches und politisch schlecht verwendbar war, hat ihn verleitet, in jedem Willen zur Abstellung der entehrendsten sozialen und ökonomischen Mißstände, des vermeidbaren Leidens auf Erden das verächtliche Verlangen nach dem »grünen Weideglück der Herdentiere« zu sehen. Nicht umsonst ist sein Wort vom »gefährlichen Leben« ins Italienische übersetzt worden und in den Argot des Faschismus eingegangen. Alles, was er in letzter Überreiztheit gegen Moral, Humanität, Mitleid, Christentum und für die schöne Ruchlosigkeit, den Krieg, das Böse gesagt hat, war leider geeignet, in der Schund-Ideologie des Faschismus seinen Platz zu finden, und Verirrungen wie seine ›Moral für Ärzte‹ mit der Vorschrift der Krankentötung und Kastrierung der Minderwertigen, seine Einprägung von der Notwendigkeit der Sklaverei, dazu manche seiner rassehygienischen Auslese-, Züchtungs-, Ehevorschriften sind tatsächlich, wenn auch vielleicht ohne wissentliche Bezugnahme auf ihn, in die Theorie und Praxis des Nationalsozialismus übergegangen. Wenn das Wort wahr ist: »An ihren Früchten sollt ihr sie erkennen«, so steht es schlimm um Nietzsche. Bei Spengler, seinem klugen Affen, ist der Herrenmensch seines Traumes zum modernen »Tatsachenmenschen großen Stils«, zu dem über Leichen gehenden Raub- und Profitmenschen, zum Geldmagnaten, Rüstungsindustriellen, zum deutschen Generaldirektor geworden, der den Faschismus finanziert, – kurz, Nietzsche wird bei ihm in stupider

Eindeutigkeit zum philosophischen Patron des Imperialismus, – von dem er in Wahrheit nichts verstanden hat. Wie hätte er sonst dem Händler-, dem Krämergeist, den er für pazifistisch hält, auf Schritt und Tritt seine Verachtung erweisen und ihm den heldischen, den Geist des Soldatentums rühmend entgegenstellen können? Das Bündnis von Industrialismus und Militarismus, ihre politische Einheit, in welcher der Imperialismus besteht, und daß es der Geist des Verdienens ist, der die Kriege macht, das hat sein »Aristokratischer Radikalismus« überhaupt nicht gesehen.

Man sollte sich doch nicht täuschen lassen: Der Faschismus als Massenfang, als letzte Pöbelei und elendestes Kultur-Banausentum, das je Geschichte gemacht hat, ist dem Geiste dessen, für den alles sich um die Frage »Was ist vornehm?« drehte, im tiefsten fremd; er liegt ganz außerhalb seiner Einbildungskraft, und daß das deutsche Bürgertum den Nazi-Einbruch mit Nietzsche's Träumen von kulturerneuernder Barbarei verwechselte, war das plumpste aller Mißverständnisse. Ich rede nicht von seinem verachtungsvollen Hinwegsehen über allen Nationalismus, seinem Haß auf das ›Reich‹ und die verdummende deutsche Machtpolitik, seinem Europäertum, seinem Hohn auf den Antisemitismus und den gesamten Rasseschwindel. Aber ich wiederhole, daß der sozialistische Einschlag in seiner Vision nachbürgerlichen Lebens ebenso stark ist wie derjenige, den man den faschistischen nennen kann. Was ist es denn, wenn Zarathustra ruft: »Ich beschwöre euch, meine Brüder, bleibt der Erde treu! Nicht mehr den Kopf in den Sand der himmlischen Dinge stecken, sondern frei ihn tragen, einen Erdenkopf, der der Erde Sinn schafft! ... Führt gleich mir die verflogene Tugend zur Erde zurück – ja, zurück zu Liebe und Leben: daß sie der Erde einen Sinn gebe, einen Menschensinn!«? Es bedeutet den Willen, das Materielle mit Menschlichem zu durchdringen, den Materialismus des Geistes, es ist Sozialismus.

Sein Kulturbegriff hat hie und da eine starke sozialistische, jedenfalls nicht mehr bürgerliche Färbung. Er wendet sich gegen das Auseinanderfallen von Gebildeten und Ungebildeten, und sein jugendlicher Wagnerismus meint vor allem dies: das Ende der Renaissance-Kultur, dieses Groß-Zeitalter der Bürgerlichkeit, eine Kunst für Hoch und Niedrig, keine höchsten Beglückungen mehr, die nicht den Herzen aller gemein wären.

Von Arbeiterfeindschaft zeugt es nicht, es zeugt vom Gegenteil, wenn er sagt: »Die Arbeiter sollen als Soldaten empfinden lernen: ein Honorar, ein Gehalt, aber keine Bezahlung. Sie sollen einmal leben wie jetzt die Bürger; aber *über* ihnen, sich durch Bedürfnislosigkeit auszeichnend, die *höhere* Kaste, also ärmer und einfacher, aber im Besitz der Macht.« Und er hat sonderbare Anweisungen gegeben, den Besitz moralischer zu machen: »Man halte alle Arbeitswege zum *kleinen* Vermögen offen«, sagt er, »aber verhindere die mühelose, die plötzliche Bereicherung, man ziehe alle Zweige des Transports und Handels, welche der Anhäufung *großer* Vermögen günstig sind, also namentlich den Geldhandel, aus den Händen der Privaten und Privatgesellschaften – und betrachte ebenso die Zuviel- wie die Nichts-Besitzer als gemeingefährliche Wesen.« – Der Nichts-Besitzer als bedrohliche Bestie in den Augen des philosophischen Kleinkapitalisten: das stammt von Schopenhauer. Die Gefährlichkeit des Zuviel-Besitzers hat Nietzsche dazugelernt.

Um 1875, vor mehr als siebzig Jahren, prophezeit er, nicht gerade mit Enthusiasmus, sondern einfach als Konsequenz der siegenden Demokratie, einen europäischen *Völkerbund*, »in welchem jedes einzelne Volk, nach geographischen Zweckmäßigkeiten abgegrenzt, die Stellung eines Kantons und dessen Sonderrechte innehat«. Die Perspektive ist damals noch rein europäisch. Im Lauf des folgenden Jahrzehnts weitet sie sich ins Globale und Universelle. Er spricht von der unvermeidlich bevorstehenden Wirtschafts-Gesamtverwaltung der Erde. Er ruft nach möglichst vielen internationalen Mächten – »um die Welt-Perspektive einzuüben«. Sein Glaube an Europa schwankt. »Die Europäer bilden sich im Grunde ein, jetzt den höheren Menschen auf der Erde darzustellen. Die asiatischen Menschen sind hundertmal großartiger als die europäischen.« Andererseits hält er für möglich, daß in der Welt der Zukunft der geistige Einfluß in den Händen des typischen Europäers sein könnte, einer Synthese der europäischen Vergangenheit im höchsten geistigen Typ. »Die Herrschaft der Erde – angelsächsisch. Das deutsche Element ein gutes Ferment, es versteht nicht zu herrschen.« Dann wieder sieht er das Ineinanderwachsen der deutschen und slawischen Rasse und Deutschland als eine vorslawische Station, einem panslawischen Europa den Weg bereitend. Das Heraufkommen Rußlands als Weltmacht ist ihm vollkommen klar: »Die Gewalt geteilt zwischen Slawen und Angelsachsen und Europa als Griechenland unter der Herrschaft Roms.«

Für einen Ausflug ins Weltpolitische, unternommen von einem Geist, dem es im Grunde nur um die Aufgabe der Kultur zu tun ist, den Philosophen, den Künstler und den Heiligen zu erzeugen, sind das frappante Ergebnisse. Er sieht, über annähernd ein Jahrhundert hinweg, ungefähr was wir Heutigen sehen. Denn die Welt, ein neu sich bildendes Weltbild, ist eine Einheit, und wohin, nach welcher Seite immer eine so ungeheure Reizbarkeit sich wendet und vortastet, erfühlt sie das Neue, das Kommende und zeigt es an. Nietzsche nimmt, rein intuitiv, Ergebnisse der modernen Physik vorweg durch seine Bekämpfung der mechanistischen Weltinterpretation, seine Leugnung einer kausal determinierten Welt, des klassischen »Naturgesetzes«, der Wiederkehr identischer Fälle. »Es gibt kein zweites Mal.« Es gibt auch keine Berechenbarkeit, nach der auf eine bestimmte Ursache eine bestimmte Wirkung folgen müßte. Die Auslegung eines Geschehens nach Ursache und Wirkung ist falsch. Es handelt sich um einen Kampf zweier an Macht ungleicher Elemente, ein Neu-Arrangement von Kräften, wobei der neue Zustand etwas Grundverschiedenes vom alten, keineswegs dessen Wirkung ist. Dynamik also statt Logik und Mechanik. Nietzsche's »naturwissenschaftliche Ahnungen«, um Helmholtz' Wort über Goethe aufzunehmen, sind geistig tendenziös, sie wollen etwas, sie ordnen sich seinem Macht-Philosophem, seinem Anti-Rationalismus ein und dienen seiner Erhebung des Lebens über das Gesetz, – weil das Gesetz als solches schon etwas »Moralisches« hat. Aber wie es um diese Tendenz nun stehe – vor der

Naturwissenschaft, der das »Gesetz« sich unterdessen zur bloßen Wahrscheinlichkeit abgeschwächt hat und die am Kausalbegriff weitgehend irre geworden ist, hat er recht behalten.

Wie mit jedem Gedanken, den er gedacht hat, tritt er mit seinen physikalischen Ideen aus der bürgerlichen Welt klassischer Rationalität in eine neue, in der er selbst seiner Herkunft nach der Fremdeste ist. Ein Sozialismus, der ihm das nicht zugut rechnen will, erregt die Vermutung, daß er selbst der Bürgerlichkeit weit mehr angehört, als er weiß. Die Beurteilung Nietzsche's als eines zentrumslosen Aphoristikers ist aufzugeben: seine Philosophie ist so gut wie die Schopenhauers ein durchorganisiertes System, entwickelt aus einem einzigen, alles durchdringenden Grundgedanken. Aber dieser Grund- und Ausgangsgedanke ist nun freilich radikal ästhetischer Art, – wodurch allein sein Schauen und Denken in unversöhnlichen Gegensatz zu allem Sozialismus geraten muß. Es gibt zuletzt nur zwei Gesinnungen und innere Haltungen: die ästhetische und die moralistische, und der Sozialismus ist streng moralische Weltansicht. Nietzsche dagegen ist der vollkommenste und rettungsloseste Ästhet, den die Geschichte des Geistes kennt, und seine Voraussetzung, die seinen dionysischen Pessimismus in sich enthält: daß nämlich das Leben nur als ästhetisches Phänomen zu rechtfertigen sei, trifft genauestens auf ihn, sein Leben, sein Denk- und Dichtwerk zu, – nur als ästhetisches Phänomen ist es zu rechtfertigen, zu verstehen, zu verehren, bewußt, bis in die Selbst-Mythologisierung des letzten Augenblicks und bis in den Wahnsinn hinein ist dieses Leben eine künstlerische Darbietung, nicht nur dem wundervollen Ausdruck, sondern dem innersten Wesen nach, – ein lyrisch-tragisches Schauspiel von höchster Faszination.

Es ist merkwürdig genug, obgleich wohl verständlich, daß die erste Form, in der der europäische Geist gegen die Gesamtmoral des bürgerlichen Zeitalters rebellierte, der Ästhetizismus war. Nicht umsonst habe ich Nietzsche und Wilde zusammen genannt – als Revoltierende, und zwar im Namen der Schönheit Revoltierende gehören sie zusammen, möge auch bei dem deutschen Tafelbrecher die Revolte ungeheuer viel tiefer gehen und ungeheuer viel mehr an Leiden, Entsagung, Selbstüberwindung kosten. Bei sozialistischen Kritikern, namentlich russischen, habe ich wohl gelesen, die ästhetischen Aperçus und Urteile Nietzsche's seien oft von bewundernswerter Feinheit, in moralisch-politischen Dingen aber sei er ein Barbar. Diese Distinktion ist naiv, denn Nietzsche's Verherrlichung des Barbarischen ist nichts weiter als eine Ausschweifung seiner ästhetischen Trunkenheit, und allerdings verrät sie eine Nachbarschaft, über die wir allen Grund haben nachzudenken: die Nachbarschaft eben von Ästhetizismus und Barbarei. Diese unheimliche Nähe wurde gegen Ende des neunzehnten Jahrhunderts noch nicht gesehen, gefühlt, gefürchtet, – sonst hätte Georg Brandes, ein Jude und liberaler Schriftsteller, den »aristokratischen Radikalismus« des deutschen Philosophen nicht als neue Nuance entdecken und Propaganda-Vorlesungen darüber halten können: ein Zeichen für das damals noch herrschende Sicherheitsgefühl, die Sorglosigkeit des zur Neige gehenden bürgerlichen Zeitalters, – ein Zeichen aber auch, daß der gewiegte dänische Kritiker Nietzsche's Barbarismus nicht ernst, nicht eigentlich nahm, ihn cum grano salis verstand, – woran er sehr recht tat.

Durch Nietzsche's Ästhetizismus, der eine rasende Verleugnung des Geistes ist zugunsten des schönen, starken und ruchlosen Lebens, die Selbstverleugnung eines Menschen also, der tief am Leben leidet, kommt etwas Uneigentliches, Unverantwortliches, Unverlässiges und Leidenschaftlich-Gespieltes in seine philosophischen Ergüsse, ein Element tiefster Ironie, woran das Verständnis des schlichteren Lesers scheitern muß. Was er bietet, ist nicht nur Kunst, – eine Kunst ist es auch, ihn zu lesen, und keinerlei Plumpheit und Geradheit ist zulässig, jederlei Verschlagenheit, Ironie, Reserve erforderlich bei seiner Lektüre. Wer Nietzsche ›eigentlich‹ nimmt, wörtlich nimmt, wer ihm glaubt, ist verloren. Mit ihm wahrhaftig steht es wie mit Seneca, den er einen Menschen nennt, dem man immer sein Ohr, aber niemals »Treu und Glauben« schenken sollte. Sind Beispiele nötig? Der Leser des ›Fall Wagner‹ etwa traut seinen Augen nicht, wenn in einem Brief an den Musiker Carl Fuchs vom Jahre

1888 plötzlich zu lesen ist: »Das, was ich über Bizet sage, dürfen Sie nicht ernst nehmen; so wie ich bin, kommt Bizet tausend Mal für mich nicht in Betracht. Aber als ironische Antithese gegen Wagner wirkt es sehr stark...« Das bleibt übrig, ›unter uns‹ geredet, von dem verzückten Loblied auf ›Carmen‹ im ›Fall Wagner‹. Es ist verblüffend, aber es ist noch gar nichts. In einem anderen Brief an denselben Adressaten gibt er Ratschläge, wie am besten über ihn als Psychologen, Schriftsteller, Immoralisten zu schreiben sei: nämlich nicht urteilend mit Nein und Ja, sondern charakterisierend in geistiger Neutralität. »Es ist durchaus *nicht* nötig, nicht einmal *erwünscht*, Partei dabei für mich zu nehmen: im Gegenteil, eine Dosis Neugierde, wie vor einem fremden Gewächs, mit einem ironischen Widerstande, schiene mir eine unvergleichlich *intelligentere* Stellung zu mir. – Verzeihung! Ich schrieb eben einige Naivitäten – ein kleines Rezept, sich glücklich aus etwas *Unmöglichem* herauszuziehen...«

Hat je ein Autor auf seltsamere Art vor sich *gewarnt*? – »Antiliberal bis zur Bosheit« nennt er sich. Antiliberal *aus* Bosheit, aus Drang nach Provokation, wäre richtiger. Als 1888 der Kaiser der hundert Tage, Friedrich III., der englisch verheiratete Liberale, stirbt, ist Nietzsche bewegt und niedergeschlagen wie der ganze deutsche Liberalismus. »Zuletzt war er ein kleines Schimmerlicht von *freiem* Gedanken, die letzte Hoffnung für Deutschland. Jetzt beginnt das Regiment Stöcker: – ich ziehe die Konsequenz und *weiß* bereits, daß nunmehr mein ›Wille zur Macht‹ zuerst in Deutschland konfisziert werden wird...« – Nun, es wird nichts konfisziert. Der Geist der liberalen Epoche ist noch zu stark, es darf in Deutschland alles gesagt werden. In der Trauer Nietzsche's um Friedrich aber kommt unversehens etwas ganz Schlichtes, Einfaches und Un-Paradoxales – man kann sagen, es kommt die Wahrheit zum Vorschein: die natürliche Liebe des Geistesmenschen, des Schriftstellers zur *Freiheit*, die seine Lebensluft ist, – und auf einmal liegt das ganze ästhetische Phantasiewerk von Sklaverei, Krieg, Gewalt, herrlicher Grausamkeit irgendwo fern im Lichte unverantwortlichen Spiels und farbiger Theorie.

Er hat sein Leben lang den »theoretischen Menschen«

vermaledeit, aber er selbst *ist* dieser theoretische Mensch par excellence und in Reinkultur, sein Denken ist absolute Genialität, unpragmatisch zum Äußersten, bar jeder pädagogischen Verantwortung, von tiefer Politiklosigkeit, es ist in Wahrheit *ohne* Beziehung zum Leben, dem geliebten, verteidigten, über alles erhobenen, und nie hat er sich die geringste Sorge darum gemacht, wie seine Lehren sich in praktischer, politischer Wirklichkeit ausnehmen würden. Das haben auch die zehntausend Dozenten des Irrationalen nicht getan, die in seinem Schatten, über ganz Deutschland hin, wie Pilze aus dem Boden wuchsen. Kein Wunder! Denn nichts konnte im Grunde der deutschen Anlage genehmer sein als sein ästhetischer Theoretizismus. Auch gegen die Deutschen, diese Verderber der europäischen Geschichte, hat er seine schweflichten kritischen Blitze geschleudert und schließlich kein gutes Haar an ihnen gelassen. Aber wer, zuletzt, war deutscher als er, wer hat den Deutschen alles noch einmal exemplarisch vorgemacht, wodurch sie der Welt eine Not und ein Schrecken geworden sind und sich zugrunde gerichtet haben: die romantische Leidenschaft, den Drang zur ewigen Ich-Entfaltung ins Grenzenlose ohne festen Gegenstand, den Willen, der frei ist, weil er kein Ziel hat und ins Unendliche geht? Als die Laster der Deutschen hat er den Trunk und den Hang zum Selbstmord bezeichnet. Ihre Gefahr liege in allem, was die Verstandeskräfte bindet und die Affekte entfesselt, »denn der deutsche Affekt ist gegen den eigenen Nutzen gerichtet und selbstzerstörerisch wie der des Trunkenbolds. Die Begeisterung selber ist in Deutschland weniger wert als anderwärts, denn sie ist unfruchtbar«. – Wie nennt Zarathustra sich? »Selbstkenner-Selbsthenker.« –

In mehr als einem Sinn ist Nietzsche historisch geworden. Er hat Geschichte gemacht, fürchterliche Geschichte, und übertrieb nicht, wenn er sich »ein Verhängnis« nannte. Seine Einsamkeit hat er ästhetisch übertrieben. Er gehört, allerdings in extrem deutscher Gestalt, einer allgemein abendländischen Bewegung an, die Namen wie Kierkegaard, Bergson und viele andere zu den ihren zählt und eine geistesgeschichtliche Revolte ist gegen den klassischen Vernunftglauben des achtzehnten und neunzehnten Jahrhunderts. Sie hat ihr Werk getan – oder nur insofern noch nicht vollendet, als seine notwendige Fortsetzung die Rekonstruierung der menschlichen Vernunft auf neuer Grundlage, die Eroberung eines Humanitätsbegriffs ist, der gegen den selbstgefällig verflachten der Bürgerzeit an Tiefe gewonnen hat.

Die Verteidigung des Instinkts gegen Vernunft und Bewußtheit war eine zeitliche Korrektur. Die dauernde, ewig notwendige Korrektur bleibt die des Lebens durch den Geist – oder die Moral, wenn man will. Wie zeitgebunden, wie theoretisch auch, wie unerfahren mutet uns Nietzsche's Romantisierung des Bösen heute an! Wir haben es in seiner ganzen Miserabilität kennengelernt und sind nicht mehr Ästheten genug, uns vor dem Bekenntnis zum Guten zu fürchten, uns so trivialer Begriffe und Leitbilder zu schämen wie Wahrheit, Freiheit, Gerechtigkeit. Zuletzt gehört der Ästhetizismus, in dessen Zeichen die freien Geister sich gegen die Bürger-Moral wandten, selbst dem bürgerlichen Zeitalter an, und dieses überschreiten heißt heraustreten aus einer ästhetischen Epoche in eine moralische und soziale. Eine ästhetische Weltanschauung ist schlechterdings unfähig, den Problemen gerecht zu werden, deren Lösung uns obliegt, – so sehr Nietzsche's Genie dazu beigetragen hat, die neue Atmosphäre zu schaffen. Einmal vermutet er, daß in der kommenden Welt seiner Vision die *religiösen* Kräfte immer noch stark genug sein könnten zu einer atheistischen Religion à la Buddha, welche über die Unterschiede der Konfessionen hinwegstriche – und die Wissenschaft hätte nichts gegen ein neues Ideal. »Aber allgemeine Menschenliebe«, fügt er vorsorglich hinzu, »wird es nicht sein!« – Und wenn es nun gerade dies wäre? – Es brauchte die optimistisch-idyllische Liebe zum ›Menschengeschlecht‹ nicht zu sein, der das achtzehnte Jahrhundert sanfte Tränen weihte und der übrigens die Gesittung ungeheure Fortschritte verdankt. Wenn aber Nietzsche verkündete: »Gott ist tot« – ein Beschluß, der für ihn das schwerste aller Opfer bedeutete –, zu wessen Ehrung, zu wessen Erhöhung tat er es, als zu der des Menschen? Wenn er Atheist war, wenn er es zu sein vermochte, so war er es, und klinge das Wort noch so pastoral-empfindsam, aus Menschenliebe. Er muß es sich gefallen lassen, ein Humanist genannt zu werden, wie er es dulden muß, daß man seine Moral-Kritik als eine letzte Form der Aufklärung begreift. Die überkonfessionelle Religiosität, von der er spricht, kann ich mir nicht anders vorstellen als gebunden an die Idee des Menschen, als einen religiös fundierten und getönten Humanismus, der, vielerfahren, durch vieles hindurchgegangen, alles Wissen ums Untere und Dämonische hineinnähme in seine Ehrung des Menschlichen Geheimnisses.

Religion ist Ehrfurcht, – die Ehrfurcht zuerst vor dem Geheimnis, das der Mensch ist. Sofern es um neue Ordnung, neue Bindung, die Anpassung der menschlichen Gesellschaft an die Erfordernisse der Weltstunde geht, ist gewiß mit Konferenzbeschlüssen, technischen Maßnahmen, juridischen Institutionen wenig getan, und World Government bleibt rationale Utopie. Notwendig zuerst ist die Wandlung des geistigen Klimas, ein neues Gefühl für die Schwierigkeit und den Adel des Menschseins, eine alles durchwaltende Grundgesinnung, der niemand sich entzieht, die jeder im Innersten als Richter anerkennt. Für ihre Entstehung und Befestigung kann der Dichter und Künstler, unmerklich von oben ins Untere, Breite wirkend, einiges tun. Aber sie wird nicht gelehrt und gemacht, sie wird erlebt und erlitten.

Daß Philosophie nicht kalte Abstraktion, sondern Erleben, Erleiden und Opfertat für die Menschheit ist, war Nietzsche's Wissen und Beispiel. Er ist dabei zu den Firnen grotesken Irrtums emporgetrieben worden, aber die Zukunft war in Wahrheit das Land seiner Liebe, und den Kommenden, wie uns, deren Jugend ihm Unendliches dankt, wird er als eine Gestalt von zarter und ehrwürdiger Tragik, umlohnt vom Wetterleuchten dieser Zeitenwende, vor Augen stehen.

Thomas Mann